Rom – die Gelobte Stadt

Rom

– die Gelobte Stadt

Texte aus fünf Jahrhunderten

Herausgegeben von
Johannes Mahr

Philipp Reclam jun.
Stuttgart

Mit 33 Abbildungen

Die Deutsche Bibliothek – CIP-Einheitsaufnahme

Rom – die Gelobte Stadt :
Texte aus fünf Jahrhunderten / hrsg. von Johannes Mahr. –
Stuttgart : Reclam, 1996
ISBN 3-15-010420-3
NE: Mahr, Johannes [Hrsg.]

Inhalt

Si percorre il deserto con residui
Di qualche immagine di prima in mente,

Della Terra Promessa
Nient'altro un vivo sa.

Du läufst durch die Wüste mit Resten
versunkener Bilder im Sinn,

Nichts weiter weiß ein Lebender
vom Gelobten Land.

Giuseppe Ungaretti: Die späten Gedichte

Sightseeing in Rom

Die Fremdenführerin erklärte den schweizer Touristen, die nach
Rom gekommen waren, um die Stadt zu besichtigen, daß das Straßennetz im antiken Rom etwa vier Meter tiefer gelegen hätte als
dasjenige, auf dem die Menschen heute gehen und die Autos fahren. Die schweizer Touristen wollten das nicht glauben und frag-
ten, wieso der Boden, statt vom ständigen Draufherumlaufen ab-
zunehmen, um vier Meter steigen konnte. Die Fremdenführerin
erklärte ihnen, daß das Straßenniveau jetzt deshalb höher sei, weil
im Laufe der Jahrhunderte Mauerreste, Menschenspucke, Zigaret-
tenkippen, Altpapier, Flaschenscherben, Orangenschalen, Kirsch-
kerne, Trambahnscheine, Streichholzschachteln, Hundekot und
Katzenscheiße auf den Boden gefallen wären.

Die schweizer Touristen wollten das nicht glauben. Sie waren
entsetzt und sagten alle zusammen, daß so etwas in der Schweiz
nie vorkommen könnte, weil bei ihnen nie jemand etwas auf den
Boden würfe, und weil sie einfach wüßten, wie man eine Stadt sau-
ber hält.

»Wir Römer sind vielleicht große Schweine«, sagte die Fremdenführerin, die eine Römerin war und sich gekränkt fühlte, »aber wir
haben Rom gebaut – und ihr?«

Luigi Malerba: Taschenabenteuer

Einleitung

I

In die Stadt hinein

Einfahrt nach Stazione Termini. Ein heller Morgen im Januar. Für Sekunden erscheint vor dem fahrenden Zug der Tempel der Minerva Medica. Die fast 2000 Jahre alte Ruine ragt hoch über den Gleisen. Ihr Anblick erinnert an die Gärten der späten Kaiserzeit, die einst den Bau umgaben. Wohl Kaiser Gallienus hat um 260 n. Chr. den riesigen Kuppelraum bauen lassen. Ein seltsamer Mann war das, im Krieg geboren, immer im Kampf mit den die Reichsgrenze sprengenden Germanen, bedroht von Rebellen im eigenen Heer. Dabei heißt es von ihm, er habe die Frauen geliebt und die Philosophie Plotins. Welche Art von Wasserspielen mag ihn erfreut haben zwischen den Kriegszügen im Norden? Bevor sich solche Erinnerungen ordnen lassen, sind wir im Bahnhof. Beim Blick auf das Gedränge fallen mir die Fotos des 19. Jahrhunderts ein, als üppige Weinberge die kaiserliche Ruine umgaben. Nur wenige protestierten, als eine Vigne nach der andern unter den Gleisen verschwand. Aber die Halle ist voller Betrieb. Man sollte sich nicht in Erinnerungen verlieren, sondern auf die Menschen und das Gepäck achten. Zwei Stunden bleiben, bis die Bibliothek öffnet.

Als ich ins Freie trete, geht der Blick unwillkürlich hoch. Ein wildes Kreischen ist in der Luft. Riesige Vogelschwärme hocken in den Bäumen, fliegen rasch auf, bilden wirre Verbände, wenden sich scheinbar ohne Ziel hierhin und dahin. Dann stürzen sie schreiend zurück auf die kahlen Äste. Ähnlich gingen wohl die wechselnden Völker über das Gelände.

Doch kein Tiefsinn vor dem ersten Caffè, am besten nebenan in der Via Giolitti. Die Menschen hier bilden den Rand der Stadt. Arabische, deutsche, französische Laute; Dunkelhäutige und Chinesen; müde Augen nach unruhiger Nacht. Wer sich an die Theke lehnt, sieht draußen die ganze Länge der faschistischen Flügelbauten des Bahnhofs. In feierlichem Stumpfsinn reihen sich, für Ewigkeiten gefügt, die Rundbogen. So ahmten sie 1938 römische Aquädukte nach. Aber der Bau wirkt, als hätte ein gallischer Häuptling mit seinen Kriegern geübt; zu breit die unteren, zu pathetisch in den Schatten gesetzt die kleinen oberen Bögen; beides umgeben von viel zu schwerem Mauerwerk. Um so eleganter präsentiert sich beim Weg hinüber zu den Bussen die Bahnhofshalle der 50er Jahre, funktional und poetisch zugleich. Die

Fensterbänder des Verwaltungsbaus sind solide parallel wie Eisenbahnschienen. Das weit ausschwingende Hallendach leitet als fröhliche Welle über in den römischen Verkehr.

*Tempel der Minerva Medica um 1860. Um die Ruine, also auf dem Gelände
des heutigen Bahnhofs, fruchtbares Ackerland*

Wie immer führt der erste Weg zum ältesten noch sichtbaren Bauwerk der Stadt. Sorgfältig spart der Bahnhof ein Stück der Servianischen Mauer aus. Nach der Eroberung Roms durch die Gallier 386
v. Chr. entstand sie aus Tuffquadern, Stein für Stein sorgfältig gefügt.
Die da bauten, wollten Sicherheit, hatten aber keine Eile. Viel größer
als gedacht ragt die Wand auf. In ihrem Schutz hat das Zentrum eines
größer und größer werdenden Reiches seine Idee von Ordnung und
Recht entwickelt. Sie gab zwar dem einzelnen keine Freiheit, wies
aber dem Egoismus der Mächtigen Schranken. Warum wirkt die
Mauer hinter ihrem Drahtzaun heute so unscheinbar? Unrat bleibt
achtlos liegen. Ein paar Blechdosen und Zigarettenschachteln mehr,
und die Geschichte verschwindet selbst als Gerümpel.

Vor dem Bahnhof wird gebaut. Der Weg im Durcheinander der
Autos ist nicht ohne Gefahr. Aber das Chaos hat Methode. Keiner

kommt zu Schaden. Und es gibt Busfahrer, die in ihrer Pause bereitwillig und mit Charme den Weg weisen. Ich möchte rasch hinüber zum Thermenmuseum, auch wenn es noch geschlossen ist. Ohnehin zeigt man nur wenige Objekte. Angeblich wird der gesamte Bestand irgendwann wieder sichtbar. Der übliche Vorgang bei römischen Museen. (Nur der Vatikan hält seine Schätze offen.) Der Weg über den Platz ist nötig, »um den alten Göttern, die dort ihr Altersheim haben, die Reverenz zu erweisen«. Wolfgang Koeppen fand diese Formel, die ich liebe. Im Licht der Morgensonne haben die Ehepaare auf den Sarkophagen, die aufgereiht sind im Hof vor dem Museum, ein Leuchten in den zerfallenen Gesichtern, das die fremden Götter intensiv gegenwärtig macht. Und auch das Gemäuer von Diokletians Thermen, 600 Jahre jünger als die Servianische Mauer, ist zuverlässig da. Die Spuren liegen weit verstreut im modernen Straßennetz. Bei der Eröffnung 305 n. Chr. waren diese Thermen die prachtvollsten der Welt. Nur etwa 230 Jahre blieb – wieso »nur«, verglichen mit moderner Haltbarkeit muß es wohl heißen: »volle 230 Jahre« blieb der riesige Bade- und Freizeitpark intakt.

Dann unterbrachen die Goten die Wasserleitung. Die Römer hatten keine Kraft mehr, sie zu restaurieren. Das Gebiet zwischen den Kaiserforen und der weit hinausgeschobenen Aurelianischen Stadtmauer, die seit 300 n. Chr. die Stadt schützen sollte, wurde Wildnis. Die Thermen dienten als Steinbruch. Doch ihr fast unzerstörbarer Ziegelkern bot über Jahrhunderte hin Wohnraum, Stapelplatz für Heu und andere Vorräte, auch Unterschlupf für Räuber. Der Adel nutzte die Badesäle als Reithalle. Nach 1000 Jahren stand noch genug von dem Gebäude, um es den Kartäusern als Ersatz für ihr malariaverseuchtes Kloster bei S. Croce anbieten zu können. Jetzt beginnt eine der seltsamen Geschichten, die Rom in Überfülle besitzt. 1541 hat der Priester Antonio del Duca eine Vision. Er fühlt sich beauftragt, die heidnische Thermen-Ruine zur Kirche der Sieben Erzengel zu machen – Kunstgelehrte, Reiseführer und Besucher tun so, als wüßten sie, was »Erzengel« sind. 20 Jahre fordert, bittet, predigt der Priester, um seiner Vision gerecht zu werden. Im Jahr des Papstwechsels 1550 schafft man rasch vollendete Tatsachen und weiht die Thermen zur Kirche. Doch die Neffen des neuen Papstes Julius III., eines vergnügungssüchtigen, an Stierkämpfen, Karneval, Gelagen und risikoreichem Spiel interessierten Mannes (in Trient tagt derweil das Reformkonzil), verlangen und bekommen den Raum als Reitplatz zurück. Erst Paul IV., einer der finstersten Fanatiker auf dem Papstthron, bestimmt endgültig die

Thermen zur Kirche und schenkt sie den Kartäusern. Kein Geringerer als der greise Michelangelo macht 1560 für den Umbau des ehemaligen Frigidariums einen Plan, der den Bestand möglichst schont. Welch ein Kontrast, der Ketzerfresser und der Neuplatoniker, die im Zusammenspiel den Bau Diokletians mit einer neuen Idee füllen. Die überdimensionalen Granitsäulen und die weiten, 30 Meter hohen Gewölbe haben noch den angestammten Platz. Ein einsamer Priester feiert am Hochaltar die Messe, während Besucher gleichgültig umherlaufen, Gemälde suchen, mit Blitzlicht herumfotografieren. Ich setze mich still in eine Bankreihe. Der Priester grüßt mit vorsichtigem Blick und spricht dann immer in meine Richtung, wenn sein Text eine Gemeinde vorsieht.

Vor der Kirche dreht sich in hohem Tempo der Verkehr um die Piazza della Repubblica. Der Ort hieß früher Piazza dell'Esedra, weil seine halbrunde Form die Exedra der Thermen mit ihren Sitzreihen nachbildet. In der Antike schaute man hier gymnastischen Spielen zu. Frierend und jede für sich stehen die nackten Mädchen des modernen Najadenbrunnens (1901–19) in der Mitte des Platzes. Sobald im Frühjahr das Wasser über sie fällt, leuchten die Körper im ständigen Spiel des Verhüllens und Enthüllens. Es wird dann gefährlich, inmitten der Autos ihre glitzernde Blöße zu bewundern.

Rasch im Bus die Via Nazionale hinunter. Sie verbindet, noch vom letzten päpstlichen Kriegsminister Merode angelegt, die alten Stadtviertel mit dem seit 1867 entstehenden Bahnhof (eine Verbindung zur Außenwelt wollte das päpstliche Rom nicht; die Strecken nach Frascati und Civitavecchia genügten). Die Straße bot nach 1870 Raum für die Großbauten des neuen italienischen Staates. Viel zu rasch fliegt nun vorbei, was ich demnächst wieder genau sehen will. Neben dem Palazzo delle Esposizioni steht, halb verkrochen in der Erde, die Kirche S. Vitale. Beide Gebäude, der Palazzo und die Kirche, haben die gleiche Hausnummer 194. Auf dem Stadtplan von 1576 ist die Kirche das einzige Gebäude in den Gärten unterhalb des Quirinals. Der Platz ist uralt. Um 410, jenem Jahr, als Rom von den Westgoten Alarichs erstmals nach 800 Jahren wieder erobert wurde (die Kirche dieser arianischen »Ketzer«, S. Agata dei Goti, steht wenige 100 Meter weiter), ließ Papst Innozenz I. eine Kirche zu Ehren der römischen Märtyrer Gervasius und Protasius bauen. Als Kind kannte ich beide aus der lateinischen Allerheiligenlitanei. Weil es hübsch klang und keinerlei Sinn ergab, haben wir besonders inbrünstig gesungen: »Sancti Gervasi et Protasi – orate pro nobis!« (Seltsam, wie die römi-

sche in die eigene kleine Vorgeschichte hineintönt.) Schon zur Zeit
Gregors des Großen trug die Kirche den Namen des heiligen Vitalis,
eines Märtyrers aus Bologna, den die Legende zum Vater von Gervasius und Protasius machte und unter Nero das Martyrium erleiden
ließ. Die Geschichte des Platzes führt also zu den blutigen Anfängen
des Christentums in Rom. Zur Zeit Sixtus' IV. wurde 1475 die Renaissance über die Kirche gestülpt. 100 Jahre später überdeckten die Jesuiten, deren Noviziat in S. Andrea al Quirinale man noch frei durch die
Gärten erreichte, die frühen Spuren und überzogen die Wände mit
den Bildern gefolterter Märtyrer, wie das der Zeit entsprach. Doch
vor der Kirche, einige Meter unter der heutigen Straße, stehen noch
immer acht Säulen der alten Basilika.

Während der Bus vor dem Palazzo hält, wandert der Blick die Fassade entlang. Man hat uns eingeredet, die gründerzeitliche Pracht von
1880 tauge nichts. Aber die große Freitreppe lädt ein zum ruhigen
Hochschreiten. Das Mitteltor öffnet eine luftige schattige Halle.
Kaum einer der neuen Bauten schafft diese Verbindung von Macht,
Festlichkeit und Entspannung. Schwieriger erscheint bei jeder Ausstellung das Innere. Es gibt riesige Säle, mächtige, gelbgefärbte korinthische Säulen, eine Zentralkuppel, festliche Treppen – das taugt nicht
für heutige Bedürfnisse. Als der Bau entstand, sollte er dem 20. Jahrhundert Raum für große Gesten liefern. Aber die sind fast nie ge-
glückt. So werden für Ausstellungen die Räume geteilt, Gänge und
Kästchen gebaut, Schautafeln vorgesetzt. Seltsam ragt, was aus anti-
kem Fundus groß gedacht war, über der modernen Inszenierung.

Als nach der Haltestelle am Palazzo delle Esposizioni der Bus wieder losfährt, entsteht plötzlich Lärm. Man verlangt einen erneuten
Stop. Es gibt Stimmengewirr. Der Fahrer hält, öffnet noch einmal die
Tür. Eine junge Zigeunerin hat zu stehlen versucht und ist erwischt
worden. Man schubst sie hinaus. Sie stolpert, als sie auftritt. Ein rundes Gesicht mit trotzig schmalen Lippen schaut auf die sich schlie-
ßende Tür. Die indische Nonne neben mir beginnt hilflos zu weinen.
Sie macht keinen Versuch, die Tränen abzuwischen. Jemand redet auf
sie ein, man dürfe solche Lumpereien nicht dulden. Sie sieht nur trä-
nenblind dem fremden Mädchen nach.

Über der Szene hätte ich beinahe einen Platz übersehen, den ich
liebe, einen unscheinbaren Ziegelkern neben dem gewaltigen Palast
der Nationalbank von 1890. Es soll ein Rest der Konstantinsthermen
sein. Deren Bau begann um 315, als Konstantin die Hauptstadt des
Reiches nach Byzanz verlegte. Roms Abstieg stand damit fest. Der

Mauerrest blieb nur erhalten, weil er hineinragt in die seit 1575 entstandenen Gärten der Villa Aldobrandini. Schnell aus dem Bus für einen kurzen Besuch. In den kläglichen Resten der beim Straßendurchbruch zerstörten Gärten spielen jetzt Kinder. Sobald es warm wird, halten junge Männer Siesta auf den Parkbänken. Früher spazierten hier jene, die Papst Clemens VIII. und seine Nepoten aus dem Hause Aldobrandini mäzenatisch förderten: Giambattista Marini, der Begründer der Barockliteratur; Battista Guarini, mit dem die europäische Schäferdichtung beginnt; Luca Marenzi, der Klassiker des Madrigals; Giacomo della Porta, Hausarchitekt der Aldobrandini, der einzige geborene Römer, der einen wesentlichen Beitrag leistete zum Umbau der Stadt im 16. Jahrhundert; der Kirchenhistoriker Cesare Baronio, dem der Papst mit dem Kirchenbann drohte, wenn er sich nicht zum Kardinal machen ließe; und Torquato Tasso, dem man den Höhepunkt seines Strebens, die Dichterkrönung auf dem Kapitol, verweigerte. Hier besprach man das Schicksal von Giordano Bruno, den der Aldobrandini-Papst schließlich auf den Scheiterhaufen schickte, und das der Beatrice Cenci, die aus guten Gründen ihren Vater ermordet hatte – weil die Aldobrandini aber den Besitz der Cenci wollten, kannten sie keine Gnade. Unscheinbar steht die Thermenruine vor dem verschwundenen Glanz der Villa und neben der großspurigen Banca d'Italia – flattern hinter den reich dekorierten Fassaden eigentlich noch die Nerven, wenn der Kurs der Lira wieder neue Tiefpunkte erreicht?

Ruinen, wie sie hier überall in den Straßen stehen, wurden im Lauf der Geschichte auf verschiedene Weise interpretiert. Die einen schlossen begeistert aus den Resten auf das Ganze und ließen in ihrer Vorstellung Tempel, Räume, Plätze neu erstehen. Die anderen wandten sich enttäuscht ab, weil das karg Vorhandene der Phantasie nicht weiterhalf; ihnen diente die Ruine höchstens als Erinnerung an die Vergänglichkeit alles Irdischen und als Mahnung zum Genuß des Lebens. Ein Ziegelkern, wie er hier steht, hat freilich noch eine andere Funktion. Nicht nur symbolisch, sondern ganz real zeigt er die Tiefendimension des Geländes. Es ist ein von Menschen geschaffener Felsbrocken, abgeschliffen bis zur Unkenntlichkeit vom Strom der Zeit. Aber an seinesgleichen, an der römischen Zivilisation und den römischen Reichsideen, haben sich viele der großen und der kläglichen Gedanken abgearbeitet, die ein neugieriger Blick ins europäische Gedächtnis zum Vorschein bringt. Selbst zerstört, entfaltet er ein eigentümliches Leben. Wie überall in den ruhigen Ecken Roms streichen

Katzen um die Ruine. Sie bewegen sich langsam und gelassen mit immer wachen Augen.

Im 16. Jahrhundert war von den Konstantinsthermen noch so viel erhalten, daß Palladio eine Rekonstruktion entwarf. Dann verschwanden die Reste unter barocken Bauten, nur einzelne wichtige Fundstücke blieben erhalten, so die Monumentalplastik der Balustrade des Kapitolsplatzes, die Konstantinsfigur von S. Giovanni in Laterano, die beiden Pferdebändiger am Quirinal. Es sind nur wenige Schritte hinauf zum Hügel, um sie zu besuchen.

Die fast 6 Meter hohe Gruppe von Castor und Pollux mit ihren Pferden ist ein Lieblingsmotiv der Rom-Besucher. Die Figuren zeigen sich »in höchster Vollkommenheit menschlicher Kraft, im freudigen Genuß ihrer Existenz«, schrieb Wilhelm Heinse in seinem Roman *Ardinghello*. Vorstellen läßt sich, wie Bartolomeo Platina und Pomponius Laetus, die führenden Männer der römischen Akademie des 15. Jahrhunderts, deren Häuser hier beisammen lagen, im Gespräch über heidnische Philosophie, republikanische Staatsform und die Machtansprüche der Päpste die Dioskuren umkreisten. Diese stehen schon auf dem Stadtplan von 1577 vor der Villa des Kardinals Luigi d'Este, die die Päpste im späten 16. Jahrhundert zum heutigen Quirinalspalast umbauten. Früher gehörte den Dioskuren einer der ältesten Tempel Roms. Cicero erzählt in seinem Buch über *Die Natur der Götter*, warum sie besonders verehrt wurden. In der Schlacht am See Regillus im Jahr 499 (andere sagen: 496) v. Chr. siegten die Römer über die Latiner und gewannen endgültig die Herrschaft in Mittelitalien. Castor und Pollux leisteten Waffenhilfe und brachten selbst die Siegesbotschaft zum Forum. In der neben dem Vesta-Tempel gelegenen Quelle der Iuturna tränkten sie die Pferde. Auf den Sockeln der Figuren sind Phidias und Praxiteles als Bildhauer genannt. Doch das ist römisches Wunschdenken. Allenfalls handelt es sich um Kopien nach griechischen Originalen – wieso reden wir ständig so verächtlich von römischen Kopien? Die eintausendsiebenhundert Jahre alten jungen Männer haben ein Leben, das Plastik seitdem nur selten erreichte. Zwischen ihnen steht seit 200 Jahren ein Obelisk vom Mausoleum des Augustus, der unter Pius VI. hierher kam. Pius VII. ließ eine Granitschale beifügen, die vom Castor-Tempel auf dem Forum stammt. Seitdem gehört das Ensemble zu den bekanntesten in Rom umd zeigt auf seine Weise, was typisch ist für diesen Ort. Nicht die Erfindung, sondern die Kombination von Gedanken und Bildern war die Leistung Roms; die Fähigkeit, in einzelnen, nicht zusammengehörenden Dingen die Möglichkeit zu einem das einzelne weit übersteigenden Konzept zu sehen. Müßte ich Freunde in die Stadt führen, ich würde hier zu erzählen beginnen, weil die ganze Geschichte in Erscheinung tritt.

Denn mit den Figuren von Castor und Pollux reichen Legenden und heroische Vorgänge der Frühgeschichte in die Gegenwart. Die Namen am Sockel zeigen, daß die Römer ihre Kultur bekamen, indem sie Griechisches raubten, kopierten, weiterentwickelten. Mit dem Neueinsatz der Augusteischen Epoche wurde die noch ältere ägyptische Geschichte herübergeholt. Das Imperium umfaßte nun den gesamten Mittelmeerraum und dehnte sich bald aus bis nach Persien und Britannien. Der Einbruch östlicher Religionen machte das kaiserliche Rom zur kosmopolitischen Stadt. Die Verschiebung der Hauptstadt nach Osten zur Zeit Konstantins war verbunden mit dem Glaubenswechsel. Seitdem bestanden Heidnisches und Christliches nebeneinander. Oft geht beides – je für sich fanatisch verteidigt – ohne feste Grenze ineinander über. Als das Reich sich auflöste, stürzte die Stadt in Gewalt, Anarchie und barbarische Zerstörung. Zur Zeit der Völkerwanderung übernahmen die Päpste neben der geistlichen auch weltliche Herrschaft. Genau das ließ Rom nicht zur Ruhe kommen. In den Machtkämpfen sind Geistliches und Weltliches, Jenseitshoffnung und Machtgier kaum noch zu unterscheiden. Zu kurz waren die Ruheperioden zwischendurch. Während im übrigen Europa, das knapp 100 Kilometer nördlich in Viterbo und Orvieto beginnt, das mittelalterliche Christentum sich in großen romanischen und gotischen Kirchen entfaltet, verfallen in Rom die spätantiken Basiliken, werden weite Gebiete der Stadt zu Gärten und Weinbergen. Auch der Quirinalshügel und die Gegend zwischen Konstantins- und Diokletiansthermen veröden. Erst im 15. Jahrhundert konnten die Renaissance-Päpste die territoriale Herrschaft im Kirchenstaat sichern. Die Gegenreformation verwandelte im 16. Jahrhundert Rom zur prächtigen Hauptstadt. Der Quirinalspalast gehörte wie andere römische Paläste und Villen zu den herausragenden europäischen Bauwerken. Sixtus V., ein Franziskaner aus einfachsten Verhältnissen, machte den kleinen Bau, den er vorfand, zur riesigen Anlage, so wie er die ganze Stadt Rom durch seinen Herrscherwillen prägte. Auch die Peterskuppel, die nun klar vor dem morgendlichen Himmel steht, ließ er nach fast 100jähriger Bauzeit in einem gewaltigen Kraftakt innerhalb von 22 Monaten hochwölben (wie seltsam das klingt, ein Franziskaner mit »Herrscherwillen« – immer wenn es um Einzelheiten geht, wirkt vieles absurd in dieser Stadt). Der Quirinal war nun die eigentliche Residenz der Päpste. Von hier aus mußten sie bemerken, wie ihr Einfluß auf die Politik der Nationalstaaten seit dem 17. Jahrhundert rapide abnahm. Im Quirinal verhandelten die Abgesandten Napoleons mit Pius VI. und Pius VII. über die Liquidierung des Kirchenstaats, doch triumphierend kehrte Pius VII. schließlich in seinen Palast zurück. 40 Jahre später floh Pius IX. durch eine Seitentür vor den Revolutionären von 1848 und kam ebenfalls im Triumph wieder. Doch im September 1870 wurde endgültig das Haupttor aufgesprengt. König Vittorio Emanuele II hielt Einzug in das von ihm wenig geschätzte Gemäuer. Seitdem residierten dort die italienischen Könige, bis das Volk sich 1946 gegen die Monarchie entschied. Nun bezog der Präsident der Republik den Quirinalspalast. In teuren Autos und schwer gepanzert fährt seither die politische Kaste Italiens ein und aus, seriös wirkende alte Männer, die jeden Kredit verloren haben. Wie war das mit den Schmiergeldvorwürfen gegen den jetzigen Hausherrn, der vor dem Portal so malerisch bewacht wird? Hilfesuchend geht der Blick wieder zu den Rossebändigern mit den kräftigen Armen, die die störrischen Pferde zügeln. Welche mythischen Figuren können helfen, das gnadenlose Gewinnstreben der Großen und der Kleinen einer Staatsidee unterzuordnen, die aus dem Besitz der Geschichte Zukunft gestaltet? Gleichmütig ragt der Obelisk aus dem dröhnenden Kreislauf der Autos.

Es hat jetzt keinen Sinn, in der Via Nazionale noch einmal auf den Bus zu warten. Rasch zu Fuß die Via IV Novembre hinunter zur Piazza Venezia. Die Straße hat ihren Namen zum Gedenken an den 4. November 1918. Damals begann mehr durch den Zerfall der österreichischen Armee als durch eigene Tüchtigkeit der Waffenstillstand, der nach dreieinhalb Jahren den blutigen Stellungskampf des Ersten Weltkriegs beendete. Bis 1977 wurde der 4. November als »Anniversario della vittoria« von Faschismus und Demokratie gleichermaßen gefeiert. Dann verschwanden mit vielen religiösen auch solche politischen Festtage.

Es ist ohnehin lästig, die Via IV Novembre mit dem Bus herunterzufahren. Er schaukelt hier noch fürchterlicher, als das römische Busse ohnehin tun. Es geht um zwei scharfe Ecken, denn die Straße führt um die antiken Monumente herum. Durchbrüche wie in anderen Städten sind in Rom nicht immer möglich. Die gerade Linie hätte auf die Trajanssäule geführt. Gibt es da doch Hemmungen? Oder erzwang nur der Höhenunterschied die Serpentine? Vor der ersten Kurve steht der Torre delle Milizie, einer der wenigen erhaltenen mittelalterlichen Geschlechtertürme (allein um das Kapitol soll es 30 gegeben haben). Jedes Bauwerk hat seine eigene Lebensgeschichte. In Rom ist sie oft identisch mit der Lebensgeschichte Europas. Der Torre delle Milizie stand für etwa 10 Jahre im Zentrum großer Entscheidungen. Um 1300 spielt er eine wichtige Rolle bei dem Versuch, noch einmal eine universale päpstliche und nach deren Scheitern eine universelle kaiserliche Macht durchzusetzen.

1302 nahm Bonifaz VIII. den Annibaldis die mächtige Festung weg, die einen Brückenkopf zum Quirinalshügel bildete. Er brauchte feste Plätze in dem von den Adelsfamilien in Dutzende von Festungen verwandelten Rom als Machtbasis für den Anspruch der geistlichen *und* weltlichen Führung der Welt durch das Papsttum. Im gleichen Jahr 1302 erklärt die Bulle »Unam sanctam«, es sei *heilsnotwendig* für die Menschen, auch für die Fürsten, dem Papst Gehorsam zu leisten. Doch schon ein Jahr später wurde der Papst vom französischen König und einigen mit diesem verbündeten Kardinälen besiegt und in seinem Palast in Anagni geohrfeigt. Er starb als gebrochener Mann. Das Papsttum geriet unter die Kontrolle Frankreichs.

10 Jahre später, im Mai 1312, besetzte der deutsche König Heinrich VII. den Torre delle Milizie, um sich den Weg zur Kaiserkrönung in St. Peter freizukämpfen. Aber die mittelalterliche Idee eines Kaisertums als höchster, den Frieden sichernder Autorität, der alle weltliche Gewalt untergeordnet sein sollte, ließ sich nicht mehr durchsetzen. Dante begrüßte Heinrich in der *Divina Commedia* noch einmal in diesem Sinn und feierte ihn als Friedensbringer. Heinrich wurde auch zum Kaiser gekrönt, zwar nicht in St. Peter (die Orsini und die französisch-neapolitanischen Ritter waren nicht zu vertreiben), sondern im Lateran, doch er starb schon ein Jahr später, ohne Italien befriedet zu haben. (Sein Grab befindet sich im Dom von Pisa.)

Beim Versuch herauszufinden, ob der Turm nicht doch wieder bestiegen werden darf, wie das früher möglich war, fällt der Blick in eine völlig andere Welt. Das mittelalterliche Bollwerk ist hineingebaut in das Forum des Kaisers Trajan, das am besten erhaltene der Kaiserforen. Der Gewinn eines öffentlichen Platzes diente da zugleich als gebaute Darstellung der Kaiseridee mit der Statue, dem Totentempel und der Triumphsäule Trajans im Mittelpunkt. Von der Via IV Novembre aus wird eine antike Ladenstraße sichtbar. Sie erinnert an Verse Martials aus dem 1. nachchristlichen Jahrhundert. Der klagt über den Lärm der Großstadt; es gebe keinen Ort mehr, an dem der Friedliebende Ruhe habe vor den Schreihälsen, die auf der Straße

ihren Geschäften nachgehen. »Es vergälln ihm das Dasein / die Schulmeister schon morgens, des Nachts dann die Bäcker, / der Kupfer-
schmiede Hämmer während des ganzen Tags. / Hier klimpert müßig
auf seinem schmutzigen Tische / ein Wechsler mit seinem Haufen Ne-
ronischen Kleingelds, / da wieder klopft der Hämmerer den Gold-
staub aus Spanien / mit dem glänzenden Schlegel fest auf dem vielbe-
nutzten Stein.« Doch Martial lobt auch, Kaiser Domitian habe 92
n. Chr. Ordnung geschaffen und die Krämer aus der Straße hinter die
Schwellen ihrer Läden verbannt: »Nicht der Pfosten ist mehr behängt
mit Krügen an Ketten, / und der Prätor ist nicht mehr gezwungen, zu
wandeln mitten im Kot; / es zuckt nicht mehr blindlings das Scher-
messer inmitten der dicht sich drängenden Menge, / noch hält besetzt
ein rauchiger Herd völlig den Weg. / Barbier, Kneipwirt, Koch, Fleischer – sie wahren nun ihre Schwelle. / Jetzt ist es Rom, was noch
jüngst ein gewaltiger Laden nur war.« Wieder taucht, seltsam genug in
einer Straße, in der es im letzten Frühjahr so schönen aus dem Stein
heraus blühenden Mohn gab, die Vorstellung auf, »Rom« bedeute
Ordnung, Sicherheit, klare Verhältnisse und deshalb weitreichende
Herrschaft, während doch der gleiche Autor weiß, daß dieses Rom
eine einzige Zumutung ist.

Es genügt, der Via IV Novembre weitere 200 Meter zu folgen, um
auf ganz andere Erinnerungen zu stoßen. Hier steht der Palast der Familie Colonna. Die Säule in ihrem Wappen ist *die* Säule Roms, die nebenan stehende Trajanssäule. Im Wappen liegt auf der Säule zusätzlich
eine Krone. Kaiser Ludwig der Bayer hat sie 1328 der Familie geneh-
migt, als er zur Kaiserkrönung in ihrem Palast wohnte. Die Colonna
führten ihren Stammbaum auf Julius Caesar zurück und übernahmen
damit auch dessen Ableitung von Aeneas und den Göttern. Versuchs-
weise sei gefragt: Ist die Geschichtlichkeit des Platzes so einleuchtend,
daß solcher Unsinn niemanden verwundert? Oder fehlt uns einfach
ein Organ der historischen Wahrnehmung? Traditionell standen die
Colonna auf der Seite der Kaiser gegen den Papst, weshalb der Familienpalast, der die Apostelkirche umschließt, ein ums andere Mal verwüstet, wieder aufgebaut und wieder verwüstet wurde. Dann wählte
das Konzil von Konstanz 1417 einen Colonna zum Papst. Er nahm
den Namen Martin V. an und begann, das im Streit konkurrierender
Päpste heruntergekommene Rom wieder aufzubauen und zur Hauptstadt eines monarchisch regierten Territoriums zu machen. Nach 100
Jahren war das Ziel erreicht. Damals befanden sich die Colonna längst
wieder in Opposition zu den Päpsten, bis Marcantonio Colonna sich

mit Papst Pius V. versöhnte und 1571 die päpstlichen Schiffe in die Seeschlacht von Lepanto führte. Nachdem die türkische Flotte vernichtet war, wurde er in Rom gefeiert (im Senatorenpalast ist das noch immer zu sehen), als hätte es keine anderen Befehlshaber und keine anderen Flotten gegeben, denn ein alter Traum der Päpste ging in Erfüllung. Seit im späten 13. Jahrhundert das Heilige Land endgültig an den Islam verloren war, hofften sie, mit eigenen von Rom aus dirigierten Truppen die Ungläubigen zu besiegen. Ausgerechnet ein Colonna half ihnen dazu. Die heutigen Palastbauten der Colonna entstanden ohne einheitlichen Plan seit dem 15. Jahrhundert. Nichts verrät, daß sie einen der schönsten Säle Europas enthalten, die im 17. Jahrhundert entstandene Galleria Colonna. Deren grandiose Deckenmalerei feiert das Zusammenwirken der Colonna und des Papsttums beim Sieg über die Türken. Einmal in der Woche öffnet sich der Palast, präsentiert seine Räume und Bilder und zeigt, was alles sich in Rom hinter marode scheinenden Fassaden verbirgt.

Mit der Annäherung an die Piazza Venezia wird der Verkehr schlimm. Busse von allen Seiten; Taxis dazwischen; Fußgänger, die sich ohne feste Linien durchschieben; Privatautos stoßen in die freien Räume.

Ich brauche jetzt einen neuen Caffè und sollte mich nach den Ausflügen in die Geschichte wieder den Menschen zugesellen. In der Bar trifft man sich und hat einen Augenblick Zeit. Die Anonymität schafft Nähe. Höfliche Gesten gehören zum Leben. Es ist ein guter Platz zum Zurückschauen. Was ist passiert, seit ich mich frei gemacht habe von meinem Gepäck? Da war wie in jeder Großstadt der belebte Bahnhofsvorplatz. Da war ein kurzer Spaziergang, eine kleine Busfahrt, wieder ein Spaziergang. Insgesamt 2–3 Kilometer Weg. Aber es war ein Weg durch viele ineinander verflochtene Geschichten aus 3000 Jahren, Geschichten, die sich beliebig vermehren ließen, doch das neu Sichtbare verlangt sein Recht.

Eingeschwärzt, mit geschlossenen Mauerfronten liegt rechts der Palazzo Venezia, der älteste Renaissance-Palast in Rom. Kardinal Pietro Bembo aus Venedig baute ihn seit 1455 aus Steinen des Kolosseums auf dem Gelände der alten Basilika S. Marco, deren Campanile aus dem 12. Jahrhundert den Komplex nur noch knapp überragt. Die Kirche steht über einem Haus aus römischer Zeit, das Papst Markus im Jahr 336 zur Kirche machte, zur ersten nachgewiesenen Pfeilerbasilika Roms. Archäologisch belegt sind Brandspuren des 6. Jahrhunderts, als wechselnde Völker hier durchzogen. Im 9. Jahrhundert entstanden die heutige Kirche als dreischiffige Basilika über einer Ringkrypta und das Mosaik des segnenden Christus in der Apsis. Spielerisch gleitet die Erinnerung durch die Zeiten. Der an die Kirche angebaute Kardinalspalast mit seinen massiven Mauern und kleinen Fenstern wirkt wie eine Festung, zumal die Fassade durch einen Wehrgang mit Zinnen abgeschlossen und der ganze Bau von einem massiven Turm beherrscht ist, der den abgebrochenen Wehrtürmen in diesem Stadtteil ähnelt. Das ergibt einen seltsamen Zwitter, halb adelige Stadtburg, halb schon einen jener Päläste, die von jetzt an auch in Rom Mode sind. Im 15. Jahrhundert endete hier die bewohnte Stadt. Aber die Säle im Innern zeigen, daß der Bauherr Großes plante. 1464 zum Papst gewählt, nannte er sich Paul II. und verlegte seine Residenz in den nicht fertigen Palast am Fuß des Kapitols. Daß dessen Glanz sich in Formen der Verteidigung entfaltet, zeigt zugleich das Problem dieses Papstes. Im Unterschied zu seinem Vorgänger Pius II., einem bedeutenden Humanisten, war er nur leidlich gebildet. Er sammelte zwar eifrig antike Überbleibsel, doch während seiner Regierung entstand der erste ernste Konflikt zwischen moderner Bildung und dem geistlichen Regiment. Mit Gewalt und Folter unterdrückte der Papst eine Verschwörung gelehrter Humanisten, denen man heidnisches Denken vorwarf – es berührt peinlich, wenn Ludwig von Pastor, der offizielle Geschichtsschreiber des Papsttums, die von päpstlichen Henkern bedrohten Humanisten als Charakterlumpen darstellt. Weniger Bedenken hatte Paul II., wenn es um andere als geistige Dinge ging. Vom Balkon seines Palastes aus sah er das Ende der Straße, die von der Porta Flaminia in gerader Linie zum Kapitol führt. So verlegte er die Wettrennen (»corsi«) des Karnevals hierher und feierte als gütiger Fürst mit dem Volk, indem er nach den Wettläufen Geldstücke unter die Leute warf. In diesem Fall war es ohne Bedeutung, daß fromme Geister Paul II. vorwarfen, er habe heidnischen Geist in den Karneval eindringen lassen. Der »Corso« hatte nun eine zentrale festliche Bedeutung für die Römer und für alle Besucher.

Und damit gleitet der Blick hoch an den Fenstern des Palastes an der vordersten Ecke des Corso. Letizia Bonaparte, die Mutter Napoleons, wohnte dort oben, seitdem ihr Sohn ohne Macht, Titel und Ansehen in St. Helena auf sein Ende wartete. Pius VII. gewährte ihr großmütig Asyl, obwohl Napoleon ihm übel mitgespielt hatte. Denn Rom sollte die zweite Stadt des neuen europäischen Kaiserreichs werden und die Residenz des Thronfolgers. Durch Ausgrabungen und Neubauten sollte das imperiale Rom neu erstehen, auch wenn das eigene Imperium, das die Ruine des Heiligen Römischen Reichs Deutscher Nation ablöste, nur noch *ein* Zentrum hatte, Napoleon selbst. 1809 wurde Papst Pius VII. mit den päpstlichen Archiven nach Frankreich verschleppt. Unter Napoleons Aufsicht sollte er künftig dort residieren als Verkörperung der alten vorrevolutionären Mächte und der Legitimierung des neuen Zustands dienend. Der Papst rächte sich nicht für die Demütigung. Nachdem der Wiener Kongreß seine Herrschaft restauriert hatte, wurde Rom Zufluchtsort von Napoleons Familie. »Madame Mère« kaufte 1815 den Palast am Ausgang des Corso. War es der grüne überdachte Balkon, von dem aus sie dem ziellos hin und her flutenden Treiben auf der Straße und in der durch ihren Sohn veränderten Welt zusah?

Vor 100 Jahren endete an dieser Stelle der Verkehr. Neben dem Palazzo Venezia stand der Palazzetto, ein Gartenpalast, der den Platz zum Kapitol hin abschloß. Am Ende des 19. Jahrhunderts wurde dieser neben die Basilika S. Marco versetzt. Alle sollten schon beim Eintritt durch die Porta del Popolo den Blick frei haben auf das im Sinn seiner Auftraggeber bedeutendste Monument des neuen Rom, das zwischen 1885 und 1911 gebaute Nationaldenkmal für König Vittorio Emanuele II. Als »Ara della Patria«, mit einer Figur der Göttin Roma und einem hoch in die Luft gehobenen Reiterstandbild des Königs überragte es alle kirchlichen Altäre. Denn noch immer saß im Vatikan ein Papst, der sich als »Gefangener« betrachtete. Im Oktober 1870 hatte Pius IX. alle exkommuniziert, die sich am »Raub« des Kirchenstaates beteiligten. 1874 verbot er den Katholiken, im italienischen Staat politisch aktiv zu werden. Nur unter Straßenschlachten konnte 1881 seine Leiche vom Vatikan durch die Stadt nach San Lorenzo gebracht werden. Eine aufgebrachte Menge wollte den Sarg in den Tiber werfen. Doch auch sein Gegenspieler König Vittorio Emanuele II wurde zum »Gefangenen« der Situation. Man zwang ihn, im ungeliebten Rom zu residieren, und nach seinem Tod 1878 wurde er gegen seinen Wunsch nicht in Turin in der Gruft seiner Dynastie, sondern im Pantheon begraben. Als Person hatte er den nationalstaatlichen Bedürfnissen zu dienen. Sein Denkmal war die größtmögliche Darstellung dieser Bedürfnisse. Es sollte so gewaltig sein, daß sich ein Gegengewicht ergab zum Petersdom auf der anderen Seite des Tiber. Aber es zeigt bis heute, was seitdem mit Rom geschah. Ohne Rücksicht wurde ein Teil des Kapitolinischen Hügels abgegraben, die Renaissance- und Barock-Bauten mußten weg. Die Trotzgeste des Denkmals richtete sich nicht nur gegen den Vatikan. Sie übertrumpfte

Giuseppe Vasi: Platz vor dem Palazzo Venezia, wie er bis zum Ende des 19. Jh.s bestand. Rechts die Front des Palastes mit dem Turm; der Palazzetto in der Mitte und die dahinter sichtbare Torre di Paolo III am Abhang des Kapitols wurden entfernt für den Bau des Nationaldenkmals

gleichzeitig die Bauten des Kapitols, die römischen Foren, die Kirche S. Maria in Aracoeli. Der als Baumaterial gewählte weiße Kalkstein ist ein Fremdkörper geblieben, denn er nahm keine Patina an wie die Bauten ringsum. Wem trotzt er heute? Reglos stehen die jungen Soldaten am »Grab des Unbekannten Soldaten« und gehorchen ohne Widerspruch allen Befehlen.

Geräusche im Hintergrund rufen in die Gegenwart zurück. Es ist laut geworden an der Theke. Ein paar Männer diskutieren heftig, wedeln mit den Zeitungen. Noch immer gibt es keinen Ministerpräsidenten. Sie schimpfen auf den Clown, den sie neulich gewählt haben, reden von leeren Versprechungen, neuen Lügen. Einer antwortet heftig. Dann bricht der Streit rasch zusammen. Man geht an die Arbeit zurück. Die Probleme des Staates bleiben ungelöst.

Der Weg zur Bushaltestelle führt vorbei an dem unscheinbaren Balkon über dem Eingang zum Palazzo Venezia, den niemand mehr beachtet. Dabei ist es ein wichtiger Ort der neueren Geschichte. Mussolini hatte 1928 sein Hauptquartier in den Palast verlegt und residierte in der riesigen Sala del Mappomondo. Ein Schritt auf den schmalen Balkon, und er erreichte die Massen. Wer dort oben steht, hat das im-

periale Wollen eines Renaissance-Papstes im Rücken und die Trajanssäule und den Palazzo Colonna vor sich. Mussolini genoß die Auf-
tritte vor den zum Jubeln entschlossenen Massen. Mit kühn gereck-
tem Kinn, die Fäuste in den Hüften, die Beine gespreizt, begrüßte er
die Aufmärsche seiner Blechpanzer, ließ die Menge brüllen vor Bege-
sterung über imaginäre Siege (»Duce, Duce, Duce«) und redete ein
neues Imperium herbei. Als der Krieg verloren war, wurde er im Palazzo Venezia von den eigenen Leuten abgesetzt und anschließend
vom König verhaftet. Der Vorgang setzte die Schrecken einer deutschen Besatzung frei, die glaubte, die »Verteidigung« Italiens selbst
übernehmen zu sollen. In den Wohnhäusern, die sich von hier zum
Tiber ziehen, erinnern viele Tafeln an ermordete Widerstandskämpfer.

Die Haltestelle des Busses, der zur Bibliothek fährt, liegt vor dem
Rest eines römischen Mietshauses aus Augusteischer Zeit. Die Ruine
ist eingeklemmt zwischen dem Nationaldenkmal und der von Mussolini um das Kapitol herum in die antiken Monumente gegrabenen Via
Teatro di Marcello. Früher war da ein lebendiger Markt, die Montanara. Wer ihn erlebt hat, erzählt melancholisch, wie hier Bauern und
Hirten der Campagna für billiges Geld erwarben, was sie brauchten:
»alte Anzüge und Schuhe, wollene Unterjacken und Hosen, breitkrempige schwarze Hüte, die der Verkäufer, turmartig aufeinanderge-
schichtet, auf seinem Kopfe trug, alte Zylinderuhren mit beigelegten
Schlüsseln und schließlich Tabak, der aus allen möglichen Mischungen
zusammengesetzt war« (Philipp Hiltebrandt). Der Markt bildete ein
Campagna-Viertel innerhalb Roms. Weil wertvolle Bauten fehlten,
fiel es leicht, ihn unter Asphalt zu begraben.

Vor der Haltestelle bettelt wieder einer jener Gestrandeten, die es
auf dem Platz in großer Zahl gibt. Am schlimmsten war eine nächtliche Begegnung im letzten Jahr drüben vor der Loreto-Kirche. Eine
Frau mittleren Alters läuft in der bitterkalten Winternacht unter den
Bäumen herum, hat mit grober Schnur Kartons um sich gebunden,
Plastiktüten über der Schulter. In deutscher Sprache beschimpft sie,
ohne hinzusehen, die Passanten. Schwer zu ertragen, diese Situation.
Vor den Monumenten vereinzeln sich die Geschichten. Was mögen
jene von der Welt mitbekommen haben, die vor rund 2000 Jahren in
dem römischen Mietshaus gewohnt haben? Beim Einsteigen in den
Bus sehe ich noch, wie auf seinem Denkmal am Kapitolshügel Cola di
Rienzo in stummer Beschwörung seine Hand über die Stadt hält. Er
macht nicht die übliche Segensgeste. Er hebt die offene Hand nach
oben.

II
Texte über der Stadt

Endlich die Ruhe der Bibliothek. Warten auf die kostbaren alten Werke aus dem Magazin. Momente der Konzentration und der bewußten Wendung vom flutenden Leben draußen zum Leben der Bücher. Jedes von ihnen bahnt sich einen eigenen Weg durch die Stadt, an deren Rand ich eben ein kleines Stück gegangen bin. Kaum ein Text ist originell. Rasch kennt man die Muster, denen individuelles Schreiben folgt. Dennoch zieht jeder Text das bloß Vorhandene in eine persönliche Begegnung, manchmal sogar in eine liebende Berührung.

Kürzlich fand ich ein auf seine Weise typisches Buch mit dem Titel *Erinnerungen aus meiner Romfahrt* von H. Hildebrand, offenbar ein Privatdruck, denn weder Ort noch Jahr des Erscheinens sind angegeben. Der Verfasser erzählt von einem »Pilgerzug«, der im Frühjahr 1893 »über sechshundert Schweizer« von Zürich nach Rom brachte. 6 Tage hielt man sich dort auf. Abstecher führten nach Neapel und Florenz. Hauptzweck der Reise war es, »dem Heiligen Vater, dem Statthalter Jesu Christi auf Erden, zu huldigen«. (Der 83jährige Papst Leo XIII. feierte sein 15jähriges Regierungsjubiläum und blieb 10 weitere Jahre im Amt.) Am 4. Mai 1893 kam »der sehnlich erwartete Tag, an dem wir das Angesicht des Heiligen Vaters schauen sollten«; die Pilger erstarrten »voll ehrfürchtigen Schweigens beim Anblick der bleichen, hagern Gestalt, die, das weiße Käppchen auf den Silberhaaren und angetan in die weißen heiligen Gewänder, mehr einem übernatürlichen Wesen als einem sterblichen Menschen anzugehören schien«. Jahre später, wie das Vorwort erkennen läßt, erschien über diese Reise ein üppig illustrierter Band von nicht weniger als 632 Seiten.

Der Vorgang enthält typische Momente der Rom-Literatur: persönliche Ergriffenheit, weil das Erlebte für das ganze Leben wichtig ist; den Wunsch, das massenhafte Geschehen zum individuellen Erlebnis zu machen; die Suche nach monumentaler Form; eine schreibende Hartnäckigkeit, die der mögliche Leser offensichtlich nicht im Auge hat; einen hohen Feierton, weil der Platz so über alles erhaben ist und angemessene Sprache verlangt. Denn die Begegnung mit Rom kann so flüchtig sein, wie sie will, sie muß eingeschrieben werden in das eigene und das allgemeine Gedächtnis. Viele literarische Schichten haben sich auf die Stadt gelegt und ergänzen die archäologischen. So

wie die Zahl der materiellen Gegenstände, die aus den letzten drei
Jahrtausenden erhalten sind, die Entzifferung in nur einem Men-
schenleben unmöglich macht, so überschreitet die Masse des Geschriebenen die Kapazität der individuellen Daseinserwartung. Von
keinem Platz der Welt läßt sich so etwas sagen. Die wenigen Texte, die
das vorliegende Buch präsentiert, ragen heraus aus einer großen
Masse, die sich auf buchstäblich allen literarischen Ebenen bewegt.
Neben den berühmten Namen stehen Autoren, die nur einmal im Leben, eben zu diesem Thema, ein Buch schrieben. Neben solchen, die
sich viele Jahre um die Stadt bemühen, gibt es jene, denen schon ein
»Blick auf Rom« genügt, um ein paar Seiten drucken zu lassen. Oft
vergewissert man sich ohne jede Autoreneitelkeit liebevoll seiner Erinnerungen, nur um selbst den biographischen Höhepunkt »Rom«
besser zu begreifen. Erstaunlich viele Bücher kamen erst lang nach
dem Tod der Verfasser zum Druck.

Über die Jahrhunderte hin gleicht Rom – ach, die Metaphern. Wie
keine andere Stadt verlangt diese nach Interpretation und zwingt jeden ihrer Besucher in das Metaphernspiel. Gegen die Absicht derer,
die in den letzten 1000 Jahren hier Macht hatten, war alles viel weniger festgelegt als anderswo. Unaufgeregt vorhanden war diese Stadt,
nicht brodelnd von Ideen, nicht revolutionär auf Zukunft bezogen,
nicht strategisch die Beherrschung der Welt im Blick, das mußte man
neuen Metropolen überlassen. Insofern sind seit langem andere Städte
»wichtiger« für die Politik der Welt. Doch wer Aufklärung sucht über
die Gemengelage des europäischen Geistes, ist in Rom gut aufgeho-
ben. Wer sich dann vollends längere Zeit in den Büchern aufhält, ge-
winnt den Eindruck, daß es diese Stadt als solche nicht gibt. Fortwährend ändert sich der Gegenstand »Rom« im Zugriff unterschiedlicher
Sehweisen. Zusammengenommen ergeben sie so etwas wie die
Summe unserer kollektiven Erfahrung. Denn jeder findet, woran er
glaubt. Der Reliquienkult ist ja nicht mehr oder weniger problema-
tisch als der Handel mit Antiquitäten oder Gemälden, die Fachleute
durch brillante Zuschreibungen nach Bedarf teuer oder billig machen.
Brutal wurde im Lauf der Jahrhunderte die Naivität aller »Gläubigen«
ausgenützt und ohne Hemmung erfunden, was man für das Geschäft
brauchte. Belli erzählt höhnisch in einem Sonett, wie ein Römer seine
alte Kohlenschaufel zerschlägt und die Teile begeisterten Engländern
als Antiquität verkauft. Aber der fromme Eifer – um bei den Reliquien zu bleiben – meint ja nicht den Gegenstand selbst, sondern das,
was er verkörpert oder woran er erinnert. Insofern stehen die römi-

schen »Betrügereien« in einem irritierenden Zwielicht. Erst die liebende Zuwendung setzt, selbst da, wo die Gegenstände »echt« sind,
deren religiöse und ästhetische Wirkung frei.

In diesem Sinn gab es in Rom zahlreich wie nirgends sonst Orte
des Heils. Seitdem der Islam Palästina erobert hatte, war Rom der
zentrale Platz der Begegnung mit dem irdischen Leben Jesu. In S. Maria Maggiore stand die Krippe von Bethlehem; im Lateran der Tisch
des Abendmahls, daneben die Treppe zum Palast des Pilatus; in
S. Prassede befand sich die Geißelsäule; in S. Croce Stücke der Dor-
nenkrone und einer der Nägel des Kreuzes; in S. Peter ein Teil dieses
Kreuzes und ein Splitter der Lanze, mit der der römische Hauptmann
die Seite Jesu durchstach; vor allem befand sich dort das Schweißtuch
der Veronika, in dem Jesus selbst die Pilger ansah. Zum Heiligen Jahr
1300 hatte Papst Bonifaz VIII. erstmals jedem einen Ablaß aller Sün-
denstrafen versprochen, der nach reumütiger Beichte die Basiliken der
Apostelfürsten besuchen würde. Die Pilger, die kamen, verzeichneten
sorgfältig und ohne nach rechts und nach links zu sehen, ihre Wege
von einem Heiligtum zum anderen und die Höhe der gewonnenen
Ablässe.

Seit dem 15. Jahrhundert schrieb ein ganz anderer Typ von Besuchern auf, was er sah. Rom regierte einen wichtigen italienischen
Staat. Die reichen Städte Oberitaliens hatten begonnen, die Welt
durch das im Handel gewonnene große Geld zu verändern. Damit fi-
nanzierten sie eine Erneuerung der Künste, der Wissenschaften, der
gesamten Lebensform. Unter den Päpsten Nikolaus V., Pius II. und
Sixtus IV. übernahm Rom die Vorgaben. Humanisten und Künstler
lobten »die unglaubliche Freiheit, die man hier genoß« (Pastor, Bd. 2,
S. 668). Die Päpste mühten sich, die besten Gelehrten zu gewinnen (so
kam z. B. 1475 der Mathematiker Regiomontanus aus Königsberg in
Franken, um an der geplanten Kalenderreform mitzuarbeiten). Seinen
Höhepunkt erreichte das päpstliche Mäzenatentum in den ersten Jahr-
zehnten des 16. Jahrhunderts unter Julius II. und Leo X. Für einen
Augenblick war Rom das geistige Zentrum Europas. Besucher nahmen freilich den Zwiespalt wahr, der zwischen christlichem und heid-
nischem Humanismus, zwischen Reformbestreben und dem schreienden Mißbrauch geistlicher Ämter bestand. Schon Nikolaus V. hatte
auf dem Sterbebett seinen Nachfolgern das Vermächtnis hinterlassen,
das neue Denken und die neuen Fertigkeiten in Dienst zu nehmen
und sie zur Verherrlichung der Kirche zu benutzen, um »durch Bauten, die in ihrer Erhabenheit ewig, wie von Gott errichtet erscheinen,

die Erhabenheit und Ewigkeit der christlichen Lehre hindurchscheinen zu lassen und die rechte Bereitschaft zur Unterwerfung unter das Haupt der Kirche zu erzeugen«. Wer solche In-Dienst-Nahme kritisiert, könnte immerhin überlegen, warum sie verächtlicher sein soll als das gewöhnliche fürstliche Mäzenatentum zum Ruhm einzelner Regenten.

Als die europäischen Nationalstaaten Italien zunehmend einbezogen in den Kampf um Einflußsphären und Macht, verlor die päpstliche Politik die Möglichkeit, gestaltend einzugreifen. Aber die Glaubensspaltung hatte das Feindbild »Papsttum« in seinen Konturen präzisiert, ihm neues Selbstbewußtsein verschafft. Sein Gewicht im Verbund der Mächte kam gerade nicht aus nationalstaatlicher Eigensucht, sondern aus einem moralisch-religiösen Anspruch, den die Unvollkommenheit der Amtsträger zwar beschädigte, aber nicht in Frage stellte. Rom blieb auf dieser Basis ein wichtiges europäisches Zentrum. Die Hofhaltungen der Päpste und der Kardinäle bekamen neuen Glanz. Ihre Paläste, Villen, Gärten und Kunstsammlungen gehörten zu den besten in Europa. Kaum eine Kavaliersreise des europäischen Adels ließ die Stadt aus. Im Gefolge der Fürsten kamen die Künstler. Architektur und Malerei der Gegenreformation wurde stilbildend für Europa.

Und seit den Tagen der Renaissance hatte sich herumgesprochen, daß römische Bibliotheken das Wissen und die Dokumente vieler Epochen bewahrten, daß dort antike und auf die Antike bezogene Schriften zu finden waren, die anderswo fehlten, und daß es vorzügliche Kenner dieser Schriften gab, die in Rom selbst aufgesucht werden mußten. Des weiteren tauchten durch erste unsystematische Grabungen antike Gegenstände in großer Fülle auf. Päpste und Kardinäle begannen Sammlungen anzulegen (erst seit dem frühen 19. Jahrhundert entstanden auch im übrigen Europa größere Museen). Die Stadt erlaubte wie keine andere antiquarische Studien. Die mit Stipendien ihrer Fürsten reisenden Gelehrten dokumentierten in ausführlichen Briefen ihren Fleiß.

Eine Neuinterpretation der gelehrten Studien geschah durch Johann Joachim Winckelmann. Dessen frühe Schriften hatten gezeigt, daß in der römischen die griechische Plastik erscheint und daß diese das eigentlich Schöpferische in der Antike ist. Das Griechische wurde zum Maß aller Kunst, weil es mustergültig den menschlichen Körper beobachtet und in seiner idealen Form dargestellt hatte. Winckelmann kam 1756 nach Rom, und er blieb dort. Dieses Ankommen eröffnete auch anderen eine neue Art des Lebens. Abgewandt von den Menschen der Stadt, erfuhr der Besucher im Umgang mit den Kunstwerken ein neues Dasein, dem gegenüber das Leben in Deutschland nur eine Art Vorleben war. Auf den Spuren Winckelmanns erlebte die Generation Goethes den Aufenthalt in Rom als »Wiedergeburt«, jetzt nicht mehr aus dem Glauben, wie der deutsche Pietismus das angestrebt hatte, sondern aus der Kunst. Der persönliche Aufenthalt in Rom war unumgänglich zur persönlichen Bildung. Am schönsten hat Wilhelm Emrich den Vorgang formuliert: »Das Leben in Rom ist das Sinnbild einer in Deutschland unerreichbaren höchsten geistig-sinnlichen Vollendung des Menschen.«

Dennoch dürfen Goethe und der Einfluß der erst 1816 erschienenen *Italienischen Reise* nicht überschätzt werden. Längst vorher kamen Reisende in ganz anderer Erkenntnisabsicht. Seit dem späten 18. Jahrhundert wollten deutsche Maler, wie früher zahlreiche Holländer, die Werke der großen Meister studieren, und sie befriedigten die Wünsche der Reisenden nach Bilddokumenten. Ihnen folgte im frühen 19. Jahrhundert eine große Zahl jüngerer Künstler und Literaten, deren Ziele nicht mehr einheitlich waren. Zum einen suchten sie nach den großen philosophischen Abenteuern der frühen Romantik die Rückkehr in die positive Religion, in die strenge Zucht des Katholizismus. Das bedeutete eine Neubewertung des mittelalterlich-christlichen Erbes. Nach der Schwärmerei für die Antike waren die römischen Kirchen neu zu entdecken. Dann zeigte sich, daß trotz des schlechten Rufs, den das politisch rückständige päpstliche Regime hatte, das Leben in Rom erheblich freier war als das im Deutschland der Restaurationszeit. Und das freiere Leben führte zur romantischen Entdeckung des »Volkes«, für das sich bisher kaum jemand interessierte, das man höchstens als schmutzig, dumm, bigott abtat. Nun entdeckte man auf den Straßen ein faszinierend buntes »südliches« Leben.

Im Verlauf des 19. Jahrhunderts nahmen der Tourismus und damit auch die Literatur über die Stadt inflationäre Formen an. Neben den künstlerisch-kulturellen spielten auch politische Aspekte eine Rolle, besonders nach 1848. Auf der Tagesordnung standen die Einigung Italiens und die Frage, welche Rolle der Papst als Landesfürst dabei spielen sollte. Doch das wurde außerhalb von Rom diskutiert. Im Kirchenstaat fühlte man sich in einer anderen, den Zeitläuften enthobenen Welt. Die Reaktion der Besucher folgt einem Topos, der schon in Goethes *Italienischer Reise* vorgeformt ist. Dessen Jubelruf vom

1. November 1786: »Endlich kann ich den Mund auftun und meine Freunde mit Frohsinn begrüßen. [. . .] ich bin endlich in dieser Hauptstadt der Welt angelangt!« hallte lang nach. »Rom« galt als Ort der Befreiung und entfaltete nicht nur persönliche, sondern auch künstlerische Kräfte. Shelley bekannte 1820 im Vorwort zu seinem *Prometheus Unbound*: »Der leuchtend blaue Himmel Roms, die Wirkung des mächtig erwachenden Frühlings in diesem göttlichen Klima, das neue Leben, mit dem er die Lebensgeister erfrischt bis zum Rausch, waren die Inspiration für dieses Drama.« Gogol schrieb an seinen Freund Schukowskij: »Hier bin ich geboren. Rußland, Petersburg, der Schnee, die abscheulichen Menschen, all dies ist nichts als ein böser Traum gewesen.« In einem Brief Ibsens vom 4. Mai 1866 heißt es: »Hier ist es wundervoll – märchenhaft schön! Ich habe eine Arbeitsfähigkeit, und eine Kraft, daß ich Bären fällen könnte!« Henry James schrieb nach seiner Ankunft am 30. Oktober 1869 einem Freund: »Vom Mittag bis in die Nacht bin ich durch die Straßen gezogen. Was soll ich sagen? Zum ersten Mal lebe ich. Es geht weit hinaus über das Rom Deiner Phantasie und Deiner Erziehung. Es läßt Venedig, Florenz, Oxford, London aussehen wie Städte aus Pappmaché. Im Taumel lief ich durch die Straßen, fiebernd vor Freude.« Manche dieser künstlerischen und religiösen Erweckungserlebnisse enden in Selbstbespiegelung, verharren in altmodischer Sprache und längst abgenützten Klischees. Rom dient dann nur als Kulisse, die das eigene Dasein erhöht. Es ist deshalb konsequent, daß plötzlich Amerikaner auftauchen, die Rom als Symbol eines verrotteten Europa begreifen und ihm die »Gesundheit« Neu-Englands entgegenhalten. Doch das schadete der Begeisterung nicht. Bis zum Ende des Jahrhunderts überwiegen die Freiheitstopoi eindeutig den kritischen Blick.

Auch im Massentourismus bleiben die traditionellen Sehweisen erkennbar. Noch immer kommen Pilger in großen Schwärmen. Wo sie sich aus der Horde vereinzeln, erscheinen sie still und konzentriert an den heiligen Plätzen. Und junge Leute studieren in Ruhe, was früher privilegierten Schichten vorbehalten war. Überhaupt ist jetzt vielen eine persönliche Erfahrung großer Kunst möglich, für die sie sich sorgfältig vorbereiten und auf die sie mit Dank reagieren. Eine alte Dame erzählte neulich, sie komme jedes Jahr mindestens einmal nach Rom; sie wisse nicht viel von der Welt, aber von diesem Platz wolle sie alles erfahren, was ihr zugänglich sei. Zu den alten Reisemotiven kamen neue, der Ruhm der Oper, elegante Geschäfte, das Treiben der Filmwelt, der Traum vom »dolce vita«, das Dies und Das. Und noch immer gibt es jene, die auf den Spuren Goethes ein wenig melancholisch und ein wenig eitel sich selbst suchen. Wer will sich das Recht nehmen, solches Treiben pauschal verächtlich zu finden. Marie Luise Kaschnitz hat »Das Recht der Massen auf die Cappella Sistina« verteidigt in der Hoffnung: »Es beginnt etwas« in den Menschen, die sich wenigstens für einen Augenblick der Kunst und dem Geist des Platzes aussetzen. Sie fährt fort mit der überraschenden Bemerkung, wer mit den Bildern Michelangelos im Sinn in seine eigene Welt heimkehre, stehe vielleicht »dem Tod anders gegenüber als bisher«. Die Liebhaber Roms geben offenbar die Hoffnung nicht auf, daß hier selbst bei Touristen neue Formen des bewußten Lebens entstehen; daß diese Leben und Sterben anders begreifen als vorher.

Die typischen Kategorien, die den Blick auf Rom formieren, zeigen eine klare historische Abfolge. Im 16. Jahrhundert meint man den Weg von einer Kirche zur anderen, wenn man von »Wallfahrt« spricht. »Die Wallfahrt« des späten 18. Jahrhunderts ist die von einer antiken Ruinenstätte zur nächsten. Aber die Wege kreuzen sich. Das Spätere kommt zum Früheren, ohne es zu verdrängen. Vor S. Giovanni in Laterano bewegte sich neulich eine Gruppe von Frauen langsamen Schritts, ein geschlossener, unbeirrter Block, laut betend und singend auf die Scala Santa zu, während der mörderische Verkehr geräuschvoll um sie herumkurvte. Verblüfft zusehend, wäre ich gern mit Nanni Moretti auf der Vespa hinausgefahren nach Ostia zum Denkmal für Pier Paolo Pasolini, um noch einmal zu hören, wie dieser über die Kraft der »einfachen Leute« redet und dabei einen Blick hat, der alle vorgefertigten Kommentare seiner Gesprächspartner durchdringt.

Denn jeder, der mit offenen Augen durch die Stadt geht und seinen eigenen Reim sucht auf die verwirrenden Bilder, begibt sich bewußt oder nicht bewußt in das Raunen der jahrhundertealten Interpretationen. Und weil die vielen begeisterten Stimmen die Erwartung steigern, fängt der Weg meist mit Enttäuschung an. Das erhoffte Glück kommt nicht gleich. Die Gewöhnlichkeit jenseits der Pathosformeln ernüchtert. Auch dieses Spiel vollzieht sich seit Jahrhunderten. Es hat inzwischen aber eine neue Dimension erreicht. Selbst wer zur Ergriffenheit entschlossen ist, erschrickt bei der Einfahrt durch die häßlichen Vorstädte. Vielerorts bröckelt der Putz. Im historischen Zentrum verkommen die Häuser. Museen und Bücher bleiben unzugänglich, weil es an Geld fehlt, sie zu konservieren und verfügbar zu halten. Gelegentlich sitzt ein Wächter davor, der gelangweilt seine Zeitung vorholt, wenn Besucher stören. Schilderungen dieser Art sind alt. Immer wieder haben Reisende geglaubt, endlich einmal »die Wahrheit« über das scheußlich verdreckte und verkommene Nest am Tiber sagen zu müssen.

Doch neuerdings legt sich eine Textschicht über die Stadt, die mit der vertrauten Schimpferei nichts zu tun hat. Die Kunstdenkmäler seien »verrottet«, ihr Verfall »unaufhaltsam«, schreiben die Zeitungen. Selbst der Kapitolspalast ist einsturzgefährdet. Als schlimmes Symbol für den Zustand gilt das Kolosseum, dessen Ruine vom Autoverkehr, von den Erschütterungen der U-Bahn und vom Smog übel mitgenommen ist, für dessen Sanierung es aber keine öffentlichen Gelder gibt. Und der Verfall bleibt nicht in den Fassaden, und er bleibt auch nicht in den Mauern. So wie am 20. September 1870 mit der Eroberung durch den italienischen Staat das kirchliche und das politische Rom auseinandergefallen sind, so scheint heute jedes von beiden auf seine Weise zu zerfallen. Auch die Sitten in der römischen Politik verrotten. Längst wird behauptet, der »Finis Italiae« sei gekommen; die politische Klasse und das politische System seien in Selbstdarstellung und Selbstbereicherung versumpft; sogar die große Errungenschaft des 19. Jahrhunderts, erstmals seit der Antike Nord und Süd in Italien verbunden zu haben, steht in Frage. Und auch die große vatikanische Welt beginnt zu schrumpfen. Vor 50 Jahren ließ sich als Ergebnis des jahrzehntelangen Streits zwischen Staat und Kirche feststellen: »Der Papst ist wieder zu einem großen geistigen Führer, zu einem Symbol für die Kräfte des Guten im Kampf gegen die Kräfte des Bösen geworden« (Luigi Barzini). Auch fromme Katholiken haben es heute schwer, diese Formel zu übernehmen. Rom erscheint nicht mehr als Klammer, die irgend etwas zusammenhält, das politische Rom nicht den italienischen Staat, das katholische Rom nicht die weltweite Kirche. Dennoch funktionieren die rituellen Abläufe. Die Besitznahme durch Eliten, die energisch sich selbst konservieren, hält die Räder in Gang. Und unentwegt ziehen durch den angeblichen Verfall die Touristen, schreiben Historiker, Kunstgeschichtler, Archäologen, Literaten ihre Bücher.

Die Sammlung der Klagelieder verwirrt am Schluß doch. Sie kommt daher wie die urältesten Abgesänge. Doch vielleicht zeigt in Rom der lockere Umgang mit Regierungswechseln auch ein ganz anderes Verständnis von Macht, das politische Maulhelden notfalls rasch abserviert und die korrupten Eliten nicht nur dem Gelächter, sondern auch der Justiz preisgibt? Vielleicht hindert nur die Masse des künstlerischen Erbes die Erhaltung, denn an vielen Plätzen wird sorgsam, sachkundig und nicht nur auf Nutzung bedacht renoviert. Und die klerikale Weigerung, alles wohlwollend zu verstehen, was in Kopf und Gefühl der Menschen vor sich geht, ist eigentlich kein moralischer Verfall. Läßt sich also weiterhin hoffen, daß auch hier Totgesagte ein langes Leben haben? Daß die Geschichte Roms genügend kritisches Potential besitzt, um sich aus den Ideen heraus zu erneuern?

Zu den alten Problemen kommt freilich ein neues, das das Phänomen »Rom« auf entscheidende Weise trifft. Die Stadt ist nicht nur in ihrer physischen und moralischen Existenz gefährdet. Sie beginnt auch in den Köpfen zu verschwinden. Festzustellen ist, daß das Wissen um antike und christliche Traditionen auch bei den Gebildeten abnimmt. Die geistigen Raster, mit denen historische und religiöse Erscheinungen einzuordnen sind, verschwinden. Vor dem Apollon des Belvedere gibt es kein Wiedererkennen. Der Augustus von Primaporta dient nur als fotografischer Hintergrund. Die Decke der Sixtina liefert eine Bildgeschichte unter vielen, und das Jüngste Gericht verliert seine Schrecken. Reformation und Gegenreformation, Religion und Aufklärung sind keine Begriffe, mit denen sich noch streiten läßt. Statt dessen gibt es andere Formen des Wiedererkennens. Etwa wenn ein Vater beim Anblick der Decke in der Sixtina überrascht seiner Familie zuruft: »Da is ja die Hand von dem T-Shirt!«; wenn eine griechische Statue beachtenswert wird durch den Hinweis: »Die kommt doch in der Werbung vor!«; wenn ein Gemälde sich empfiehlt, weil es als »bekannt« gilt. Offenkundig ist die rasch wechselnde Bildwelt der Reklame primär geworden. Kunstwerke und Gedanken dienen dem raschen Konsum. Die Notwendigkeit der Sinndeutung verschwindet durch das Auftauchen immer neuer Bildfluten. Am Beispiel Roms läßt sich zeigen, was das bedeutet. Die aus Antike und Christentum, aus Kunst und Politik spannungsvoll gewachsene Einheit »Rom« beginnt zu verschwinden. Die weiten geistigen Wege, die diese Stadt ihren Liebhabern zumutet, mag kaum einer mehr gehen. Das hat nichts mit der demokratischen Öffnung dieser Wege zu tun, sondern mit der grundsätzlichen Veränderung der Wahrnehmungs- und Lebensweisen. »Rom« wird ein Stadt-Konglomerat wie so viele. Noch sind die Kirchen offen und erlauben einen Blick auf geistesgeschichtlich und künstlerisch entscheidende Vorgänge Europas. Was, wenn demnächst die freundlichen alten Priester, die sie pünktlich aufschließen, nicht mehr da sind?

Bleibt Resignation? Mir schwebt eine andere, »gesunde« Reaktion vor, wie sie Godfried Bomans in einem Feuilleton schildert. Da steht eine Gruppe holländischer Touristen auf dem Forum, unter ihnen eine »dicke rosige Dame aus Utrecht«, die dem begeisterten Führer gar nicht zuhört, weil sie sich erst aus einer bunten Tüte ernähren muß. Als nach der Rede ein Augenblick heiliger Stille eintritt, sieht sie sich, plötzlich aus der Ruhe gebracht, um und artikuliert, was sie wahrnimmt: »Nein wie hier alles kaputt ist!« Begeben wir uns in diese schöne Naivität und beginnen wir, langsam und geduldig zu erklären, was jeder wahrnimmt und was er sich beim Anblick von 3000 Jahren dichtgefügter europäischer Geschichte denkt.

III
»Ich dachte mir Rom wie die ziehenden Wolken«

Die ersten Bücher kommen vom Magazin. Groß ist die Versuchung, jedes wieder von Beginn an zu lesen. Je genauer Orte und Gegenstände hervortreten, um so weiter führen die Bücher. Aber nun sind aus der Fülle der Schilderungen charakteristische Bilder gefragt. Beim Herumblättern taucht im Gedächtnis das schönste Rom-Bild auf, das ich kenne. Joseph von Eichendorff, der nie hier war, schickt mehrmals die Helden seiner Geschichten nach Italien. Als sein »Taugenichts« hört, er sei »nur noch ein paar Meilen von Rom«, erschrickt er vor Freude. »Denn von dem prächtigen Rom hatte ich schon zu Hause als Kind viele wunderbare Geschichten gehört, und wenn ich dann an Sonntagsnachmittagen vor der Mühle im Grase lag und alles ringsum so still war, da dachte ich mir Rom wie die ziehenden Wolken über mir, mit wundersamen Bergen und Abgründen am blauen Meer und goldnen Toren und hohen glänzenden Türmen, von denen Engel in goldenen Gewändern sangen.« Die Stelle zeigt, daß niemand unvoreingenommen nach Rom kommt. Er bringt sein »Bild« mit. Das ist gemischt aus Vorwissen, historischer Mentalität, Projektion, Traum, und es wird vorgetragen, wie bei Eichendorff zu hören, in der Sprache der Zeit. Einige der wichtigsten Bilder kommen nicht aus dem Augenschein. Im 19. Jahrhundert wurde die Vorstellung vieler geleitet durch Goethes Lied der Mignon »Kennst du das Land, wo die Zitronen blühn«. Wer ergriffen analysiert, auf welche Weise hier die Sehnsucht nach südlicher Kunst und Natur ihren »schönsten Ausdruck«

finde, vergißt oft zu erwähnen, daß das Gedicht lange vor Goethes
Italien-Reise entstand.

Die genauesten Texte über Rom stammen von Besuchern. Außer
Giuseppe Gioacchino Belli ist keiner der im folgenden zitierten Autoren »Römer« in dem Sinn, daß er in der Stadt geboren wurde, dort
lebte und starb. Offenbar suchen vor allem die »Fremden« nach Interpretation und nach der Einordnung ihrer Erlebnisse in den europäischen Kontext. Meist ist der Besuch Teil einer Italien-Reise, manchmal
sogar einer Europa-Reise. Rom befindet sich dann zwar in Konkur-
renz mit Venedig, Florenz, Neapel, gelegentlich sogar mit anderen europäischen Metropolen. Dennoch wird die Stadt zum Höhepunkt der
Reise. Die schöne Werbeformel »Europe in ten days, Pope included«
zeigt, was selbst auf den einfachen Touristen unfehlbare Wirkung hat.
Viele Besucher begnügen sich nicht mit einer kurzen Reise. Für sie
wird Rom zur Aufgabe, der sie Jahre ihres Lebens und immer neue
Anläufe widmen. Und auch manche, die nur kurz da sind, gestalten
den Aufenthalt so, daß diese Reise jede andere übertrifft durch genaue
Vorbereitung, die Intensität des Hinschauens, die sorgfältige Nachar-
beit. In der Masse von Texten, die so entstanden sind, verfährt die folgende Auswahl streng historisch. Sie soll zeigen, welche literarischen
Bilder von Rom im Verlauf der Neuzeit entstanden sind, und sichtbar
machen, wie die Bilder einander überlagern und ablösen.

Das ergibt eine bunte Sammlung von Beispielen aus Berichten,
Briefen, Tagebüchern, Reiseführern, wissenschaftlichen Abhandlun-
gen, Romanen, Erzählungen, Feuilletons usw. Bei einer historischen
Anordnung zeigt sich, daß die Abfolge der Formen kein Zufall ist.
Pilger des 15. und 16. Jahrhunderts nehmen tatsächlich nur wahr, was
ihr frommes Werk betrifft, und schreiben nüchtern auf, wo es die meisten Ablässe gibt. Seit dem frühen 18. Jahrhundert erzählen die Reisenden von ihrer Fahrt in Briefform und beginnen so, einen persönlichen Blick zu entwickeln; doch erst Charles de Brosses führt 1740 ein
wirkliches Gespräch mit den Briefpartnern. Es dauert noch Jahrzehnte, ehe Briefe Stimmungen und subjektive Eindrücke vermitteln.
Im späten 18. Jahrhundert dient das Erlebnis Roms zur Ich-Erfah-
rung, zur Prüfung und Läuterung des eigenen Selbst. Zur gleichen
Zeit bietet es in großem Stil die Szenerie für fiktionale Literatur. Wilhelm Heinse läßt seine Romanfigur »Ardinghello« die Geschichten
erleben, die er selbst gern erleben würde; seine Helden sprechen
Texte, die er in den Museen in sein Notizbuch notiert, und setzen sie
in poetisches Leben um. Am Beispiel ihrer *Corinna* führt Madame de

Staël vor, wie die Stadt das Schicksal von Menschen bestimmt. *Der Marmorfaun* von Hawthorne überprüft durch eine Romanhandlung das Erlebnis Roms und kommt zu dem Ergebnis, daß die Helden geläutert in ihre heile Heimat in Massachusetts zurückkehren können. Nikolaj Gogol verfährt umgekehrt; sein römischer Fürst kehrt reumütig aus dem oberflächlichen Paris zurück in »seine« Stadt. Nur ahnen läßt sich, wie sehr die literarischen Vorgänge ein Niederschlag vielfältigen biographischen Geschehens sind.

Historisch lassen sich, wie oben skizziert, mehrere Typen von Reisenden unterscheiden. Die Wissenschaft hat sie wiederholt beschrieben. Da sind der »Pilger«, der »Kavalier«, der »Gelehrte«, der »Bildungssuchende«, der »Neugierige«, der »Tourist«. Solche Begriffe zeigen, was zwischen dem 15. und dem 19. Jahrhundert die Rom-Reisenden in erster Linie interessiert. Sie bezeichnen über die chronologische Abfolge hinaus aber auch Typen, die es in allen Epochen gibt. Der Reiz der Texte besteht dann z. B. darin, verschiedene Formen des »gelehrten« Blicks im 16., 18. und 20. Jahrhundert zu vergleichen. Oder die im Laufe der Zeit erheblich veränderte Mentalität der frommen Pilger. In der Wissenschaft weniger beachtet wurde eine Entwicklung, die in der Mitte des 19. Jahrhunderts beginnt und weitergeführt wird in der modernen italienischen Literatur, die Wahrnehmung der »kleinen Leute«, die nicht verklärt, sondern genau hinsieht. Liebevoll sind da zuerst »das Volk«, dann einzelne junge Frauen und Männer der Unterschicht mit ihren komischen und tragischen Schicksalen beschrieben, endlich erscheint Geschichte aus der Sicht derer, die sie nur erleiden.

Für jeden, der zu schreiben beginnt, sind die Erfahrungsraster anders zusammengesetzt. Manchmal wechseln sie auch beim Schreiben. Und das Ergebnis ist für den nächsten Autor höchstens als Anregung bedeutsam, weil sich für ihn die Einflüsse neu mischen. Eichendorffs Bemerkung, Rom sei »wie die ziehenden Wolken«, kennzeichnet überraschend genau die Vorgänge in den Büchern.

Doch wie die Autoren, so befindet sich auch die Stadt in fortwährendem Wandel. Der Zustand »Rom«, den Petrarca sah, ist von jenem, den der viel gelesene und einflußreiche Maximilien Misson um 1680 beschrieb, weit entfernt. Und ebensoweit ist es von Chateaubriand, der um 1800 in der vornehmen Villa Medici residierte, bis zu Carlo Emilio Gaddas Via Merulana. Fortwährend befindet sich die Stadt in Abbruch und Neuplanung. Sie wird renoviert, ergänzt, zurückverwandelt, für eine angeblich große Zukunft vernichtet.

Ein Beispiel soll die Art des Wandels zeigen. Wer »S. Maria Maggiore« sagt, meint immer den gleichen Platz, eine Kirche, von Papst Sixtus III. nach dem Konzil von Ephesus 431 der als »Theotokos« (Gottgebärerin) anerkannten Jungfrau Maria geweiht. Aus dieser Zeit stammen die Säulen und Mosaiken im Hauptschiff. Das Bildprogramm in der Apsis mit der Marienkrönung von Jacopo Torriti ist im späten 13. Jahrhundert eine letzte Beschwörung dessen, was das mittelalterliche Papsttum seiner Idee nach sein wollte, eine Einheit von Griechischem und Römischem, von heidnischer Antike und christlichem Glauben. Weil die Bevölkerung sich, seit in der Spätantike die Wasserleitungen zerstört worden waren, an den Tiber zurückzog, geriet S. Maria Maggiore in jene malerische Wildnis, die sich vom Kapitol bis zur Aurelianischen Mauer erstreckte. Diesen Zustand zeigt der Stadtplan von 1577.

Als die Päpste der Gegenreformation Rom neu organisierten, wurde S. Maria Maggiore als dritte Hauptkirche in der Stadt zu einem zentralen Punkt der Straßenfluchten. Zwei Kapellen des frühen Barock ergänzten die antike Basilika und deren mittelalterlichen Campanile. In die Weinberge zwischen der Kirche und den Thermen Diokletians setzte Kardinal Felice Peretti, der spätere Papst Sixtus V., die 1581 vollendete Villa Montalto, die einen weiten Blick auf die Stadt, die Campagna und die umliegenden Gebirge bot. Die Anpflanzungen im Garten leitete, in Erinnerung an seine Kindheit, der Kardinal persönlich. Im römischen Stadtplan von 1676 steht neben der Basilika jene schöne Anlage, die bis ins späte 18. Jahrhundert intakt blieb.

Die Reste der inzwischen verwilderten Gärten mußten verschwinden, als in den 60er Jahren des letzten Jahrhunderts der Bahnhof entstand. Der aktuelle Stadtplan zeigt dieses einmalige europäische Ensemble S. Maria Maggiore mit einer Säule aus der Maxentiusbasilika auf der Vorder- und einem ägyptischen Obelisken auf der Rückseite, mit barocken Treppenanlagen als Vereinigung von Teilen aus Spätantike und Renaissance, mit einer phantasievoll gestalteten Fassade, die den mittelalterlichen Bilderzyklus schützt, inmitten dicht gefügter Häuserblocks. Nur wer die Lebensgefahr durch einen hier besonders dichten Verkehr nicht scheut, kann noch besinnlich um die Anlage wandern.

Einen Wandel ähnlicher Art gibt es in allen und um alle großen Bauten. Fortwährend löst sich die Stadt auf und setzt sich neu zusammen. Das ist nicht, dem Bild der »Wolken« folgend, metaphorisch, sondern wörtlich gemeint, weil die gleichen Steine aus dem Bauschutt des einen Gebäudes in die Mauern des andern übergehen. Das Beispiel von S. Maria Maggiore zeigt, welche geistigen Umwälzungen damit verbunden sind.

Wenn soeben Torritis Apsismosaik als letzte Beschwörung des mittelalterlichen Papsttums bezeichnet wurde, so ist damit auf den Punkt verwiesen, an dem die folgende Anthologie einsetzt. Sie beginnt, als die Päpste aus Avignon zu ihren römischen Wurzeln zurückkehren und als nach dem großen abendländischen Schisma in der Mitte des 15. Jahrhunderts ein wenn auch oft gestörter, so doch zielgerichteter Neuaufbau beginnt. Seither ist die Residenz der Päpste Teil der modernen Religions-, Geistes-, Kultur- und Kunstgeschichte, die man zunächst aktiv prägt, seit dem 19. Jahrhundert eher ohnmächtig begleitet. Diesen Prozeß und die Umwandlung des päpstlichen Rom in eine moderne Hauptstadt mit ihren gewöhnlichen, aber auch ihren besonderen, aus der Tradition des Platzes kommenden Problemen sollen die Texte dokumentieren. Kriterium für die Auswahl ist, daß diese charakteristisch sind für den jeweiligen Autor und dessen je besondere Sehweise. Nur so wird es möglich, den Wandel des Blicks und damit auch den Wandel der Stadt zu verfolgen. Doch muß die Zusammenstellung gleichzeitig ein möglichst dichtes Bild Roms ergeben in seinen frommen und profanen, seinen antiken und modernen Aspekten. Gleichzeitig muß sich zeigen, wie man die für jeden Besucher wichtigen Plätze, etwa S. Pietro, das Pantheon, das Kolosseum im Lauf der Jahrhunderte immer wieder unter veränderten Gesichtspunkten interpretiert. Und es soll schließlich nicht nur von Kunst, Kirchen und Kurtisanen die Rede sein – das sind die Gegenstände, über die die Besucher fortwährend reden –, sondern auch von der Entdeckung der Menschen dieser Stadt. Drei Gesichtspunkte kennzeichnen Grenze und Bedeutung des Unternehmens:

1. Eine einheitliche, widerspruchsfreie Linie, an der entlang die Texte aufgereiht werden könnten, gibt es nicht. Es war zunächst geplant, eine solche zu ziehen und dazu die Änderung der Wahrnehmungsparadigmen zu benützen. Aber die Stadt ist zu komplex. In ihr ist alles gleichzeitig in Bewegung. Um dem gerecht zu werden, müssen sich die Widersprüche auch in den Texten durchsetzen dürfen. Die »Kenner« der Literatur werden ohnehin nicht zufrieden sein und viele für sie wichtige Texte vermissen. Versucht werden kann nur, einen Weg zu finden, der den Sachen nicht Gewalt antut – jene Art von Gewalt, die im späten 19. Jahrhundert dem Tiber widerfuhr, als man die in luftige Höhe getürmten Uferbebauungen wegsprengte und da-

für gerade, 8 bis 10 Meter hohe Mauern baute. Seitdem gibt es erfreulicherweise keine Überschwemmungen mehr, aber der Tiber, der ehemals ein bedeutender europäischer Fluß war, ist durch den Verlust seiner Häfen zum unbedeutenden Rinnsal herabgesunken. Ich träume von den Tagen, in denen der Fluß sich frei bewegte und riesige Flotten von Kriegs- und Handelsschiffen trug, auch wenn ich dabei das Schicksal der Ruderer beklage und auf keinen Fall eine neue Überschwemmung des Centro storico möchte. Der Widerspruch läßt sich nicht aufheben.

2. Es geht nicht an, das ästhetische Interesse vieler Rom-Fahrer anderen Interessen überzuordnen. Frömmigkeit behält auch dann ihr eigenes Recht, wenn Besucher deren Ausdrucksformen nur fassungslos wahrnehmen. Das Erstaunen über südliche Sinnlichkeit und Fröhlichkeit hat ohnehin seine eigene Geschichte, in der sich Faszination und Ablehnung vielfältig mischen. Weil jede Sicht Roms ihr eigenes Recht besitzt, sind Überlegenheitsgesten, gleich welcher Art, ohne Bedeutung. Denn inzwischen kennen wir auch die strikte Weigerung, sich der Konvention entsprechend begeistert zu verhalten, wenn der Zustand, in dem diese Gegenstände sich befinden, und die Umstände, unter denen man ihnen begegnet, Bewunderung verbieten. Für eine Geschichte der Wahrnehmung liefert Rom prägnante Beispiele in großer Fülle.

3. Rom zu studieren bedeutet in ganz anderer Weise, als dies in Paris oder London, in Madrid oder Wien möglich ist, sich auf die Archäologie europäischer Identität einzulassen. Rom zerbröckelt vor unseren Augen. Die schwierigen Restaurierungen, die nötig sind, können als Metapher dienen. Sie haben mit genauem Hinsehen und mit Handwerk zu tun. Die pure Erhaltung des Bestands ist ohne Bedeutung, wenn die Sicherung nicht gleichzeitig die Räume wieder offen und bewohnbar macht und wenn sie nicht die Erfahrung von Glück ermöglicht, jenes Glückes etwa, das sich einstellt, wenn man nach dem Abschluß jahrelanger Arbeiten plötzlich wieder im Palazzo Barberini vor den Fresken des Pietro da Cortona steht. Der Preis der eigenen Familie durch Papst Urban VIII. wird zum Geschenk eines großen ästhetischen Glückshimmels über dem modernen Betrachter. Er muß sich nur noch Zeit nehmen, sich den Erscheinungen aussetzen, hier oder anderswo, Erinnerungen entstehen lassen –

IV

»So ihr in die weitberühmbte Statt Rom kompt«

Ein zweiter Stapel Bücher ist da. Es wird Zeit, an die Arbeit zu gehen. Als Leitmotiv diene eine Bemerkung, die Jakob Rabus 1575 am Schluß seines Berichts über eine Wallfahrt zum Heiligen Jahr dem Leser mitgibt: Aus der Stadt heraus bringt jeder nur mit, was er bereit ist, hineinzutragen. »Rom ist eim jeglichen das, das er ihm selber ist: ist einer fromb, heilig, gottsfürchtig, so findt er der Leut dieshalben allen Vorrat, wie ers nur haben will. Ist einer gelehrt und sucht Gelehrte, so findt ers. Ist einer ein Weltmann und sucht Weltleut, so hat ers. Ist einer aber bös, unrein, üppig und begehrt seins gleichens, so findet ers abermal. Wer dem Guten in Rom nachgehn und nachsetzen will, der wird in Deutschland von Rom gewißlich anders nichts denn alles Liebs und Guts wissen zu sagen.«

FRANCESCO PETRARCA

1304–1374

Brief an Kardinal Giovanni Colonna in Avignon (1337). – Briefe des F. P. Eine
Auswahl. Übers. von Hans Nachod und Paul Stern. Berlin: Verlag Die Runde,
1931. S. 64.

*Rom erlebte seine wohl schlimmste Zeit im 14. Jahrhundert. Der Papst re-
sidierte, politisch abhängig vom französischen König, in Avignon und war
vor allem mit der eigenen Finanzierung beschäftigt. Rom verkam zur italienischen Provinzstadt. Die antiken Monumente dienten als Steinbrüche.
Der Verkauf von Marmor in andere italienische Städte bildete eine der
wenigen Erwerbsquellen. Paläste und Kirchen kamen herunter, viele hatten kein Dach mehr und waren dem Einsturz nahe. »In St. Peter und im
Lateran weideten die Herden bis zum Altare im Gras« (Pastor, Bd. 1,
S. 81). Bewaffnete Banden führten einen Kampf aller gegen alle. Petrarca
lebte damals in Avignon. Seine Schriften erneuerten das Latein Ciceros
und Vergils und belebten damit das scholastisch verdorrte Latein seiner
Zeit; seine Sonette verliehen dem eben zur Literatursprache werdenden
Italienisch Form und Wohlklang. Doch er sehnte sich nach Rom und dessen vergangener Größe. 1337 stand er erstmals auf dem Kapitol und gab
als Datum »die Iden des März«, den Todestag Julius Caesars, an. 1341 ließ
er sich in ausdrücklicher Entscheidung gegen Paris im Senatspalast des
Kapitols zum Dichter krönen. (Der 9 Jahre jüngere Cola di Rienzo war
als Zuschauer dabei.) Visionär sah er im römischen Trümmerfeld »das
gemeinsame Vaterland aller« und »die Hauptstadt der Welt und aller
Länder«.*

Was soll jemand von der Stadt Rom erwarten, der so viel schon über
ihre Hügel vernommen hat? Du glaubst, ich würde etwas Großes zu
schreiben haben, sobald ich nach Rom gekommen wäre. Vielleicht ist
mir für späterhin ein ungeheurer Stoff zum Schreiben geboten, im
Augenblick gibt es nichts, wo ich wagte anzufangen, überschüttet von
dem Wunder so großer Dinge und von der Wucht des Staunens. Eins,
möchte ich jedoch, soll nicht verschwiegen bleiben: das Gegenteil von
dem, was du vermutet hast, ist eingetreten. Denn wie ich mich erinnere, pflegtest du mir vom Hierherkommen abzuraten, hauptsächlich
mit dem Vorwande, daß der Anblick der in Trümmern liegenden Stadt
ihrem Rufe und meiner aus Büchern geschöpften Vorstellung nicht
entsprechen könnte, und meine glühende Begeisterung so nachlassen
würde. Und auch ich habe es trotz meines brennenden Sehnens –
nicht mit Widerstreben – aufgeschoben, in der Furcht, meine Augen

könnten mir verkleinern, was ich mir selbst im Herzen gebildet hatte. Denn hochberühmten Namen ist doch das Gegenwärtigsein stets feindlich. Diesmal aber hat es – o Wunder! – nichts vermindert, sondern alles vergrößert. Wahrhaftig, größer war Rom, als ich glaubte, größer sind seine Trümmer! Schon verwundert mich nicht mehr, daß der Erdkreis von dieser Stadt unterworfen wurde, vielmehr daß er so spät erst unterworfen wurde.

Lebe wohl.

Rom, an den Iden des März. Auf dem Kapitol.[1]

MIRABILIA ROMAE

1489

Mirabilia Romae. Rom: Stephan Planck, 1489. – Nachdr. mit einer Einl. von Christian Hülsen. Berlin: Wiegendruckgesellschaft, 1925. o. S. – Übers. von J. M.

Die ersten Rom-Bücher der Neuzeit gehen auf Schriften zurück, die, seit dem 12. Jahrhundert belegt, Pilger durch die Hauptkirchen führten. Diese Mirabilienbücher erzählen jeweils im ersten Teil die antike Geschichte Roms, die vor allem aus Mord und Unzucht besteht. Trotz aller Lasterhaftigkeit ist die Stadt aber auserwählt, denn man verstand die »Vierte Ekloge« von Vergils »Bucolica« (»Endzeit ist schon da, sibyllinischen Sanges Erfüllung ...«) als Verkündigung der Geburt Jesu: »doe der Cayser [Augustus] das vernam da kniet er nider und peet das kindt an und opfert da und machet da ayn altar auf dem perg und wolt sich dar nach nicht lassen an petten und da stet nun ayn kirche hayst Ara celi [S. Maria in Aracoeli]. Das wunder geschach an der nacht da cristus ward geporen«. Selbst Kaiser Konstantin erscheint zunächst als ein wilder Tyrann. Als er Aussatz bekommt, befiehlt er, Kinder in Stadt und Land zu sammeln, denn er will in ihrem Blut baden. Doch Papst Silvester heilt ihn durch die Taufe. Der Kaiser bedankt sich und erkennt den Papst an als obersten Bischof in der Welt. Der zweite Teil der »Mirabilia« verzeichnet sorgfältig, welche »Heiligtümer« jede Kirche besitzt und wie viel Ablaß der Pilger erwerben

---

1 Im Mai 1347 rief Cola di Rienzo (um 1313–54) an gleicher Stelle eine nur ein halbes Jahr dauernde »Heilige Römische Republik« aus, 1354 scheiterte ein neuer Anlauf schon nach drei Monaten. Kommunale Selbstverwaltung kam im päpstlichen Rom nie zustande.

kann. Rom erscheint als jener Ort, der die zentralen Plätze des Alten und Neuen Testaments vertritt und an den viele Reliquien der Heiligen übertragen sind. Der Pilger erlebt die reale Begegnung mit den Mysterien des Glaubens, etwa weil Jesu Marterwerkzeuge zu sehen sind. Und wer in St. Peter vor dem Schweißtuch der Veronika steht, der sieht Jesus selbst ins Gesicht.

Die erste Hauptkirche zu Rom ist St. Johann im Lateran.[1] Es ist die oberste Kirche der ganzen Welt und war ein Palast des Kaisers Konstantin. Als der in der Taufe vom Aussatz gereinigt war, gab er den Palast [dem Papst] als Kirche [. . .] und nachdem Sankt Silvester[2] die Weihung vollzogen hatte, verlieh er der Kirche eine große Zahl von Gnaden und Ablässen [. . .]. Engel sprachen in Gegenwart des ganzen römischen Volkes, so daß es jeder vernahm: Amen, das meint: das geschehe und werde wahr. [. . .].

Auf dem Hochaltar ist ein eisernes Gitter, da stehen die zwei Häupter der Apostel Petrus und Paulus. Wenn man sie zeigt, gibt es ebensoviel Ablaß, wie wenn man in St. Peter die Veronika zeigt. Unter dem Hochaltar ist das Grab des Apostels und Evangelisten Johannes. Der ging selbst in das Grab, als er sterben sollte, und eine lichte Wolke umgab das Grab. Als sich die lichte Wolke verzog, fand man himmlisches Brot im Grab an der Stelle seines Leichnams. Vor diesem Altar geschieht die Vergebung eines Dritteils der Sünde.

Über dem Altar der Heiligen Maria Magdalena ist das Purpurkleid, das unser Herr Jesus Christus anhatte, als Pilatus sagte: Ecce homo, und der Schleier, den ihm seine liebe Mutter Maria umlegen ließ am Kreuz und ein Hemd Christi und das Handtuch, womit unser Herr Jesus Christus seinen Jüngern die Füße trocknete und viele andere Heiligtümer von Maria Magdalena und viele andere heilige Stücke. Sie werden am Ostertage gezeigt und jeweils einzeln benannt.

In der Sakristei ist der Altar, auf dem Sankt Johannes die Messe gelesen hat. Auf dem Altar ist die Arche des Alten Testaments und über der Arche ist die Rute des Moses.[3] Auch ist über der Arche der Tisch, auf dem unser Herr Jesus Christus mit seinen Jüngern das Letzte Abendmahl gehalten hat. Am Donnerstag in der Karwoche wird er

1 S. Giovanni in Laterano.
2 Papst Silvester (314–335).
3 Die Arche Noahs und die Rute des Moses nach 2. Mose 17,5 f. Auf dem Weg des jüdischen Volkes durch die Wüste sagt der Herr zu Moses: »Nimm deinen Stab, mit dem du auf den Nil schlugst [. . .]; wenn du auf den Felsen schlägst, so wird aus ihm Wasser hervorquellen, und das Volk kann trinken.«

*Ein Priester, begleitet von zwei Diakonen, zeigt den Pil-
gern das Schweißtuch der Veronika mit dem Abdruck des
Angesichts Jesu*

hervorgeholt, alle Leute legen Brot darauf und verehren es Gott zu
Lob und Ehre.

Im Gang bei der Goldenen Pforte kommt man in eine Kapelle, in
der ist ein Altarstein, auf dem um die Kleider unseres Herrn Jesus
Christus gespielt wurde. Auf ihm hat auch die Jungfrau Maria gesessen, als man ihren Sohn Jesus unseren Herrn und Gott vom Kreuz
nahm und ihn ihr auf den Schoß legte. In der gleichen Kapelle sind
drei Türen, durch die der Herr Christus gegangen ist bei seiner Marter in Jerusalem. Wer da durchgeht mit Andacht, hat die Vergebung all
seiner Sünden.

Dann kommt man in einen Gang, auf dem die ersten Glocken hängen. Wenn die Leute sagen, sie seien vom Himmel gekommen, so glaube ich das. Vor dem Kirchengebäude ist ein großer Mann auf einem Pferde.[4] Die Statue ist vor Zeiten einem Hauptmann zu Ehren angefertigt worden, der solche Ehre bei den Römern verdient hat, wie man sagt.

Dann kommt man in eine Kapelle mit einem Altarstein, auf dem die Zeichen von fünf Fingern eingeprägt sind. Sie stammen von Maria, der Mutter Gottes, die in Ohnmacht gefallen ist, als ihr verkündet wurde, daß ihr Sohn Jesus Christus gefangengenommen wäre; sie wollte sich am Stein festhalten, da blieben die Zeichen in dem Stein. In der gleichen Kapelle über der Tür ist das erste Kruzifix, das auf der Welt angefertigt wurde zum Gedächtnis seiner Leiden.

NIKOLAUS MUFFEL

1410–1469

Beschreibung der Stadt Rom (1452). – Hrsg. von Wilhelm Vogt. Stuttgart/Tübingen: Bibliothek des Litterarischen Vereins, 1876. S. 18–26. – Übers. von J. M.

Der Nürnberger Patrizier Muffel gehörte zur politischen Elite des 15. Jahrhunderts. Er leitete wichtige Missionen, unter anderem brachte er 1452 für die Krönung von Friedrich III. die in Nürnberg aufbewahrte Kaiserkrone und die Reichsinsignien nach Rom. Kaiser und Papst zeichneten ihn aus. Muffel erreichte die höchsten Ämter seiner Vaterstadt, wurde aber als Dieb hingerichtet, weil er angeblich die Stadtkasse bestohlen hatte. In seinen Aufzeichnungen aus Rom, für die wohl auch ein Mirabilienbuch benützt ist, erscheint keine Andeutung seines politischen Geschäfts. Muffel berichtet nur von den »Heiligtümern«, denen er begegnet. Der Weg durch die Peterskirche führt noch durch die 1506 für den Neubau Stück um Stück abgerissene Basilika des Kaisers Konstantin. Das ehrwürdige Haus ist voller Anekdoten aus fast 1000 Jahren Frömmigkeitsgeschichte.

---

4 Gemeint ist die Reiterstatue Marc Aurels. Mit wenigen Ausnahmen fehlen selbst elementare Kenntnisse der antiken Geschichte und Mythologie.

Vor der Kirche sind 28 Stufen.[1] Wer sie in Andacht hinauf- oder herabgeht, hat auf jeder Stufe 7 Jahre Ablaß seiner ihm auferlegten Buße. Oben an der Kirche ist ein gemaltes Bild unseres Herrn, zwischen seinen Füßen befindet sich einer der 30 Pfennige, um die Judas Christus verkauft hat. So oft jemand den Pfennig mit Andacht betrachtet, so oft hat er 1300 Jahre Ablaß. Dann gibt es eine kleine Kapelle zur linken Hand, in der Sankt Peter seine erste Messe in Rom gefeiert hat, darinnen gibt es 700 Jahre Ablaß, so oft man hineingeht.

Dann steht in der Mitte vor dem Münster ein eherner Knopf, geformt wie ein Tannenzapfen und wohl 5 Klafter im Umfang.[2] Er wurde durch Zauber von bösen Geistern von Troja nach Konstantinopel und von Konstantinopel nach Rom gebracht und auf 6 marmornen Säulen auf Maria Rotunda gesetzt,[3] das damals ein Teufelsort aller Abgötter war mit Diana als der obersten Abgöttin [...]. Wenn man dann in das Münster geht, steht da ein gemaltes Bild Unserer Lieben Frau, dem hat ein Söldner einen Stein auf die Brust geworfen, weil er drei Gulden verspielt hatte; da begann das Bild zu bluten und verspritzte 16 Tropfen, die man noch immer auf dem Marmorstein sieht. Das geschah, als man nach Christi Geburt 1440 Jahre zählte. Hinter dem Altar zur rechten Hand ist die Goldene Pforte, durch die Christus das Heilige Kreuz getragen hat. Sie ist von köstlichem Marmorstein und wurde von Titus und Vespasian nach Rom gebracht.[4] Früher

1 Die in vielen Berichten bewunderte Freitreppe, auf der man vom Borgo zum Atrium der Basilika hinaufging.
2 Der aus der Zeit um Christi Geburt stammende monumentale Pinienzapfen, der auch in Dantes *Divina Commedia* (»Inferno« XXXI,59) erwähnt wird, gehört ursprünglich wohl in den Umkreis dionysischer Kulte. Auf einem Schaft stehend, der die Wasserleitung enthielt, sah er aus wie ein Thyrsos und war damit ein Symbol unerschöpflichen Reichtums, angefüllt mit lebendigen Keimen. »Man begreift, wie leicht ein solches Symbol in christlichen Kirchen Eingang finden konnte« (Helbig, Bd. 1, S. 377). Im Atrium der Basilika war er zu einem Brunnen umgearbeitet, geschützt von einem Baldachin auf 8 Säulen und gekrönt von 2 antiken bronzenen Pfauen. Heute steht er im Cortile della Pigna der Vatikanischen Museen.
3 Daß die Pigna in der Nähe des Pantheons (als Kirche genannt »Maria Rotunda«) gefunden wurde, führte im Mittelalter zu der Annahme, sie »habe ursprünglich die Höhe dieses Gebäudes geschmückt; ein Blitzschlag habe sie von dort herabgeschleudert. Man wußte damals nicht, daß über der Mittelöffnung des jetzigen Pantheon nie eine Laterne gestanden hat« (Helbig, Bd. 1, S. 376).
4 Titus übernahm von seinem Vater Vespasian das Oberkommando im Jüdischen Krieg, eroberte im September 70 n. Chr. Jerusalem und führte, wie auf den Reliefs seines Triumphbogens zu sehen, die heiligen Geräte des Tempels im Triumphzug durch Rom.

war sie offen. Wenn einer hindurchging, der einen Mord begangen
hatte, war ihm seine Sünde und der Mord vergeben. Das währte so
lang, bis einer, der viele Morde begangen hatte, hindurchging und
sagte: Ob es Gott angenehm sei oder nicht, er wolle hindurchgehen

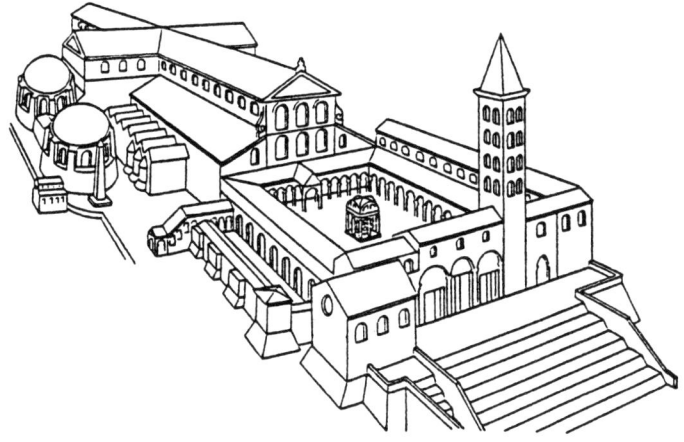

Rekonstruktion der mittelalterlichen Basilika St. Peter

und dann müßten ihm alle Sünden vergeben sein. Das kam dem Papst
zu Ohren und der ließ das Tor von Stund an zumauern und sagte:
Niemand soll Gott so versuchen und darauf sündigen, es soll ewig
vermauert bleiben.

   Neben der Goldenen Pforte ist ein Stein vermauert, der auf dem
Heiligen Grab gelegen hat [...]. Wenn man in das Münster geht, so
hängt zur linken Hand oben an einer Säule nahe bei der Tür der
Strick, mit dem sich Judas erhängte. Über dem Strick war ein gemaltes
Marienbild. Als man den Strick daran hängte, floh das Marienbild auf
die andere Seite hinüber, und man hörte eine Stimme: Ich will nicht da
sein, wo der Strick dessen ist, der meinen lieben Sohn verraten hat. So
steht es noch geschrieben auf der anderen Mauer. [...] In der Mitte
der Kirche hängt das Messingbecken, daraus Pilatus das Wasser nahm,
als er Jesus zum Tod verurteilte [...]. Da sind auch 13 Säulen, die im
Tempel Salomons standen [...], darunter ist auch die Säule, an der unser Herr Christus angelehnt stand mit seinem Rock, als er im Tempel

Salomons predigte.[5] Zu dieser Säule bringt man die Menschen, die von einem bösen Geist besessen sind; sie werden alle geheilt, so viele man auch bringt. Es gibt da auch das Haupt des heiligen Jakobus und das des heiligen Sebastian und viele andere Heiligtümer und ein großes Stück von dem heiligen Kreuz, wohl eine Spanne lang und zwei Finger breit. Vor dem Altar des heiligen Mauritius und dem Stuhl des heiligen Petrus findet die Kaiserkrönung statt [...]. Danach ist ein Marienbild gemalt oben an der Wand in der Höhe, das hat mit dem heiligen Papst Gregor geredet und gesagt: Du sagst allen Bildern in meiner Gestalt, wo immer sie gemalt sind, Lob; was habe ich dir getan, daß du mir kein Lob sagst? Da fiel er zur Erde und machte die Antiphon »Sancta et immaculata virginitas«, die man überall in der heiligen Kirche singt zum Lob der Jungfrau Maria. [...] Danach ist der Eingang zu einer köstlichen Kapelle, die fast verfallen ist und kein Dach hat. Darin stehen viele Altäre, und in ihrem Eingang sind die vermauerten Frauen. Bei der Peterskirche und in anderen Kirchen zu Rom gibt es viele andächtige Frauen, die sich einmauern lassen und das Sakrament durch Löcher sehen und empfangen und durch diese auch Speisen erhalten. [...] Früher war da ein Tempel des Apollo, des Gottes der Arznei, gar köstlich gebaut.[6] Wenn man nun wieder herausgeht, ist zur linken Hand der Stuhl, auf dem Sankt Petrus als Papst saß und Wunder tat.[7] Das ist ein Sessel aus Holz, daneben hängt eine

5 Die marmornen Weinrankensäulen stammen der Legende nach aus dem Orient. In Doppelreihe standen sie vor der Confessio. Sie gehörten zu den meistbewunderten Kunstwerken der alten Basilika, allein bei Peter Paul Rubens tauchen sie in rund 20 Gemälden auf. Gian Lorenzo Bernini (1598–1680) hat sie in riesenhafter Form nachgebildet für den neuen Baldachin über dem Hochaltar. Die erhaltenen 8 Originale stehen in den 4 Kuppelpfeilern über den Heiligenstatuen. Die angeblich aus dem Tempel Salomons stammende »Colonna Santa«, an die Jesus sich bei seiner Predigt gegen die Händler im Tempel angelehnt haben soll, stand bis 1962 in einer Kapelle rechts neben der Pietà Michelangelos und befindet sich heute im Eingang zur Schatzkammer von St. Peter.
6 Die beiden Mausoleen links neben Alt-St.-Peter sind ein Kaisermausoleum des 4. Jh.s, das sich keinem bestimmten Kaiser zuordnen läßt und seit dem 6. Jh. dem heiligen Andreas geweiht war, und das Mausoleum der Familie von Kaiser Theodosius. Die mittelalterliche Legende, es habe sich um einen Apollo-Tempel gehandelt, zeigt, wie sehr die gesamte Antike, auch die christliche, in Vergessenheit geraten war und pauschal als »heidnisch« galt.
7 Die Kathedra; es handelt sich um einen hölzernen Sessel, der auf seiner Frontseite 18 Reliefplatten aus Elfenbein trägt. Durch häufige Restaurierungen ist die Datierung schwierig. Vorschläge reichen von der frühen Kaiserzeit bis zur karolingischen Epoche. Auf diesem Sessel soll Petrus im Haus des römischen Senators

Kette, mit der er an den Händen gebunden war in seinem Gefängnis
[...]. Daneben ist eine Kapelle mit einem großen Bild Sankt Peters
aus Messing.[8] Man pflegt ihm die Füße zu küssen. Wer ihm die Füße
küßt, kommt sicher wieder nach Rom zurück. Danach gibt es eine
Gruft und einen Umgang unter dem Chor von Sankt Peter, genauso
wie in Sankt Paul und vielen anderen Kirchen. Vor dem Altar, der unter dem Altar von Sankt Peter und Paul steht, gibt es reichlich Ablaß,
weil jeweils die Hälfte der Gebeine der beiden Apostel hier liegen.
Man sperrt die Gruft aber nur selten auf wegen der Sünden, die da geschehen mögen, weil es dort finster ist.

Neben dem Hauptaltar steht im Chor ein silbernes Kreuz, groß wie
ein Mann, das einmal mit den armen Leuten aus der Stadt in den Lüften schwebend wegging, als man sie aus Rom trieb wegen der Teue-
rung und dem Hunger. Das Bild redete und sprach: Wenn ihr die armen Leute von euch treibt, so treibt ihr mich auch von euch. So
schickte man wieder nach den armen Leuten, und so kam auch das
Bild in den Lüften schwebend zurück [...]. Wenn man aus dem Chor
von Sankt Peter geht, den Hochaltar zur linken Hand, dann steht da
ein schöner Altar von Marmorstein. Auf ihm hat Sankt Silvester[9] die
Gebeine von Sankt Peter und Sankt Paul auf einer Waage geteilt und
gewogen und die Hälfte in den oben erwähnten Hauptaltar, die anderen Teile in den Altar Sankt Pauls in der Kirche von Sankt Paul und
die zwei Häupter nach Sankt Johann im Lateran gebracht, wo sie sich
jetzt noch befinden [...]. Es gibt auch einen Altar, darin ist ein Loch,
und wer bereut und beichtet, 5 Paternoster kniend spricht und die
Finger in das Loch hält, das im Altarstein ist, der erlöst eine Seele aus
dem Fegefeuer [...]. Der siebte Altar ist der der heiligen Veronika,
wo das Antlitz Christi aufbewahrt wird. Gott selbst gab es der heiligen Veronika [eingeprägt] in einen Schleier, als man ihn in Jerusalem
unter dem Holz des heiligen Kreuzes zum Tod führte. Kein Mensch
ist so starkmütig, er erschrickt von ganzem Herzen, wenn er das ansieht.

Cornelius Pudens gesessen haben. Bernini hat 1657–66 um die Kathedra herum
die Chorapsis von St. Peter in triumphaler Weise neu gestaltet.
8 Bis in die jüngste Gegenwart wurde gestritten, ob die berühmte Sitzstatue des
heiligen Petrus aus der späten Antike stammt oder ein Werk des Mittelalters ist,
geschaffen etwa von Arnolfo di Cambio.
9 Vgl. S. 47, Anm. 2.

CONRAD CELTIS

1459–1508

Epigramme (nach 1486). – Lateinische Gedichte deutscher Humanisten. Lat. und dt. Ausgew., übers. und erl. von Harry C. Schnur. Stuttgart: Reclam, 1967. S. 41, 43.

Celtis, in dem fränkischen Bauerndorf Wipfeld geboren und als hochange-sehener Gelehrter in Wien gestorben, lernte in Heidelberg bei Rudolf Agricola den Humanismus kennen. 1487 wurde er als erster Deutscher von Kaiser Friedrich III. zum Dichter gekrönt. Zuvor hatte er sich auf einer Italien-Reise 1486/87 die wissenschaftlichen Grundlagen erarbeitet und wichtige Männer kennengelernt, in Rom z. B. Julius Pomponius Laetus, den Begründer der platonischen »Römischen Akademie«. Es waren Ge-lehrte, die sich zum Teil entschieden vom Christentum weg und der alten Literatur zuwandten in der Meinung, »die alte Literatur könne alle geisti-gen Bedürfnisse befriedigen, nur sie führe zur wahren Humanität« – so deutet Ludwig von Pastor die Vorgänge, der auch warnt, das bedeute eine »bedenkliche Abweichung von der christlichen Lebens- und Denkweise« (Pastor, Bd. 1, S. 30). Am Rom des Renaissance-Papstes Innozenz VIII., dem Celtis der Sitte entsprechend den Pantoffel küssen durfte, interessierte diesen Humanismus nur die Erinnerung an vergangene Größe und die Hoffnung auf eine Begegnung mit antiken Schriften.

Beim Betreten Roms

Was ist geblieben, o Rom? Nur der Ruhm deines Sturzes, wo
                    einst doch
so viele Konsuln du,   so viel Caesaren erzeugt.
Alles verschlingt die gefräßige Zeit: nichts dauert hienieden
    ewig, als dieses allein: Tugend und Literatur.

Das römische Mädchen[1]

Tausend Jahre lag ich unter diesem Hügel begraben;
    jetzt, da das Grab mich entließ,   sage den Römern ich dies:
»Nicht mehr erblicke ich Römer wie einst die stolzen Quiriten,[2]
    Männer von rechtlichem Sinn,   fromm ihrer Bürgerpflicht treu.
Trauervoll sehe ich überall nur gewalt'ge Ruinen,
    Denkmäler sind sie jetzt nur   Männern, wie einstmals es gab.
Könnte noch einmal ich dich nach hundert Jahren erblicken,
    fände ich, glaube ich, kaum   selbst deinen Namen noch, Rom.«

FRANCISCUS ALBERTINUS
Lebensdaten unbekannt

Opusculum de mirabilibus novae et veteris urbis Romae. 1510. – Hrsg. von August
    Schmarsow. Heilbronn: Henninger, 1886. S. 7–13. – Übers. von J. M.

Albertini will die alten Mirabilien-Bücher vervollständigen, deren mittel-
alterliche Fabeln er noch immer als Tatsachen behandelt. Wichtig ist der
2. Teil seines Werkes, der beschreibt, wie sich Rom im späten 15. Jahrhun-
dert verändert. Albertini feiert, den verhaßten Spanier Alexander VI.
(1492–1503) so weit als möglich übergehend, die beiden Päpste aus der Fa-
milie Rovere, Sixtus IV. (1471–84) und Julius II. (1503–13). Die zum Hei-
ligen Jahr 1475 neu entstandenen und jetzt weitergeführten Bauten sind
zwar nur aufgezählt und nie genauer beschrieben, dennoch wird deutlich,
welch kräftig sich entwickelnde Kunststadt die Rom-Pilger vorfanden.
Angeredet ist im folgenden Papst Julius II.

1 Im Frühjahr 1485 fand man bei Grabungen an der Via Appia eine wunderbar
    konservierte antike Leiche. »Man brachte den Körper in den Palast der Konser-
    vatoren, wo er öffentlich ausgestellt wurde. Der merkwürdige Fund versetzte die
    ganze Stadt in eine Aufregung und Begeisterung, deren Nachhall in fast allen zeit-
    genössischen Berichten vernehmlich ist [. . .]. Angesichts dieses enthusiastischen
    Kultus des Leichnams einer Heidin scheinen bei Papst Innozenz VIII. Besorg-
    nisse vor einem Volksheidentum aufgestiegen zu sein. Er gab Befehl, die Leiche,
    deren Antlitz infolge des Einflusses der Luft schwarz zu werden begann, zur
    Nachtzeit vor der Porta Pinciana heimlich zu verscharren« (Pastor, Bd. 3,1
    S. 297 f.).
2 Älteste Bezeichnung für die Bürger des antiken Rom.

Die Kirche S. Maria del Popolo wurde von Sixtus IV. von Grund auf zusammen mit dem Kloster neu gebaut; Deine Heiligkeit hat sie heuer gleich Deinem Onkel vermehrt durch sehr prächtige Bilder und Gräber und sie mit neuen Kapellen und den Grabmälern der Rovere ausgeschmückt. Die Kirche S. Maria della Pace wurde von Sixtus IV. gegründet, nachher von Olivero Caraffa, dem Kardinal von Neapel, ausgeschmückt. Die Kirche S. Maria in Domnica, im Volk Navicella genannt, alt und ehrwürdig und kurz vor dem Einsturz, hat vor kurzem der Hochwürdigste Kardinaldiakon Giovanni von Medici, der Primarius von Florenz, in den ursprünglichen Zustand zurückgebracht [. . .]. *Es folgt ein Preis auf die Familie Medici.*

Die Kirche S. Maria dell'Anima bei der Kirche S. Maria della Pace wird von der deutschen Nation instand gesetzt und vermehrt. Die Kirche der Ungeteilten Dreifaltigkeit auf dem Hügel der Gärten[1] wurde vom König der Franzosen begonnen und vom Hochwürdigsten Guillaume Brissonnet, Kardinalpriester und Bischof von Praeneste, ausgeschmückt; die Steine der größeren Kapelle hat er von Frankreich auf eigene Kosten in die Stadt transportieren lassen.

Die Kirche S. Salvatoris und die benachbarte Kirche S. Lodovoci wurden von den Franzosen neu gebaut. Für die Kirche S. Barbara sorgen die Engländer. Die Kirche des heiligen Johannes Baptista der Brüderschaft von Florenz[2] erbauen die Florentiner selbst. Es gibt noch eine andere Kirche S. Johannes Baptista de misericordia[3] mit einem Hospital, in dem die Körper begraben werden, die die Todesstrafe erlitten haben, begründet von den Florentinern beim Velabrum. Die Kirche S. Petri in monte aureo oder Janiculo[4] wurde aus den Fundamenten neu gebaut von der Königin von Spanien. Die Kirche Sancti Iacobi[5] beim Circo flammineo wird von der spanischen Nation durch das tägliche feierliche Chorgebet in Ehren gehalten. Die Kirche S. Stephanus auf dem Coelius[6] und die andere Kirche des heiligen Märtyrers Theodor[7] beim großen Palast wurde von Papst Nikolaus V. neu errichtet.

---

1 SS. Trinità dei Monti.
2 S. Giovanni dei Fiorentini, direkt am Tiber gelegen.
3 S. Giovanni decollato.
4 S. Pietro in Montorio.
5 S. Giacomo degli Spagnuoli, heute Nostra Signora del Sacro Cuore nahe der Piazza Navona.
6 S. Stefano Rotondo.
7 S. Teodoro, unterhalb des Palatin.

Die Kirche S. Salvatoris am Fuß des Berges in Trastevere, die Kirche des heiligen Johannes und der Heiligen Cosmas und Damian mit dem Kloster, die Kirche des heiligen Stefan in columnis ripae[8] mit der anderen nahe gelegenen Kirche am Fuß des Aventin, die Kirche der Heiligen Quiricus und Iulicta, die Kirche des heiligen Märtyrers Vitalis und der heiligen Susanna und der Märtyrer Vitus und Modestus, die Kirche der heiligen Märtyrer Nereus und Achilleus und auch die Kirche des heiligen Stefanus im Vatikan, sowie einige Kapellen, die zusammengestürzt waren, hat Sixtus IV. im Jubiläumsjahr [1475] aus den Fundamenten erneuert. [. . .] Die Kirche der Heiligen Zwölf Apostel mit dem Portikus und dem Vestibül hat Deine Heiligkeit erneuert, wie die marmorne Inschrift bezeugt. [. . .] Die Kirche S. Pietro in Vincoli mit den Gebäuden der dort wohnenden Brüder wurde von Deiner Heiligkeit mit großem Aufwand restauriert. [. . .] Die Kapelle Nikolaus' V. und andere private Gemächer von Eugen IV., die der Frater Ioannes aus Florenz[9] sehr schön ausgemalt hat im Apostolischen Palast, wurden von Deiner Heiligkeit mit Bildern und Marmor und einer schönen Türe geschmückt.

An der glanzvollen Kapelle des Papstes Sixtus IV.[10] im Apostolischen Palast mit ihren Bildern des Alten und des Neuen Testaments und der heiligen Päpste haben die vornehmsten Künstler zusammengearbeitet.

---

8 So oder auch S. Stefano delle Carozze heißt um diese Zeit der zur Kirche umgebaute Rundtempel auf dem Forum Boarium an der Piazza Bocca della Verità; vgl. de Brosses, S. 123.
9 Fra Angelico (d. i. Guido di Pietro, als Mönch Fra Giovanni da Fiesole; um 1401/02–55).
10 Gemeint ist die Sixtinische Kapelle.

LODOVICO ARIOSTO

1474–1533

Le satire, novissimamente ristampate. Venedig 1534. – Erste Satire (vor 1518). In:
L. A.: Sämtliche Poetischen Werke. Übers. von Alfons Kissner. Bd. 4: Komödien
und Gedichte. Berlin: Propyläen, 1922. S. 535–538.

*Ariost war der bedeutendste Dichter der Hochrenaissance. Am Hof des
24jährigen Kardinals Ippolito d'Este, eines im positiven und im negativen
Sinn typischen Renaissance-Menschen, begann er 1503 in Ferrara sein Epos
»Orlando Furioso«, eines der großen Werke abendländischer Literatur
(gedruckt 1521, in endgültiger Fassung 1532). Doch Klagen über den un-
angenehmen Dienst als Sekretär, Kammerherr und Gesellschafter, über
gefährliche Reisen im Dienste seines Herrn, über miserablen Lohn und die
fehlende Würdigung als Dichter zeigen die Last des Hoflebens. Mehrmals
verhandelte er mit Leo X. (1513–21), kannte also die römischen Verhältnisse. Ariost schildert das Leben des hohen Klerus aus der Sicht des Die-
ners, der er selbst war. Der zitierte Text entstand, als er 1518 seinen Bruder, einen Geistlichen in Rom, bat, durch die Besorgung von Wohnung,
Holz, Wasser, Koch und Diener seinen Besuch vorzubereiten.*

Wenn ich auf meine Freiheit soll verzichten,
So lockt mich Romas reichster Hut mitnichten.
Was hilft's, daß man den Tischplatz oben hat,
Wird man dadurch nicht mehr als jener satt,
Dem sie den Sitz am Tafelende weisen?
Mir würde nicht – so wenig wie von Speisen –
Mehr Ruh und Frieden oder mehr Behagen,
Dürft ich fünf Mitren auf dem Kopfe tragen.
Ich finde nicht, der prang' in Glückes Glast,
Den hundert Menschen bringen zum Palast
Und den die Leute rings gespannt betrachten;
Vielmehr als Elend muß ich es erachten
Und bin so toll: – mir scheint der größre Knecht
Zu Rom der Herr von adligem Geschlecht.
Es dient der Knecht nur bei Gelegenheiten,
Wenn er zu Roß den Herren muß begleiten;
Sonst geht er oder ruht nach seinem Sinn.
Das Schwerste, das ihn drückt im Herzen drin,
Ist, daß Fiammetta fern ist und im Garten
Ihn öfter läßt auf seine Mahlzeit warten.

Wo's ihm gefällt, darf solch ein Diener sein,
Zu Fuß, zu Roß, mit andern und allein;
Darf auf die Brücke, nach den Banchi kommen;
Ein Mantel – rot, schwarz, gelb – wird umgenommen,
Und, hat er keinen, auch ein Kittel gilt:
Nicht eine Menschenseel' ihn drüber schilt. –
Der hat (denn grünes Futter könnt ihm passen
Am schwarzen Hut)[1] ein reiches Amt verlassen
Für mindern Nutzen – Sorg' und Kosten mehr;
Hat wenig Geld, und viele füttert er:
Als Steuer schuldet er (es fehlt am Baren)
Bereits das Ernterträgnis von zwei Jahren.
Ein erster Aufruf wollte, daß er zahl;
Ein zweiter auch, und bei dem dritten Mal
Gewärtigt er den Namen an den Wänden![2]
Er müßte rasch sich nach Sankt Peter wenden;
Doch ist der Weg versperrt: es fehlen ja
Koch, Schaffner zum Gefolg', – und er bleibt da.
Das Maultier ist nicht hier; ob's Hüftweh spüre,
Ob Sattelbänder rissen oder Schnüre,
Ob's durch die Ripa ward herabgebracht[3] –
Wenn nicht der Troß mit ihm die Wege macht,
Geht er nicht aus: die Steine würden schreien,
Käm er mit Dienern nicht und mit Lakaien!
Nicht Markus, nicht Matthäus wird studiert –
Wieviel er brauchen darf, wird kalkuliert,
Daß nicht zu straff gespannter Bogen springe. –
Es lebt vielleicht gar mancher guter Dinge,
An Ämtern reich, an Kirchengut, Abtein,
Braucht nicht in Sorg' um Kammer, Stall zu sein:
O, wie der Wunsch ihn treibt, sich zu erheben!
Sein Grad mißfällt ihm; eins ist nun sein Streben:
Erster zu werden nach der Heiligkeit.

1 »Die Kardinäle trugen schwarzen Hut mit grünem Futter« (Kissner, S. 606).
2 Die päpstliche Kanzlei verkaufte Pfründen um den Preis von ein bis zwei Jahres-
   einkommen. Wer den Betrag nicht zahlte, geriet in den Kirchenbann, der an den
   Kirchentüren öffentlich bekannt gemacht wurde.
3 Ärmere Prälaten vermieteten ihre Tiere, um an der Ripetta, dem römischen Hafen vor der Kirche S. Giacomo, durch Lastdienste ein wenig Bargeld zu verdienen. Der Hafen ist durch den Bau der Kaimauern im 19. Jh. verschwunden.

Er wird auch d a s: nun lockt ihn, was voll Leid
Sankt Jörg[4] umsonst beklagt ersehnt zu haben.
Wird ihn der Heil'ge Stuhl mit Glück begaben?
Es gilt ja, die Nepoten und die Söhn'
Aus dem privaten Leben zu erhöhn.
Nicht der Archiver Reich, der Epiroten
Wird diesen Herren als Besitz geboten;
Arta, Morea![5] – D a h i n weist er nicht,
Aufs Land, wo man die Macht der Türken bricht!
Wenn er sein Amt in solchem Wirken fände,
Ein jeder Christ an seiner Seite stände.
O nein, daß Tagliacozz sein eigen wär
Und Palästrina, sterben soll der Bär,
Die Säule fallen;[6] dies sind seine Ziele.
Die Mark und die Romagna sehen viele
Teils hauptlos, teils erwürgt: voll Frevelmut
Feiert er schnöden Sieg in Christenblut.
Franken und Spanier holt er sich herüber,
Damit, wenn alles drunter geht und drüber,
Sein Bastardblut etwas erschnappen kann,
Und füllt die Bullen all mit Kirchenbann,
Und vollen Ablaß kann man wandern sehen
Und nordwärts zu dem wilden Kriegsgott gehen.
Und wenn man Schweizer, Deutsche nimmt in Sold,
Gilt es den Lohn beschaffen – vieles Gold:
Dem D i e n e r, dem erwächst der ganze Schade.
– Nie ist das Geld da, braucht man es gerade –
So fand ich's stets und sah es hell und klar –,
Ob Bischof, Kardinal, ob Papst es war.

---

4 Inhaber der Titelkirche S. Giorgio in Velabro war Kardinal Raffaele Riario (1460
bis 1521), der Erbauer der Cancelleria. Als 1517 der 27jährige Kardinal Alfonso
Petrucci Leo X. durch Gift im Meßwein ermorden wollte, war Riario als neuer
Papst vorgesehen. Er fand, im Unterschied zu den Mitverschworenen, Gnade bei
Leo X. Da er seit fast 40 Jahren in einflußreichen Ämtern dem Kardinalskollegium
angehörte und alle Machenschaften der Medici kannte, hätte seine Hinrichtung
dem Medici-Papst erhebliche Schwierigkeiten bereitet (vgl. Pastor, Bd. 4,1, S. 117
bis 130).
5 Archiver, Epiroten, Arta, Morea: vom Islam beherrschte Teile Griechenlands.
6 Tagliacozzo, Palestrina: Städte der Orsini (»Bär«) bzw. der Colonna (»Säule«).
Pius II. (1458–64) bemühte sich noch, einen Kreuzzug gegen die Türken zu orga-
nisieren, während Päpste wie Alexander VI. und Julius II. (vgl. S. 55) vor allem
den Kirchenstaat und die weltliche Macht des Papsttums in Italien sicherten.

Sei er gemein, dumm, ungelehrt und schlimmer, –
Er habe Geld: sein Wille gilt dann immer.
Die schreien wollen – nun, die mögen schrein!
Er knickert, und das Elend stellt sich ein.

MARTIN LUTHER

1483–1546

Predigten (1530, 1533). – D. M. L. Werke. Kritische Gesammtausgabe. Weimar:
Böhlau, 1888 ff. Bd. 31,1. S. 225 f. Bd. 38. S. 211 f.

Der 28jährige Augustinerbruder und Magister der Theologie Martin Lu-
ther begleitete im Oktober 1511 den Prior Johann von Mecheln nach
Rom. Johann verhandelte interne Streitigkeiten des Ordens. Bruder Mar-
tin nützte seine Rolle als – von der Regel vorgeschriebener – Begleiter zu
einer Pilgerfahrt. Es gibt aus der Zeit des vierwöchigen Aufenthalts im
Kloster bei S. Maria del Populo kein persönliches Zeugnis, dafür viele
Legenden über Luthers »Damaskuserlebnis«, über die Begegnung von
Renaissance und Reformation usw. (Nicht nur in Rom, sondern auch ge-
gen Rom wurden Legenden erfunden, um kirchliche Macht abzusichern –
das zu verfolgen ergäbe ein eigenes Kapitel von »Rom-Bildern«.) Spätere
Äußerungen sind Teil des religiösen Streits. Als Pilger war Luther so eifrig
wie alle anderen Pilger. Er legte eine Generalbeichte ab und gewann
Ablässe, so viele er konnte. Da ihm jeder Kunstsinn fehlte, nahm er das
Rom der Renaissance nicht wahr. Erst später verwandte er – und dann
auch nur so selten, daß das schon hätte auffallen müssen – angeblich eigene
Erfahrungen in Rom als Argumente gegen die Papstkirche (mit römischen
Kurtisanen hat der junge Mönch wohl kaum getafelt). Der Reformator
suchte ein »inneres Rom« im Wort Gottes. Aus dem Zusammenhang geris-
sene Predigtbeispiele wurden aber unbedenklich als Berichte genommen
und prägten für Jahrhunderte das Rom-Bild vieler Deutscher.

Aus der Auslegung des 117. Psalms.

Ich wündsche aber, das solch und der gleichen buchlin euch wol gefallen, und das ewr hertz eine besser, seliger walfart drinnen finde, denn
die jhenige, so jr zu Jerusalem etwa gethan habt, Nicht, das ich solch

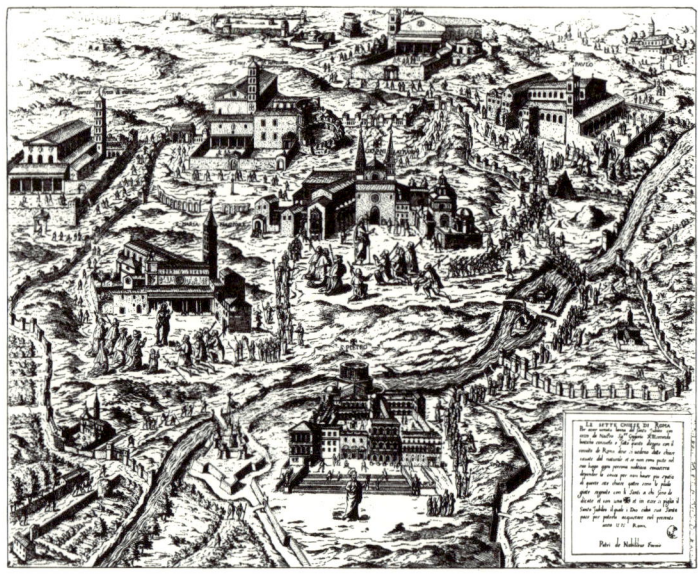

*Zum Heiligen Jahr 1575 herausgegebener Kupferstich mit den sieben Haupt-
kirchen, die der Pilger zu besuchen hatte*

wallen verachte, Denn ich möcht selbs solche reise gern thun, und nu
ich nicht mehr kan, höre von solchen: ›Ach, das du kalt oder warm
werest. Weil du aber law bist, wedder kalt noch warm, so werde ich
dich aus meinem munde speyen‹, Denn es ist auch war, das solche halb
gelerte leute die unnützesten leute auff erden sind, Und were yhn viel
besser, das sie gar nichts kündten, Denn sie gehorchen niemand nicht,
konnens alles selbs besser denn alle welt, wissen zu urteiln alle kunst
und schrifft, Und summa: Sie konnen niemand etwas recht- und lese ich
doch gern davon, wie ich denn euch auch newlich mit lust so gern
und vleissig zu höret, Sondern das wir solch wallen nicht feiner meinung gethan haben, Gleich wie mir geschach zu Rom, da ich auch so
ein toller heilige war, lieff durch alle kirchen und klufften, gleubt alles,
was daselbs erlogen und erstuncken ist, Ich hab auch wol eine Messe
odder zehen zu Rom gehalten, und war mir dazumal schier leid, das
mein vater und mutter noch lebeten, Denn ich hette sie gern aus dem
fegfeur erlöset mit meinen Messen und ander mehr trefflichen wer-

cken und gebeten. Es ist zu Rom ein spruch: ›Selig ist die mutter, der son am Sonnabent zu Sanct Johans eine Messe helt‹, Wie gern hette ich da meine mutter selig gemacht? Aber es war zu drange und kundte nicht zu komen und ass einen rustigen hering dafur.

Wolan, so haben wir gethan, wir wustens nicht besser, Und der Römische stuel straffte nicht solch ungeschwungen lügen, Nu aber, Gott gelobt, haben wir die Euangelia, Psalmen und ander heilige schrifft, darinnen wir wallen mügen mit nutz und seligkeit und das rechte gelobte land, das rechte Jerusalem, Ja, das rechte Paradis und himelreich beschawen und besuchen und nicht durch greber und leibliche stete der heiligen, sondern durch jhre hertzen, gedancken und geist spacieren. Wil euch hiemit sampt den ewern Gott befolhen haben [...].

Aus einer Predigt über »Winkelmessen«, d. h. über Privatmessen von Priestern, ohne daß eine Gemeinde anwesend ist.

Ich bin zu Rom gewest (nicht lange), hab da selbs viel messe gehalten, und auch sehen viel messe halten, das mir grawet, wenn ich dran dencke, Da höret ich unter andern guten, groben grumpen uber tissche, Curtisanen lachen und rhümen, wie ettliche messe hielten, und uber dem brod und wein sprechen diese wort: Panis es, panis manebis,[1] Vinum es, vinum manebis, und also auff gehaben, Nu ich war ein junger und recht ernster, fromer Münch, dem solche wort wehe thetten, Was solt ich doch dencken? Was konde mir anders einfallen, denn solche gedancken? Redet man hie zu Rom frey, offentlich uber tissch also, Wie? wenn sie alzumal beide, Bapst, Cardinal, sampt den Curtisanen, also messe hielten? wie fein were ich betrogen, der ich von jhnen so viel Messe gehört hette, Und zwar ekelt mir seer da neben, das sie so sicher und fein rips raps kundten Messe halten, als trieben sie ein gauckel spiel, Dann ehe ich zum Euangelio kam, hatte mein neben Pfaff seine Messe aus gericht, und schrien mir zu: Passa, Passa, jmer weg, kom da von etc.

Nu wissen wir, das der Curtisanen tugent und glauben viel aus Rom und Welschland gebracht, und beide Stift und Pfarren wol da mit beschmeisst sind worden, Denn wir haben viel ruchloser Thumb-

---

1 Die Wandlungsworte lauten nach Lk. 22,19: »accepit panem [...] dicens [...] Hoc est enim corpus meum«, »er nahm das Brot und sprach: Das ist mein Leib.« Ähnlich lauten die Wandlungsworte für den Wein. Im Kurtisanenwitz wird daraus: »Du bist Brot und bleibst Brot, du bist Wein und bleibst Wein.«

herrn, Vicarien und Altaristen gesehen, die fast eines wildens, wüsten lebens mit schwelgen und hurerey tag und nacht zu brachten, und dennoch des morgens Messe gehalten haben, Wer wil hie burge da für sein, und uns gewis machen, das sie nicht auch haben auff solche Römissche und Curtisanissche weise Messe gehalten, und uns lassen eitel brod und wein anbeten?[2]

Francisco Delicado

Lebensdaten unbekannt

Retrato de la lozana andaluza. Venedig 1528. – F. D.: Lozana die Andalusierin. Eine Reportage in 26 Heften aus dem Rom der Renaissance. Aus dem Span. von Alfred Semerau. Erl. von Angus MacKay. Nördlingen: Eichborn, 1989. S. 57–65. – © 1989 Vito von Eichborn GmbH & Co. Verlag KG, Frankfurt a. M.

Der spanische Priester Delicado stammt aus Córdoba und lebte seit 1523 in Rom. Den Sacco di Roma von 1527, die große Plünderung der Stadt durch deutsche Landsknechte, hat er miterlebt. Anschließend ging er nach Venedig. Der Zeitpunkt seines Todes ist unbekannt. Vom Erstdruck seiner »Lozana«, die 1528 anonym erschien, gibt es nur noch ein Exemplar. Das Buch enthält, meist in Dialogform, die Geschichte einer Andalusierin, die im Rom des frühen 16. Jahrhunderts zur Prostituierten wird und später als Kupplerin, Wahrsagerin und Zauberin ihren Lebensunterhalt »auf verschiedene Weise« (S. 277) verdient. In der drastischen Sprache des Volkes, manchmal deftig pornographisch, schildert Delicado das Leben der kleinen Leute, angeblich um zu zeigen, daß die Plünderung von 1527 eine Strafe für die begangenen Sünden war. Als die noch unerfahrene Lozana nach Rom kommt, führt ein junger Mann sie durch das spanische Viertel in der Nähe des Vatikan.

Lozana. Vorwärts, mein Bursche. Erklärt mir alles, wo wir vorüberkommen, und sagt mir, wie die Straßen heißen.
Rampin. Dies Haus ist die Cecca, wo man das Geld prägt. Von hier kommt man auf den Campo di Fiore und zum Kolosseum. Auf dieser Seite ist die Brücke, hier sind die Wechsler.

---

2 Solche Erzählungen konnte man noch bis zum Zweiten Vatikanischen Konzil von frommen Männern hören, die es als Höhepunkt ihres Priesterlebens ansahen, im Petersdom die Messe feiern zu dürfen, und vom Tempo ringsum entsetzt waren.

Lozana. Oh, oh, ich möchte nicht, daß sie mich erkennten, man hat mich hier stets angeschaut.

Rampin. Kommt auf diese Seite und seht. Hier verkauft man alles mögliche und das Beste von dem, was Rom hervorbringt oder was man von auswärts hereinbringt.

Lozana. Nimm doch diesen Dukaten und kaufe, was du für das Beste hältst. Dieser Platz scheint mir ja der reine Garten zu sein. [...] Zeigt mir doch ja alles.

Rampin. Ich werde schon.

Lozana. Ich sehe, Ihr paßt zu mir, und Ihr sollt bei mir schlafen, doch tun dürft Ihr mir nichts. Das Milchhaar auf Eurer Lippe zeigt mir, daß Ihr kein Kapaun seid.

Rampin. Wenn Ihr mich ausprobiert, würde ich kein Kapaun sein.

Lozana. Wirklich? Hi, hi. Kauft doch von diesen Lebensmitteln für ein paar Julier[1] und überlegt Euch, wohin wir schlafen gehen können.

Rampin. Zu einer Tante von mir.

Lozana. Und Eure Mutter?

Rampin. Kann zum Henker gehen.

Lozana. Wir wollen eine Artischocke[2] mitnehmen.

Rampin. Sie sind aber alle sehr groß.

Lozana. Macht nichts, laß sie kosten. Man sagt doch: Entweder fastet man oder man ißt Forellen.

Rampin. In dieser Straße werden wir einen Haufen Kurtisanen zusammen sehen, so dicht wie die Bienen am Honig.

Lozana. Wo sind sie denn?

Rampin. Wir können sie an ihren Fenstern sehen. Dieser Platz heißt das Belvedere. Weiter unten könnt ihr noch mehr von ihnen sehen.

Lozana. Wer ist denn das? Ist das der Bischof von Cordova?

Rampin. Mein Vater soll noch recht lange leben, das ist ein Bischof Espigacenis[3].

Lozana. Ein Mameluk macht mehr her.

Rampin. Die Kardinäle hier, die sind wie die Mameluken.

Lozana. Die Mameluken lassen sich anbeten.

Rampin. Die Kardinäle auch.

Lozana. Und wie stolz sie sind!

---

1 »Julier (Giuli)«, später »Paoli« genannt: Silbermünzen Julius' II.
2 Obszöne Anspielung auf das männliche Geschlecht.
3 Von *expiare* ›Buße tun‹?

Rampin. Im Jahre 27[4] werden sie es mir sagen.

Lozana. Um ihretwillen leiden wir alle.

Rampin. Wenn viele Unglück trifft, ist es eine wahre Freude. Da seht höher hinauf, und Ihr werdet das Meisterwerk Gottes in der Person der Señora Clarina erblicken. Schaut sie an, das ist eine hübsche Frau.

Lozana. Bruder, Schönheit bei der Hure, Kraft im Glockenschwengel.

Rampin. Seht diese andere.

Lozana. Was für ein Prachtstück! Deshalb sagt man: Wer hat dich zur Hure gemacht? Der Wein und die Frucht.

Rampin. Sie wird von einem Prälaten unterhalten. Hier wohnt die galante Portugiesin.

Lozana. Wer ist das? Die Freundin von einem Genuesen?

Rampin. Mein Großvater ist mein Verwandter, von hundert und zwanzig andern.

Lozana. Und wer ist denn diese liederliche Dirne, die da mit einem großen Hut geht und mit dem Hintern wackelt, die zwei Dienerinnen hinter sich?

Rampin. Die da? Irgendeine kleine Dirne von hier. Seht, auf der Seite kommt eine ganze lange Reihe, man kann schon sagen ein Schwarm, mit ihren Liebhabern hinter sich. Um diese Stunde gehen sie alle verkleidet aus.

Lozana. Und wohin gehen sie?

Rampin. Zum Ablaß.

Lozana. Wirklich? Das ist stark: Huren und Heuchler?

Rampin. Sie gehen auf die Suche für die Nacht.

Lozana. Aber was ist denn das? Was gibts denn da?

Rampin. Die Polizei greift sie auf.

Lozana. Halt, daß Ihr Euch da nicht hineinmischt.

Rampin. Ach wo, ich komme gleich wieder.

Lozana. Wie er läuft, der Bursche. Wehe Euch, wenn er den Degen zieht, der tapfere Perillo! Was gabs denn da, Junge?

Rampin. Gar nichts. Sie fordern nur die Steuer von ihnen, und sie haben sie bezahlt, um nicht untersucht zu werden. Hinterher schickt jede irgend jemand hin und läßt wieder holen, was sie gegeben hat.

---

4 Von Mai 1527 bis Februar 1528 wüteten etwa 20 000 kaiserliche Landsknechte, von den noch vor dem Einmarsch gestorbenen bzw. gefallenen Georg von Frundsberg und Karl von Bourbon nach Italien geführt, ohne jede Disziplin unter unsäglichen Greueln in Rom.

Dafür zahlen sie dem Kapitän von Torre Savella einen Dukaten fürs Jahr.
Lozana. Alle?
Rampin. Nur die verheirateten Frauen nicht.

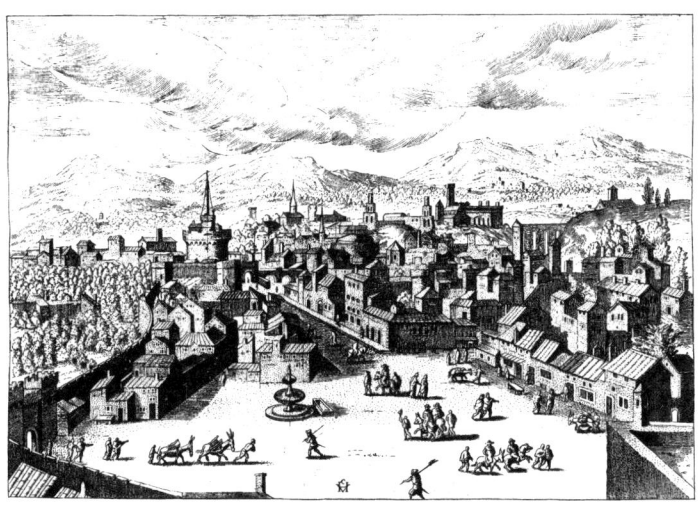

Blick auf den Borgo vom päpstlichen Palast aus. Links der Pasetto, der befestigte Fluchtweg der Päpste in die Engelsburg

Lozana. Das ist schlecht gehandelt, sie sollten alle nichts zahlen; nur die, die im Bordell sind.
Rampin. Der größte Teil von Rom ist ja auch ein Bordell, und man nennt Rom eine Hure.
Lozana. Und die da, was sind das für welche? Maurinnen?
Rampin. Nein, beim Leib der Welt, Römerinnen sind es.
Lozana. Und warum tragen sie diese Mäntel?
Rampin. Das sind keine Mäntel, das sind falsche Hintern oder Tournuren und gestreifte Stoffe.
Lozana. Was soll das heißen, daß in Italien alle Frauen vorn gestreifte Stoffe oder Schleier tragen?
Rampin. Seit dem Spanier Rodriguillo gehen sie so.
Lozana. Aber wieso, das möchte ich wissen.

Rampin. Ich weiß es auch nicht. Ich habe es nur gehört, aber ich
kann Euch den Spanier Rodriguillo in Bronze zeigen. Es ist eine Bildsäule auf dem Kapitol. Er ist ganz nackt und zieht sich einen Dorn aus
dem Fuß.[5]
Lozana. Das möchte ich wirklich sehen und wissen.

Pietro Aretino
1492–1556

Ragionamento nel quale m. Pietrus Aretinus figura quattro suoi amici che favellano
de le corti del mondo e di quella del cielo. Venedig (?) 1539. – Gespräche (1533–36).
In: Die Gespräche des Göttlichen P. A. Übers. von Heinrich Conrad. Bd. 1. Leipzig:
Insel, 1903. S. 320–323.

*Zeitgenossen bewunderten und fürchteten Aretino, dessen glänzende Sa-
tire niemand schonte. Er war die »Geißel der Fürsten«, die ihn deshalb mit
Gnaden überhäuften. Das galt für die Mächtigen in Rom, Florenz und
Venedig ebenso wie für König Franz I. und Kaiser Karl V. Die 1533–36 erschienenen »Gespräche« haben wegen ihrer pornographischen Details einen schlechten Ruf. Aretino läßt römische Kurtisanen über das Geschäft
reden, weil eine von ihnen entscheiden muß, ob ihre Tochter Nonne, Ehe-
frau oder Hure werden soll, und deshalb drastisch die eigenen Erfahrungen überprüft. Das zeigt einen Aspekt der Heiligen Stadt, den die Pilger
verschweigen. Rom erscheint als Ort der Krise. Reichtum und Genuß sind
wichtiger als das metaphysische Gerede, das jeder vor sich her trägt.
Frauen wollen ihren Anteil am Leben und überlisten den klerikalen Über-
legenheitswahn. Aretinos Realismus liegt im psychologischen Detail, nicht
in der Darstellung von Bauten und Menschen. Dennoch spielen diese als
Metaphern fortwährend mit, etwa wenn ein Prälat in einer obszönen
Szene mit zwei Huren zum »Laokoon« wird (S. 32); oder wenn Aretino,
um eine junge Heilige in ihrer Schutzlosigkeit zu zeigen, sie »mitten auf
die Sixtusbrücke« setzt (S. 19, gemeint ist die Tiberbrücke von Papst Sixtus IV.). Wie man Männer am besten ausnützt, führt eine Frau vor, die ihren Galan nach der Liebesnacht zwingt, das kostbarste Pferd aus dem
Stall eines Kardinals zu leihen, auf dem sie ausreiten will.*

5 Der sogenannte Dornauszieher, seit 1471 im Konservatorenpalast.

Nanna. [Ich] wurde [...] unter hundert Schnäcken und Firlefanzereien aufs Pferd gehoben. Und sobald ich oben saß, stieg mein Verliebter auch auf seinen Klepper und ritt mit mir ab, indem er mich an der Hand führte. Und am liebsten hätte er's gehabt, wenn ganz Rom ihn in so hoher Gunst gesehen hätte. So ritten wir dahin, bis wir an den Platz kamen, wo die Eier verkauft werden, deren Schalen vergoldet sind und deren Inneres mit Rosenwasser gefüllt ist. Ich rief einen Dienstmann heran und ließ ihn mir alle bringen, die der Verkäufer hatte. Mein Freund entledigte sich einer Halskette, die auf seiner Brust Staat machte, und ließ diese zum Pfande für die Eier, die ich in Zeit von einem CREDO in die Kreuz und die Quer warf. Dann reiche ich ihm wieder die Hand und reite so mit ihm weiter, bis wir einer ganzen Horde von Maskierten und Unmaskierten begegnen; unter diese Gesellschaft mische ich mich nach Herzenslust mitten hinein, und mein Dummkopf bleibt mit einem ganz langen Gesicht dahinten. Und als ich durchs Borgo kam, oder bei den Banchi vorbei – der Dreck liegt an beiden Orten gleich hoch –, da machte ich, ohne auf Pferd und Mantel die geringste Rücksicht zu nehmen, zwei Mal die Runde in Carriere[1]. Vier oder sechs Mal an jenem Tag begegnete ich meinem Freund wieder und behandelte ihn so freundlich und lieb wie einen Menschen, mit dem man niemals verkehrt. Er trottete wohl ein bißchen hinter mir drein, konnte mich aber mit seinem Zuckeltrab nie einholen und saß auf seinem Klepper wie 'ne ausgestopfte Gliederpuppe. Als dann die Nacht herankam, da sang ich im Chor mit tausend anderen Huren und Zuhältern.

> Frostzitternd im heißen Sommer
> Glühend im Winterfrost ...[2]

Und dann endlich ließ ich mich von meinem verzweifelten Liebhaber wiederfinden und wieder an der Hand führen. Der lustigen Gesellschaft rief ich zu: »Gute Nacht, gute Nacht, meine Herrschaften!«, und die Maske in der Hand sag ich zu meinem Ritter Georg: »Du bist mir ein schöner Prinz! Du hast dich von mir gedrückt und ich weiß wohl, warum! Aber warte nur, das gedenk ich dir schon noch mal!« Der gute Trottel entschuldigt sich, und während er mir klar machen will, daß ich ihm unrecht tue, kommen wir auf den Campo di Fiore.

---

1 Galopp.
2 Petrarca, *Der Canzoniere*, 1. Madrigal, das beginnt: »Als Dianas Freier, wie von ohngefähre, / sie völlig nackt im Wasserfall erblickte ...« (Übers. von B. Geiger).

Da halte ich vor der Bude eines Geflügelhändlers, nehme ein Paar Ka-
paune und zwei Bünde Drosseln, gebe sie einem, um sie mir nach
Hause zu tragen, und sage zu meinem Begleiter: »Zahle!« Da mußte
er denn ein Rubinchen dalassen, das ihm seine Mutter gegeben hatte,
als er nach Rom reiste; und dieser Ring lag ihm ebensosehr am Herzen, wie's mir am Herzen lag, ihn zu rupfen. Als wir nun in mein
Haus kamen, da war da keine Kerze, kein Holz, kein Feuer, kein
Brot, kein Wein – (vielleicht war dies alles nicht da, weil ich nicht
wollte, daß es da sein sollte) –, worüber ich in großen Zorn geriet. Ich
besänftigte mich erst wieder, als er selbst fortging, um die notwendigen Einkäufe zu machen; sein Diener war nämlich nicht da, weil er
fortgegangen war, um das Pferd zurückzubringen, bei dessen Anblick
der Stallmeister sagte, er würde es niemals wieder verleihen, und
wenn der Herr Christus selber ihn darum bäte. Ich warf mich unterdessen auf mein Bett und hatte einen kleinen Augenblick dagelegen,
als er schon wieder da war und alles in Hülle und Fülle angeschleppt
brachte. Meine Mutter legte mit Hand an, und in Zeit von einem
Glockengeläute war das Abendessen zurechtgemacht und gekocht;
wir setzten uns zu Tische, und als wir so ziemlich mit dem Essen fertig waren, da hörte ich einen husten und spucken. Dies Husten und
Spucken war ein harter Schlag für meinen armen Freund; denn sofort
lief ich ans Fenster, erkannte einen andern Freund, eilte zu ihm herunter und ging mit ihm davon. Den Gastgeber aber ließ ich in meinem
Hause, wo er die ganze Nacht kein Auge zutun konnte, ruhelos hin
und her lief und davon schwatzte, was er mir sagen und was er mir
tun wollte. Er hatte noch Glück, daß er sein Sammtwams ziemlich
bald von mir wiederbekam; immerhin mußte sein Diener eine Woche
lang jeden Tag es bei mir verlangen, ehe er's kriegte.
Antonia. Es war nicht eben nett, so mit einem umzuspringen, der
für dich so viel getan hatte, um dich eine Nacht ganz nach seinem Gefallen besitzen zu können!
Nanna. Es war die Nettigkeit einer Hure.

Joachim Du Bellay

1522–1560

Le premier livre des antiquitez de Rome, contenant une generale description de sa grandeur, et comme une deploration de sa ruine. Paris 1558. – J. du B.: Die Römischen Sonette. Hrsg., übers. und eingel. von Ernst Deger. München: Fink, 1976. S. 75, 117. – © 1976 Wilhelm Fink GmbH & Co. Verlags KG, München.

Als Theoretiker des Dichterkreises der Pléiade verlangte Du Bellay 1549 eine Erneuerung der französischen Literatur. Sie sollte sich an der lateinischen und der darauf aufbauenden italienischen Renaissance-Literatur orientieren. 1553–57 ging er im Gefolge seines Onkels, des Kardinals Jean Du Bellay, nach Rom, war jedoch von der Stadt enttäuscht. Auch der erhoffte berufliche Aufstieg gelang nicht, zumal der Kardinal im Krieg zwischen dem spanischen König und Papst Paul IV. (1555–59) eine wenig glückliche Rolle spielte. In sehr persönlicher Form stellt sich Du Bellay melancholisch, aber auch satirisch in seinen Sonett-Zyklen der Tatsache, daß die zum Ideal erhobene Antike eingebettet ist in eine verdorbene und korrupte Gegenwart.

Ihr, die in Rom ihr schaut mit stummen Mienen
Den Stolz, der an den Himmel sich gewagt,
Was an Palästen, kühnen Bergen ragt,
Was Mauern, Bogen, Thermen, Tempel schienen,

Bedenkt, seht ihr die Felder von Ruinen,
Was neidische Jahrhunderte zernagt,
Da heute noch den Meistern unverzagt
Fragmente ohne Zahl zum Vorbild dienen.

Vergleicht dann, wie Roms Ehrgeiz sich belebt,
Wenn es in dem antiken Boden gräbt
Und neu ersteht aus gottgeweihtem Staube;

Und ihr begreift: der römische Dämon
Bemüht sich nun in schicksalhafter Fron
Zu wecken, was verfiel dem nackten Raube.[1]

---

1 Der Autor hat diese Erneuerung aus dem Geist der Antike, die er an der Architektur rühmt, von der Dichtung seiner Zeit gefordert.

Nur Hochmut treff ich, steig ich zum Palast empor,
Nur Laster wohl verhüllt und eitel Schaugepränge,
Der Trommeln Wirbel, seltsam abgestimmte Klänge,
Und roter Röcke Stolz tritt ohne Scham hervor.

Ich geh zur Bank: mit wirren Stimmen dringt ans Ohr,
Was frische Zeitung bringt; der Wucherer Gedränge
Wogt neben reichen Florentinern durch die Gänge;
Drein klagt der Armen aus Siena düstrer Chor.

Wohin im Weitergehn ich lenke meine Schritte,
Stets find ich Venus, die, mißachtend Zucht und Sitte,
Mit ihrem Anhang ringsum Liebesfallen stellt.

Und jenseits dann, wend ich vom neuen Rom die Blicke,
Kehr sie dem alten zu, so seh ich nichts als Stücke
Gestürzter Bilder, die verstreut im Trümmerfeld.[2]

Benvenuto Cellini

1500–1571

Leben von ihm selbst beschrieben (1560). – Leben des B. C. Florentinischen Gold-
schmieds und Bildhauers von ihm selbst geschrieben. Übers. von Johann Wolfgang
Goethe. In: Johann Wolfgang Goethe: Sämtliche Werke. Artemis-Gedenkausgabe.
Hrsg. von Ernst Beutler [...]. Zürich: Artemis, ²1961–66. Bd. 15: Übertragun-
gen. S. 648–650.

*Cellini gehört zu den genialen Florentinern, die ihr Glück am Renais-
sance-Hof der Päpste suchten. Sein Vater wollte ihn zum Musiker machen,
konnte sich gegen den Sohn aber nicht durchsetzen, der eine Lehre als
Goldschmied erzwang. 23jährig kam Cellini nach Rom, ging 1539 nach
Frankreich, ehe er 1545 in den Dienst von Cosimo I. in Florenz trat.*

2 Das Sonett enthält eine Wanderung durch Rom vom Vatikanischen Palast zur Via
dei Banchi, wo die Florentiner ihre Geschäfte abwickeln; unterwegs trifft man die
unglücklichen Sieneser, deren Stadt 1555 von den Spaniern besetzt wurde (erst
1559 ging sie an Herzog Cosimo I. von Toscana über); im Zentrum der Stadt finden sich die käuflichen Damen; am Rand des bewohnten Gebiets liegen das Kapitol und der Palatin.

Durch seinen Kontakt zu den Mächtigen erlebte Cellini ein Rom, das jedem, der die üblichen Gefahren – Pest, venerische Krankheiten, Machtkämpfe, Eifersucht und Raufhändel aller Art – überstand, ein schönes, wildes, genußreiches Leben bot. Doch blieb gerade der Künstler, der bei allem Selbstbewußtsein radikal abhängig war von der Willkür der Auftraggeber, in ständiger Gefahr. Während des Sacco di Roma 1527 bediente Cellini die Geschütze auf der Engelsburg. Er soll bei dieser Gelegenheit Diamanten gestohlen haben, deshalb setzte Papst Paul III. (1534–49) ihn in der Engelsburg fest. Cellini konnte fliehen, wurde von einem Kardinal vor dem Papst versteckt, dann aber doch ausgeliefert, weil jener Kardinal für einen Günstling ein Bistum brauchte. Man brachte ihn erneut in die Engelsburg.

Darauf ließ sich der Kastellan, krank und elend, wie er war, gleichfalls an diesen Ort tragen und sagte: Nicht wahr, ich habe dich wieder? Ja, versetzte ich, aber nicht wahr, ich bin euch entkommen, und wäre ich nicht unter päpstlicher Treue, um ein Bistum, zwischen einem venezianischen Kardinal und einem Römer Farnese, verhandelt worden, welche beide den heiligen Gesetzen sehr das Gesicht zerkratzt haben, so hättest du mich nicht wieder erwischen sollen. Weil sie sich aber so schlecht betragen haben, so tue nun auch das Schlimmste was du kannst; denn ich bekümmere mich um nichts mehr in der Welt. Da fing der arme Mann an gewaltig zu schreien und rief: Wehe mir! dem ist Leben und Sterben einerlei, und er ist noch kühner, als da er gesund war. Bringt ihn unter den Garten und redet mir nicht mehr von ihm, denn er ist Ursache an meinem Tode.

Man trug mich unter den Garten, in ein dunkles Behältnis, das sehr feucht war, voll Taranteln und giftiger Würmer. Man warf mir eine Matratze von Werg auf die Erde, gab mir diesen Abend nichts zu essen und verschloß mich mit vier Türen. So blieb ich bis neunzehn Uhr des andern Tages, da brachte man mir zu essen, und ich verlangte einige meiner Bücher zum Lesen. Ohne mir zu antworten, hinterbrachten sie es dem Kastellan, welcher gefragt hatte, was ich denn sagte. Den andern Morgen reichten sie mir eine Bibel und die Chronik des Villani.[1] Ich verlangte noch einige andere Bücher, aber sie sagten mir, daraus würde nichts werden, ich hätte an diesen schon zu viel. So lebte ich, elend genug, auf der ganz verfaulten Matratze, denn in drei Tagen war alles naß geworden. Wegen meines zerbrochenen Fußes

---

1 Giovanni Villani (1280–1348) beschreibt von guelfischem Standpunkt aus die Geschichte von Florenz und liefert dabei die erste Weltchronik in italienischer Sprache.

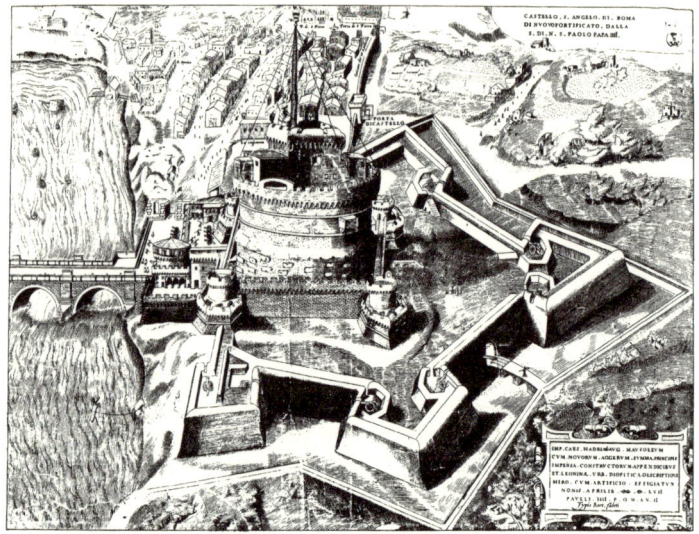

*Die Engelsburg um 1557. Darstellung nach den unter Paul V. ausgeführten
Befestigungen*

konnte ich mich nicht regen, und wenn ich um einer Notdurft willen
aus dem Bette mußte, so hatte ich mit großer Not auf allen vieren zu
kriechen, um den Unrat nur nicht nahe zu haben.

Ungefähr anderthalb Stunden des Tages drang ein wenig Widerschein durch ein kleines Loch in die unglückseligste Höhle; nur diese
kurze Zeit konnte ich lesen, übrigens war ich Tag und Nacht in der
Finsternis, und nicht ohne Gedanken an Gott und unsere menschliche
Gebrechlichkeit. Ja es schien mir gewiß, daß ich in wenigen Tagen
mein unglückliches Leben auf diese Weise endigen würde. Ich tröstete
mich so gut ich konnte und betrachtete, wie viel trauriger es gewesen
wäre, dieses Leben durch den schmerzlichen Tod des Henkerbeiles zu
endigen, als jetzt, da ich durch eine Art von Traum hinausgehen
würde, den ich nach und nach angenehm fand. Denn ich fühlte meine
Kräfte von Zeit zu Zeit abnehmen, bis meine gute Natur sich an dieses Fegefeuer gewöhnte.

Da ich nun einmal so weit gekommen war, faßte ich Mut das unglaubliche Elend so lange zu erdulden, als meine Kräfte noch hin-

reichten. Ich fing die Bibel von Anfang an, und so fuhr ich täglich mit Lesen und frommen Betrachtungen fort, und ich war so verliebt darein, daß ich nichts anders getan haben würde: aber sobald mir das Licht mangelte, fiel der Verdruß mich wieder an und quälte mich so, daß ich mehr als einmal entschlossen war, mich selbst umzubringen. Weil sie mir aber kein Messer gelassen hatten, so war die Sache schwer zu verrichten. Doch hatte ich unter andern einmal ein großes Holz zurechte gestellt und wie eine Falle unterstützt, und wollte es auf meinen Kopf schlagen lassen, so daß ich gewiß gleich tot geblieben wär. Als ich nun das Gestelle zurechte gemacht hatte, und eben um loszudrücken die Hand hineinsteckte, ward ich von einem unsichtbaren Wesen ergriffen und vier Ellen weit weggeworfen, worüber ich so erschrak, daß ich für tot liegen blieb.

Dieser Zustand dauerte von Tagesanbruch bis neunzehn Uhr, da sie mir das Essen brachten. Sie mochten oft hin und her gegangen sein, ehe ich sie bemerkte, denn zuletzt als ich zu mir kam, hörte ich den Kapitän Sandrino Monaldi, der im Hereintreten sagte: Welches Ende haben so seltne Tugenden genommen! Als ich diese Worte vernahm, schlug ich die Augen auf und sah die Priester in ihren Chorhemden, welche ausriefen: Ihr habt ja gesagt, daß er tot sei. Darauf antwortete Bozza: Für tot habe ich ihn gefunden, und so sagte ich's auch. Schnell huben sie mich auf, nahmen die Matratze weg, die ganz faul und wie Nudeln geworden war, warfen sie vor die Tür und erzählten den Vorfall dem Kastellan, der mir eine andere Matratze geben ließ.

JAKOB RABUS

um 1545–1584

Rom. Eine Münchner Pilgerfahrt im Jubeljahr 1575. – Nach einer ungedruckten Handschrift hrsg. von Karl Schottenloher. München: Verlag der Münchner Drucke, 1925. S. 28, 78 f., 179 f.

Das Heilige Jahr von 1575 sollte nach dem Konzil von Trient den Glanz und das Selbstbewußtsein der reformierten Kirche demonstrieren. Jahrelang bereitete die päpstliche Verwaltung sich vor, um mehr als 400 000 Pilger zu versorgen. Unter ihnen war eine Gruppe aus München, die der

Hofprediger von Herzog Albrecht V., Jakob Rabus, führte. Dieser war Konvertit. Er hatte in Rom studiert, kannte also die Stadt. 32 Tage dauerte der Hinweg. Dann gewannen die Pilger 6 Wochen lang ihre Ablässe. Eine Papst-Audienz beendete das fromme Werk. In 28 Tagen wanderten sie nach München zurück. Rabus schrieb über die Reise ein umfangreiches Werk, das, schwer lesbar und nur teilweise gedruckt, von der Bayerischen Staatsbibliothek aufbewahrt wird. Es sollte kein Reisebericht, sondern ein Erbauungsbuch sein. Dem »geistlichen, frommen und andächtigen Leser« erzählt der Verfasser, welches Heil ihm und seinen Begleitern widerfahren ist. Im Vergleich mit den 100 Jahre älteren Rom-Büchern sind die Spuren vom Leben Jesu in den römischen Kirchen sparsamer, die Gefühle der »Pilgram« aber inbrünstiger geworden. Mit »Glück und Freude« gewinnen sie den »Jubelablaß«. Reizvoll ist besonders Rabus' Beschreibung des Petersdoms, wo Teile der fast 1300 Jahre alten konstantinischen Basilika noch mitten im Neubau standen und die Pilger fortwährend von alten zu neuen Bauteilen hin und her gingen. Der Raum beginnt sich zu füllen mit den Kunstwerken der Renaissance.

Die erste Kapell wird genannt Papst Sixti Kapell, in derselben wird der tägliche Gottesdienst von der Priesterschaft bei S. Peter fleißig und mit Andacht verricht. Auf dem Altar dieser Kapellen steht das wunderschön Vesperbild, davon alle Künstler wissen zu sagen, welches der berühmte M. Angelus Florentinus gemacht hat,[1] aus Marmor gehauen, so natürlich gemacht, daß sich einer darüber zu verwundern hat. Vor dem Altar liegt Sixtus 4., der Papst, von welchem die Kapell ihren Namen hat, in einem herrlichen Monumente,[2] alles von Erz, dessen sich auch die stolzen hoffärtigen Römer vorzeiten nit hätten schämen dürfen.

Sonntag Oculi sein die Pilgram früh aufgestanden und haben angefangen den christlichen Jubelablaß zu erholen[3] und sind demnach erst-

---

1 Der 23jährige Michelangelo Buonarroti (1475–1564) begann seine Pietà 1498 als Grabmonument des Kardinals Jean Villiers de la Grolaye. Sie wurde 1500 in Alt-St.-Peter aufgestellt, wanderte während des Neubaus an verschiedene Plätze in der Rumpfkirche, ehe sie ihren heutigen Standort erhielt.

2 Das Grab Sixtus' IV. (vgl. S. 55) ist eines der schönsten Papstgräber überhaupt, heute in der Schatzkammer von St. Peter, 1489–93 geschaffen von Antonio Pollaiuolo (1432–98). Auf dem Deckel liegt lebensgroß und detailgetreu die Bronzefigur des Papstes, um ihn sind Reliefdarstellungen der christlichen Tugenden und die Sieben Freien Künste.

3 Dafür mußten die 7 Hauptkirchen – S. Giovanni in Laterano, S. Pietro in Vaticano, S. Paolo fuori le mura, S. Maria Maggiore, S. Croce in Gerusalemme, S. Sebastiano ad Catacumbas, S. Lorenzo fuori le mura – von den Pilgern an einem Tag besucht werden.

Neubau von St. Peter in einer Zeichnung Maarten van Heemskerks. Links die neue Vierung, davor ein Kaisermausoleum aus spätrömischer Zeit und der Obelisk, den Sixtus V. vor die Basilika versetzen ließ; rechts Campanile und Atrium, in der Bildmitte Reste der konstantinischen Basilika, darüber als rechteckiger Block die Sixtinische Kapelle

lich gangen zu S. Peter, haben ihre Gebet vor den 7 Altären verrichtet, und folgends nach S. Paul geeilt, im Vorübergehn aber S. Mariam Trans Tyberim auch begrüßt. Nach verrichtem Gebet sein die Pilgram fort gewallt und einkehrt zu S. Chrysogono. [...] Darnach sein sie fortzogen und kommen in die Kirche scola graeca[4] genannt; weil dieselbig vor zeiten des h. Augustini Schul gewesen, haben die Pilgram auch gebetet. Von dannen zogen die Pilgram zu St. Paul. Allda und dieweil es auch 7 privilegierte Altar hat, haben die Pilgram ihr Andacht darvor verbracht nach folgender Weis. Erstlich haben sie ein Meß gehört von mir und sich speisen lassen[5], nach der Meß sein sie zu den Altären herumb gangen und haben vor einem jedweden gebetet. Nach Verrichtung dieser Andacht sein die Pilgram zu S. Joann gezogen und haben auf der Straßen heimgesucht S. Bibiana. Da haben die Pilgram 5 Pater noster und 5 Ave Maria dem Herrn Christo in seine

4 S. Maria in Cosmedin.
5 Die Kommunion empfangen.

h. 5 Wunden⁶ gebetet und sein darnach zu S. Joann kommen und haben allda ihr Gebet vor den Altären verrichtet. Zu S. Maria⁷, welches die 4. Jubelablaß-Kirch ist, haben die Pilgram auch ihr Gebet vollbracht.

Mit solcher Formb und Weis des Gebets haben die Pilgram die Kirchfahrt zu den 4 Kirchen die fünf Tag nacheinander fleißig verricht, darneben auch die Litanei, die Bußpsalmen und andere gottselige Gebet auf dem Weg mit einander gebetet, wie denn billig ist, daß einer, der ein Pilgram sein will, sich zumal als ein frommer Pilgram verhalte und die Wallfahrtstag allein Gott und rechtgeschaffener Andacht zugeb, mit Gebet und anderen christlichen Werken bei Gott fleißig anhalte, damit er ihm in seinem Leben, welches anders nichts ist denn eine stete Kirchfahrt, wie Paulus lehret, den rechten Weg weise, zu und in das ewigwährende Jubeljahr des seligen Lebens dermalen einst zu gelangen.

Während der Rückkehr gibt Rabus sich im Glanz von S. Marco in Venedig Rechenschaft, warum er Rom so sehr verehrt.

Wir Pilgram suchten Heiltumb und, damit ich es kurz mach, so soll der Leser, der Venedig und diese Kirch nie gesehen, wann er dies liest, nichts schlechts oder niedrigs, sondern alles miteinander hoch und herrlich ihm einbilden, also daß, wann vor Zeiten Salamonis Tempel nit kostbarlicher gewesen denn diese Kirch [. . .].

Nun es sei diese Kirch so köstlich als sie immer wöll, so nehme ich armer Pilgram RABUS sambt den Meinen meine Catacumbas und Coemeteria Calixti und Calepodij⁸ etc., davon oben Meldung beschehen, und andere h. Örter zu Rom dafür an. Denn wiewohl allhie, nämlich zu Venedig bei S. Marx, alles von Silber, Gold, kostlichem Gestein gleißt, dort aber zu Rom in bemeldten Örtern alles dunkel, unter der Erden, scheußlich, zerrütt und zerfallen ist, daß einem

---

6 Die Wunden des Gekreuzigten an den Händen, den Füßen und in der Seite, nach Joh. 20,27 von Jesus als Zeichen des Leidens und der Auferstehung vorgewiesen, gelten der Mystik als »heilige Minnezeichen«. Den Sinn der Verehrung zeigt 1. Petr. 2,24 im Anschluß an Jes. 53,5: »Unsere Sünden trug er an seinem Leibe zum Kreuze, damit wir der Sünde sterben und der Gerechtigkeit leben.«
7 S. Maria Maggiore.
8 Die bis ins 9. Jh. oft besuchten Katakomben gerieten in Mittelalter und Renaissance in Vergessenheit. Erst Filippo Neris (1515–95) Begeisterung für die Geschichte Roms und seine Anleitung zu emotionaler Frömmigkeit lenkte die Aufmerksamkeit wieder auf die Märtyrergräber. Das von Neri gegründete Oratorium förderte die wissenschaftliche Erforschung (vgl. Pastor, Bd. 9, S. 135, 191 f.).

darob grausen möcht, der sie nur von außen ansieht, so hab doch ich
in einer Viertel Stund mehr Andacht und Erquickung des Geists darin
gefunden, denn die Tag über und über, weil⁹ wir zu Venedig still gelegen. Und also war mein Pilgramsbrüdern auch. Denn zu Erweckung
des Geists tut eim Pilgram die alte Simplicität der h. Martyrer, die vor
den Tyrannen aus Forcht der untersten Teil der Erden sich zu ihrem
Gottsdienst haben gebrauchen müssen, item ein alts zerbrochens Ka-
pellin, das mit der h. Märtyrer Blut vor Zeiten besprengt, befeuchtigt
und consecriert worden, dergleichen wir oben viel beschrieben, mehr
gut denn die schönste Kirch, die man finden mag. In dieser werden die
Sinn des Menschen distrahiert¹⁰, dort bleiben sie bei einander, da man
auf kein Kostlichkeit der Gebäu oder ander Zier nit gaffen kann, und
erheben sich einmütiglich zu Gott, daß der Mensch anders nichts tun
kann, denn der Andacht pflegen wegen der Gedächtnus dessen, daß
so viel heilige Leut umb Christus willen an dergleichen Örtern über-
standen und gelitten haben, dadurch der Mensch von Betrachtung
zeitlicher Ding, meins Erachtens, mächtiglich abstrahiert und allein
auf göttliche Ding erhebt wird.

MICHEL DE MONTAIGNE

1533–1592

Journal du voyage en Italie, par la Suisse et l'Allemagne en 1580 et 1581. Paris 1775.
– M. de M.: Tagebuch einer Reise durch Italien, die Schweiz und Deutschland in den
Jahren 1580 und 1581. Hrsg. und aus dem Franz. übertr. von Otto Flake. Mit Anm.
zum Text und einem Nachw. Frankfurt a. M.: Insel, 1988. S. 123, 131 f., 135, 144 f.,
158 f. – Mit Genehmigung von Langen Müller in der F. A. Herbig Verlagsbuchhandlung GmbH, München.

*Montaignes Lebensgeschichte hat mehrere Wendepunkte. Nach dem Stu-
dium der Rechte wurde er Steuerrat in Périgueux und 1557–70 Parla-
mentsrat in Bordeaux. Dann zog er sich zurück, um auf Schloß Montaigne
zu meditieren und schreibend seine Gedanken durchzuarbeiten. Nach
dem Abschluß des zweiten Bandes seiner »Essais« begann er eine große
Reise. Seiner Gesundheit wegen wollte er in schweizerische und italie-*

---

9 Während.
10 Zerstreut, abgelenkt.

nische Bäder. Er hatte aber auch ein Gelübde in Loreto zu erfüllen. Vor allem wollte er das Leben fremder Städte sehen. In Rom erreichte ihn die Nachricht von seiner Wahl zum Bürgermeister von Bordeaux. Er nahm das Amt an, zog sich aber 1585 wieder in die Einsamkeit von Montaigne zurück, um die »Essais« fortzusetzen. Die Notizen über die Reise, zuerst einem Diener diktiert (deshalb die Er-Form), dann selbst niedergeschrieben, fallen aus dem Rahmen des Zeitüblichen. Montaigne interessiert sich kaum für Kunst – was Stendhal moniert hat –, aber er ist neugierig auf Menschen. Das erst 1774 aufgefundene Manuskript wurde vom Autor nie überarbeitet, die deutsche Übersetzung klingt deshalb flüssiger als das Original, das die Spontaneität des Sehens und die Sprunghaftigkeit des Hinschreibens bewahrt.

Der Herr von Montaigne ärgerte sich, hier eine solche Menge Franzosen zu treffen, daß er auf der Straße beinahe nicht anders als in seiner Sprache begrüßt wurde. Neu war ihm der Anblick eines so großen, sich drängenden Hofstaats von Prälaten und Kirchenleuten, und Rom schien ihm mehr reiche Leute, Kutschen und Pferde zu fassen als jede andere Stadt, die er jemals besucht hatte. Er sagte auch, das Aussehen der Straßen erinnere ihn in verschiedener Hinsicht, vor allem aber durch die Menge Leute, mehr an Paris als es sonstwo der Fall gewesen.

Am elften Januar, als der Herr von Montaigne vormittags seine Wohnung zu Pferd verließ, um in *banchi* zu gehen, kam er gerade hinzu, wie man einen gewissen Catena aus dem Gefängnis zur Richtstätte führte.[1] Es war ein berüchtigter Räuber und Banditenhauptmann, der ganz Italien in Furcht gehalten hatte und von dem man sich ungeheuerliche Mordtaten erzählte, vor allem den Mord, den er an zwei Kapuzinern begangen: er hatte sie Gott verleugnen lassen, indem er ihnen unter dieser Bedingung das Leben versprach, und sie dann doch abgeschlachtet, ohne jeden Anlaß, den man in Habsucht oder Rachgier hätte finden können.

1 Gregor XIII. (1572–85) führte einen lange Zeit vergeblichen Kampf gegen die Räuberbanden im Kirchenstaat. Zum Abschluß einer energischen Polizeiaktion erschien der gefährlichste Banditenführer Catena 1573 zum Hohn vor der Porta Salaria. 1580 erhielt Kardinal Alessandro Sforza umfassende Vollmachten zum Kampf gegen die Räuber. Catena wurde gefaßt und im Alter von 30 Jahren am 11. Januar 1581 hingerichtet. Er soll in 12 Jahren 54 Morde verübt haben. Angeblich sahen 30 000 Zuschauer seine Hinrichtung (vgl. Pastor, Bd. 9, S. 770). In der 2. Auflage seiner *Essais* fügt Montaigne zu II,11 einen Hinweis auf die Hinrichtung Catenas ein.

Der Herr von Montaigne machte Halt, um sich das Schauspiel anzusehen. Über den französischen Gebrauch hinaus wird vor dem Verbrecher noch ein großes schwarzverhangenes Kruzifix hergetragen und es folgt zu Fuß eine große Zahl in Tuch verkleideter und maskierter Leute; es sollen Edelleute und sonstige angesehene Römer sein, die eine Bruderschaft bilden und sich dem Dienste weihen, den Verbrechern zur Richtstätte und den Leichen von Verstorbenen das Geleit zu geben. Zwei von ihnen oder auch Mönche, die gerade so gekleidet und maskiert sind, sitzen neben dem Verbrecher im Wagen und predigen ihm, und der eine von ihnen hält ihm fortwährend ein Bild unseres Herrn und Heilandes vors Gesicht, damit er es küsse: dabei kann man das Gesicht des Übeltäters auch nicht auf der Straße sehen. Am Galgen, der aus einem Balken zwischen zwei Pfosten besteht, hielt man ihm das Bild so lange vor die Augen, bis er frei in der Luft hing. Sein Tod bot nichts Ungewöhnliches; er blieb regungslos und sprach kein Wort. Es war ein dunkler Mann von etwa dreißig Jahren. Nachdem er gehenkt war, wurde er in vier Stücke geschnitten. Sie lassen die Menschen kaum anders als eines einfachen Todes sterben und lassen ihre Härte erst am Leichnam aus.

Der Herr von Montaigne fand hier wieder eine Bemerkung bestätigt, die er schon anderswo ausgesprochen hat: wie sehr sich das Volk über die Strenge erschrecke, die an den toten Körpern geübt wird. Das Volk, das ganz ruhig angesehen hatte, wie dieser Verbrecher erdrosselt wurde, schrie bei jedem Hieb bei der Zerstücklung mitleidig auf. Sofort nach dem Tode traten ein oder mehrere Jesuiten oder andere Geistliche auf irgendeine Erhöhung und begannen, der eine hier, der andere da, laut schreiend zum Volk zu predigen, um ihm das Beispiel zu Gemüt zu führen.

[Der Herr von Montaigne] meinte, von Rom bekäme man nichts zu sehen als den Himmel, unter dem es einst gelegen war, und den allgemeinen Grundriß seiner Lage. Das Wissen, das er von ihm habe, sei ein abstraktes, das auf die Einbildungskraft angewiesen sei; aber nichts böte sich den Sinnen unmittelbar dar. Wer sagt, man sähe wenigstens die Ruinen Roms, behaupte zu viel; denn die Ruinen eines so kolossalen Organismus stünden in seinem Gedächtnis ehrfurchtgebietender als die Trümmer, die er da vor sich sehe: das sei nichts als ihr Grabstein. Die Welt, die sich gegen Roms ununterbrochene Herrschaft aufgelehnt, habe zuerst Stück für Stück von seinem herrlichen Körper abgeschlagen und zerschmettert und dann, als ihr noch der tote, umgestürzte und entstellte Körper Schrecken einflößte, selbst die Trümmer verscharrt. Die kleinen Überreste, die noch aus dem Grab herausschauen, wären nur dem Zufall zu verdanken, der sie zum Gedächtnis an diese unendliche Größe, die so viel Jahrhunderte, so viel Feuersbrünste, die oft wiederholte Verschwörung der Welt selbst nicht ganz hatten auslöschen können, aufgespart habe. Aber es scheine ihm auch wahrscheinlich, daß diese entstellten Glieder, die übriggeblieben, die geringsten an Wert seien und daß die Wut der Feinde solchen unsterblichen Ruhmes sicher das Ziel gehabt habe, das Schönste und Würdigste zuerst zu zerstören.

In Rom ist der private Eifer groß und es gibt eine Menge von Gesellschaften, die oft besondere Beispiele von Wohltun ablegen. Der gemeine Mann scheint mir innerlich weniger demütig zu sein als in unseren guten französischen Städten, wohl aber äußerlich gewissenhafter. Ich brauche mir hier keine Zurückhaltung aufzuerlegen und ich will zwei Beispiele geben. Irgend jemand lag mit einer Kurtisane im Bett und versagte sich nichts von allem was in dies Handwerk fällt, als es vierundzwanzig Uhr schlug und das Ave Maria zu läuten begann: mit einem Satz war sie aus dem Bett und kniete auf dem Boden, um ihr Gebet nicht zu versäumen. Als sie wieder einmal mit einem anderen bei der gleichen Beschäftigung war, pochte ihre brave Mutter – denn bekanntlich haben die jungen Dirnen alte Vetteln, aus denen sie Mütter und Tanten machen – an die Tür und riß ihr zornig und wütend vom Hals ein Band, an dem eine kleine Muttergottes hing; sie sollte nicht von dem Schmutz ihrer Sünde befleckt werden, und die Junge verspürte in der Tat die äußerste Zerknirschung, daß sie das Bild nicht wie sonst ausgezogen hatte.

Am Morgen des Gründonnerstags tritt der Papst im Ornat an den Rand des ersten Säulengangs im zweiten Stock der St. Peterskirche, von den Kardinälen umgeben und in der Hand eine große Kerze tragend. Hier liest nun auf der einen Seite ein Kanonikus von St. Peter laut eine lateinische Bulle vor, in der eine unendliche Zahl von Menschen exkommuniziert wird, unter anderen auch die Hugenotten, für die diese Bezeichnung gebraucht wird, sowie alle Fürsten, die der Kirche ihre Güter vorenthalten. Bei diesem Artikel lachten die Kardinäle Medicis und Caraffa, die dicht beim Papst standen, ganz laut.[2]

---

2 Gregor XIII. wollte die Stellung des Reformpapsttums auch finanziell absichern

Während dieser Tage ist das Schweißtuch der Veronika ausgestellt, das Gesicht, das aus einem Rahmen wie aus einem Spiegel schaut, trägt Leidenszüge, seine Farbe ist dunkel und verschwommen. Es wird mit Entfaltung großer Zeremonien von einem fünf bis sechs Fuß breiten Gerüst herab gezeigt. Der Priester, der es vorweist, trägt rote Handschuhe und zwei oder drei andere helfen ihm dabei. Nichts kann mit größerer Verehrung angesehen werden; das Volk liegt zu Boden, die meisten haben Tränen in den Augen und stoßen Rufe des Mitleids aus. Eine Frau, die als *Spiritata*[3] gilt, begann beim Anblick dieses Gesichtes zu toben, schrie und wand und rang die Arme. Die Priester schreiten um das Gerüst herum und zeigen das Tuch dem Volk, bald hier, bald da, und bei jeder neuen Bewegung stoßen die, denen es hingehalten wird, Schreie aus. Dort wird auch zur gleichen Zeit und mit derselben Zeremonie das Eisen der Lanze in einer Kristallflasche gezeigt.[4] Die Vorweisung geschieht mehrere Male an diesem Tag und das Volk versammelt sich in ungeheurer Menge.

GREGORY MARTIN

1542–1582

Roma sancta (1581). – Now first edited from the Manuscript by George Bruner Parks. Rom: Edizioni di Storia e Letteratura, 1969. S. 54 f. – Übers. von J. M.

Martin verließ England, weil er verdächtigt wurde, in den katholischen Aufstand von 1569 verwickelt gewesen zu sein. Er studierte und lehrte Theologie am Englischen Kolleg der mit päpstlicher Zustimmung von

und erzwang die Rückgabe widerrechtlich festgehaltener Kirchengüter. Viele römische Barone wurden dadurch schwer getroffen. Auch Kardinälen gegenüber war der Papst unerbittlich. »Sehr zahlreich waren die Einziehungen von Lehen im Jahre 1581« (Pastor, Bd. 9, S. 758) – gerade damals war Montaigne in Rom.

3 ›Geisterfüllte‹, auch in der Bedeutung ›Besessene‹.

4 Sultan Bajasid wollte im Mai 1492 (am 2. Januar 1492 war Granada gefallen) das Verhältnis zu Rom verbessern und schickte Innozenz VIII. neben einem wertvollen Smaragd eine Reliquie: die Lanze, mit der der Hauptmann Longinus bei der Kreuzigung die Seite Jesu durchbohrte. In einem vergoldeten Kristallgefäß brachte Kardinal Giuliano della Rovere sie in die Stadt (vgl. Pastor, Bd. 3, S. 278 f.).

König Philipp II. gegründeten Universität Douai, die 1578 nach Reims verlegt wurde. Hier begann er mit der wichtigen, bis zur Gegenwart benützten englischen Bibel-Übersetzung, der »Bibel von Douai«. Von Herbst 1576 bis Juli 1578 lehrte er am English Hospice (später English College) in Rom. Nach Reims zurückberufen, begann er, parallel zur Übersetzungsarbeit, mit seinem Buch »Roma Sancta«, einem frühen Beispiel gegenreformatorischer Rom-Verehrung. Für ihn hat die katholische Kirche nun endgültig die Antike überwunden. Die Gegenwart der Heiligen ersetzt die alten Götter.

Die Verehrung und Liebe gegenüber Christus und den christlichen Monumenten fällt um so mehr auf durch die Verachtung und Sorglosigkeit gegen alle profanen und heidnischen Monumente, in die das alte Rom in den Zeiten seines Unglaubens seinen Ruhm setzte und die den Stolz des Reiches bildeten. Aber seit sie an Christus glaubten, und besonders seit der Kaiser selbst glaubte, Konstantin der Große,[1] [hat sich alles verändert]. Sieh jetzt auf das alte Rom – du erblickst nur Ruinen und Schutt. Wo sind die Paläste von Octavian, von Nero, von Nerva, von Hadrian, von Gallienus? die monströsen Bäder von Antoninus und Diocletian? Hier steht noch eine alte Wand, dort ein paar zerbrochene Säulen; deshalb sagen manche, dies war dies und das jenes, andere bezweifeln es. Das Amphitheater zeigt noch, was es einmal war, aber es ist zerfallen, von der Zeit abgenutzt, und es zerfällt immer mehr; du würdest dich ängstigen, darin umherzugehen, weil es gefährlich ist. Der Circus Maximus war noch gewaltiger, doch an dem Platz, von dem die Leute behaupten, dort sei er gewesen, gibt es nur noch Gärten. Was war glorreicher als das Kapitol? Ich sehe den Hügel, auf dem es stand, doch nichts mehr von dem Gebäude. Davor lag das Forum Romanum, ein ebenso feierlicher Platz wie Westminster und Westminster Hall, es ist nun der Ochsenmarkt, Forum Boarium genannt. Die triumphalen Gebäude, die einst aufwendig ihre Siege feierten, zerfallen täglich mehr. All die Schönheit auf den sieben Hügeln[2], was ist sie jetzt anderes als Verzweiflung, Verlassenheit und Einsamkeit. Es gibt kein Leben, kein Haus, nur hier und da Kirchen von großer Frömmigkeit. Geneigter Leser, bedenke mit mir noch ein wenig, wie in Rom die Christenheit dem Heidentum gefolgt ist, wie das Königtum Christi das Reich Satans überwand [. . .].

---

1 Kaiser Konstantin I., der Große (306–337) förderte seit seinem Sieg über Maxentius an der Milvischen Brücke im Jahr 312 das Christentum.
2 Roms sieben Hügel: Aventin, Caelius, Esquilin, Kapitolinischer Hügel, Palatin, Quirinal, Viminal.

Es ist eine gesegnete Vielfalt in einer Welt, in der jeder täglich zwischen so vielen Kirchen wählen kann, wo er so himmlisch bedient wird mit Musik, Stimmen, Instrumenten, alle voll Ernst und Majestät, die zur Frömmigkeit einladen und des Menschen Herz hinziehen zur Meditation jener Musik, die die Engel und Heiligen im Himmel machen, mit Orgeln, denen gegenüber eine Kinderstimme schrill und laut klingt [...]. Bemerkenswert und einzigartig ist, daß sie jedes Wort und jede Silbe so rein unterschieden, deutlich, klar, kraftvoll hervorbringen, daß die Zuhörer jedes Wort verstehen, das gesungen wird.[3] Der Text, zu dem die Orgel spielt, wird unterdessen von einem im Chor mit tiefer Stimme sehr ungezwungen mehr gesprochen als gesungen, was dort allgemein ist, an anderen Plätzen habe ich es nicht bemerkt.

GEORG KRANITZ VON WERTHEIM

Lebensdaten unbekannt

Delitiae Italiae. Das ist: Eigentliche Beschreibung / was durch gantz Welschland in einer jeden Stad und Ort / von Antiquiteten / Pallasten / Pyramiden / Lustgerten / Begrebnissen und andern denckwürdigen Sachen / zu sehen ist. Sampt einem Bericht / was vor Müntz durch Italien gangbar [...] von newem gemehret und verbessert durch Nicolaus Bassaeus. Köln: Balthasar Clypeus, 1600. S. 106 bis 111, 170 f., 187.

Das Buch ist »Dem Ehrnvesten unnd fürnemen Herrn Valentin Borssio / Bürgern unnd Einwohnern zu Franckfort« gewidmet, der »Welschland / so hierinnen wol beschrieben / etwan Persöhnlichen gesehen unnd durchreyset« hat (S. 7). Das verweist auf eine »bürgerliche« Italien-Reise, die noch einmal eine Generation älter ist als die von Johann Caspar Goethe. Der Autor will durch eine »vorhergehende Wissenschaft« auf die Fahrt vorbereiten. So informiert er, »was fürnehmlich in gantz Italia zu sehen ist

---

3 Die Frage nach der Verständlichkeit der liturgischen Texte steht im Mittelpunkt aller Diskussionen der Reformationszeit um die Kirchenmusik. Das Konzil von Trient wollte die Mehrstimmigkeit verbieten. Angeblich hat Giovanni Pierluigi da Palestrina (1525/26–94) mit seiner sechsstimmigen »Missa Papae Marcelli« (1555 oder später) die moderne Kirchenmusik gerettet. Das Konzil verlangte schließlich einen »Vortrag, der die Worte verständlich macht«.

[. . .] damit in dem hin und wider reysen nichts ubersehen oder versaumet werde« (S. 19), *sonst könnte es einem ergehen »wie im Sprichwort gesagt wird, daß ein Ganß uber Meer fliege / und ein Ganß wider komme«* (S. 6). *Wer etwas lernen will, braucht Anweisung, wie er Zeit und Geld am besten nützt. Stete Redewendungen sind »geht weiter zu . . .«, »fragt nach . . .«. Kunstwerke interessieren Kranitz nicht mehr als andere Gegenstände auch. Vor dem Laokoon fällt ihm nur ein, er sei »wunderkünstlich unnd wol gemacht«* (S. 117). *Den Moses von Michelangelo nennt er »ein unsäglichs schönes Werck / von lauter weissem Marmelstein und Alabaster«* *und schwärmt dann von den »Pomerantzen Bäumen« im Kreuzgang. Am Bau der neuen Jesuitenkirche Il Gesù interessieren nur die Kosten. Aber es gibt viele gute Ratschläge.*

Erstlich were meine Meinung / daß man das Castel[1] besehe / fragt nach dem Fänderich / der darinnen schon lange Jahr ist / der hat nur ein Aug / den begrüst / mit freundlichem bitten / als bald wird er euch zu wissen thun / ob er von dem Obersten Verlaubnuß bekommen kan oder nicht / demselben möcht jr etwas verehren. So wirdt ein Kriegsmann mit euch gehen / der euch in dem Schloß herumb wirdt führen / aber jr werdet ewre Wehren an der Porta oder Thor lassen / so bald jr zu der unter Porten hinein gehet. Als dann wirdt der Zeugwarter mit euch gehen auff die erste Zwenger / da dann zwey Zeughäuser voller schöner Rüstungen / damit ungefährlich in die 600. Pferd zurüsten / sampt Kürisser unnd 1000. Soldaten zu Fuß. Weiters gehet jhr durch die 3. Wachtporta hinauff / da gewaltige schöne Zimmer und Säl seyn / darinnen der Oberst wohnet. Nit weit davon seind zwey Zimmer oder Gemach / da man Moscotierer Soldaten in die 1200. rüsten kan.

Viel schöne Palatia hat es in der Engelburg / darinnen Cardinäl jhre Wohnung und Hoffhaltung haben [. . .]. Weiters last euch hinauff führen / da der Engel stehet / von weissem Marmelstein [. . .]. Neben ist ein gewaltiger Segel oder Mastbawm. So ein fürnemes Fest vorhanden / zeucht man eine grosse Fahnen hinauff / unnd lest also bald wanns Tag ist / das groß Geschütz abgehen. Nicht weit davon ligen zwey feiner stück Geschütz / die reichen auff anderthalb Teutscher Meil [. . .]. Gebt dem Kriegßmann / der so stets mit euch gangen / etwas zu Tranckgelt / damit es die andere Kriegsleut nicht sehen / sonsten muß er es mit jhnen theilen. Jetzunder kompt jhr zu der Wachtporta / da jhr euwre Wehren auff zuheben gebet / gebt jhnen auch

---

1 Gemeint ist das Castel Sant'Angelo.

*Trajanssäule vor 1587, noch ohne die Petrus-Statue, die Papst
Sixtus V. auf die Spitze setzen ließ*

Trinkgelt. Als dann wirdt der Trummelschläger auffmachen / dem
müst jhr auch etwas verehren. So jhr zu der letzten Wachtporta
kompt / da jhr hinauß gehen wolt / ist der Fendrich / Leutenampt (!)
und andere Befelchshaber da / gebt in gemein auch Tranckgelt / damit ein freundliches Urlaub genommen. Dieses Schloß ist so gewaltig
an jhm selber von alters hero / daß es von keinem Feind nie erobert
worden.

Die Trajanssäule. So ihr auff diese gewaltige schöne Seul deß Keysers
Traiani begert[2] / müst jhr den Steinmetzen ansprechen / so da gegen
hinüber wohnet / der hat den Schlüssel darzu / an seinem Hauß ist
ein Indianischer Feigenbaum / aber er wil zuvor ein Trinckgelt zu
eröffnen haben. Man sagt daß sie der Keyser Adriano von wegen der
gehabten Siegen und Victorien, anzuzeigen was er für Krieg geführt /
habe bauwen lassen / die alles von lautern weiß Marmelsteinen / außwendig also ordentlich unnd künstlich an einander gesetzt / daß mancher sagen solte / die gantze Seul were von einem gantzen Stein / darauff nach Ordnung alle Krieg unnd Schlachten / so er gehabt / erhebt
außgehauwen. In dieser Colonna oder Seul kan man inwendig hinauff
gehen. Dann sie hat 186. Staffeln / unnd 40. Fensterlein / dardurch
der Tag hinein gehet / ist hoch 120. Schuch. Eines wil ich euch gewar-
net haben / wann jhr hinauff kommet / so sitzt unnd ruhet ein wenig
zuvor ehe jhr zu der Seul hinauß wöllet sehen / oder außwendig herumb gehen / damit euch nit geschwinde. Auff der Seulen könnet jhr
den mehrer theil der Statt ubersehen.

Il Gesù. Die Jesuiter Kirch [hat] Cardinal Farnesius auff seinen
Kosten bauwen lassen. Allda sehet ihr einen gewaltigen schönen
Tempel / der aller mit Bley uberdeckt / sehr hoch / groß unnd
weit / in dessen Chor ein Altar / welcher sampt dem Tabernacul oder
Sacramenthäußlein uber die 3000 Kronen gestehet / derselbe grosse
Altar ist mit schönen Marmelsteinen Seulen geziert / sampt viel
anderer Altären [. . .]. An diesem Tempel ist 5 Jahr gebauwet wor-
den / unnd alles auff deß Cardinals Unkosten. Man sagt / daß die-

---

2 Papst Sixtus V. (1585–90) ließ scheinbar willkürlich antike Bauten bald demolie-
ren, bald kirchlich weihen. Beides folgt dem gleichen Gedanken, den Sieg Christi
über alles Heidnische zu zeigen. Während also das Septizonium verschwand, erhielt die Siegessäule des Kaisers Trajan, unter dem das römische Weltreich die
größte Ausdehnung erreicht hatte, eine Petrus-Statue.

ser Tempel etlich Thonnen Golts koste / ist außwendig / wie man zum grossen Thor hinein wil / mit lauter Quaderstücken auffgebauwet.[3]

HEINRICH SCHICKHARDT
1558–1634

Warhaffte Beschreibung zweyer Raisen / welcher Erste (die Badenfahrt genannt) der Durchleuchtig Hochgeborne Fürst unnd Herr / Herr Friderich Hertzog zu Württemberg unnd Teckh etc. [. . .] in Engelland im Jahr 1592 [. . .]. Die Ander / so Hochgemelter Fürst [. . .] im Jahr 1599 in Italiam gethan und von Rom auß / durch vil andere Ort / widerumb gen Stuttgart Anno 1600 im Mayen glücklich heimgelangt [. . .]. Tübingen: Erhard Cellius, 1603. S. 27, 29 f.

Schickhardt, seit 1596 »Ihrer Fürstlichen Gnaden Bawmeister« in Stuttgart, reiste als einer der ersten deutschen Architekten zu Studienzwecken nach Italien. Das Buch über seine zweite, zur Begleitung des Landesherrn unternommene Reise erzählt, was die Gruppe gesehen hat, »als eben Bapst Clemens der VIII. diß Namens ein grosses Jubel Jahr / in alle Ort der Christenheit / welche jhme zugethan / außgeschrieben hatte« (S. 4). Wichtiger allerdings als der im Dienst des Fürsten geführte und aufwendig gedruckte Bericht sind die drei Skizzen- und Notizbücher, die Schickhardt zum eigenen Gebrauch angefertigt und mit dem Vermerk versehen hat: »Dise Biechlein, sol man nach meinem Absterben in hohem werdt halten, und von meindtwegen auff heben.« (Die Landesbibliothek Stuttgart tut das bis heute.) Der Autor interessiert sich für alles, was mit moderner Technik zu tun hat, Befestigungsanlagen, Maschinen jeder Art, Wasserleitungen, Fahrzeuge, vor allem neue italienische Architektur, bei der er sich Anregungen für seine Bauten holt. In S. Maria Maggiore beachtete er weder Reliquien noch Mosaikbilder, sondern die neue Grabkapelle von Papst Sixtus V. An römischen »Wundern« interessiert ihn, wie sie gemacht sind.

3 Männer wie Ignatius von Loyola und Filippo Neri nahmen in Rom die auf dem Konzil von Trient nur mühsam vorankommende Reform des religiösen Lebens vorweg. Ihre kleinen Kirchen wie S. Maria della Strada, wo Ignatius begonnen hatte, faßten die Besucher nicht mehr. So entstanden nebeneinander aufgereiht Prachtbauten wie die Jesuitenkirche Il Gesù, die Theatinerkirche S. Andrea della Valle, die Oratorianerkirche S. Maria in Vallicella (Chiesa Nuova), die für die Besucher das neue Selbstbewußtsein der römischen Kirche überwältigend darstellten (vgl. Pastor, Bd. 6, S. 308).

Ausführlich wird sein Bericht, als er auf dem Quirinal einen modernen Garten sieht.

Sancta Maria del pontico.[1] Dise Kirch stehet nicht weit von dem alten Theatro Marcelli, in deren hat es hinder dem grossen Altar / ein steinere Säul / welche / ob sie wol an einem finstern ort / da gar kein Fenster ist / stehet / gibt sie doch nichts desto weniger einen schein von sich wie ein Liecht / also daß man was in der nähe darbey ist / wol davon sehen kan / welches dann sonderlich seltzam unnd wunderlich scheinet / man gibt für es sey die Saul / an welcher Christus der HErr gegeisselt worden[2] / davon sie disen schein empfangen habe / würdt derowegen für Heilig unnd für ein Wunderwerck gehalten.

Dises Wunder nun ettlicher massen zuersuchen / bin ich hinder dise Kirchen (dahin doch kein gemeiner weg ist) kommen / daselbsten auch gefunden / daß gedachte Saul von einem reinen durchsichtigen Orientalischen Allabaster gemacht / und in der Maur mit fleiß also versetzt worden / daß ausserhalb der Kirchen der Tag darzu kommen / unnd ein schein durch solche Saul in die Kirchen geben kan / dardurch ich dann die ursach dises wunders leichtlich erfahren hab.

Der Quirinalspalast nach den Baumaßnahmen von Gregor XIII. Es hat auch der Bapst Gregorius neben disem Palast[3] ein herrlich schönen Garten / in welchem man ein grossen Theil der Statt Rom ubersehen kan / lassen zurichten / der nicht allein mit vil unnd mancherley Bäumen / Kräuter unnd frembden Gewächsen / nach dem besten versehen / sonder mit so vilen wunderbarlichen und seltzamen Wasserkünsten dermassen gezieret / daß der zehende Theil kaum zuerzehlen ist.

1 Vermutlich S. Maria in Porticu, eine Kirche, die zugunsten des Neubaus von S. Maria in Campitelli abgebrochen wurde.
2 Schon im frühen 4. Jh. zeigte man auf dem Sionsberg in Jerusalem die Säule, an der Jesus nach Joh. 19,1 gegeißelt wurde. 1223 brachte sie Kardinal Giovanni Colonna nach Rom. Sie steht, anders als bei Schickhardt behauptet, in der Zeno-Kapelle von S. Prassede.
3 Zwischen den Gärten und den altrömischen Ruinen auf dem Quirinalshügel besaß Kardinal Luigi d'Este eine Villa, die Gregor XIII. (vgl. S. 80, Anm. 1) 1574 übernahm und zur päpstlichen Sommerresidenz ausbaute. Seine Nachfolger brachten den Komplex auf die heutige Größe. Der Palast und der heute nicht mehr zugängliche Garten gehörten zur wichtigsten Attraktion der adeligen Rom-Fahrt im 16./17. Jh.

Will nicht von dem schönen Wassergefäll / welches in einer grossen höhe / je von einer Schalen in die ander gerichtet / auch nit von den schönen Weyhern / mancherley Spritz- und Bronnen Werck / die da zusehen seind / melden / sondern allein anzeigen / wie in einem wol gezierten halb runden Gewölb / so gegen dem Garten offen / neben viel schönen Bildern / so Wasser geben / ein so herrlich Orgelwerck mit Vier Registern gantz künstlich angerichtet / daß wann mit einem Hanen das Wasser darzu gelassen / fangt es für sich selbsten an so lieblich zupfeiffen / als wann ein guter Organist darauff schlüge. Der Boden bey diser Orgel ist vol kleiner Rörlein / welche alle (wann mans haben will) zumahl gar starck Wasser in die höhe spritzen / es spritzen auch alle Bilder / so an der Wand herumm stehen / deßgleichen an vilen orten von dem Gewölb herunter / deß Wassers souil / daß keiner demselbigen entfliehen mag / das Wassers ist (wie man mich bericht) mit sehr grossem Kosten / auff die 20. Welsche Meil in disen Garten geleitet worden.

Es ist auch ein dick verwachsner Wald von Lorberbäumen / deßgleichen sehr vil von grünem Gewächs uberdeckte Gäng / da allenthalben schöne Spritz: und Wasserwerck mit künstlich gegoßnen und von Marmelstein gehawnen Bildern / allein zum spaciren gehen in

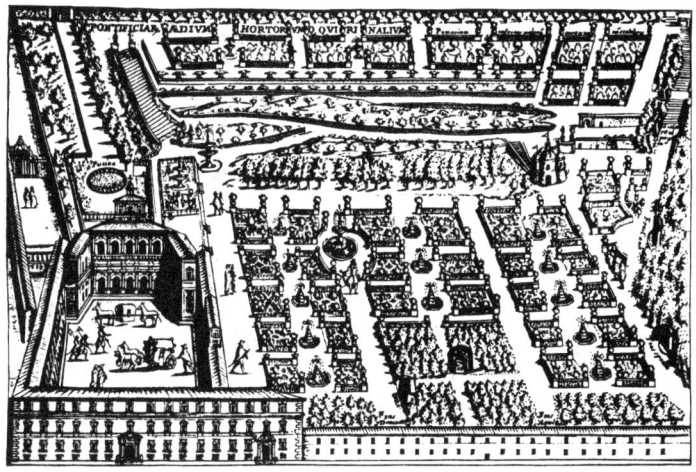

Quirinalspalast

der Küle (wann sonst die Hitz groß) angerichtet. Unnd in Summa (was zu Frewd / Lust und Kurtzweil dienen mag) weder Fleiß / Zeit / noch Kosten gespart worden. Allein ist das auch zubedencken / daß der / der es hat angefangen zubawen / auch hat sterben müssen / unnd darzu ehe dann es außgemacht worden.

JOHANN CHRISTOPH PESSLER

Lebensdaten unbekannt

Des Bamberger Fürstbischofs Johann Gottfried von Aschhausen Gesandtschafts-Reise nach Italien und Rom 1612 und 1613. Hrsg. von Christian Häutle. Stuttgart/Tübingen: Bibliothek des Litterarischen Vereins, 1881. S. 117–119, 139, 141 f.

7 Monate lang war Aschhausen, »reform- und seeleneifriger Fürstbischof von Bamberg und Würzburg« (so das »Lexikon für Theologie und Kirche«), im Auftrag von Kaiser Matthias in Rom. Worüber er verhandelte, ist unklar. Eine Quelle spricht von der »gänzlichen Ausrottung des Luthertums«. Das Ergebnis kann nicht bedeutend gewesen sein, denn die Audienz beim Kaiser nach der Rückkehr war sehr kurz. Für die Kosten der Fahrt mußte das Erzbistum Bamberg Darlehen aufnehmen. Das Domkapitel war darüber »groß verwundert und entsetzt« und zahlte jahrzehntelang Schulden zurück (das Bistum Würzburg gewann Aschhausen erst 1617). Zur Vorbereitung der Reise fuhr ein Haushofmeister voraus, um einen Palast zu mieten und zu renovieren. Sein Bericht zeigt den Zustand römischer Bauten, denn gekauft wurde ein »schranckchen von holtz, damit niemand durch das zerbrochene gewelb hinabfalle«, auch »grob papier«, um Fenster zu schließen. Aus den Höfen war erst einmal der »unrath« wegzuschaffen. Gebraucht wurde dann eine Prachtkutsche, »galla-livréen für die gesammte dienerschaft«, Hafer, Stroh und Ställe für 130 Pferde, vor allem ein riesiger Vorrat »feine alte Weine« (S. 9). Was der Bamberger Rat und Sekretär Pessler dann über die täglichen Erlebnisse des Bischofs notiert, zeigt deren erschreckende Banalität.

Dinstag den 22 Januarii [1613]. Vor mittag seindt bei ihrer f[ürstlichen] g[naden] gewesen erstlich der cardinal Serra, darnach der venetianische orator mit 30 kutschen kommen, nach ihme 4 cardinäl mit einander als Joseus, Beuiloqua, Gymnasius undt Synnesius, welcher des babsts Clementis sportarola gewesen ist,[1] sonsten ferner dis tags keine visita geschehen.

Mitwochen den 23 Januarii ist vor mittag cardinalis Farnesius[2] allein bei ihrer f. g. geweßen, nach mittag seindt sie in die stat Rom gefahren und haben ihre f. g. diesen tag 100 aus der Schweitzer quardi tractirn lassen, jeden vor der mahlzeit ein reson geben und einem aus dem grosen hoffbecher auff ihrer heiligkeit, kays. Mayt. und der oratoren gesundtheit, uf 2 person herumb gehen lassen, welchen einer unter ihnen allein außgetrunkhen, und darnach abents in seinem losament zum fenster herausgefallen, daz er freitags darnach gestorben, es ist auch ihren weibern ihre portion in die Schweitzerey nachgetragen worden.[3]

Freitag den 25 Januarii. Haben ihre f. g. vor mittag die andere audientz bei ihrer heiligkeit gehabt, nach mittag seindt sie ad s. Paulum et alla tre fontane[4] gefahren undt die reliquias uberal besehen, darbei Schweitzer Hannß den Wurm geschnieden, daz etlich unter denen von adel aus einen brunnen fur daz fieber getrunckhen, doraus sonst nur die esell gedrenkt werden: hat ihre f. g. selbst auch also auftreten wollen, wan die umbstehenden nit gelacht hetten.

Sambstag den 26 Januarii ist vor mittag der cardinal Veraldus[5] bei ihrer f. g. gewesen: nach mittag seind sie ad templum s. Mariae maioris undt s. Potentianae[6] gefahren, doselbst imaginem b. virginis, so st. Lu-

---

1 Es handelt sich um den Schatzmeister des Papstes, Giacomo Serra (vgl. Pastor, Bd. 12, S. 77), sowie die Kardinäle Giambattista Bonsi (ebd., S. 236), Bonifacio Bevilacqua (Bd. 11, S. 186 und 455), Domenico Ginnasio (ebd., S. 191) und Jacopo Sannesio (Bd. 12, S. 6). Ob bei dem zeremoniellen Auftrieb wichtigere Gespräche anfielen als am nächsten Tag, ist nicht verzeichnet.

2 Odoardo Farnese (1574–1626), mit 17 Jahren Kardinal, hoffte längere Zeit, die Würde wieder abgeben zu können und durch verwandtschaftliche Verbindungen englischer König zu werden. Als diese Hoffnung sich zerschlug, führte er als Freund des Theologen Roberto Bellarmino und Gönner der Jesuiten trotz seines Reichtums ein frommes Leben.

3 Der Bischof persönlich verwöhnt also die Schweizer Gardisten, gibt jedem ein Geldstück (gemeint ist ein spanischer Peso des Königreichs Neapel) und macht sie so betrunken, daß einer im Quartier (losament) zu Tode stürzt.

4 Die einzige Nachricht über den Besuch in S. Paolo fuori le mura und der benachbarten Abtei Tre Fontane besteht in der Erzählung eines groben Witzes.

5 Kardinal Fabrizio Verallo (vgl. Pastor, Bd. 12, S. 234).

6 S. Maria Maggiore und die daneben liegende Kirche S. Pudentiana – die Bereitschaft, weite Wege zu gehen, fehlt dem Bischof völlig.

cas gemahlt, auch andere reliquias, auch fontem, darein s. Potentiana
daz mit einem schwammen außgescheüfft bluet der martyrer getragen: undt ein altarstein, darauff einmahl sacra hostia in sanguinem
verendert worden, gesehen.

Diesen tag seindt der edelknabe Speth und der cammerdiener Sebastian aufgeredet worden, daz sie ein schöne fraw, die doch nit vorhanden gewest, zuebesehen, in palatio hin und wieder gesucht, undt wol
ausgelacht worden seindt.

Freitag den 1 Martii haben ihre f.g. in templo s. Spiritus mess gehört
und seind von cardinale Bellarmino[7] visitirt worden. Zum mittag
eßen seindt alle Bamberger und Wurtzburger und sonsten aus dem
Frankenlandt burtige alumni Collegii Germanici beruffen worden,
denen nach der mahlzeit starckh reüsch zugetruncken, dass p. Casto-
rius ihr rector ubel zufrieden geweßt.

Mitwochen den 6 Martii, seindt ihre f.g. mit allem hoffgesindt, welches gern gewolt, zue bäbstlicher heiligkeit a Monte cavallo[8] gefahren,
den abschiedt genommen, und jeder aus dem comitat ihrer heiligkeit
die fues geküst, dorauf man in templo Mariae rotundae die mess gehört und als man wider heimbwarts ad pontem s. Angeli kommen, vor
der brücken gesehen, dass 4 gehenckt und einer gevierteilt geweßen,
deßen kopff und einen arm uf dem galgen gestreckt.[9]

Donnerßtag den 7 Martii, haben sich ihre f.g. in dem palatio so balt
es nur tag worden, nit finden lassen, biß umb mittag lautbar worden,
das sie aus andacht pilgrams weiß verkleidet, zue fues allein mit herrn
Georg Metzlern, denen der cammerdiener Stephan von fern nachge-
volgt, die 7 haubt kirchen[10] besucht gehabt, dorauf sie nach genomme-
ner mittag mahlzeit, der visitation eines cardinals aufgewartet und
nach verrichtung derselben in daz castell s. Angeli gefahren, aldo der
furnembste schatz babstlicher heiligkeit ist gezeigt worden, drei infu-
lae undt bischofshuet zue 20. 30. 50 cronen: 3 päbstshuet oder wie es

---

7 Am Morgen bekommt der Bischof Besuch von Kardinal Roberto Bellarmino
   (1542–1621), dem wohl bedeutendsten Theologen der Gegenreformation; den
   Nachmittag benützt er, um sich zum Zorn des Rektors des deutschen Priester-
   seminars Collegium Germanicum mit den Theologiestudenten zu betrinken.
8 Monte Cavallo meint den Quirinalspalast.
9 An der Engelsbrücke ist der päpstliche Richtplatz; vgl. Montaigne, S. 80.
10 Vgl. S. 76, Anm. 3.

die Italianer nennen, regna zue 60 000. 80 000 cronen werth. Nach dießen ein rundes stückh wie ein Agnus Dei Clementis VII auff 100 000 cronen gewürdigt, dorin der eintzig diamant den halben werth sein soll. Gleig als man wieder auff dass castell kommen, ist der spanisch ambasciator ihrer f. g. entgegen gefahren sie zue visitirn, mit dessen visitation der tag folgendt verzehrt worden ist.

ANDREAS GRYPHIUS
1616–1664

Sonnete. Das erste Buch. Leyden 1643. – A. G.: Gesamtausgabe der deutschsprachigen Werke. Hrsg. von Marian Szyrocki und Hugh Powell. Tübingen: Niemeyer, 1963. Bd. 1. S. 87 f. Bd. 2. S. 213.

Nach 6jähriger Studienzeit in Leiden brach Gryphius 1644 mit vier jungen Adeligen zu einer Reise durch Frankreich und Italien auf. Im Frühjahr 1646 war die Gruppe in Rom, dem Höhepunkt der Fahrt, da »nach der Römschen pracht kaum was zu schawen fehlt« (S. 88). Gryphius lernte Athanasius Kircher kennen und korrespondierte später mit ihm, auch den Jesuiten Borrhi, einen umstrittenen Wunderdoktor, den er von Schlesien aus um Hilfe für seine kranke Tochter bat. Nur in wenigen Gedichten und Epigrammen zeigt Gryphius mit Witz ebenso wie mit Ergriffenheit, was ihm persönlich an Rom wichtig erschien.

Als Er auß Rom geschieden

ADe' begriff der welt' Stadt der nichts gleich gewesen /
  Vnd nichts zu gleichen ist / In der man alles siht
  Was zwischen Ost vnd West / vnd Nord vnd Suden blüht,
Was die Natur erdacht / was je ein Mensch gelesen.
Du / derer Aschen man / nur nicht vorhin mit Bäsen
  Auff einen hauffen kährt / in der man sich bemüht
  Zu suchen wo dein grauß / (fliht trüben Jahre! fliht /)
Bist nach dem fall erhöht / nach langem Ach / genäsen.

Ihr Wunder der gemäld / jhr prächtigen Palläst /
Ob den die kunst erstarrt / du starck bewehrte Fest /
Du Herrlichs Vatican / dem man nichts gleich kan bawen;
Ihr Bücher / Gärten / grüfft'; Ihr Bilder / Nadeln[1] / Stein /
Ihr / die diß vnd noch mehr schliß't in die Sinnen eyn /
Ade! Man kan euch nicht satt mit zwey Augen schawen.

Vber die vnter jrrdischen Gruffte[2]
der Heiligen Martyrer zu Rom

HIer beuge Knie vnd Haupt! die vnter jrrd'schen gänge
Die grüffte sonder licht / die du bestürzter Christ /
Nicht ohn entsetzen sihst / die waren als die list
Vnd Macht Gott Krieg anbott / nicht tausenden zu enge.
Die Leichen sonder zahl / der heilgen Cörper menge
Sind die / auff die sich Höll vnd Welt vmbsonst gerüßt /
Die Pein vnd Todt gepocht / die Pfal vnd Schwerd geküßt /
Die nach der quaal gerennt mit frölichem gedränge.
Hier ists wo Christus Kirch / mit fewrigen Gebetten /
Von Blut vnd Thränen naß / Gott vor gesicht getretten
Die stets der Welt abstarb / must vnter leichen seyn.
Die ewig wachsen solt; must alhier Wurtzel finden /
In dieser finstern Nacht mußt jhr Licht sich entzünden /
Die auf den Felß gegründt / wohnt' vnter lauter Stein.

Roma Caput rerum[3]

Rom ist das Haupt der Welt / voll Witz wie ich befinde /
Vol Weißheit / voll Verstand / doch auch voll Läuß und
                      Grinde.

---

1 Obelisken.
2 Die Katakomben; vgl. S. 78, Anm. 8.
3 Wörtl.: Haupt der Dinge.

SIGMUND VON BIRKEN

1626–1681

Hoch-Fürstl. Brandenburgischer Ulysses: oder Verlauf der Länder Reise / welche
Der Durchleuchtigste Fürst und Herr / Herr Christian Ernst Marggraf zu Bran-
denburg [. . .] durch Teutschland / Frankreich / Italien und die Niederlande höchst-
löbl. verrichtet: Aus denen Reis-Diarien zusammengetragen und beschrieben.
Zum zweytenmal Gedruckt. Bayreuth: Johann Gebhard, 1676. S. 283, 290–292,
297 f., 300 f.

Der Nürnberger Pfarrerssohn kehrte aus dem Dienst an Fürstenhöfen im-
mer wieder in seine Heimatstadt zurück, wo er 1655 geadelt und 1662
Oberhirt des Pegnesischen Blumenordens wurde. Seine prunkhaften Texte
machten ihn als Hof- und Gelegenheitsdichter erfolgreich, weil er durch
mythologische Anspielungen und eine klangvolle Sprache beliebigen Er-
eignissen repräsentativen Glanz gab. So erhielt er vom Hof in Bayreuth
einen wichtigen Auftrag. 1660/61 war der damals 16jährige Prinz Chri-
stian Ernst durch Europa gereist, um nach der Volljährigkeit die Regie-
rung anzutreten. Aus Notizen des Fürsten und Berichten des Hofmar-
schalls formte Birken ein Reiseepos. In den Unterlagen gab es keine per-
sönlichen Eindrücke, nur die Aufzählung des Gesehenen und Erlebten.
Birken füllte beides mit panegyrischen Floskeln. Sein Blick auf Rom liefert
deshalb keinen Bericht über das, was der Prinz wahrgenommen hat, son-
dern Fürstenlob. »Und doch ist dieses Buch wichtig. Es zählt auf, was der
gebildete Deutsche um die Mitte des Seicento in Italien sehen mußte, und
gibt die Eindrücke, die er davon hatte oder auch nicht hatte, wieder. Die
Darstellung in dem seltsam verschnörkelten Stil des deutschen Barock,
ganz eingestellt auf die Verherrlichung des Fürsten, der den Mittelpunkt
des Ganzen bildet, ist typisch für alle weiteren Erzeugnisse dieser Art«
(Schudt, »Reisen«, S. 66).

3. Dezember 1660. Den 3 diß Nachmittag / bespatzirten Sie den
S. Peters-Platz und besahen nicht allein das herrliche Gebäude der
Kirche / sondern auch den neuen stattlichen Bau des damaligen
Papsts Alexandri VII, daran dann täglich stark gearbeitet wurde.[1]

Am folgenden ChristFest / haben Sie abermals alla Chiesa nuova eine
trefliche Musik[2] angehöret. Früh Morgens den 26 diß / kame Don

---

1 Es handelt sich um den Bau der Kolonnaden des Petersplatzes. In den folgenden
  Jahren erschien Alexander VII. (1655–67) selbst immer wieder auf der Baustelle,
  um sich vom Fortgang der Arbeiten zu überzeugen. Im Frühjahr 1667 wurden
  die Korridore vollendet (vgl. Pastor, Bd. 14,1, S. 509–515).
2 Filippo Neri (vgl. S. 78, Anm. 8) »schätzte die Tonkunst als ein Mittel, das Herz

Friderico, und berichtete wie daß S. Eminenz der H. Cardinal Nepote Flavio Chisi[3] Nachmittag eine Jagt anzustellen gesonnen wäre / und ihm sehr angenehm seyn würde / wann Sie dieser Lust auch beywohnen wolten. Diesem zu Folg / begabe sich der Hochfürstl. Prinz / nach der Mittag Malzeit / in des Prinzens Borgese Thiergarten: allwo Er von dem Herrn Cardinal, wie auch von Don Augustino, dem Prinzen Borgese[4] und Marchese Sacchetti, sehr höflich empfangen worden. Bald darauf kame auch der Herr Herzog von Holstein: da dann der Herr Cardinal / beyde Fürsten und ihre Bediente / aus seinem Marstall mit Pferden versehen lassen. In dieser Jagt wurden drey WildSchweine gefangen: von welchen / der Obrist Hofmeister des Papsts / folgenden Tags in der Frühe / jedem Fürsten eines eingesendet. Den 27 diß / war in der Kirche dei Marani, nach Gebrauch der Griechischen Kirche / von Sechs Arabern in ihrer Sprache Messe gehalten: Das dann beyde Fürsten / als etwas seltenes mit angesehen. Hierauf wurde Ihnen daselbst / von einem Padre della Societa di Giesu, ein Gemälde Johannis des Täufers gezeiget / welches hoch aestimiret wird. Nachmittag fuhren sie nach der Lateranischen Kirche / alda die Cardinäle der Vesper beywohneten / und die Häupter Petri und Pauli dem Volk gezeiget wurden: worauf Sie fürter / alle Ciesa nuova, zur Musik gefahren.

4. Januar 1661. Den 4 diß Nachmittag / stiege Er mit seinen Bedienten auf den Thurn der PetersKirche / überschauete von dar die Stadt / und besahe die unvergleichliche Structur der Kirche: Wie Er dann / weil es ohne Gefahr geschehen konte / mit eilf Personen in den obersten Knopf des Thurns gestiegen. Den 5 diß Nachmittag / fuhren sie alla Maria Maggiore, und besahen folgends den Garten /

zu Gott zu erheben, und ließ deshalb bei den Versammlungen in seinem Oratorium gern mehrstimmige Gesänge vortragen [. . .]. Ohne es zu beabsichtigen trug er auch auf rein musikalischem Gebiet bei zur Entstehung einer neuen Kunstform, des musikalischen Oratoriums« (Pastor, Bd. 9, S. 135 f.)

3 Alexander VII. bestand darauf, daß sein Neffe Flavio Chigi (1631–93) erst ein Jesuitennoviziat hinter sich brachte, bevor er den 26jährigen zum Kardinal machte. Politischen Einfluß hatte Flavio nicht, und er brauchte sich auch nicht zu bereichern, »denn es waren ihm so reiche Pfründen überwiesen, daß er in den Stand gesetzt war, als großer Herr zu leben. Seine weltlichen Neigungen verriet er durch seine Vorliebe für die Freuden der Tafel, des Theaters und der Jagd, allerdings aber wurden auch die Gelehrten von ihm begünstigt. Der schöne Mann mit dem schwarzen, lockigen Haar nahm bald eine angesehene Stellung in der römischen Gesellschaft ein« (Pastor, Bd. 14,1, S. 321).

4 Vgl. S. 104, Anm. 1.

Jacob van der Ulft: Augustusforum 1666. Drei Säulen der Anlage standen noch, weil Basilianermönche im 9. Jh. eine Kirche in die Cella gebaut hatten; der Campanile wurde 1838 niedergelegt

welchen P[apst] Sixtus V[5] mit herrlichen Lust-Häusern und schönen Wasser-Künsten erbauen lassen; auch die darbey gelegen Thermas Kais. Diocletiani, woselbst anjetzo die Cartheuser ihr Kloster und eine feine Kirche haben.

13. Januar 1661. Den 13 diß / befande sich der HochFürstliche Prinz etwas übel auf / wegen eines Anfalls von Husten und Schnuppen: weswegen Er sich ein paar Tage innen gehalten / gleichwol inzwischen seine Studia ämsig tractiret / auch aus eigener Bewegnis / einen Discurs de Statu Urbis ejusdemque varia fortuna,[6] elaborirt und zu Papier gebracht. Dieses Schreiben schriebe Ihn in die Zahl derjenigen grossen Geister / deren Feuer sie nit feyren lässet / sondern mit nützlichen Betrachtungen sich nehret / wann es nit äuserlich / durch Augen und Ohren / mit Vorstellungen und Ansprachen unterhalten

5 Vgl. S. 41.
6 Der Titel dieses Schüler-Aufsatzes lautet: »Vom Zustand der Stadt und von ihrem wechselnden Geschick.«

wird. Ewige von überirdischem Feuer entzündete Ampel Liechter /
tragen ihre Speise und Nahrung in sich / und haben keines Oels von-
nöten. Wir erkennen auch hieraus die Durchleuchtigsten / wann in
ihrem Verstande so ein Selb-Liecht brennet und leuchtet.

Maximilien Misson

um 1660–1721

Nouveau voyage d'Italie, fait en l'année 1688. La Haye 1691. – M. M.: Reisen aus
Holland durch Deutschland In Italien. Leipzig: Thomas Fritsch, 1701. S. 622
bis 624, 489 f.

*Als französischer Protestant begab sich Misson nach England, wo er Hof-
meister wurde und seinen Zögling auf einer großen Europa-Reise begleitete. Als einer der ersten schrieb er seine Berichte in Briefform, die es erlaubte, mit dem Leser ein Gespräch zu führen. Das war dem deutschen
Übersetzer nicht streng genug, deshalb brachte er Ordnung ins Buch. »Sachen von geringer wichtigkeit / weitläufftige critiquen / und was etwan in
Religions-sachen die ohren choquiren mögte / hat man mit fleiß übergan-
gen« (Vorrede). Das mehrmals ergänzte und in verschiedene Sprachen
übersetzte Buch wurde zum beliebtesten Reiseführer des frühen 18. Jahrhunderts. Misson behauptet zwar, daß er sich für alles interessiere. In seinem über 440 Seiten langen Bericht über Rom erzählt er aber erst auf den
letzten 20 Seiten: »was die Rechts-gelehrten / die Medicini, die mahler /
die liebhaber der antiquitäten / und andere curieuse gemüther / in acht
zu nehmen haben«, auch will er »dasjenige nicht vergessen / was allhier
schönes zu sehen ist« (S. 863) und liefert Gespräche über wichtige Kunstwerke. Fast die gesamte Schilderung Roms handelt aber von der höfisch-
absolutistischen Selbstdarstellung des Papsttums. 24 Seiten umfaßt allein
die Schilderung einer Audienz des englischen Botschafters beim Papst, wobei die »täfelgen / auff denen lauter lob-sprüche / sinn-bilder und andere
dergleichen sachen / dem König in Engeland zu ehren / gesehen wurden«,
seitenweise lateinisch zitiert sind. Die Feierlichkeiten beim Tod von Papst
Alexander VIII. (1689–91), das Konklave, die Inthronisation des neuen
Papstes Innozenz XII. (1691–1700) reichen von S. 660 bis 799. Neugier auf
das höfische Zeremoniell überwiegt eindeutig das Interesse an den religiösen Inhalten.*

Aus dem Bericht über eine Heiligsprechung (»Kanonisation«).

Indessen wurde die Peters-kirche mit neuem rothen damast / welcher mit breiten güldenen borden besetzt war / umhänget; auch stellten sie viele von den grösten künstlern verfertigte schildereyen auff / welche die miracul der heiligen ihres orts abbildeten / und hatte man solche mit grossen vergüldeten buchstaben erkläret / unten aber stund des Papsts wapen. Hinter dem hohen altar Petri und Pauli sahe man ein prächtiges Theatrum in der runde / unter einer grossen seidenen überdecke / welches alles nach anordnung des berühmten Cavalliers und Päpstlichen baumeisters Fontana[1] gemacht war; in summa / es war alles so wohl eingerichtet / daß nichts prächtigers könte in der welt gesehen werden / als die also ausgezierte Peters-kirche / welche sonsten ohne dem prächtig genug ist.

Uber dieses bekam selbige noch einen neuen glantz / als der 16. October, welches der bestimmte tag der canonisation ware / erschiene; denn da wurde dieselbe mit vielen tausend weissen wachslichtern / deren jedes zum wenigsten acht pfund wiegen muste / und welche so wol auff den altären / als sonsten überall in der höhe herum stunden / illuminiret. An den vorgipffel der kirche hieng in der mitten eine grosse viereckigte schilderey / auff welcher die von Hiazinto Calandrucci[2] abgemahlte fünff heiligen zu sehen waren / und an der seite sahe man über der thür die wapen des Papsts / des Kaysers / des Königs in Spanien / und der Republique von Venedig hangen / als welche zu beförderung der canonisation viel gethan hatten. Das schöne portal vor der kirche war aus der Päpstlichen kleider-kammer mit unschätzbaren tapeten / wovon Michael Angelo Bournarota [!] und Raphael d'Urbino den abriß gemacht hatten / zur höchsten verwunderung der anschauenden auffgeputzet.

Hierauff begab sich der Papst des morgens frühe mit seiner gewöhnlichen cavalcade aus seinem palast von dem Monte cavallo oder Quirinali nach dem Vaticano. Warum aber der Papst seinen gewöhnlichen weg dazumahl nicht über die brücke S. Angelo genommen / soll die ursach gewesen seyn / weil man einige zeit zuvor viele pasquillen[3]

---

1 Carlo Fontana (1634–1714), Schüler Berninis, der durch wichtige Bauten den Stil des späten 17. Jh.s prägte. Unter anderem entwarf er Teile des päpstlichen Justizpalastes auf dem Monte Citorio, dem heutigen Sitz des italienischen Parlaments.

2 Giacinto Calandrucci (1646–1707), Maler aus Palermo, arbeitete in verschiedenen römischen Kirchen, unter anderem in S. Cecilia.

3 1501 erwarb Cardinal Olivero Carafa (1430–1511) einen antiken Torso, möglicherweise einen hellenistischen Menelaos, den er in der Nähe der Cancelleria auf-

und schimpfliche gemählde auff dem Monte Cavallo gefunden / welche gegen den Papst gemacht worden; worauff selbiger den allzu kekken pöbel / wie er gesagt / etwas zu züchtigen / und ihm dem brodkorb höher zu hängen / das brod so bald zwey loth leichter machen lassen. Als sich nun der Papst kurtz hernach in die St. Peters-kirche begab / hörete er den gantzen weg über / und vornemlich in dem Borgo, ein grosses geschrey: Beatissimo Padre, pagnotti grossi, das ist / allerheiligster vater / grösser brod; daß man also wenige um benediction in articulo mortis[4] bitten hörete. Dergleichen ungebührlichen nachruffens aber entübriget zu seyn / so nahm der Papst einen gantz ungewöhnlichen weg über Ponte Sisto und Longara[5] allwo wenig leute wohnen, / da er sonsten durch die volckreichste strassen seine geistliche cavalcade gehalten / damit desto mehrere menschen seines segens möchten theilhafftig werden.

Misson erzählt, Sixtus V. habe vergeblich versucht, das »leichtsinnig frauen-volck« aus Rom zu entfernen, das »unzählich viel« sei; er mußte aber »die schon verjagten Huren zurückrufen und öffentlich wieder einführen«, genauso wie früher schon Sixtus IV., aus Furcht, daß man sich sonst »größerer sünden besorgen müsse«. Diese Nachricht veranlaßt eine bemerkenswerte Bildbeschreibung.

Nun sagt zwar St. Paulus / es sey besser freyen als brunst leiden / allein zu Rom befindet man vor solche hitze die geborgten weiber das bewährteste labsal und kühlung zu seyn. Dieses erinnert mich eines alten gemähldes in dem Aldobrandinischen palast / an welchem eine vorstellung von einer hochzeit zu sehen.[6] Es ist aber selbiges ein stück

stellte (er steht heute in einer Ecke vor dem später erbauten Palazzo Braschi), und der nach einem gegenüber wohnenden Schneider den Namen Pasquino erhielt. Er diente als eine von mehreren »Statue parlanti« (›sprechenden Statuen‹), an denen die Römer bissige Kommentare zum Zeitgeschehen anhefteten, die man nach ihrer Herkunft »Pasquillen« nannte (vgl. Pastor, Bd. 3,1, S. 574).

4 Segen für den Augenblick des Todes.
5 Sixtus IV. brachte – viel früher als im übrigen Europa – Licht und Luft in die engen, krummen und unhygienischen Gassen Roms. Zweck der Maßnahmen war es, die Stadt militärisch in den Griff zu bekommen. Dazu mußten Vorbauten und Balkone verschwinden, von denen aus man Soldaten attackieren konnte. Teil der Maßnahmen war der Bau der nach Sixtus benannten Brücke, die die weitgehend unbewohnte Gegend zwischen dem Vatikan und Trastevere in die Stadtplanung einbezog. 1505 kaufte Agostino Chigi ein Grundstück in der Via Lungara für seine Villa »Farnesina«, gegenüber baute die Familie Riario.
6 Die Aldobrandinische Hochzeit ist eines der berühmtesten Gemälde aus römischer Zeit, gefunden 1604 auf dem Esquilin, dann im Besitz von Kardinal Cinto

von einem simß / und hat man es nebst einem theil der mauer / woran es gemahlt gewesen / dahin gebracht; es wird auch wegen seiner antiquität und schönheit gar werth gehalten. Nun wird bekannt seyn / daß die hochzeit-ceremonien bey denen Römern oftmahls verändert worden. Auff diesem stück aber sitzet die braut am rande des bettes / da hingegen selbige zu zeiten sich auff ein schaaf-fell oder auff einen Deum priapum[7] gesetzet. Sie hänget den kopff / machet grillen / und scheinet als ob sie nicht gerne dran wolte / da inzwischen eine freundliche matrone / die Juno Pronuba[8], sie tröstet / und mit vernünfftigen gründen sie zu dem handel bereden will. Der bräutigam mit epheu gekrönet / und gantz entkleidet / sitzet bey dem bette / und wartet ohne zweifel mit dem brünstigsten verlangen / daß seine liebste sich einmal möchte ausgezieret oder gnug gesperret haben. Vier oder fünff mägde richten inzwischen bäder und wohlriechende sachen zu / eine musicantin aber spielet ein instrument / worein die andre ein Hymen io! io! Hymen! oder dergleichen brautlieder singet.

JOHANN BALTHASAR KLAUTE

1653–1733

DIARIUM ITALICUM, Oder Beschreibung derjenigen Reyse, welche der Durchläuchtigste Fürst und Herr Herr Carl, Landgraff zu Hessen etc. [...]. Am 5. Tag Dec. st. v. Anno 1699 unterm Seegen Gottes aus hiesiger Dero Fürstlicher Residentz angetretten [...]. Auf dero gnädigsten Befehl Zu Papier gebracht und zum Druck befordert. Kassel: Henrich Harmes, 1722. S. 135–139.

Im Dezember 1699 begann Landgraf Carl von Hessen incognito mit kleinem Gefolge eine viermonatige Reise nach Italien. Sein Geheimer und Kriegs-Sekretär Klaute, kurz vorher zum kaiserlichen Pfalzgrafen ernannt, besaß Landes- und Sprachkenntnis, denn er war von 1687 bis 1689 Intendant eines im venezianischen Sold gegen die Türken kämpfenden hessischen Regiments. Klaute sollte zu »Dero Hoch-Fürstl. Durchlaucht selbst eigner Erinnerung« und zur Kenntnis der Nachwelt aufschreiben,

---

Aldobrandini, seit 1818 in den Vatikanischen Museen (vgl. Helbig, Bd. 1, S. 360 bis 366).

7 *Deus priapus*: ityphallischer Gott der Fruchtbarkeit und Abwehrer von Übel.

8 Juno als Brautführerin; vgl. Vergil, *Aeneis* IV,166.

*was »Wir selbst gesehen / oder andere glaubwürdige Personen als eine
ohnstreitige Gewißheit Uns hinterbracht«. Angeblich dient eine solche
Reise der »Staats-Wissenschaft«. Nachgeborene Fürstensöhne, die keine
Möglichkeit haben, selbst zu regieren, sollen »nicht auf Universitäten von
Professoren / sondern durch Reysen in frembde Lande und bey auswärti-
gen Höfen / folglich / wie man sagt / in der grossen Welt« sich auf füh-
rende Posten als Minister oder Botschafter anderer Staaten qualifizieren.
Deshalb ist auch für »eines gemeinen Handwerckers oder Bauren Sohn
jenseit der Alpen zu reysen so wenig nützlich als nöthig« (Vorwort). In
Rom interessiert die Hofhaltung der Kardinäle und des hohen Adels, weshalb man vor allem Paläste und Villen besucht. Hinweise auf die bisher
verehrten »heilig-vermeynten Reliquien« sind zu dürren Aufzählungen
verkürzt, wie man sich in den Kirchen überhaupt ungeniert benimmt, in
der Peterskirche etwa laut redet und zum Ärgernis von Beobachtern
Schnupftabaksdosen herumreicht (S. 116). Eine Trennung zwischen Kunst
und Kuriosität gibt es nicht, dafür die Neigung zur Anekdote. Die Kunstwerke im Palazzo Colonna sind flüchtig benannt (am Galeriebau wird
»jetzund noch gearbeitet«); wichtiger ist der »reichlich versehene« Pferde-
stall, den man von einem Fenster aus besichtigt, »der geruch von pferds-
mist aber ist daselbst so starck / daß man wenig appetit hat / ohne
schnupff-toback bey diesem fenster sich lang aufzuhalten« (S. 141). Am
7. Februar 1700 besucht der Fürst die von herrlichen Gärten umgebene
Villa Borghese.*

Nachmittags nach der Taffel haben Serenissimi Hoch-Fürstl. Durch-
läucht nach des Printzen Borghese berühmten / ohnvergleichlich
schönen Garten / sonst la Villa Borghese genant / sich erhoben. Dieser Garten ist vom Cardinal Scipione Borghese, Pabsts Pauli V. Nipote angerichtet / und das darin befindliche gantz reguliere Lusthauß
erbauet worden.[1] Er liegt einen musquetenschuß ausserhalb dem alten
Römischen Thor Pinciana genant / ist mit ziemlich hohen mauren /
worin drey verschiedene pforten zur ausfahrt sich befinden / umgeben / und hat drey Italiänische Meilen im Umkreiß. Die Hecken in
demselben sind von Lorbeern / Oleastern und Myrten-sträuchen
zierlich geschnitten. Das darin befindliche Lust-wäldlein bestehet aus
410. sehr ordentlich-gepflantzten Fichtenbäumen [. . .]. Wann man der

1 Durch viele kirchliche Pfründen war Scipione Borghese (1579–1633), adoptierter
  Neffe von Papst Paul V., einer der reichsten Männer seiner Zeit. Seine aufwen-
  digen Bauten demonstrierten die Macht der Familie. Am berühmtesten war ein
  Casino am Stadtrand von Rom mit einer der weltbesten Kunstsammlungen und
  einem berühmten Garten. Das 18. Jh. sah die Villa Borghese in den Mo-
  dernisierungen, die Scipiones Neffe Marcantonio II. Borghese hatte vornehmen
  lassen.

Alessandro Specchi: Park der Villa Borghese

duppelten treppen eine hinauf gangen / kommt man in den Saal / der
90. geometrische palmi lang / und 60. breit ist / hat sechs thüren /
acht fenster / vier glatte Säulen von Porphyr und acht andere von
Marmor / der Boden ist aber nur mit gebackenen steinen belegt [. . .].
In einem neben-Zimmer ist die statue von David, als derselbe mit der
schleuder den Goliath erlegen wollen / von schneeweissem Marmor
durch den Chev. Bernini[2] sehr künstlich / und wie der Antiquarius
berichtet / unter des Bernini selbst-eigner gestalt mit tieffen Augen /
und einem refroignirten[3] gesicht vorgestellet. Desgleichen zwey Dia-
nen-bilder von Orientalischem Marmor. Item[4] der sterbende Seneca
in einem bad stehend bis über die waden / von schwartzem Marmor.[5]

---

2 Die bei Gian Lorenzo Bernini (1598–1680) bestellten Statuen eines den Stein
   schleudernden David (um 1619) und eines Apollo, der die sich in einen Lorbeerbaum verwandelnde Daphne verfolgt (vor 1625), gehören zu den glanzvollsten
   Werken der Bildhauerei und sind noch am angestammten Platz.
3 Grimmigen.
4 Desgleichen, ferner.
5 Die früher als »Seneca« bezeichnete Figur eines Fischers wurde 1807 zusammen
   mit 344 anderen Stücken der Antikensammlung durch den mit Paolina Bonaparte
   verheirateten Camillo Borghese an Napoleon verkauft und gehört jetzt dem
   Louvre.

Die Wölffin woran Romulus und Remus saugen / klein von rohtem
Egyptischen Marmor [...]. In dem dritten Zimmer ist ein Schränck-
lein / an welchem eine feder / wann man darauf drückt / öffnet sich
dasselbe / und springt der kopff von einem monstro mit aufgesperr-
tem rachen und langausgestreckter zunge demjenigen so davor stehet
mit einem gräßlichen zischen in einem huy dergestalt entgegen / daß
man sich dafür fast erschrecken muß. Item das bildniß von der
Daphne, wie dieselbe in einen Lorbeerbaum verwandelt / und vom
Apolline vergebens gesucht wird / von Alabaster [...]. In dem Blu-
men-Garten sind verschiedene künstliche Springwercke / von Marmor / item ein Weyher mit allerhand fischen besetzt / ein Vogelhauß
mit drat verwahret / und in der mitte dergestalt separiret / daß unten
nebst denen gemeinen auch weisse Turteltauben in der obern helffte
aber allerhand andere rare Vögel sitzen / und herum fliegen / wie im-
gleichen reguliere spallieres[6] von Lorbeerbäumen und andere Zierrah-
ten. Zu unterst im Garten ist eine grosse Fontaine, bey welcher bän-
cke sind / um / wann man wil / sich niedersetzen zu können / um
welche zwölff statuen auf ihren piedestaux[7] stehen. Unsers Antiquarii
vermelden nach / sollen auch eine menge Pfauen und verschiedene
Straussen in diesem Garten seyn / Wir sind aber wegen des eingefalle-
nen Regens nicht wieder ausgestiegen / und haben demnach deren
keine gesehen. In dem Thier-Garten sind bis 400. Rehe / Gembsen
und anders Wild / das grossen theils gantz schlos-weiß ist / so sehr
zahm in diesem Parc herum gehen / und gantz nahe an sich kommen
lassen [...]. Von hier sind Wir zwar nach dem Collegio Romano gefahren / um das darinnen befindliche Musaeum Kircherianum[8] zu besichtigen / weil aber die PP.[9] sich entschuldigten / daß sie dißmal die
zeit nicht hätten / haben Wir en passant in einer Kirch eine vocal- und
Instrumental-Music zuvorderst gehöret / und uns darauf al corso,
und von dar nach hauß erhoben.

6 Geometrisch angeordnete Spaliere.
7 Podeste.
8 Athanasius Kircher (1602–80), deutscher Jesuit, Professor in Würzburg, Avignon
  und Rom; bewunderter Universalgelehrter, vor allem als Mathematiker, Philosoph, Musiktheoretiker, Archäologe, Hieroglyphenforscher.
9 Patres.

Peter Paul Zettler

Lebensdaten unbekannt

Gründliche Beschreibung Und Warhaffter Weeg-Weiser Zu denen wunderbahrli-
chen Sachen Der H. Stadt Rom / Besonders zu denen auß 350 in der gantzen Christenheit höchstberümbten Siben Haupt-Kirchen [. . .] auß wällischer Sprach in die
Teutsche übersetzet auff das heilige Jubel-Jahr 1700 durch Peter Paul Zettler [. . .].
Wien: Johann Georg Schlegel, 1698. S. 167–172.

Das Buch entstand, damit Pilger »mit schuldiger Andacht die heilige Ör-
ther besuchen können«, und dient gleichzeitig als Erbauungsbuch, »daß
ein jeder alle Römische Andacht seinem Belieben nach also lesen könne /
als ob er zu Rom allen heiligen Örtheren gegen wäre« (Vorrede). Der
Tonfall frommer Pilgerführung entspricht den Rom-Büchern des 15. und
16. Jahrhunderts und wirkt schon damals veraltet. Doch er steht für eine
Textschicht, die bis zur Gegenwart Varianten erhält. Führer solcher Art
bewahren eine Vielzahl von Legenden, die mit den ehrwürdigen alten
Kirchen verbunden sind, in modernen Büchern aber verschwinden. Über-
raschend bei Zettler sind auf Beschreibungen vor Ort beruhende Angaben
über die zeitgenössische Architektur. In S. Maria Maggiore nimmt er als
einer der ersten die gesamte Geschichte der Kirche wahr, die mit antiken
Spoliensäulen beginnt und damals bis zur frühbarocken Grabkapelle
Papst Pauls V. (1605–21) reicht.

S. Lorenzo fuori le Mura.   Mercke / daß man nicht alleinig den gantzen Leiberen oder Häuptern / Armben und grossen Glideren der
Martyrer und anderer Heiliger GOttes / sonderen auch deren kleinen
Reliquien und Heiligthumberen gebührliche Ehr und Andacht zu-
erzeigen schuldig ist: Dieweil das kleine so viel vermag / als das
grosse / wie Baronius der Cardinal im Anfang deß Römischen Mar-
tyrologij[1] stattlich beweisset / da er auch probiret[2] / daß die Erd / der
Sand / und der Staub der Gräber / auch das Oel / welches bey solchen in den Amplen brennt / die Blinde sehend / und von anderen
Kranckheiten gesund gemacht habe [. . .]. Vor der Kirchen kan man zu
beyden Seithen hinunter gehen an dem Orth / wo S. Laurentius ist
gebratten worden; Dieser Orth ist mit einem Marmel-Steinen Altar
und herlichem Gemähl schön geziehret / daran stehet auch mit gulde-

---

1 Cäsar Baronius (1538–1607), Mitglied im Oratorium Filippo Neris und bedeutender Kirchenhistoriker, von Papst Klemens VIII. durch Drohung mit dem Kirchenbann zum Kardinalat gezwungen. Sein *Martyrologium Romanum*, die
Sammlung der Legenden über die römischen Märtyrer, erschien erstmals 1584.
2 Nachweist.

nen Buch-Staben geschriben: Locus Martyrij S. Laurentij.[3] Durch das
eiserne Gatter auff dem Altar siehet man den Orth / wo der Rost gestanden / als Laurentius ist gebratten worden. [...] Gehet den Chor
hinauff / und bettet vor dem Hochwürdigisten Sacrament, welches
auff den hohen Altar behalten wird: Auff diesem lisset der Pabst alleinig Meß / ist auch der erste von den 7en privilegirten.

Besichtiget und verehret hernach zu euerer rechten Seithen hinter
diesen Altar den weissen mit einem eisernen Gatter eingeschlossenen
Marmel-Stein / auff welchen S. Laurentius, als er gestorben / und von
dem Rost abgenohmen / gelegt ist worden: Das heilige Blut und Fai-
ste[4] / welches schon vor tausend / und so viel hundert Jahr auff diesen
von seinem Leib geflossen / kan noch nicht abgewaschen werden. Die
Löcher / so in diesem Stein gesehen werden / hat er zuvor schon gehabt / wie die Geistliche dieser Kirchen vermeynen. [...] Demnach
besuchet die Confession[5], oder Grab / welches wegen zierlichem Mar-
mel / und anderen köstlichen Steinen wunderbarlich schön ist / zu
diesen müst ihr steigen von dem Chor / und wann ihr davor
seyt / so gehet die Stieg hinunter[6] / dero Geschmuck fürtrefflich zu
sehen ist. Zu diesem Grab ist S. Laurentius von Sylvestro auß dem
Caemeterio[7] erhebt und transferiret worden / und in solchem so lang
alleinig gelegen / biß daß S. Stephanus der Ertz-Martyrer[8] durch Eu-
doxiam Theodosij deß Kaysers Ehe-Gemahlin[9] von Jerusalem nacher
Constantinopel überbracht / alldorten von dem Kayser Justiniano[10]
einem Cardinal (welcher hernach Pabst wurde / und sich Pelagium[11]
nennete) geschencket / nacher Rom geführet / und in diesem Grab

---

3 Der heilige Laurentius, Stadtheiliger Roms, der 258 das Martyrium erlitt, Patron
   u. a. der Armen und der Bibliothekare; eine Kapelle über seinem Grab gibt es
   seit dem frühen 4. Jh.
4 Fett.
5 Confessio: Vorraum eines Märtyrergrabs, oft durch eine Öffnung mit diesem
   verbunden, um die Berührung zu ermöglichen, und von einem halbkreisförmi-
   gen Gang für Prozessionen umgeben.
6 Die konstantinische Basilika ist durch Grabungen erschlossen.
7 Friedhof.
8 Daß Stephanus, nach Apg. 7,57 f. der erste Märtyrer, sich im Grab mit dem römischen Märtyrer Laurentius trifft, gehört zum alten römischen Legenden-
   schatz; vgl. ein Gedicht Petrarcas (zit. bei Kytzler, S. 446).
9 Eudoxia (422–462), Tochter von Theodosius II. und Frau von Valentinian III.
10 Justinian I., römischer Kaiser (527–565).
11 Pelagius II. (579–590), ein in Rom geborener Gote, der erstmals – noch vergeblich – die Franken um Hilfe für das Papsttum bat, ließ die verfallene alte
   Kirche durch den im Chor der Basilika heute noch vorhandenen Bau ersetzen.

S. Laurentio beygesetzet worden: Zu welcher Zeit neben anderen
Wunder-Zeichen geschehen / daß S. Laurentius (anzuzeigen / wie an-
genemb ihm ein solcher Gast / und dessen Beywohnung lieb seye)
sich in seinem Grab bewegt / und so viel Raumb und Platz zu seiner
rechten Hand dem H. Stephano gemachet / daß er füglich neben ihme
hat ligen können: Betrachtet an diesem Orth / wie diese zwey Heilige
in aller Welt berümbt seyen / und folglich / was für eine grosse Gnad
von GOtt euch widerfahre / daß ihr bey ihnen und so viel anderen
Heiligen / auch deren Reliquien zu Rom gegenwärtig seynd; Derowegen verehret sie würdiglich / und bettet mit Andacht; Dann hie er-
langet man täglich / vollkommenen Ablaß / und Vergebung aller
Sünden.

JOSEPH ADDISON
1672–1719

Remarks on several parts of Italy. In the years 1701, 1702, 1703. London 1705. –
J. A.: Anmerkungen über verschiedene Theile von Italien. Altenburg: Paul Emanuel Richter, 1752. S. 263–266.

*Schon in jungen Jahren schrieb Addison Gedichte in lateinischer und eng-
lischer Sprache. Mit 28 Jahren erhielt er ein Stipendium des englischen Königs für eine zweijährige Reise nach Frankreich und Italien. Die Briefe
von dieser Reise haben, wie der deutsche Übersetzer zugibt, »keine Erze-
lung nach der gewöhnlichen Art«, die »von den Gebräuchen und von der
politischen Verfassung der verschiedenen Staaten in Italien« handelt oder
»Betrachtungen über die Gemüthsbeschaffenheit der Einwohner, eine
Charte von ihren Ländern oder einen Maaßstab von ihren Gebäuden«
liefert. Addison sagt selbst, was ihn interessiert: »Vornehmlich habe ich
mich bemühet, die verschiedenen Stellen aus den alten Dichtern zu betrachten, welche sich auf die Gegenden und Seltenheiten, die ich antraf,
beziehen«; vor Ort vergleicht er dann »die natürliche Lage und Gestalt
des Landes mit den Abschilderungen, die uns die Dichter davon gegeben
haben« (Vorbericht). Was Rom betrifft, so gibt es fast kein Wort über die
moderne Stadt, über Paläste, Villen, Kirchen, Kunst, gar Menschen, allenfalls vage Hinweise, daß »verschiedene römische Kirchen und Kapellen«
einen »ausnehmend schönen und prächtigen Anblick machen« (S. 286) wegen der vielen Spolien, die in ihnen verbaut sind. Über den Laokoon heißt*

es nur, er sei »mehr als zu wohl bekannt« (S. 242). Eben weil Addison sich
nur für die Antike interessiert, macht er einen Vorschlag, der so etwas wie
den Beginn wissenschaftlicher Archäologie bedeuten würde.

Ob sich gleich die Anzahl der Statuen, die man unter den Ruinen des
alten Roms gefunden hat, schon ziemlich hoch beläuft, so ist doch zu
glauben, daß die Nachkommenschaft das Vergnügen haben wird,
noch manche schöne Stücken von Bildhauerarbeit zu sehen, die gegenwärtig noch nicht entdecket sind. Denn es giebt sonder Zweifel
noch größere Schätze von dieser Art unter der Erden, als man deren
bereits ans Licht gebracht hat. Man hat öfters an solchen Gegenden
nachgegraben, von welchen in den alten Schriftstellern angegeben
wird, daß besondere Statuen oder Obelisken daselbst gestanden hätten. Und diese Untersuchungen sind selten ohne guten Fortgang gewesen. Es giebt noch mancherley solche Gegenden, die vieles versprechen, und die man bishieher noch nicht untersucht hat. Zum Exempel,
von dem palatinischen Berge liegt noch ein großer Theil ganz unberührt da. Und da dieses ehedem der Sitz des kayserlichen Pallasts war:
so kann man ganz sicherlich vermuthen, daß daselbst mehrere Schätze
von dieser Art, als an einem andern Orte von Rom vorhanden sind.

Es giebt Leute zu Rom, die sich die Erlaubniß kaufen, daß sie Felder,
Gärten und Weinberge, allwo sie etwas von solcher Art zu finden vermuthen, untergraben dürfen; und manche sind dadurch zu großen
Reichthümern gekommen. Sie bezahlen nach dem Maaße der Ober-
fläche, wo sie aufgraben wollen, und wenn sie einen Versuch daselbst
gemacht haben, wie man in England wegen der Steinkohlen zu thun
pflegt, so durchwühlen sie diejenigen Theile, von denen sie sich am
meisten versprechen können. Vielmals aber betrügen sie sich in ihren
Vermuthungen, und finden, daß ihnen andere bereits zuvor gekommen sind. Demungeachtet gewinnen sie gemeiniglich bloß an Schutt
und alten Mauerziegeln, welche die jetzigen Baumeister den neuern
vorziehen, so viel, daß ihnen die Unkosten ihrer Untersuchung reichlich ersetzet werden. Man zeigte mir zweene Plätze, allwo vor dem
das goldne Hauß des Nero stunde, für welche man dem Eigenthums-
herrn eine außerordentliche Summe Geldes gebothen hatte. Diejenigen, die die Unternehmung wagen wollten, waren durch verschiedene
sehr alte Bäume, die darauf gewachsen sind, darzu veranlasset worden. Denn sie schlossen hieraus, daß diese Gegenden vermuthlich seit
etlichen Jahrhunderten unberührt geblieben wären. Es ist Schade, daß

man keine Art von einem öffentlichen Register hat, worinnen man sowohl das Andenken derer Statuen, die man von Zeit zu Zeit gefunden hat, erhalten, als auch die besondern Plätze, wo sie heraus gekommen, bemerken könnte. Dieses würde nicht nur mancher fruchtlosen Untersuchung auf das zukünftige vorbeugen, sondern auch von der Beschaffenheit des Platzes, und von demjenigen, was die Statue eigentlich vorstellen soll, ein beträchtliches Licht geben.

Bartholomeus Breenbergh: Konstantinsbogen um 1625. Rechts und links moderne Gebäude, rechts im Vordergrund die Meta sudans

Adam Ebert

1653–1735

Auli Apronii Reise-Beschreibung von Franco Porto Der Chur-Brandenburg Durch
Teutschland / Holland und Braband / England / Franckreich [...]. Ferner nach
Turin, gantz Italien, Rom, Neapolis [...] zur Freude der Welt und ewigen Zeiten.
Franco Porto [Frankfurt a. d. O.] 1724. S. 131, 135, 142 f.

*Der Bericht des Juristen Adam Ebert aus Frankfurt an der Oder, der »von
An. 1677 bis An. 1680 den Zustand von Europa vorgestellet«, ist ein frühes
Dokument einer von einem Bürger auf eigene Kosten unternommenen
Bildungsreise. Ebert erzählt in der Er-Form und nennt sich »Peregrinus«,
doch um eine Wallfahrt im religiösen Sinn geht es nicht mehr. In einer für
die Zeit typischen Mischung aus deutschen, französischen und lateinischen
Vokabeln sagt er, was er gesehen hat, ohne persönlich zu reagieren. Um
trockene Aufzählung zu vermeiden, flicht er immer wieder Geschichtchen
aus dem Leben ein. Wichtig ist eine Episode im Nachwort. Ebert behauptet, er habe in Rom »mit einem Prälaten« den Versuch gemacht, »eine
neue Religion zu ersinnen / so nicht Jüdisch / nicht expres in der Christlichen / noch in der Mahometschen enthalten / keiner aber unter allen
dreyen contrair, sondern vielmehr behülfflich der Tugend wegen / ohne
daß Wunder dazu benöthiget« (S. 345). Das Buch, das er über diese römischen Gespräche abfassen wollte, ist leider nicht entstanden.*

Das Pantheon ist rundt von gebranten oder Ziegel-Steinen / hat keine
Fenster / inwendig aber ist das Gewelbe von oben so eröffnet / daß
man gnug sehen kan; damit aber nicht der Regen die Zuhörer incom-
modire / so correspondiret unten auff dem Grund ein perpendicula-
rer[1] Abfluß. Auswenig vor der Thüre ist ein treffliches Portal von
vielen schönen steinernen / hohen und dicken Säulen / so von Syra-
cusa vormahls anhero gebracht / mehr zur Zierde als Nothdurfft /
sintemahl sie wenig zu tragen haben. Als der Kayser Carolus V. zu
Rom[2] / hat er von oben aus die Stadt besehen. Das Capitolium ist
heut zu Tage gar nicht mit Gold / wie vormahls / bedecket / doch
ein vortreffliches Palais. Das Castel von Sanct Angelo, ansehnlich be-
festiget / hänget am Vaticano mit einer Galerie, dahin sich der Papst
auff den Noth-Fall retiriren kan: Es hat den Nahmen / weil oben auff
der Spitze ein Engel. Das Palatium Farnese, darin der Frantzösische

---

1 Senkrecht angebrachter.
2 Karl V. besuchte am 6. April 1536 das Pantheon (vgl. Pastor, Bd. 5, S. 172–179).

Ambassadeur, ist von vortrefflicher Face[3], auch herrlichen Statuen,
auff dem Vor-Platz zwey sehr grosse Spring-Brunnen / die Fenster so
kostbar / daß man ein jedes von viel hundert Thl. achtet. Man mei-
nete / daß der Pallast mehr dann 40. Tonnen Goldes gekostet [. . .].

   Er war nicht weit vom Monte Cavallo logirt 6. Tage lang / alwo
nichts als Fasten-Speisen und schlechter Wein; und wiewohl guter
vorhanden / kostete er doch sehr theuer: Daß also nicht zuverwun-
dern / wann die Römer von der Sobrietät[4] gerühmet werden. In Rom
riechet alles nach Geistlichkeit / die Discourse enthalten nichts als
Messe / Reliquien, Wunder / Kirchen und Heiligkeiten / Mönche
und Praelaten. Das Frauen-Zimmer ist verständig, von unvergleichli-
cher Höfflichkeit / welcher gantz Franckreich zusammen nicht ähnlich. [. . .]

   Es sind unzehlich andere Dinge damahls in Rom vorgekommen /
als das sonderbare und wunderliche Angesicht des HErrn Christi / an
den Abagarum, Printz von Edessa, von dem Heiland selbst gesandt,[5]
so alhier zu Sanct Sylvester bey den Nonnen, die allerheiligste Jungfrau Maria, Mutter GOttes, bey den Carmelitern, vom Evangelisten
Luca gemahlt (die aber allenthalben in Italien ohnzehlich von dieser
Hand gezeiget wird), die Heiligen Stuffen des Richt-Hauses zu Jerusalem von den Zeiten der Paßion, item Moyses Taffeln der zehen Ge-
both und sein Wunder-Stab, auch der Hirten-Stock seines Bruders
Aarons, die Säule der Geisselung des Seeligmachers unter den ertz-
schelmischen Juden; welches alles und noch mehr zwar seinem Zweif-
fel, Unwahrheit, und Gewißheit hinterlassen wird, allein doch ohne
entsetzlichen Unverstand nicht würde der Nachläßigkeit haben können übergeben werden: Dann solche Sachen sind doch so eingerichtet,
daß sie sonderbar und curieus. Es kan auch wohl was wahres dran
seyn. Dubita, crede, nega.[6]

---

3 Fassade. Die Passage zeigt, daß es noch keinerlei Versuch einer exakten Beschreibung oder gar persönlichen Stellungnahme gibt.
4 Nüchternheit.
5 Die erstmals von Eusebius (*Kirchengeschichte* I,13) um 300 n. Chr. erwähnte Ab-
   gar-Legende sollte die Kirche von Edessa unmittelbar an die Evangelien anknüp-
   fen. Sie erzählt, Jesus habe sich zwar geweigert, nach Edessa zu kommen, um den
   kranken König zu heilen, aber einen Brief geschrieben, um ihn und die Stadt zu
   segnen. Viel jünger ist die Legende, Jesus habe dem König auch sein Bild gesandt.
6 Zweifle, glaub es oder glaub es nicht.

Joachim Christoph Nemeitz

1679–1753

Nachlese besonderer Nachrichten von Italien, als ein Supplement von Misson, Burnet, Addisson, und andern, welche ihre in diesem Theil von Europa gethane Reisen der Nachwelt in Schrifften hinterlassen haben. Zum Nutzen derjenigen insonderheit, so in Italien zu reisen gedencken, aus seinem gehaltenen Diario aufrichtig mitgetheilet [...]. Tl. 1. Leipzig: Johann Friedrich Gleditschens Erben, 1726. S. 248 bis 251, 253 f., 224 f.

Nemeitz war sein Leben lang als Erzieher und als Reisebegleiter in Europa unterwegs. 1728 wollte er im Fürstentum Waldeck als Regierungs- und Konsistorialrat und als Inspektor der Landesgymnasien seßhaft werden, doch schon 1730 trieb es ihn wieder in die Ferne. 1721 hatte er einen Naumburger Domherrn und dessen Bruder nach Rom begleitet, wo er sich »gantzer 6 Wochen, als der Haupt-Stadt von Italien, aufgehalten«. Seine »Nachrichten« von dieser Reise sollen die bewährten Standardwerke ergänzen. Nemeitz fordert seine Leser auf, ebenso zu verfahren. Rom-Bücher erscheinen dann als Teil einer Kette: »Es sind der Sachen mehr, als einer capable ist zu observiren [...], vielleicht können einmahl dergleichen Nachrichten heraus kommen, dabey man zuletzt wenig oder gar nichts mehr zu desideriren haben wird.« Die Italien-Reise dient dem Studium von »Bau-Kunst, Malerey, Music«; sie sucht den »Ursprung« dessen, was wir »bey uns und in andern Ländern bewundern«. In Rom, das »durch allerhand Zufälle und fatalitäten gar sehr herunter gekommen«, gibt es noch immer »viele Spuren« des frühen Glanzes (Vorrede). Nemeitz ist bei der Beschreibung von Kirchen an religiösen Gegenständen kaum noch interessiert. In S. Maria Maggiore fügt er nach der Aufzählung von allerlei Grabmälern die Bemerkung an, er hätte »bald vergessen zu sagen, daß man in einer Capelle dieser Kirche noch verwahrlich aufbehält die Wiege, worinnen der Herr Christus in seiner Kindheit gelegen haben soll« (S. 182). Er empfiehlt antike Plastik und Architektur, auch wenn die Werke nur aufgezählt sind und jede nähere Kennzeichnung fehlt. Unterwegs sammelt er lateinische »Inscriptiones«, die er wie Johann Caspar Goethe in seinen »Tractat einrücken« will; am Schluß hat er »bey 800« zusammen, so daß er seinem Buch einen 2. Band anfügt, der auf 356 Seiten nur lateinische Inschriften enthält.

Es kommt einem Frembden im Anfang etwas seltsam vor, daß man auf den Gassen in Rom fast nichts anders als Leute in kurtzen schwartzen Mänteln, mit einem kleinen Kragen am Halse, wie die Abeen gekleidet, gehen siehet. Man muß aber nicht meynen, als wann solche alle einen geistlichen Caracter haben, sondern es tragen medici,

Advocaten, Buchführer und andere, so nur in etwas studieret, dergleichen Kleidung. Es stehet jedem Frembden frey, sich in Italien dieser
Art Kleidung zu bedienen, und hat sie sonderlich zu Rom in gewissen
Stücken ihren Nutzen. [. . .] Die mehreste so wohl vornehme, als andere Jugend zu Rom erwehlen diese Lebens-Art, theils weil sie die
Hoffnung haben, mit einträglichen geistlichen Beneficien so wohl als
auch weltlichen Chargen versehen zu werden, theils auch weil sie in
der grösten libertè oder vielmehr libertinage, von diesem Caracter leben können. Viele von ihnen sind castrirt, und dannenhero geschickts,
daß solche denen Dames zur Garde[1] gegeben werden; wie man dann
gar selten eine Römische Dame allein, sondern allezeit von einem
Abbate oder einer alten Matronen accompagnirt[2] gehen siehet. Diejenigen, so gar ein debordé[3] Leben führen, geben sich nicht nur zu
Protecteurs von den öffentlichen enroullirten[4] Courtisaninnen an,
sondern lassen sich auch zu allerhand Kuppeleyen und andern lieder-
lichen und abominablen[5] Sachen, gebrauchen. Daneben sind sie die
ärgsten Spionen, welche alle Heimlichkeiten in der Stadt ausforschen,
und hat man mir vor gewiß sagen wollen, daß der Päbstliche Hof so
gar bey die 2000. von dergleichen Sorte Leute unterhalten und ihnen
gewisse Pensiones gebe, und durch dieselben, alles was in Rom pas-
sire, zu erfahren.

Gleich wie einer jeden Stadt in Italien ein gewisses praedicat beyge-
legt wird, so hat auch Rom dieses, daß man sie la Santa nennet. Allein,
ich kan versichern, daß sie nicht weniger als diese notam caracteristi-
cam meritire[6]. Ich will von dem gott- und ruchlosem Leben, welches
wie in allen grossen Städten, also auch hier zu Rom sonderlich, unter
so vielen Ehelosen Leuten so Männ- als Weiblichen Geschlechts, in
und ausserhalb denen Clöstern im Schwange gehet, nichts erwehnen,
sondern nur so viel sagen, daß man zu Rom denen Heiligen eben die
Füsse nicht abbeisse, sondern je weiter man davon kommt, je mehr
Bigoterie man in denen der Römisch-Catholischen Religion zugetha-
nen Ländern antreffe. Die Stiffter Münster und Paderborn sind hier
in Teutschland von Rom wohl die entlegenste Landschafften und daselbst spricht man von dem Pabst, als wie von einem halben Gott.

1 Als Begleiter.
2 Begleitet.
3 Liederliches.
4 Eingetragenen.
5 Scheußlichen.
6 Diesen Beinamen verdient.

Kommt man aber in Ober-Teutschland und gegen Italien zu, da nimmt diese Ehrerbietung vor dem heil. Vater schon mercklich ab, sonderlich in denen der Republic Venedig zugehörigen Ländern und Staaten, und zu Rom macht man gar Pasquillen auf ihn, nicht nur, wenn er bereits gestorben, sondern auch noch bey dessen Lebzeiten.

Als ich einsmahls den Tag über meine peregrinationem litterariam[7] in Rom that, kam ich auch unter andern in der Kirchen St. Laurentii in Lucina, umb was etwan merckwürdiges darinnen zu sehen, in meine Tabletten[8] zu annotiren. Ich war kaum ein paar Schritte gegangen, ward ich eines Geistlichen mit einem Haufen jungen Mädgens ann sich herum gewahr, welche zuweilen aus vollem Halse miteinander lachten. Ich näherte mich ihnen, und da vernahm ich, daß es ein Kinder-Examen heissen solte. Allein, was vor leichtfertige Fragen der Pfaff unter andern auf die Bahn brachte, solches stehet kaum zu glauben, und bin ich versichert, daß diese Kinder mehr in natürlichen als geistlichen Dingen bey diesem Examine proficiret[9]. Der Pfaff lag übrigens auf einem Lehn-Stuhl gar negligemment[10] ausgestreckt, gab sich ein air de suffisance[11] und die jungen Mädgens stunden in einem Circkel um ihn herum.

Was die Mahlerey und Bildhauer-Kunst betrifft, so findet man in der Welt wohl nicht mehr geschickte Meisters darinnen, als zu Rom [. . .]. Und zu was einer Perfection, sonderlich in Marmor und Alabaster ist nicht die Bildhauerey gelanget? So daß es der Statuen zu Rom nicht nur eine unzehliche Menge gibt, sondern die auch dergestalt ausgearbeitet sind, daß ihnen nichts mehr als das Leben zu fehlen scheinet. Wer den Faunum in dem Barberinischen, den Hercules und den Stier im Farnesischen, den Gladiateur im Borghesischen, den Laocoon, Antinoum und die Venus im Vaticanischen Pallast, den Bock des Printzen Justiniani, den Meleagrum des Herrn Pighi, und die 10. Marmor-Statuen auf der Engels-Brücken mit attention betrachtet,[12] der wird

---

7 Gemeint sind die Streifzüge zum Sammeln lateinischer Inschriften.
8 Schreibtafeln.
9 Fortschritte gemacht haben.
10 Nachlässig.
11 Ausdruck der Selbstzufriedenheit.
12 Die Stelle zeigt, wie sehr die römischen Sammlungen zum Fundus der europäischen Museen geworden sind: Der »Barberinische Faun«, ein griechisches Werk von etwa 220 v. Chr., wurde von König Ludwig I. für die Glyptothek in München gekauft. Die 3 Meter hohe Herakles-Statue, in der römischen Kaiserzeit

gestehen müssen, daß fast wohl nichts vollkomneres in diesem Stück seyn könne. Anderer alten und neuen Statuen, womit Rom angefüllet ist, und deren schon einige hin und wieder bey den Pallästen gedacht worden, zu geschweigen.

KARL LUDWIG FREIHERR VON PÖLLNITZ
1692–1775

Mémoires [. . .]. Liège 1734. – K. L. F. v. P.: Nachrichten, Enthaltend Was derselbe Auf seinen Reisen, Besonderes angemercket, Nicht weniger Die Eigenschafften dererjenigen Personen, Woraus Die Vornehmste Höfe in Europa bestehen. Aus dem Frantzösischen neu-verbessert [. . .]. Tl. 1. Frankfurt a. M.: [o. V.], 1735. S. 198 f., 279–281, 310 f.

Pöllnitz führte von seinem 20. bis zu seinem 40. Lebensjahr ein unstetes Wanderleben. Er war in Madrid, Paris und London, in Rom und Warschau. Er sah sich selbst als »Cavalier von Geist und feiner Lebensart, aber Abenteurer ersten Ranges, ein richtiger Protheus: Höfling, Spieler, Schriftsteller, Colporteur, Protestant, Katholik, Kanonikus, was weiß ich weiter« (zit. nach: Allgemeine Deutsche Biographie). Nachdem er sich eine Weile

von dem Bildhauer Glykon der Bronzestatue des Lysipp nachempfunden, und der »Farnesische Stier«, eine fast 4 Meter hohe Gruppe, in der Amphion und Zethos die thebanische Königin Dirke an einen Stier binden, um den Tod ihrer Mutter Antiope zu rächen, kamen zusammen mit den Kunstschätzen der Farnese in das Archäologische Museum Neapel. Der als »Gladiator« bekannte kämpfende Krieger, eine 50 v. Chr. entstandene und von Agasias aus Ephesus signierte Marmorstatue, wurde 1808 an Napoleon verkauft und befindet sich im Louvre. Bei den drei Figuren aus den Vatikanischen Museen handelt es sich neben dem Laokoon um einen damals als »Antinous« bezeichneten Hermes (vgl. Helbig, Bd. 1, Nr. 246), der 1543 außerhalb der Stadt in der Nähe der Engelsburg gefunden und von Paul III. im Belvedere aufgestellt wurde, und um die Knidische Aphrodite (vgl. Helbig, Bd. 1, Nr. 207), bis 1714 in der Galleria des Palazzo Colonna; sie gilt als die wichtigste Kopie der am höchsten bewunderten Statue des Altertums, der Aphrodite von Knidos des Praxiteles. Der »Bock« aus der Sammlung Giustiniani, die einmal als »die größte Privatsammlung von Antiken, die in Italien ist« galt (vgl. Archenholtz, Bd. 5, S. 85), ist nicht nachweisbar – vielleicht verschwand er in der Sammlung Torlonia? Der »Meleager« ist eine Kopie nach einem um 330 v. Chr. entstandenen Werk des Skopas; er gehörte im 16. Jh. dem Leibarzt Pauls III. und stand in dessen zwischen der Piazza Farnese und dem Campo de' Fiori gelegenen Hause, dem nachmaligen Palazzo Pichini; unter Clemens XIV. wurde er für den Vatikan erworben (vgl. Helbig, Bd. 1, Nr. 97).

vom Schreiben ernährt hatte, bekam er 1735 eine kleine Stelle am preußischen Hof. Als er 1775 starb, trauerten um ihn, wie Friedrich der Große behauptete, nur seine Gläubiger. Pöllnitz schildert die europäische Führungsschicht aus der Position des Außenseiters, der gern dazugehören würde, aber nirgends ankommt. Auch bei Papst Clemens XII. (1730–40) bewarb er sich vergeblich. Er war ein Beobachter, der gnadenlos die Schwächen der großen Welt zeigt. In Rom, wo er sich 16 Monate aufhielt, interessierte er sich weder für Frömmigkeit noch für Antiquitäten, noch für Kunst, obwohl er zu allem Kommentare gab. Er besuchte eine europäische Hauptstadt und verglich sie mit anderen Hauptstädten. Anschließend widersprach er ausdrücklich der Wertung von Misson, der die höfischen und kirchlichen Zeremonien des Papsttums gerühmt hatte. In der Sicht eines Hofmanns des 18. Jahrhunderts schneidet Rom nicht mehr gut ab.

Wiewohlen nun nicht zu läugnen, daß Rom eine der schönsten Städte in der gantzen Welt, ist es doch keinesweges dasjenige mehr, davon wir so prächtige Beschreibungen in denen alten Geschichten lesen, und findet man kaum noch einige Uberbleibsale davon, deme ohnerachtet muß man doch einmüthig bekennen, daß viele vortreffliche Kunst-Stücke, so man nirgends in der Welt mehr antrifft, dahier zu finden, und ist keinesweges etwas mit dessen Kirchen, Wasser-Künsten und verschiedenen Pallästen zu vergleichen. So bald ein Fremder zu der Pforte del Popolo hinein kommt, wird er in die äusserste Verwunderung gesetzt, wann er gerade vor sich hinsiehet, und scheinet es, als ob man die schönste Auszierung von einem Theatro in der Opera erblickte, dahingegen, wann man seine Augen zur rechten und lincken Seite richtet, düncket einem vielmehr, daß man in ein blosses Dorff käme. Dieses Rätzel aufzulösen, dienet hiermit, daß wenn man gerade vor sich hinsiehet, einem also fort ein schöner Platz in die Augen fällt, der in einem Dreyangel lieget, und nach ermeldter Pforte zu, eine Gegend vorstellet, daraus man gerade in drey lange schnur gerade Gassen, so alle auf einen Punct zusammen stossen, gelangen kan. Diese Strassen, werden durch 2. Kirchen von einander abgesondert, daran die fördern Seiten sehr schön und gantz auf gleiche Art gebauet sind, mitten auf dem Platz aber stehet ein grosser Obeliscus oder Pyramide von Orientalischem Granat-Stein, welche Pabst Sixtus V.[1] wie die Inscription unten an dem Fuß ausweiset, daselbst aufrichten lassen; dahingegen unten an der Pyramide nach der Stadt zu eine Wasser-Kunst zu sehen. Alle diese Schönheiten des Platzes seynd mir so vortrefflich vorgekommen, daß ich selbige als etwas, daß mit der

1 Vgl. S. 88, Anm. 2.

Piazza del Popolo und die anschließenden Straßen auf dem Stadtplan
von Giovanni Battista Falda, 1676

Pracht der Stadt Rom in allen Stücken übereinkomme, betrachtet
habe, dahingegen dasjenige, was bey mir das Ansehen eines Dorffs
gehabt, dieses ist, daß an der lincken Seite des Platzes man alsobald
der Kirche unserer Lieben Frauen[2] gewahr wird, welche nicht allein
gantz schlecht gebauet, sondern auch an derselbigen herunter lauter
elende kleine Häuser, rechter Hand aber nichts als Heu-Scheuern und
nur 2. oder 3. elende Hütten hat.[3]

Über mehrere Seiten hinweg schildert Pöllnitz, wie Papst Cle-
mens XII. in feierlicher Prozession vom Vatikan in seine Bischofskir-
che S. Giovanni in Laterano zieht.

Diese jetzt erzehlte Ceremonie scheinet viel prächtiger in der Beschreibung, oder in den Kupffer-Stichen, die man davon gemacht hat,
als sie in der That selbst ist, vielmehr, wann es mir erlaubt ist zu
sagen, siehet dieselbe einem Fastnachts-Aufzug ziemlich ähnlich, welcher aber mit dem Hofe des Stadthalters JEsu Christi nicht zum besten überein zu kommen scheinet; dann alle weltliche Personen in
schwartzer Kleidung, die meiste Geistliche aber violet gekleidet, und
auf Maul-Thieren, hat fast das Ansehen von einem Leichen-Begäng-
nüß; Zu dem ist der mehreste Theil von den Cardinälen und Prälaten
alt, und stehet ihnen dahero das Reiten nicht zum besten an, und wiewohlen auch alle Fenster mit Tapeten von verschiedenen Farben be-
hänget sind, welches auch an allen hohen Fest-Tägen, es werden nun
Processionen oder öffentliche Einzüge gehalten, bräuchlich, düncket
mir doch, daß diese Teppiche an statt den Strassen zur Zierde zu dienen, ihnen vielmehr das Ansehen eines Krembel-Marckts geben, und
haben die Tapeten, so man in Franckreich und in denen Niederlanden
bey dergleichen Solennitäten[4] aufzuhängen pfleget, ein weit besseres
Ansehen. Die Zeichnung von dem Triumph-Bogen ware sehr schön,
gleichwie aber solcher nur von Papier und Pappdeckeln verfertiget
war, also hatte der Regen, welcher etliche Tage zuvor gefallen, selbi-
gen mehrentheils verderbet. Hiezu wäre noch zu fügen, daß der Zug
keinesweges in der behörigen Ordnung gienge, und nahm man darinnen gantze halb Viertelstündige Unterbrechungen wahr. Ja da der
Pabst aus dem Pallast von St. Johan von Lateran gienge, war eine

---

2 S. Maria del Popolo.
3 Die Anlagen am Hang des Pincio entstanden 1816–24. Ein Blick auf den Stadtplan von G. B. Falda (1676) zeigt, wie sehr Pöllnitz übertreibt.
4 Feierlichkeiten.

grosse Unordnung von Kutschen, also daß derselbe länger als eine Stunde sich daselbst aufzuhalten genöthiget war.

Soltet ihr nun wohl aus demjenigen, was ich bis anhero gesagt, urtheilen können, daß ein Fremder seine Zeit allhier vergnügt zubringe? Fürwahr nicht. Rom ist eine Stadt, so ein junger Mensch ohne Widerrede zu besuchen Ursache hat, und wird er sich daselbst einen vollkommenen Begriff von der Bau-Kunst machen können, er wird sich in der rechten Käntniß der Mahler- und Bildhauer-Arbeit bevestigen, und sich eine rechte und eigentliche Vorstellung von der Pracht des alten Roms machen können. Wann er aber diesen Endzweck erreichet hat, wolte ich ihm so gleich wieder von dannen hinweg zu reisen rathen, weilen nichts weiter daselbst vor ihn zu erlernen ist, vielmehr wird er alles, so er anderstwo gelernet, wiederum vergessen, und ist kein eintziger guter Fechtmeister dahier zu finden, ja man trifft kaum einen Sprachmeister an, der das Italiänische recht verstehe, indem diejenige, so sich dieser Profession anmassen, fast eitel Fremde sind, welche weder Accent noch rechte Lehr-Art besitzen. Alles was ein junger Mensch hier lernen kan, ist die Bau-Kunst und das geistliche Recht, so daß auch so gar die Kirchen-Historie wenigen in ihrer rechten Lauterkeit bekannt ist. Ein fremder Cavalier wird hier leichtlich die gute Lebens-Art verliehren, die er in Franckreich oder sonsten an sich genommen.

CHARLES DE BROSSES

1709–1777

Lettres historiques et critiques sur l'Italie, avec des notes relatives à la situation actuelle de l'Italie. 3 Bde. Paris 1799. – Des Präsidenten de B. Vertrauliche Briefe aus Italien an seine Freunde in Dijon 1739–1740. Übers. von Werner Schwartzkopff. Bd. 1. München: Georg Müller, 1918. S. 17, 44 f., 56, 100 f.

De Brosses gehörte zu jenem französischen Provinzadel, der im königlichen Dienst reich wurde und diesen Reichtum für ein in intelligenter Muße verbrachtes Leben verwendete. Nach solider humanistischer Ausbildung übernahm er als Jurist den seiner Familie zustehenden Posten als Mitglied im Parlament (eine Art Obergericht) von Dijon, dessen Präsident er später wurde. Anders als Voltaire, mit dem er in erbitterter Fehde lag,

diente er dem royalistischen System als der gesellschaftlichen Basis seiner
vielfältigen Interessen an Kunst, Literatur, Architektur und vor allem Mu-
sik. 1739 reiste er nach Italien, weil er eine kritische Sallust-Ausgabe
plante und an Ort und Stelle Handschriften einsehen wollte. Seine vor-
nehme Abkunft und sein Amt öffneten ihm die Tore von Sammlungen
und Bibliotheken, von Palästen und Gärten. De Brosses schilderte seine
Eindrücke in Briefen an die Freunde in Dijon. Je nach Adressat ändern
sich Ton und Inhalt. Das freundliche Gespräch einer geistreichen Gesell-
schaft bleibt immer spürbar. Rom, die »Hauptstadt der Welt« (S. 341),
wird gemustert unter dem Anspruch einer aufgeklärten Kultur. Die nicht
zur Veröffentlichung bestimmten, aber nach der Rückkehr sorgfältig ko-
pierten Briefe wurden erst nach der Französischen Revolution publiziert.

Oktober 1739. Von allem, was ich hier und anderswo gesehen habe,
hat mich nichts auf den ersten Blick stärker gepackt als der Springbrunnen auf der Piazza Navona, wohl kein zweites Bauwerk der Art
ist edler entworfen und prächtiger ausgeführt. Selbst der herrliche
Stich danach, den Sie kennen, gibt nur ein mattes Abbild. Ja, er machte
mir beim ersten Anblick mehr Eindruck als die Peterskirche, wenn es
mir auch sonst nicht einfällt, beides einander gleichzusetzen, denn
Sankt Peter ist das tausendste Mal überwältigender als das erste. Denken Sie nur, mitten auf dem Platz dieser Riesenblock zerklüfteter Felsen! An seinen Ecken lagern Donau, Nil, Ganges, der Rio la Plata als
riesige Gestalten und schütten aus ihren Urnen wahre Sturzbäche.
Schauen Sie, wie der Nil das Haupt verhüllt, – der schöne Löwe aus
der Höhle schreitet und seinen Durst letzt, – das Pferd drüben, das
trinkt, – die Schlangen, die kriechen, – die gischtenden Wasser, die von
allen Seiten auf die Felsspitzen herabbrausen, – und darüber, so hoch
das Auge reicht, der Obelisk aus Granit!
Trotz all dieser schönen Einzelzüge hat mich der Brunnen bei San
Pietro in Montorio noch mehr gefreut, auch er ist verblüffend: Auf
der Höhe des Janikulus ein Triumphbogen mit drei großen und zwei
kleineren Triumphpforten, statt der Türen schließen sie breite Was-
serflächen, die senkrecht in ein weites Becken rauschen. Ergötzt euch
an dem neuen lieblichen Schauspiel, dreht euch aber auch mal nach der
Stadt um. Gerade sinkt die Sonne über das Geschiebe der Kuppeln
und Türme und blitzt über vergoldete Helmdächer, Giebel, Fassaden,
Paläste, grüne Bäume und Springbrunnen. Ein Bild gibt das, damit
kann sich keine Aussicht auf Paris messen, wiewohl dort die Umgebung als Schmuck hinzukommt, die von Natur lieblicher und mehr
durch Kunst verschönt ist, als die Umgebung Roms.

Dezember 1739. Die antike Fassade an der Curia Antoniana, der jetzigen Dogana, hat hohe korinthische Säulen, die ein treffliches korinthisches Kranzgesims tragen, und ist in meinen Augen mindestens so schön wie die Vorhalle des Pantheon. Eine Schande ist's, daß man nicht nur ihre beschädigte Kannelierung nicht wiederhergestellt hat, sondern, was noch abscheulicher ist, die Zwischenräume mit einem unwürdigen Lehmgemäuer ausfüllte und so das Freilebendige der erlesen schönen Säulen in den garstigen Bau klebte, statt sie frei und schlank stehen zu lassen. Diese Verkleisterung ist einfach empörend. Wie konnte ein Volk, dessen Geschmack unbestritten fein ist, eine solche Gemeinheit begehen oder zulassen! Aber freilich, wie hätte die schöne Säulenreihe den tempelschänderischen Händen dieser Zöllner entgehen sollen, scheuten sie doch weder mein Reisebuch, noch den Samt meines Vetters!

Die gleiche Eselei brachte man mit dem Vesta-Tempel am Tiberufer fertig.[1] Der war ein entzückendes, rundes Dingelchen, ganz offen, nur bestehend aus einer kleinen Kuppel, die von einer Ordnung aus zwanzig korinthischen kannelierten Säulen aus weißem Marmor getragen wurde. Um nun eine geschlossene Kapelle zu erhalten, hat man die Zwischenräume mit Backsteinen vermauert, und das Tempelchen erhielt den ethnologisch christlichen Namen einer Madonna del Sole. Ein paar Altertumskenner sind nämlich der Meinung, daß es ein Sonnentempel gewesen sei. [. . .] Stellen Sie sich vor, was er für ein entzückendes Ding sein würde, wenn man ihn uns, so wie er war, gelassen hätte – nur dies eine kleine Tempelchen – und man könnte ihn noch heute in seiner ganzen Anmut, völlig offen und freistehend erblicken: diese Säulenstellung, dies Kuppelchen und mittendrin ein schlichter Altar mit einer schimmernden Flamme. Und an ihn heran träten fünf oder sechs junge Vestalinnen in weißen Gewändern mit Rosenkränzen im Haar, hübscher als Amor, und reichten mit den Händen dem Altar ihr Bündel Aloeholz, wie es die biederen Guebern[2] taten, ehrfürchtig zu ihm sprechend mit holder Verneigung: »Πῦρ δέσποτα ἔσθε!«[3] Ach Gott, hätte man uns denn nicht in Rom

---

1 Die Klage von de Brosses ist nicht gerecht. Nur dem Einbau einer Kirche verdankt der sogenannte Vesta-Tempel auf dem Forum Boarium, der an der Wende des 2. zum 1. Jh. v. Chr. errichtete älteste Marmortempel Roms, seine vorzügliche Erhaltung.

2 *Khebern* oder *Guebern* ist ein arabisches Schimpfwort, das vor allem die Parsen, dann auch alle Nicht-Mohammedaner meint.

3 »Feuer! Herr, iß!«

ein klein bissel Heidentum für unser Vergnügen, ganz, ganz unter uns lassen können! Ich schwöre, wir würden es nicht mißbraucht haben!

Dezember 1739. Nahe dem Terminibrunnen zwei entzückende Kirchen: Santa Susanna und Santa Maria della Vittoria. Die erste ist außen schön verziert, aber noch viel prächtiger im Inneren, wirklich außerordentlich. Drinnen einige gute Fresken von Baldassare Croce und vom Bruder Pozzo. In der anderen steht Berninis berühmte Gruppe »Die heilige Therese in Verzückung«. Der Engel will sie eben durchbohren. Sie trägt Karmeliterinnentracht und ist bewußtlos, mit halbgeöffneten Lippen und hinsterbenden, fast geschlossenen Augen zurückgesunken. Sie ist überwältigt, der Engel kommt an sie heran und droht ihr lachend und etwas spitzbübisch mit dem Pfeil. Der Ausdruck ist wundervoll, aber frei heraus, ein bißchen allzu lebendig für eine Kirche. Wenn das die himmlische Liebe ist, kenne ich sie auch. Davon sieht man schon hienieden in Fleisch und Blut manches Abbild.

Dezember 1739. Nun, und was sagen Sie zu Sant' Agnese, ihrer Fassade, den Glockentürmen und der Kuppel, ihrer Eiform, der korinthischen Säulenarchitektur innen und außen, wie gefällt Ihnen der herrliche Fußboden von gefeldertem Marmor, die Stucks, Vergoldungen und Marmortäfelungen, die Bilder und Statuen? Ist's nicht wahr, etwas Prunkvolleres und Zierlicheres sieht man so leicht nicht wieder? Freilich zu tadeln gäbe es an der Architektur genug, denn sie ist mehr prächtig als kunstgerecht. Das gäbe Stoff für Gespräche [. . .].

Am Vorderteil des Altars erblickt man ein herrliches Flachrelief von Algardi, die heilige Agnes darstellend, wie sie zur Marter geführt wird. Das Geschöpfchen ist nackt wie meine Hand, ein vierzehn- bis fünfzehnjähriges junges Ding mit langem Haar, knospenden Brüstchen und wundervollem, weich modelliertem Körper. Ein grober Husarenkerl führt sie, man sieht's ihm an, wie er sich freut, sie mitleidslos zu mißhandeln. Wahrhaftig, sie tut mir leid, das arme Kind ist noch lange nicht im Alter für solche Mühsal. Und also geschah es auch nicht, wie etwa Euer verdorbener Sinn möchte vermutet haben. Statt der vertierten Soldateska fand sie drinnen einen jungen schönen Engel des Herrn, bene praeparatum, so daß man annehmen kann, daß nach ganz kurzer Zeit er und sie sich im Paradiese glaubten. Schämen Sie sich denn gar nicht, Herr Generalprokurator, Sie, der Sie von so gewichtigem Stand sind, was für dummes Zeug Sie mich schwatzen ma-

chen!! Bewundern Sie lieber die unvergleichliche Schönheit des Flach-
reliefs, eines der berühmtesten aller neueren Werke: die Wildheit des
Soldaten, die keusche Verschämtheit des jungen Mädchens. Es ist kein
Marmor mehr, sondern weiches, zuckendes Fleisch, das dem Druck
des Fingers nachgibt.

Johann Caspar Goethe

1700–1782

Viaggo per l'Italia (1740). – J. C. G.: Reise durch Italien im Jahre 1740. Vollständige
Ausgabe. Aus dem Ital. übers. und komm. von Albert Meier unter Mitarb. von
Heide Hollmer. München: Deutscher Taschenbuch Verlag, 1986. S. 223, 229. –
© 1986 Deutscher Taschenbuch Verlag, München.

*Als Sohn eines reich gewordenen Damenschneiders und einer begüterten
Gastwirtswitwe leistete sich Johann Caspar Goethe nach dem Abschluß
seiner juristischen Ausbildung 1740 eine Reise nach Italien. Dann erwarb
er den Titel »Kaiserlicher Rat« und verbrachte sein Leben in kultivierter
Muße mit dem Sammeln von Büchern und Bildern und mit der Erziehung
seiner Kinder. Als sein Sohn Johann Wolfgang etwa 12 Jahre alt war, begann der Vater als Teil von dessen Ausbildung einen Bericht in italienisch
geschriebenen Briefen über die Italien-Reise. Die heute in Weimar aufbewahrte Handschrift wurde 1932 erstmals gedruckt. Johann Caspar Goethe
besucht – anders als etwa de Brosses – nur Orte, die Fremden offenstehen,
so daß er vor allem von Kirchen und öffentlichen Plätzen erzählt. Leidenschaftlich sammelt er lateinische Inschriften, während er die Lebensäuße-
rungen des Volkes kaum wahrnimmt mit der Begründung, »oberflächliche
Beobachtungen« wolle er vermeiden (S. 217). Während ihm viele Orte im
Kirchenstaat reichlich verkommen erscheinen, begrüßt er Rom selbst als
»Königin der Städte und Amphitheater der Welt« (S. 220). Er will dort
»keine Zeit verlieren« (S. 287), geht »mit sehr aufmerksamen Augen«
(S. 287) durch die Stadt, versucht »eine zufriedenstellende Beschreibung«
dessen, was er sieht (S. 241), obwohl er dann meist nur knappe Hinweise
gibt. Brüsk lehnt er die italienisch-katholische Frömmigkeit ab, lobt aber
die schönen neuen Kirchen.*

Man sollte es nicht versäumen, der Kirche S. Carlo al Corso, die mir
als eine der schönsten von Rom erschien, mit Sorgfalt einen Besuch
abzustatten. Für dieses Gebäude hat man eine große Zahl von Häu-

sern abgerissen; heute ist sie weitgehend vollendet und stellt gewiß ein
sehr schönes Gebäude dar. In ihrem Inneren kann man die vergoldete
Decke bewundern, außerdem ein vortreffliches Gemälde von Carlo
Maratti am Hauptaltar, das einen prächtigen metallenen Rahmen besitzt, und weitere gute Gemälde von Perugino und Pasquale de'
Rossi. In besagtem Altar ist das Herz des hl. Karl Borromäus beige-
setzt, der im Jahre 1610, 25 Jahre nach seinem Tod, heiliggesprochen
wurde. Man liest darüber, daß niemals mehr eine größere Feierlichkeit
stattgefunden hat, seitdem sich die Päpste ein Recht angemaßt haben,
das doch Gott allein zusteht, nämlich Heilige wie jenen Karl zu machen. Diese Kirche gehört den Mailändern, weil Seine Kaiserliche Majestät als Herzog von Mailand ihr Schutzherr ist; man darf sich folglich nicht wundern, daß sie die Kathedrale von Mailand im kleinen
nachahmt.

Zu den schönen Kirchen Roms darf man auch diejenige zählen, die
der hl. Märtyrerin und Jungfrau Agnes erbaut wurde;[1] diese war dort,
wo sich einst ein Kampfplatz befand, der Circulus Agonalis hieß, wie
in einem öffentlichen Bordell allen Schändlichkeiten preisgegeben
worden. Diese Kirche steht an der Piazza Navona, und obwohl sie
nicht sehr groß ist, sind ihre fünf Altäre dennoch eines Blickes wert.
Der Hauptaltar besitzt ein sehr schönes marmornes Basrelief, während die übrigen Altäre nur mit Statuen geschmückt sind. Über eine
Treppe kann man in »locum turpitudinis«[2] hinabsteigen, wo die
hl. Agnes durch ein Wunder aus der Gewalt der Schurken befreit
wurde, die ihr die Blüte der Jungfräulichkeit rauben wollten, was
auf dem Basrelief an einem der besagten Altäre dargestellt ist. Das
Kuppelfresko ist ein vortreffliches Werk von Ferri und Corbellini.[3]

1 S. Agnese in Agone. Zur Beschreibung Goethes vgl. die ganz andere von de Brosses (S. 124).
2 Ort der Schande.
3 Das Kuppelfresko wurde 1670 von Ciro Ferri (1634–89) begonnen, 1689 von
   Sebastiano Corbellini vollendet.

Johann Georg Keyssler

1693–1743

Neueste Reisen durch Deutschland, Böhmen, Ungarn, die Schweiz, Italien und Lothringen, worinnen der Zustand und das Merkwürdigste dieser Länder beschrieben [. . .]. Neue und vermehrte Auflage welche mit Zusätzen und mit einer Vorrede von dem Leben des Verfassers begleitet hat M. Gottfried Schütze. Hannover: Nicolai Förster Erben, 1751. S. 618 f., 586.

Als Hofmeister der Freiherren Andreas Gottlieb und Johann Hartwig Ernst von Bernstorf (später dänischer Außenminister und Mäzen Klopstocks) befand sich Keyßler seit 1729 auf einer mehrjährigen Europa-Reise. Sein monumentales Werk sammelt alle erreichbaren Informationen und diente in mehreren Auflagen und in englischer und holländischer Übersetzung lange Zeit als wichtiges Nachschlagewerk. Keyßler reist noch als Gelehrter, d. h., so wichtig wie der Augenschein ist für ihn, was Bücher von einem Gegenstand sagen. Er nennt überall wichtige Kunstwerke, auch wenn er noch wenig über sie zu sagen weiß. In Rom schätzt er die »angenehme Lebensart« (S. 455) und daß man als Protestant völlig frei reden darf (S. 461). Aber auch bis heute vertraute Klagen tauchen auf, wenn er sich entschließt, Kirchen und andere Sehenswürdigkeiten in alphabetischer Reihenfolge zu benennen, »weil es doch in Rom unmöglich ist, die Sachen nach der Lage der Quartiere zu besehen, indem bald dieser Garten, bald jener Pallast oder etliche Kirchen verschlossen sind, wegen welcher man in jede Gegend der Stadt mehr als einmal kommen muß« (S. 473).

Allem Vermuthen nach, und so viel der Augenschein und die Zeugnisse der alten Scribenten an die Hand geben, so sind die Mauern der heutigen Stadt auch die Gränzen der alten Stadt Rom an den meisten Orten gewesen, und geben sie also im Umfange einander nichts nach. Allein es findet sich ein großer Unterschied in der Bebauung dieses Raumes, und darf man nur einen Plan von der neuen Stadt Rom vor die Hand nehmen, um überzeuget zu seyn, daß nicht die Hälfte mit Häusern bebauet, und viele wüste Plätze, Gärten, Felder, Wiesen und Weinberge in denenjenigen Gegenden anzutreffen sind, woselbst ehemals die herrlichsten Gebäude stunden. Um die Stadt nach den Krümmen, Winkeln und Ecken ihrer Mauern zu umgehen, braucht man drey oder höchstens vier Stunden, und rechnet man darauf dreyzehn kleine italienische Meilen; da man im Gegentheile sechs bis sieben Stunden vonnöthen hat, wenn man einen Spaziergang um die Stadt Paris und ihre Vorstädte wagen will.

Ich habe meinen Herrn lange mit Kirchen und ihrer Beschreibung aufgehalten; allein dieses ist ein Recht, so man den italienischen geistlichen Gebäuden nothwendig wiederfahren lassen muß. Wenn ein Reisender in protestantischen Landen, oder auch in Frankreich, viel in den Kirchen herumlaufen wollte, so würde er seine Zeit und Mühe sonder Zweifel gar übel anwenden und von jedermann ausgelachet zu werden verdienen; allein mit Italien hat es eine ganz andere Bewandniß, und findet man sonderlich in den hiesigen geistlichen Gebäuden, alles was die Malerey, Bau und Bildhauerkunst vortreffliches hervorgebracht, gleichsam auf die Schau ausgestellet, zu geschweigen, daß durch manche wohlgesetzte Inscription und andere Denkmaale das Gemüth ergötzet, und sowohl die Kirchen- als Profan- und Gelehrte Historie trefflich erläutert wird. Wer von diesen allen kein Liebhaber ist, thut wohl daß er an statt Italien andere Länder besuchet, oder lieber gar zu Hause bleibt. Es haben junge Leute, die auch nur ein wenig Lust zu Wissenschaften bey sich empfinden, in Rom so viele Dinge zu beobachten, daß ihnen die Zeit gar leicht vergeht, ohne daß es nöthig ist, darauf zu sinnen, wie sie ihre lange Weile mit Debauchen[1] und lüderlichen Gesellschaften zubringen wollen. Die Menge der Sachen, so man täglich zu besehen hat, giebt gute Gelegenheiten zu nützlichen Unterredungen in Coffehäusern und an öffentlichen Tischen also daß man unflätige Zotten oder auch nur zweydeutige lüderliche Reden, welche oftmals für junge Leute gefährlicher als plumpe Ausdrückungen sind, in so großer Menge allhier nicht höret, als in Frankreich.

Vatikanische Museen. In dem Gruppo ist Laokoon schon als meist entkräftet und wie er die Augen gegen den Himmel schlägt, vorgestellt, und bey ihm die mit Schlangen umwickelten Kinder, welche Virgilius nicht so genau mit ihrem Vater verbindet, sondern als vorher hingerichtet beschreibt. Man hat allhier auch Gelegenheit zu bemerken, wie die alten Meister, um ihre Kunst desto besser zu zeigen, bisweilen von der natürlichen und wahren Beschaffenheit abgegangen. Denn Laokoon konnte als ein Priester mit seinen Kindern nicht nakkend in öffentlicher Versammlung erschienen seyn, wie ihn jedoch der Bildhauer nur um mehrere Kunst und Geschicklichkeit anbringen zu können, abbildet. Die vorderste Seite dieses Werkes ist vollkommen und mehr als die andere ausgearbeitet, daher es scheint, als sey es verfertiget worden, um an eine Wand gestellet zu werden. Die Hauptfi-

---

1 Lotterleben.

gur, nämlich der Vater, hat den rechten Arm verloren, und derjenige, den man aus terra cotta an seine Stelle gefüget, kömmt weder an Farbe noch Arbeit dem übrigen Stücke bey. Es hat auch Michel Angelo Buonarroti den Arm, der den Laokoon wieder hätte ergänzen sollen, und allhier gezeiget wird, aus Bescheidenheit, wie man sagt, nicht gar vollendet.

JEAN-JACQUES BARTHÉLEMY

1716–1795

Voyage en Italie. Imprimé sur les lettres originales écrites au Comte du Caylus. Publié par A. Sérieyes. Paris 1802. – J.-J. B.: Reise durch Italien, nach dem [!] Originalbriefen des Grafen von Caylus abgedruckt. Nebst einem Anhang von noch ungedruckten Schriften. Paris/Mainz: Vollmer, 1802. S. 24 f., 161 f.

Barthélemy studierte Theologie, ließ sich aber nicht zum Priester weihen, sondern lebte ganz dem Studium der Antike. Er betrachtete »die Akademie der Inschriften mit demselben Auge, mit dem man eine Geliebte betrachtet«, rühmt ihm der Herausgeber seiner Briefe nach. Die Reise nach Italien unternahm er 1755–57 »auf Befehl und auf Kosten der Regierung, um das Medaillenkabinet, dessen Aufseher er war, zu bereichern« (Vorwort, S. IX). Seine Briefe bewegen sich ganz im Rahmen dieses Auftrags, so munter der Schreiber auch gelegentlich von den näheren Umständen seiner Arbeit plaudert. Gegen französische Eitelkeiten anschreibend, stellt er fest: »Die Wissenschaften sind in Rom mehr angebauet, als man es in Frankreich glaubt; ich werde in der Hinsicht Ihnen einst Details geben, über die Sie erstaunen sollen« (S. 119). Noch unter den römischen Altertümern begann Barthélemy mit jenem Werk, das ihn weltberühmt machen sollte, einer als Erziehungsgeschichte und Reisebericht gestalteten enzyklopädischen Darstellung des Wissens vom alten Griechenland unter dem Titel »Reise des jungen Anacharsis durch Griechenland vierhundert Jahre vor der gewöhnlichen Zeitrechnung« (frz. 1788, dt. in 14 Bänden 1790).

5. November 1755. Da sind wir, mein lieber Graf, endlich in Rom [. . .]. Ich habe Ihnen von dem Eindruck geschrieben, den die Galerie von Florenz[1] auf mich gemacht hat; damals aber glich ich der Ratte

1 Die Uffizien.

des la Fontaine,[2] der der kleinste Hügel Berge Cenis, oder Cordeilleras schienen. Rom hat alle meine Ideen umgeändert, es drückt mich zu Boden; ich kann Ihnen nichts sagen.

Ich habe zwei Stunden auf dem Kapitol zugebracht, und nichts gesehen. Die ungeheure Menge Büsten, Statuen, Inschriften und Bas-Reliefs, die durch die Sorgfalt der letzten Päpste in diesem Palast vereint sind, erschöpfen die Bewunderung. Wir dürfen nicht mehr hoffen, ähnliche Sammlungen veranstalten zu können; wir leben für Altertumsforscher in einem eisernen Zeitalter; in Italien mußte man Untersuchungen anstellen; man wird die Römer nie anderswo, als in Rom überwinden. Ich erröte täglich tausendmal über die unendlich kleinen Monumente, die sich in unserm unendlich kleinen Antiken-Kabinette befinden; ich erröte, es den Fremden gezeigt zu haben; was wird man von dem Interesse denken, das ich an allen jenen sieben bis acht Zoll hohen Bronzen, an jenen zwei oder drei verstümmelten Köpfen nahm, deren Größe und Seltenheit ich von ihnen bewundert zu sehen erwartete? Warum unterrichtete man mich nicht?

Denken Sie sich große Zimmer, ich sage nicht ausgeschmückt, wohl aber mit Statuen und Monumenten aller Art angefüllt; ein Kabinett, das fast ebenso groß, als das der Medaillen, ganz überfüllt von Büsten der Philosophen, ein anderes mit Büsten der Kaiser ist; vervielfältigte Galerien, Korridors, Treppen, wo man nichts sieht, als große Statuen, große Inschriften, große Bas-Reliefs; die konsularische Pracht, einen alten Plan von Rom in Mosaik, ägyptische Bildsäulen von kolossalischer Größe, von Basalt oder schwarzem Stein; was sage ich? man findet hier das alte Ägypten, das alte Athen, das alte Rom.

22. Dezember 1756. Ich rechnete darauf, ein Konklave zu sehen, aber man versteht nichts von der Krankheit des Papstes[3]. Bald befindet er sich so wohl, bald so übel, daß man ebenso wenig erstaunt sein wird, wenn man in einigen Tagen erfährt, daß er tot ist, als wenn man ihn noch Jahre lang leben sieht. In der letzten Woche hat man ihm alle Sakramente gereicht, und alles für sein Begräbnis, so wie für das Konklave bereitet. Den folgenden Tag befand er sich besser, und man errichtete Theater für das Karneval. Den Montag hatte er das Fieber, und man fuhr an den Arbeiten für das Konklave fort; gestern ließ das

2 Gemeint ist Jean de La Fontaines (1621–95) Fabel »Die Maus und die Auster«.
3 Gemeint ist Benedikt XIV. (1740–58).

Fieber nach, und man wiederholte dasselbe mit der Oper. Heute sind die Nachrichten ungewiß, man arbeitet also an beiden Gattungen von Schauspielen auf einmal [. . .]. Aber was kümmert Sie das alles, mein lieber Graf? Sie, der Sie eine kleine ägyptische Statue weit mehr lieben. Ich wünschte wohl, so etwas für Sie aufzufinden; sehr oft denk ich an Sie auf meinen Streifereien. Aber es ist nichts zu entdecken, oder vielmehr man fordert einen lächerlichen Preis für das, was man besitzt.

SACHEVERELL STEVENS
Lebensdaten unbekannt

Miscellaneous Remarks [. . .]. London 1756. – S. S.: Vermischte Anmerkungen einer neulich gethanen siebenjährigen Reise durch Frankreich, Italien, Deutschland und Holland, worinnen Anmerkungen über alle merkwürdige in diesen Ländern angetroffene Sachen enthalten sind; nebst einer ächten Erzählung von der Krönung des Pabstes, und den Ceremonien des lezten Jubel-Jahres. Aus dem Englischen übersezt von Johann Phil. Cassell. Gotha: Joh. Paul Mevius, 1759. S. 200–203, 269 f.

Die englische Vorrede vom 3. Juli 1756 gibt den Zweck des Buches an. Es will zeigen, unter welchem »schrecklichen Joche die elenden Menschen anderer Nationen seufzen«; nur in England, in diesem »glückseligen Lande«, erfreut man sich seines Lebens. Die deutsche Übersetzung erfolgt, weil die Leser bei Stevens »Beobachtungen und Anmerkungen über mancherley Religions- und andere Gebräuche finden, die man anderwerts vergeblich suchen wird« (Vorwort). An Rom imponieren ihm die neuen Kirchen und Paläste sowie das Leben des Adels. Fast immer folgt den Beschreibungen ein deftiger Witz über das kirchliche Leben. Besonders komisch findet der Verfasser die Krönung Clemens' XIII. am 7. Juli 1758, die er erlebt, und den Aufmarsch des päpstlichen Hofstaats zu Pontifikalämtern.

Des folgenden Morgens nach unserer Ankunft, giengen [wir], das so sehr bewunderte Wunder der Welt, ich meyne die St. Peters-Kirche, zu sehen. Diese übertrifft ihrer grösten Pracht, Reichthum und Herrlichkeit wegen alle Gebäude in der ganzen Welt [. . .]. Nahe [beim Hauptaltar] ist eine alte schwarze kupferne Statue des heil. Petrus, in sitzender Positur mit der rechten Hand in die Höhe gehoben, als wenn er segnen will, und mit dem rechten Fusse vorne etwas ausgestreckt.[1] Eine grosse Menge armseliger Leute sind schwach genug, dieses Bild anzubeten, und die Füsse mit der grösten Andacht zu küssen, andere reiben ihre Paternoster daran. Ich sah einmal einen alten Knaben, der seinen Kopf oben gegen die Fussole rieb, hätte man mir nicht das Verständniß eröfnet, daß es eine heilige Handlung wäre, so würde ich mir eingebildet haben, er würde durchs Ungeziefer beunruhiget, und wolte es durch das Reiben vertilgen. Es ist Schade, daß die Statue nicht etwas niedriger gesetzet ist, denn weil sie mit ihren andächtigen Lippen das Bild nicht erreichen können, so ist es da ganz schmutzig und schwarz, da hergegen die Füsse durch Küssen und Reiben an denselben klar und glänzend sind. Der heilige Peter würde folglich einen bessern Glanz haben, denn diese Heiligen würden ihn allenthalben geküsset haben, und der übrige Theil würde folglich eben so rein und glänzend seyn, als seine Füße.

Die Kirche St. Andreas del Fratre[2] ist ein treffliches Stück in der Baukunst, und ist werth betrachtet zu werden. Ich war von ungefehr an einem Festtage zugegen, die reichsten Auszierungen, wie es bey dergleichen Gelegenheiten gewöhnlich, wurden gebrauchet. Die Pfeiler waren mit Carmesin-Sammet, mit Gold gestickt, behangen, viele hundert silberne Lampen, und 5 Fuß hohe Leuchter mit Wachslichtern waren angezündet, eine Menge Brustbilder und Abbildungen der Heiligen alle von dichtem Silber, waren nahe bey dem hohen Altar umher gestellet, die feinste Musik wurde aufgeführet, verschiedene junge Englische Edelleute waren mit mir zugegen. Man muß in der That gestehen, das äussere in der Pracht leuchtet hier gar zu stark hervor, um die Aufmerksamkeit der Menschen an sich zu ziehen. Ich konte nicht unterlassen, nähere Nachricht von drey Priestern einzuziehen, die nahe bey dem hohen Altar, wie alte Weiber gekleidet, sassen, und so lange die Musik währete, ohne Bewegung blieben. So bald dieselbe aufhörte, grüssete einer den andern, indem sie Weyhrauch sich einander ins Gesicht räucherten, und gingen darauf zu dem silbernen Bilde des Heil. Franciscus, sie opferten ihm auch Weyhrauch, und gebrauchten noch viele andere alte abergläubische Ceremonien, daß ich nicht umhin konnte, sie mit den dreyen Hexen in Mackbeth zu vergleichen, weil ihr Betragen besser mit Beschwörern als Christen überein kam.

1 Vgl. S. 53, Anm. 8.
2 S. Andrea delle Fratte.

Johann Joachim Winckelmann
1717–1768

Briefe. Hrsg. von Walther Rehm. 4 Bde. Berlin: Walter de Gruyter, 1952–57. Bd. 1.
S. 266 f. Bd. 2. S. 176. – Geschichte der Kunst des Altertums. Dresden: Walther,
1764. S. 392 f.

*Winckelmann selbst erklärte seinen fernen deutschen Freunden, wie sie
seine Biographie sehen sollten. Nach fast 40 Jahren in nordischer Dürftigkeit, in Armut, in der Fron als Schullehrer und Bibliothekar habe er seit
dem 18. November 1755 in Rom ein erfolgreiches Leben in der Freiheit des
Geistes und der Anschauung antiker Kunst geführt. Man weiß es inzwischen besser. Als Winckelmann am 8. Juni 1768 in Triest ermordet wurde,
endete ein römisches Dasein, das nicht so glänzend verlief, wie die Briefe
behaupten. Doch wichtiger als die Frage, ob die literarische Stilisierung der
Wirklichkeit entsprach, ist der in ihr enthaltene utopische Entwurf. Winckelmann kam als Humanist, als Buchgelehrter in den Süden. Er machte
keine Italien-Reise. Er wollte nach Rom. Hier konnte er als Spezialist für
die griechische Sprache auf Erfolg hoffen. Schon im barocken Dresden
hatte er einen provozierenden Satz formuliert: »Der einzige Weg für uns,
groß, ja, wenn es möglich ist, unnachahmlich zu werden, ist die Nachahmung der Alten [. . .], sonderlich der Griechen.« Die Entwicklung Winckelmanns in Rom war seine persönliche Leistung. Der Bibliothekar lernte
Kunst sehen und begreifen. Er stellte Bezüge her und sammelte das unge-
ordnete antike Material für eine Stilgeschichte. Er fing an, auch anderen
»die Augen zu öffnen« für das im sinnlichen Bild erscheinende Göttliche
als Ideal eines in sich ruhenden Daseins. Und er ging noch weiter. Eines
der Schlüsselworte in seinen Briefen lautet »Freiheit«. Das führt zu Sätzen
wie: »Ich weiß nicht mit was vor Augen ich einen Deutschen Hof betrachten werde, nachdem ich Rom gesehen« (»Briefe«, Bd. 1, S. 269). Er schildert seinen deutschen Freunden ein Dasein, in dem Studium und Leben,
wissenschaftliche Arbeit und sinnliche Erfahrung zusammenfallen. Und er
findet eine Sprache, die auch anderen diese enthusiastische Sicht vermit-
telt. Römische Vorgänge dienen lediglich als Rohmaterial. Bemerkenswert
ist, daß er nicht in der Lage war, einen Rom-Führer zu verfassen. Bisher
konnten Autoren, auch solche, die Rom nie gesehen hatten, gleichmütig
ihr Wissen über die Gegenstände ausbreiten. Winckelmann dagegen brach
mehrere Versuche, systematisch über Rom zu schreiben, nach wenigen Seiten ab. Wer einmal in den Statuen »die Schönheit« gesehen hat, taugt nicht
mehr zum Touristenführer.*

An Hieronymus Dietrich Berendis[1]. *29. Januar 1757. Winckelmann erzählt zuerst, er sei – finanziell abgesichert durch die sächsische Pension, die ihm trotz der Wirren des Siebenjährigen Krieges ausbezahlt wurde – als freier Mann Bibliothekar des Kardinalstaatssekretärs Archinto geworden und wohne jetzt in der Cancelleria, dem prächtigen Palast der Frührenaissance, in dem sich die Diensträume und die Privatwohnung des Kardinals befanden.*

Ich habe 5 Stuben, eben so viel Cammern und eine Küche: und mein Wohn-Zimmer hat einen großen Balcon nach dem Platz vorne heraus.

Ich kann also vergnügt seyn und es macht mir nichts Sorge als meine Schriften; ich habe so gar jemand gefunden, mit dem ich von Liebe rede: ein junger schöner blonder Römer von 16 Jahren, einen halben Kopf größer als ich: aber ich kann ihn nur einmahl die Woche sprechen: des Sonntags Abends speiset er bey mir. Itzo wünschte ich nichts mehr als Dich hier zu sehen mit Deinem jungen Grafen: ich wollte Euch die Schönheiten des Alterthums und der Neuern beßer zeigen, als alle Antiquarii in Rom, welches Ignoranten sind, und der Auffenthalt sollte außer einer Mieth-Kutsche, welche man wegen der Größe des Orts nöthig hat, weniger kosten als auf einer Academie in Deutschland. Suche Mittel und Wege dazu. Alles ist nichts gegen Rom: Du weißt nicht das hundertste theil. Bis hieher sind wir einander gefolget: ich bin immer vorausgegangen, folge Du nach. Ich glaubte ich hätte alles vorher ausstudiret, und siehe! da ich hier kam, sahe ich daß ich nichts wußte, und daß alle Scribenten Ochsen und Esel sind. Hier bin ich kleiner geworden, als da ich aus der Schule in die Bünauische Bibliothec kam. Willstu Menschen kennen lernen, hier ist der Ort. Köpfe von unendlichen Talent, Menschen von hohen Gaben, Schönheiten von dem hohen Charakter wie sie die Griechen gebildet haben, und wer endlich die rechten Wege findet, siehet Leute von Wahrheit, Redlichkeit und Großheit zusammengesetzt, und da die Freyheit in andern Staaten und Republiken nur ein Schatten ist gegen der in Rom, welches Dir vielleicht paradox scheinet, so ist hier auch eine andere Art zu dencken. Aber Leute von der letztern Art machen sich freilich mit Fremden, die insgemein Rom durchlaufen, nichts zu schaffen.

---

1 Hieronymus Dietrich Berendis (1719–82), mit Winckelmann bekannt seit der Studienzeit in Jena, später in Sachsen-Weimarischem Dienst.

Es folgt eine heftige Attacke gegen »alle Franzosen«, wobei vor allem die auch »an deutschen Höfen« herrschende französisch-barocke Mode gemeint ist, die »ehrlichen« Leuten das Hochkommen unmöglich macht.

Meine erste Schrift von der Ergäntzung der alten Statuen und der übrigen Wercke des Alterthums[2] war schon zum Drucke fertig; aber ich fange sie an von neuen umzuschmelzen und ich weiß nicht, ob sie künftige Leipziger Meße wird erscheinen können: denn nunmehro muß ich mir vorstellen, nach der guten Aufnahme des ersten, daß ich vor den Augen aller Welt, und von einer unberührten Sache schreibe, wozu meine Einsicht allein nicht hinlänglich ist. Die Vorrede wird viel besondere Dinge enthalten für den der sie verstehet, die noch nicht gesagt sind. Die andere Schrift, nemlich die Beschreibung der Statuen im Belvedere[3] erfordert Zeit, weil es lauter Original-Gedanken seyn müßen, und zur Geschichte der Kunst fange ich an die Materialien zu sammlen, und es ist nöthig, daß ich alle alte Griechen von neuen gantz durchlese.

An Hieronymus Dietrich Berendis. 28. September 1761. Ich wünsche daß Du gesund und zufrieden seyst, wie ich es bin: ich eße, trincke, schlafe, wie ich es [in] meiner Jugend gethan; nur in einem Puncte fühle ich die Jahre; aber es machet mir keine Vorwürfe und mißvergnügte Nächte. Ich bin freyer als ich es in meinem Leben gewesen, und ich bin gewißer Maßen Herr von meinem Herrn und von deßen Lust-Schlößern, wohin ich gehe, wenn und mit wem ich will. Zweymahl in der Woche gehe ich mit dem Cardinal in große Versammlungen, wo eine große Music ist, und auf solche Art gehet das Leben vergnügt und empfindlich vorbey. Der Cardinal von 70 Jahren ist mein Vertrauter, und ich unterhalte ihn öfters von meinen Amours: Der Adel ist hier ohne Stolz und die große Herren ohne Pedanterie. Man kennet hier mehr als bey uns worin der Werth des Lebens bestehet; man suchet es zu genießen und andere genießen zu laßen. Ich habe an

---

2 Zum Schicksal dieser Schrift vgl. *Briefe*, Bd. 1, S. 551.
3 Von Innozenz VIII. (1484–92) auf dem Vatikanischen Hügel erbaute Sommervilla, ursprünglich von Mantegna und Pinturicchio ausgemalt und mit herrlicher Aussicht auf Rom und die Umgebung vom Monte Soratte bis zu den Albaner Bergen. Als Julius II. nach seiner Papstwahl die früher von ihm erworbene Apollo-Statue, zu der 1506 der Laokoon kam, dort aufstellte, wurde der Cortile del Belvedere zur Skulpturengalerie.

Hendrick Goltzius: Apollo vom Belvedere

dem zahlreichen Hofe des Cardinals, wo ich vorzüglich vor andern unterschieden bin, keinen Neider noch Feind, und eben dieses kann ich sagen von allen die mich hier kennen.

*

Die Statue des Apollo[4] ist das höchste Ideal der Kunst unter allen Werken des Alterthums, welche der Zerstörung derselben entgangen sind. Der Künstler derselben hat dieses Werk gänzlich auf das Ideal gebauet, und er hat nur eben so viel von der Materie dazu genommen, als nöthig war, seine Absicht auszuführen und sichtbar zu machen. Dieser Apollo übertrifft alle andern Bilder desselben so weit, als der Apollo des Homerus den, welchen die folgenden Dichter malen. Über die Menschheit erhaben ist sein Gewächs, und sein Stand zeuget von der ihn erfüllenden Größe. Ein ewiger Frühling, wie in dem glücklichen Elysien, bekleidet die reizende Männlichkeit vollkommener Jahre mit gefälliger Jugend, und spielet mit sanften Zärtlichkeiten auf dem stolzen Gebäude seiner Glieder. Gehe mit deinem Geiste in das Reich unkörperlicher Schönheiten, und versuche ein Schöpfer einer Himmlischen Natur zu werden, um den Geist mit Schönheiten, die sich über die Natur erheben, zu erfüllen: denn hier ist nichts Sterbliches, noch was die Menschliche Dürftigkeit erfordert. Keine Adern noch Sehnen erhitzen und regen diesen Körper, sondern ein Himmlischer Geist, der sich wie ein sanfter Strohm ergossen, hat gleichsam die ganze Umschreibung dieser Figur erfüllet. Er hat den Python, wider welchen er zuerst seinen Bogen gebraucht, verfolget, und sein mächtiger Schritt hat ihn erreichet und erleget. Von der Höhe seiner Genugsamkeit geht sein erhabener Blick, wie ins Unendliche, weit über seinen Sieg hinaus: Verachtung sitzt auf seinen Lippen, und der

---

4 Es handelt sich um eine Marmorfigur aus Hadrianischer Zeit, die das Bronzeoriginal des Leochares kopiert, des bedeutendsten Meisters der Spätklassik neben Praxiteles. Ursprünglich waren Chlamys, Köcher und Sandalen vergoldet, so daß sich der helle Bronzeton vom dunkleren Gold abhob. Für die Zeitgenossen bedeutete Winckelmanns Beschreibung – vgl. dagegen die Bemerkungen über den Laokoon S. 128 – eine völlig neue Möglichkeit, die Antike zu erleben: »Mein ganzes Ich ist erschüttert [. . .]. Apollo von Belvedere, warum zeigt du dich in deiner Nacktheit, daß wir uns der unsrigen schämen müssen«, schrieb Goethe im Sommer 1771 an Herder. Und in »Wanderers Sturmlied«, einer von Goethes großen Sturm-und-Drang-Hymnen, stehen die Verse: »Wandeln wird er / wie mit Blumenfüßen / über Deukalions Fluthschlamm / Python tötend, leicht, groß / Pythius Apollo« (vgl. Helbig, Bd. 1, S. 170–172).

Unmuth, welchen er in sich zieht, blähet sich in den Nüstern seiner
Nase, und tritt bis in die stolze Stirn hinauf. Aber der Friede, welcher
in einer seligen Stille auf derselben schwebet, bleibt ungestört, und
sein Auge ist voll Süßigkeit, wie unter den Musen, die ihn zu umar-
men suchen. [. . .]
Ich vergesse alles andere über dem Anblicke dieses Wunderwerks
der Kunst, und ich nehme selbst einen erhabenen Stand an, um mit
Würdigkeit anzuschauen. Mit Verehrung scheint sich meine Brust zu
erweitern und zu erheben, wie diejenige, die ich wie vom Geiste der
Weißagung aufgeschwellet sehe, und ich fühle mich weggerückt nach
Delos und in die Lycischen Hayne, Orte, welche Apollo mit seiner
Gegenwart beehrete: denn mein Bild scheint Leben und Bewegung zu
bekommen, wie des Pygmalions[5] Schönheit. Wie ist es möglich, es zu
malen und zu beschreiben.

PIERRE JEAN GROSLEY

1718–1785

Nouveaux mémoire ou Observations sur l'Italie et sur les Italiens, par deux gen-
tilshommes suédois. Traduits du Suédois. 3 Bde. London 1764. – J. P. G.: Neue
Nachrichten oder Anmerkungen über Italien und über die Italiener. In drey Theilen von zween schwedischen Edelleuten. Aus dem Französischen übersetzt von
Johann Matthias Schroeckh. Leipzig: Carl Wilhelm Holle, 1769. S. 426–428, 461 bis
464, 537 f.

*Der Bericht über eine 1758 erfolgte Italien-Reise (»Die Hitze des Som-
mers war gemäßigt und überaus erträglich; der Herbst war ungemein
schön, und der Winter hatte in Italien die Witterung eines schönen Frühlings in Frankreich«; S. 1) achtet in dem ausführlichen Rom-Kapitel kaum
noch auf Kirchen und Paläste. Liebevoll und mit einer Genauigkeit, die
sich nicht mehr auf die Bücher der Antiquare verläßt, geht Grosley jedoch
den Spuren des Altertums nach. Ausdrücklich sucht der Autor nach »Gegenständen, welche andern entwischet sind, oder die ich aus einem neuen
Gesichtspuncte untersuchen werde« (S. 418). Das bezieht sich vor allem*

---

5 Im griechischen Mythos verliebt sich der Bildhauer Pygmalion in eine von ihm
   geschaffene Frauengestalt, die auf sein Gebet hin von Aphrodite zum Leben erweckt wird.

auf die Erörterung der politisch-gesellschaftlichen Situation. Der päpstliche Absolutismus gilt als nicht mehr zeitgemäß und als Ursache für den beklagenswerten Zustand des römischen Volkes. Auch hier gibt es aber nach der eigenen Anschauung differenzierte Urteile. Die Toleranz gegen Andersgläubige wird ebenso gelobt wie die römische Gelehrsamkeit.

Über die Obelisken. Die vielen Denkmäler dieser Art, welche aus Ägypten nach Rom gebracht, nachmals von ihren Fußgestellen herunter geworfen, und größtentheils auf Sixti V.[1] Befehl wieder aufgerichtet worden, sind die sonderbarsten Beweisthümer der Größe dieser ehemaligen Hauptstadt der Welt [...]. Ich habe dasjenige dieser Denkmäler, welches August[us] dem Anfange seiner Regierung auf den Campus Martius gestellet und der Sonne gewiedmet hatte, in der Nähe betrachtet.[2] Da er mit seinem Fußgestelle umgeworfen worden, so hatte er viele Jahrhunderte lang unter dem Schutte und nachmals unter den Häusern, welche man mitten auf diesen Schutt gebauet hatte, vergraben gelegen. Bey einigen machte er einen Theil des Grundes aus, bey andern vertrat er die Stelle der Kellermauer, und in vielen dienete er gar zur Platte oder Rückwand in den Kaminen. Durch diesen letztern Gebrauch sind alle diejenigen Theile desselben, welche ganze Jahrhunderte hindurch der Wirkung des Feuers ausgesetzet gewesen, verderbet worden. Endlich ließ Benedict XIV.[3] ihn von allen seinen Fesseln befreyen, und faßte den Entschluß, ihn wieder aufrichten zu lassen. Er ist an vier Orten zerbrochen; ein Unglück, welches er mit denenjenigen gemein hat, die Sixtus V. wieder herstellen lassen. Die Ausbesserung der verbrannten Theile war eine Schwierigkeit, die der Baumeister Sixti V. nicht vor sich gefunden hatte. Vielleicht würde diese Ausbesserung durch die Politur dieser Theile und durch die Einsetzung einiger neuen Stücke hinlänglich bewerkstelligt werden können [...]. Neben dem Obeliske auf dem Campo Martio sieht man dessen Fußgestell, welches ein ungeheurer Würfel von eben dem Granit als der Obelisk selbst ist. Dieses Fußgestelle, welches umgestürzt

---

1 Vgl. S. 88, Anm. 2.
2 Der 10 v. Chr. von Augustus aus Heliopolis nach Rom gebrachte Obelisk des Pharao Psammetich II. (594–589 v. Chr.) diente, wie Plinius erzählt, als Zeiger einer Sonnenuhr, deren Spuren kürzlich wiederentdeckt wurden (vgl. Edmund Buchner, *Die Sonnenuhr des Augustus*, Mainz 1982). Als man ihn 1748 ausgrub, war er in vier Teile zerbrochen. Pius VI. ließ ihn, ausgebessert mit den Fragmenten der Siegessäule des Antoninus Pius, 1792 am heutigen Platz wieder aufrichten.
3 Vgl. S. 130, Anm. 3.

ist, und auf seiner rechten Seite liegt, hat eine Aufschrift in römischen Buchstaben von dem größten Verhältniß. Diese sehr einfache Aufschrift ist des Inhalts, daß August, Aigupto capta[4], dieses Denkmaal der Sonnen gewiedmet. Ich betrachtete diesen Würfel und dessen Aufschrift mit Ehrerbiethung, weil er die Blicke des Virgil, des Horaz, ja aller großen Männer und schönen Geister an dem Hofe des Augusti auf sich gezogen hatte.

Die päpstliche Regierung ist die unumschränkteste unter allen Regierungsarten in Europa. Der Papst hat, vermöge seiner Würde, vermöge der Vereinigung des geistlichen Arms mit dem weltlichen, und vermöge des Vorurtheils in Ansehung seiner Untrüglichkeit, niemanden über sich und seine theokratische Gewalt über seine Unterthanen, ist eben so groß, als die Gewalt des unumschränktesten Ordensgenerals über die ihm untergebenen Mönche. Die Gewalt der Könige in Europa, welche mehrentheils durch Fundamentalgesetze, durch die Verordnungen der Vorgänger, und durch den Eid, den sie bey ihrer Krönung ablegen, eingeschränkt ist, wird oft durch eine andere Autorität im Gleichgewichte erhalten, dergleichen die Landesstände, die vornehmsten Corpora in einem Staate u. s. f. sind. Der Großherr selbst hängt eben so sehr von den Janitscharen ab, als die römischen Kaiser ehedem von ihrer Miliz abhiengen, und der Mufti selbst, ob er gleich von seiner Hand eingesetzet wird und ad nutum[5] wieder entsetzet werden kann, ist desto furchtbarer, da er in den Streitigkeiten mit seinem Herrn allemal sicher geht.

Die Päpste können alle von ihren Vorfahren, ja von ihnen selbst gegebene Gesetze einschränken und wieder aufheben; es ist, in Ansehung der Form, nichts weiter nöthig, als daß sie dasjenige Gesetz, welches sie einschränken wollen anführen [. . .]. Übrigens, wenn man sich einen Begriff von demjenigen machen will, was ein Papst vermag, der selber regieren kann und will, so darf man nur dasjenige, was Sixtus V. in den fünf Jahren seiner Regierung zur Verschönerung Roms, und um die Künste und Wissenschaften dahin zu ziehen unternommen und bewerkstelliget hat, mit demjenigen vergleichen, was August[us], der Herr der Reichthümer der ganzen Welt, in einer Regierung von vierzig Jahren in eben diesem Stücke unternommen und bewerkstelliget hat; der Vortheil wird bey dieser Vergleichung allemal auf der Seite des Papst gewordenen Franciscaners seyn.

4 Nach der Eroberung von Ägypten.
5 Mit Kopfnicken.

Die Predigten, welche die Anfänger in allen Orden an den Ecken der
Straßen für das gemeine Volk halten, sind eben so schlecht geordnete
als elend gehaltene Reden von dem Fegefeuer, der Hölle u. s. f. Alle
Beweise bestehen daselbst in Histörchen, deren Lächerlichkeit allein
durch die lange Gewohnheit, sie zu hören, verdeckt wird. Das Volk
kennet die Religion nur aus diesen Mährchen, welche in seinen Augen
Glaubensartikel sind. Als daher ein gewisser Prälat bey dem Anblicke
der ägyptischen Götzen in einem der Säle des Capitolii ausrief: ›Wie
ist es doch möglich, daß ein ganzes Volk so lange Zeit dergleichen Gegenstände göttlich verehren können?‹ so gab ihm jemand zur Antwort: ›Das Volk muß man nicht bewundern, sondern die Priester.‹
Diese Unwissenheit, worinn Rom und fast ganz Italien unterhalten
wird, hat einen nothwendigen Einfluß auf die Sitten. Das Volk, welches ohne Einsicht und Grundsätze ist, hat keinen andern Unterricht,
als die sehr seltenen Bestrafungen der Verbrecher. Die Strafen jenes
Lebens, welches man ihm ohne Unterlaß vor Augen mahlet, würden
ein Zaum für ein Volk seyn können, welches nicht so verschlagen, und
zur Verstellung nicht so gewöhnt wäre, und nicht so viele Ursachen
hätte, sie in Zweifel zu ziehen.

TOBIAS SMOLLETT

1721–1771

Travels through France and Italy. London 1766. With an Introduction by Thomas
Seccombe. London 1907. S. 246, 262–268, 282. – Übers. von J. M.

*Da Smollett in seinem Beruf als Arzt erfolglos blieb, wandte er sich ganz
der Literatur zu. Als Übersetzer, Herausgeber und Redakteur wagte er als
einer der ersten ein Leben als freier Schriftsteller und wurde zum Roman-
autor und gefürchteten Satiriker. 1763–65 flüchtete er aus gesundheitli-
chen und familiären Nöten nach Frankreich und Italien und schrieb aus-
führliche Briefe über die Reise. Sein persönlicher Unmut bleibt ebenso
spürbar wie seine englische Überheblichkeit, die in der Fremde nur die Be-
stätigung der eigenen Vorzüge sucht. Zurückgekehrt nach London, war
Smollett den literarischen Fehden nicht mehr gewachsen. Ein Freund
stellte dem Mittellosen sein Landhaus bei Livorno zur Verfügung. Smollett schrieb dort seinen vielleicht schönsten Roman (»The Expedition of*

Humphrey Clinker«, 1771; dt. »Humphry Klinkers Reisen«, übers. von
J. J. C. Bode, 3 Bde., Leipzig 1772), starb aber wenig später und wurde auf
dem Englischen Friedhof in Livorno begraben.

20. Februar 1765. Die Straße von der [Milvischen] Brücke zur Stadt
ist Teil der Via Flaminia, die bis Rimini führte. Sie ist gut gepflastert
wie eine moderne Straße. Von der alten Brücke blieben nur die Pfeiler.
Am Bau dieser und der anderen fünf Brücken über den Tiber gibt es
nichts, das Aufmerksamkeit verdient. Ich habe keine Brücke in Frankreich oder Italien gesehen, die an Größe, Schönheit und Sicherheit der
Brücke von Westminster zu vergleichen wäre. Und wenn die Brücke
bei Black-Friars[1] beendet ist, wird sie ein architektonisches Monument sein, das in der ganzen Welt keine Parallele findet. Was den
Tiber angeht, so ist er im Vergleich zur Themse ein unbedeutender
Strom, schmutzig, dunkel und rasch fließend. Kleine Boote, Barken
und Leichter befahren ihn. Um das Beladen und Entladen zu erleich-
tern, gibt es einen bequemen Kai am Ripetta-Hafen mit Treppen auf
beiden Seiten und einem eleganten Brunnen, der sehr gutes Wasser
hat.

5. März 1765. Wer die Schönheit der einfachen Natur liebt und den
Reiz der Sauberkeit, wird danach vergeblich in den Wäldern Italiens
suchen. Im Garten der Villa Pinciana[2] gibt es eine Anpflanzung von
400 Pinien, die die Italiener mit Staunen und Bewunderung ansehen;
es gibt auch einen mit Bäumen bestandenen langen Weg, der sich vom
Gartentor bis zum Palast zieht, dazu Alleen und Hecken, die in verschiedenen Teilen des Parks Schatten spenden. Aber die Wäldchen
sind vernachlässigt, die Wege bloß mit einfachem Sand belegt,
schwarz und staubig. Die Hecken wirken klein, dünn und schäbig, die
Bäume kümmerlich. Der freie Teil des Grundstücks, braun und verbrannt, zeigt kaum irgendein Grün. Die regelmäßig angelegten Alleen
von Immergrün sind zu fantastischen Figuren geschnitten, während
die Blumen in Reihen von irdenen Töpfen wachsen. Der Boden erscheint so schmutzig, als sei er bedeckt mit der Asche aus der Esse eines Schmieds. Das Wasser, das es reichlich gibt, wird nicht gesammelt
in großen Becken und dann in kleine Bäche und Ströme geleitet, um

---

1 Westminster Bridge entstand zwischen 1738 und 1750, wenig später wurde
  themseabwärts Blackfriars Bridge am Dominikanerkloster vorbei in Richtung
  Fleet Street gebaut.
2 Gemeint ist die Villa Medici.

Giovanni Battista Piranesi: Das Pantheon

den durstigen Boden zu erfrischen, oder so gefaßt, daß es erfreuliche
Kaskaden bildet. Es spritzt einfach nur aus Brunnen in verschiedene
Teile des Gartens. Man muß aber zugeben, daß die Brunnen zusammen mit den Skulpturen und der Architektur prächtig wirken und
daß es eine große Zahl von Statuen gibt, die Aufmerksamkeit verdienen. Aber sie stellen nur das Grundstück zu und zerstören den Charakter ländlicher Einfachheit. Mit einem Wort, wir sehen eine Vielzahl
von Wegen, Baumgruppen und Brunnen, einen Wald von 400 Pinien,
ein Gehege mit ein paar mageren Hirschen, einen Blumengarten, ein
Vogelhaus, eine Grotte und einen Fischteich. Trotzdem ist es meiner
Meinung nach ein sehr verächtlicher Garten verglichen mit dem von
Stowe in Buckinghamshire, oder selbst dem von Kensington und
Richmond.[3] Die Italiener können, weil sie sich darum bemühen, mit
der Kunst umgehen, aber sie haben keine Vorstellung von den Schönheiten der Natur [. . .].

3 Neben den im Londoner Raum liegenden Parkanlagen von Kensington und
  Richmond werden – mit Recht – die in Stowe (Buckinghamshire) gerühmt; hier
  entstand im 18. Jh. einer der frühesten »Englischen Gärten«, in dem William Kent
  alle geometrisch zurechtgeschnittenen Pflanzen wieder ihre »natürliche« Gestalt
  annehmen ließ.

Nach allem, was darüber gesagt wird, war ich auch sehr enttäuscht beim Anblick des Pantheons, das wie eine große Hahnenkampfarena aussieht, die oben offen ist. Der von Agrippa angebaute Portico ist zweifellos sehr nobel, paßt aber schlecht zur Einfachheit des Gebäudes. Trotz meiner Verehrung für die Alten kann ich nicht sehen, worin die Schönheit der Rotunde besteht. Es handelt sich um eine runde Mauer mit zwei Bändern und einem Gesimse, das ein gewölbtes Dach oder eine Kuppel hat und in der Mitte offen ist. Ich meine das ursprüngliche Gebäude, ohne das Vestibül von Agrippa mit einzubeziehen. Innen hat es viel von einem Mausoleum. Es war aller Wahrscheinlichkeit nach dieser Eindruck, der Bonifaz IV.[4] den Gedanken eingab, 28 Karrenladungen mit alten verrotteten Knochen, ausgegraben an verschiedenen Begräbnisplätzen, dorthin zu bringen und den Bau zur Kirche der heiligen Jungfrau und aller Märtyrer zu weihen.

30. März 1765. Das Letzte Gericht von Buonarroti in der Kapelle von Sixtus IV.[5] wirkt ähnlich verwirrend wie das Konzert einer Vielzahl von Instrumenten oder wie wenn viele Leute gleichzeitig sprechen. Ich war entzückt vom Ausdruck einzelner Figuren und einzelner Gruppen, aber alles zusammen ist in Unordnung, ohne Halt und ohne Ruhe. Ein Maler sollte alle Themen vermeiden, die vielerlei Gruppen oder Figuren erfordern, denn diese Kunst kann nun einmal nicht eine große Zahl von Personen so gruppieren, daß der Zusammenhang gewahrt bleibt. Michel Angelo scheint trotz all seinem Geschick in der Anatomie, seiner genauen Zeichnung, seiner Fähigkeit zur Komposition, seinem Feuer und der Stärke seines Ausdrucks wenig Vorstellung von Anmut gehabt zu haben. Man könnte meinen, er habe seine Könige, Kardinäle und Prälaten aus den Facchini[6] von Rom ausgewählt; er habe seinen Jesus am Kreuz wirklich gemalt nach der Agonie eines vulgären Mörders, der auf dem Rad sein Leben aushauchte; er habe die Originale seiner Kinder mit ihren Müttern tatsächlich in einem Stall gefunden.

---

4 Bonifatius IV. (608–615). Der Papst wollte die Gebeine der Märtyrer aus den unterirdischen Friedhöfen vor der Stadt, die immer wieder geplündert wurden, in Sicherheit bringen.
5 Vgl. S. 76.
6 Laufburschen.

Johann Jakob Volkmann

1732–1803

Historisch-kritische Nachrichten von Italien, welche eine Beschreibung dieses Landes der Sitten, Regierungsform, Handlung, des Zustandes der Wissenschaften und insonderheit der Werke der Kunst enthalten. 3 Bde. 2., viel verm. und durchgehends verb. Aufl. Leipzig: Caspar Fritsch, 1777–78. Bd. 2. S. 118 f., 126 f., 489 f.

Volkmann stammt aus einer reichen bürgerlichen Familie in Hamburg. Sein Vater konnte es sich leisten, als Privatmann den Wissenschaften und der Erziehung von fünf Kindern zu leben. Volkmann selbst war mehrere Jahre in Europa unterwegs. Über Italien (3 Bde.), England (4 Bde.), Spanien (2 Bde.), Frankreich (3 Bde.), über Holland, Schottland und Irland erschienen umfangreiche Reiseführer. Im Sommer 1758 traf er in Rom mit Winckelmann zusammen, mit dem er später Briefe wechselte. Sein Italien-Buch, eine freie Bearbeitung von Joseph Jérôme Lalandes »Voyage d'un François en Italie fait dans les années 1765 & 1766«, Venedig/Paris 1769 (u. ö.), dient zum Gebrauch vor Ort. Dabei ist die Zeit knapper Aufzählungen vorbei. Volkmann verlangt genaues Hinsehen. Er will den Betrachter zum eigenen Urteil führen, auch wenn die lehrerhafte Art, mit der er Zensuren gibt, seinen aufklärerisch-normativen Geschmack verrät und noch wenig vom Enthusiasmus Winckelmanns enthält. Goethe hat wie viele andere seinen »Volkmann« im Gepäck. »Ehrlich« nennt er ihn, »gut und so brauchbar« (»Italienische Reise«, 16. Februar und 28. Mai 1787). Wenn ihm die Zeit für Beschreibungen fehlt, sagt er den Freunden in Weimar, auf welchen Seiten bei Volkmann sie nachlesen sollen. Erst als Goethe bei seinem Gewährsmann alles gelernt hat, was zu lernen ist, beginnt er, ihn zu kritisieren.

Über die Gemälde Raffaels im Vatikan. Von der ganzen Reihe Zimmer, darunter viere mit den Malereyen des Raphaels angefüllt sind,[1] ist kein einziges meublirt. Man sieht nichts als die Wände darinn, welche von oben bis unten und an den Decken von Raphael und seinen Schülern bemalt sind. Die Gemälde würden die schönsten in der Welt seyn, wenn sie nicht durch eine unverantwortliche Nachläßigkeit, durch Feuchtigkeit und andere Zufälle so sehr gelitten hätten. Nichts hat ihnen aber mehr geschadet, als die Einquartierung der Soldaten des Connetable von Bourbon, welche nach der Eroberung von Rom im Jahre 1528 hier wohnten,[2] und in Ermangelung der Kamine, mit-

1 Gemeint sind die Stanzen, die von Nikolaus V. (1447–55) erbauten und von Julius II. (1503–13) erneuerten Prunkräume.
2 Vgl. S. 66, Anm. 4.

ten in der Stube Feuer machten. Das schöne Kolorit verdarb theils
durch den Rauch, theils durch die von der Wärme aus den Wänden
getriebne Feuchtigkeit; Insonderheit ward der Saal, worinn die Schule
von Athen befindlich ist, sehr beschädigt.

Wer nur einigermaßen ein Liebhaber der Kunst ist, eilt bey der Ankunft in Rom nach diesen Zimmern.

Wir kommen auf den fünften Saal, della Segnatura genannt, welcher
in Ansehung der Gemälde der berühmteste ist. Er enthält zwey sehr
merkwürdige Stücke. Wer kennt die Schule von Athen nicht, wenigstens dem Namen nach? Sie hat zwar viel gelitten, sie bleibt aber in
Ansehung der Erfindung, Anordnung, Perspektiv, und der schönen
Köpfe ein Meisterstück, woraus die Künstler viel lernen können. Man
bemerkt noch etwas von Raphaels ersten trocknen Manier darinn;
aber die Gedanken und die Ausführung sind ein wahrhaftes Meisterstück. In jedem Philosophen bemerkt man den ihm eignen Charakter;
seine Miene und Stellung druckt seine gehegten Grundsätze aus. Dieß
war das erste Muster, wie man ein großes Stück auf eine edle und
kunstmäßige Art anordnen und ausführen soll. Alle bisherige Gemälde von einer beträchtlichen Größe hatten noch ein steifes, mageres
und ängstliches Ansehen.

Die Scene des Gemäldes ist in einem Platze von simpler aber maje-
stätischer Baukunst. In der Mitte bemerkt man auf etlichen Stufen den
Plato und Aristoteles, die sich mit einigen Gelehrten über die Philosophie unterreden. Socrates zählt an den Fingern, und unterhält sich
mit einem schönen jungen gewaffneten Mann, dem Alcibiades; Pytha-
goras schreibt auf einer Tafel, die ein junger Mensch hält; Ein andrer
weiß gekleideter Jüngling ist der Herzog von Urbino, Anverwandter
des Pabsts Julius II. Diogenes liegt mit einem Buche in der Hand in
einiger Entfernung auf der andern Stufe. Unter der Figur des Archi-
medes, welcher ein Sechseck beschreibt, hat Raphael den Architekten
Bramante abgebildet. Der kniende Jüngling, der diese Figur seinen
Freunden zeigt, ist Ferdinand II, Herzog von Mantua. Der eine Philosoph in einem goldnen Mantel, mit einer Kugel in der Hand, ist der
König Zoroaster, er hat zwo Personen bey sich, davon einer mit der
schwarzen Mütze und der sanften Miene, Raphael selbst, und der
andre sein Lehrmeister Perugino ist.

Die Anordnung des ganzen Gemäldes ist vortrefflich, und mit vieler Ueberlegung gemacht. Es war allerdings schwer, so viele Portraits
anzubringen, ohne daß der Ausdruck und die Schönheit der Charak-

tere dabey litten. Das Kolorit des Stückes ist sanft und angenehm, die Figuren haben viel Grazie, sie sind nach der größten Schärfe gezeichnet, und in einer edlen Manier drapirt. Die Episoden sind mit dem Hauptgegenstande verbunden, und machen das Gemälde dadurch desto interessanter.

Maria sopra Minerva, welche auch nur ganz kurz la Minerva genannt wird, gehört den Dominikanern, und hat den Namen von einem Tempel der Minerva bekommen, welchen Pompejus hier erbauet hat, und wovon man noch einige Ueberbleibsel siehet. Das Gebäude dieser Kirche ist aus den Zeiten Gregorius XI.[3] und im gothischen Geschmacke gebauet, hat aber sowohl als das Kloster, eine beträchtliche Größe. [. . .] Auf der einen Seite des Hauptaltars bemerkt man die berühmte Statüe Christi von Michael Angelo, welche einfältig kopirt worden. Sie bildet den Heyland stehend ab, wie er sein Kreuz, und die Paßionsinstrumente hält. Die Figur und Stellung sind edel und simpel. Die Statüe ist bereits von andern hinlänglich gelobt worden, inzwischen ist nicht zu leugnen, daß der Charakter im Kopfe etwas hart, und die Muskeln der Hände zu stark angezeigt scheinen. Sie ist auch gewissermaßen wider die Wahrheit, denn Christus trug nur das Kreuz, aber nicht die übrigen Instrumente der Paßion. Inzwischen bleibt die Statüe alle Mal vortrefflich. Der Künstler hat die schöne Natur in dieser Figur vor Augen gehabt, weil sie aber ganz nackend war, hat man ihr eine Binde von Bronze um den Leib gegeben. Der gemeine Pöbel hatte den einen Fuß bereits durch andächtiges Küssen abgenutzt, deswegen hat man ihm einen Pantoffel angezogen. Auf der andern Seite des Hauptaltars steht eine schöne Gruppe von Francesco Siciliano, welche die heilige Magdalena und Johannes den Täufer vorstellt.

---

3 Gregor XI. (1370–78).

CHRISTIAN TRAUGOTT WEINLIG

1739–1799

Briefe über Rom verschiedenen die Werke der Kunst, die öffentlichen Feste, Ge-
bräuche und Sitten betreffenden Innhalts, nach Anleitung der davon vorhandenen
Prospecte von Piranesi, Panini und andern berühmten Meistern. Bd. 1. Dresden:
Hilscher 1782. S. 5, 14, 26 f., 67.

*Weinlig war als Architekt seit 1760 im sächsischen Staatsdienst. Mit einem
Kollegen begann er im Mai 1766 eine mehrjährige Studienreise, die ihn
zuerst nach Paris führte. Von November 1767 bis April 1770 blieb er in
Rom. Anschließend machte er Karriere in Dresden, wo er es 1799 bis zum
Oberlandbaumeister brachte. Daß er ausgerechnet aus Rom »Briefe«
schrieb, hing mit seiner dort erfolgten Entwicklung zusammen. Er kritisierte an der französischen Architektur der Zeit ihren Klassizismus und
ihre Neigung zur als monoton empfundenen Symmetrie und setzte ihr die
plastischen Formen des römischen Barock entgegen. Er übte sich deshalb
besonders in der Beschreibung römischer Bauten, hatte aber auch sonst
einen offenen Blick, vor allem für Straßenszenen. Seine Ergriffenheit in
katholischen Gottesdiensten nimmt Wahrnehmungsweisen der Romantik
vorweg.*

12. Dezember 1767. Hier in Rom, bey dem Anschauen jener prächtigen Überbleibsel der vormaligen Herrlichkeit seiner alten Bewohner,
bey dem Anschauen so vieler neuen Werke der größten Männer, erhöhet meine Seele ihre Begriffe von Tage zu Tage mehr [...]. In Wahrheit, liebster Freund, in Rom muß man anders denken und sprechen
lernen, wenn man mit einiger Würde von dieser in allen Betrachtungen merkwürdigen Stadt sprechen will. Und darzu gehört Zeit.

26. Dezember 1767. Endlich, mein Theuerster, habe ich auch den so
berühmten Abt Winkelmann persönlich kennen lernen. Mit welchen
ganz andern Begriffen verbinde ich hier seine Schriften, als ich in
Dresden zu thun fähig war! Gleich in den ersten Tagen meines hiesigen Aufenthalts gieng ich ihn zu sehen in den Pallast des alten Kardinals Alexander Albani.[1] Ich ward in ein kleines Zimmer, sein Museum
gebracht. Ein heiliger Anblick! Alte Basreliefs, Büsten, Kupfer, Skrip-
turen und Bücher lagen auf seinem Schreibtische und auf dem Bette

---

1 Alexander Albani (1692–1779), seit 1720 Kardinal. Von Winckelmann beraten,
trug er die berühmte, später verkaufte Antikensammlung der Villa Albani zusammen.

herum. Über dem Schreibetische hieng sein vom Herrn Maron ge-
mahltes Portrait.[2] Kurz darauf erschien er selbst. Stellen Sie sich einen
Mann von mittlerer Größe, hagern Gesicht und leutseligen Umgang
vor! Die Art mit der er mich empfieng nahm mich den ersten Augenblick für ihn ein. Er denkt ganz im alten Griechischen und Römischen
Styl und geräth über die Neuern leicht in Eifer. Sonderlich aber sind
ihm die unglücklichen Restaurationen alter Statuen ein Ärgerniß.
»Die Unbiegsamkeit der Künstler unsrer Tage, sagte er, hat mich
dahin gebracht, daß ich keines Werkstatt mehr besuche, des einzigen
Cavaceppi[3] seine ausgenommen.«

3. Januar 1768. Heute müssen Sie mich zu der Fontana di Trevi begleiten, und ich schmeichle mir daß Sie dieser Weg nicht reuen soll.
Ich mache ihn sehr oft, denn es ist mein gewöhnlicher Weg, wenn ich
in die Französische Akademie[4] gehe [. . .].

*Es folgt eine mehrseitige Beschreibung des Aufbaus der Fontana und
ihrer Figuren. Danach wendet Weinlig sich der Umgebung zu.*

Auf einem kleinen der Fontana Trevi zur Rechten gelegenen Platz ist
die Kirche S. Maria in Trivio. Sie ist sehr alt und soll bereits im Jahr
537 von Belisarius ausgebessert worden seyn. Es finden sich einige
gute Gemählde darinnen. Zuweilen gehen auf dem Platz vor dieser
Kirche, weil er eben nicht sehr begangen wird, Schlägereyen vor. Ich
selbst bin vor einigen Tagen von einem solchen Auftritt Augenzeuge
gewesen, der jedoch für dies mal ohne Blutvergiessen abgieng. Ohn-
geachtet es bey Galeerenstrafe verboten ist Messer oder Dolche bey
sich zu führen, so trägt doch Jedermann ein dergleichen Gewehr in
einer in den Beinkleidern besonders hierzu gefertigten Tasche. Bey
einem dergleichen Vorhaben kommen beyde Partheyen ohne Wort-
wechsel und Geräusch angezogen, und jeder giebt blos auf die Bewegungen der Augen seines Gegners genau Achtung. Mit einem mal

---

2 Das Winckelmann-Porträt von Anton von Maron (1739–1808), dem Schüler und
  Schwager von Anton Raphael Mengs, gibt es in mehreren Fassungen, eine hängt
  in der Accademia S. Luca in Rom.
3 Bartolomeo Cavaceppi (1716–99) wird durch Winckelmann zum bedeutenden
  Kenner und Restaurator antiker Plastik. Seine Werkstatt an der Ecke Via del Babuino / Vicolo di Gesù e Maria gehörte zum Pflichtprogramm kunstliebender
  Rom-Reisender.
4 1666 von Finanzminister Jean-Baptiste Colbert auf Anweisung Ludwigs XIV. gegründet, zuerst in der Nähe von S. Onofrio, dann im Palazzo Salviati am Corso,
  seit 1795 in der Villa Medici auf dem Pincio neben der Spanischen Treppe.

werfen beyde ihre Mäntel, eine sehr gewöhnliche Tracht, herab und um den linken Arm herum. Da diese Mäntel insgemein von sehr dichten und groben Tuch sind, so dienen sie ihnen bey dieser Gelegenheit. Mit der Rechten ziehen sie das Messer aus der Tasche, reissen mit Wuth und unglaublicher Behendigkeit die Scheide mit den Zähnen davon herab, und gehen auf einander los. Diese Art sich zu schlagen ist eigentlich nur bey dem Pöbel gebräuchlich. Mit unter aber schlagen sich auch Leute so, welche dem Sprachgebrauch nach, nicht ganz zu dem Pöbel gerechnet werden können. Hat einer davon das Unglück eine Coltellata oder Messerstich davon zu tragen, so wird der Verwundete alsbald in ein Hospital gebracht, er mag seyn wer er will, der andre aber entspringt in die nächste Kirche. Wenn er nur die Stuffen erreichen kann, so ist er vor den Sbirren[5] sicher. Doch pflegen diese letztern ihn nicht leicht aus den Augen zu lassen, ja sie müssen so gar zuweilen einige Tage unter freyen Himmel aushalten, bis sie hören wie es mit dem Verwundeten abläuft. Hat der Übriggebliebene aber Protektion, so wird selbiger in dem Wagen eines Prinzen, Kardinals oder Gesandten von da abgeholt und bis über die Grenzen gebracht. Bey alle dem ist man hier sehr sicher, wenn man nicht selbst sich Händel zuzieht. Ohne vorhergegangene Beleidigung hat man nichts zu besorgen, und eine falschverstandene und leicht zu reizende Empfindlichkeit kann man den Römern auch nicht schuld geben. Sind sie aber einmal beleidiget, so gehen sie mit vieler Überlegung zu Werke, und sind aus dieser Ursache um so mehr zu fürchten.

6. März 1768. Habe ich so oft schon, bey meinen vorhergehenden Betrachtungen der Römischen Gebäude, mir Ihre persönliche Gegenwart gewünscht, so wird mir dieselbe nun bey dem Anschauen des Innern der S. Peterskirche in Wahrheit unentbehrlich. Wie immer darf ich es doch wagen Ihnen, mein Theuerster, eine Beschreibung dieses göttlichen Tempels geben zu wollen, von dem, wenn er nicht wirklich vorhanden wäre, alle Beschreibungen nur ein schöner Traum scheinen würden? Mit welcher Erschütterung trat ich das erstemal in diese heiligen Gewölbe, und erstaunte über die Kräfte der Menschen bey ihrer körperlichen Ohnmacht. Herzerhebender Anblick für den, welcher gegen Andere gerecht zu seyn gelernt hat! Aber auch freylich viel Demüthigung für die Selbstliebe! Hier schien mir die Meynung, welche vielleicht nur aus partheyischen Enthusiasmus für meine Kunst in mir

---

5 Bezeichnung für Polizei- und Gerichtsbeamte, besonders im Kirchenstaat.

entstanden war, daß unter allen Künsten die Baukunst dem menschlichen Verstande am meisten Ehre mache, zur Überzeugung zu werden. Nur für heilige Rührungen der Anbetung war meine Seele offen. Nie waren mir die gutherzigen Anmerkungen meiner Begleiter beschwerlicher gewesen. In meiner damaligen Gemüthsverfassung konnte ich sie nur halb hören aber gar nicht begreifen. Und in der That war mir schlechterdings oft wiederholte Betrachtung dieses mit so vieler Pracht als Verstand und Geschmack aufgeführten Tempels nöthig, um ihn für ein Werk der Menschen ansehen zu lernen, und als Künstler Untersuchungen darüber zu wagen. Bey diesem Monumente scheinen die grösten Künstler alle ihre Kräfte zu Ehren der Gottheit aufgeboten und von ihren Talenten, dem, der sie ihnen gab, gleichsam Rechenschaft abgelegt zu haben. S. Peter wird für immer ein Wunderwerk der Kunst, eine unerschöpfliche Quelle von Betrachtungen für Künstler, und in seinen Trümmern einst noch der spätesten Nachwelt verehrungswürdig bleiben.

JAKOB GEORG CHRISTIAN ADLER

1756–1834

Reisebemerkungen auf einer Reise nach Rom. Aus seinem Tagebuch herausgegeben von seinem Bruder Johann Christoph Georg Adler. Altona: Hammerich, 1784. S. 91 f., 107–109, 152 f.

Zum Studium der »morgenländischen Litteratur und biblischen Kritik« reiste Adler mit einem Stipendium des dänischen Königs 1780–82 nach Italien und blieb 15 Monate in Rom. Er legte getrennte Notizen an. Wichtig im Sinn seines Auftrags war, »was er in seinem eigentlichen Fache gesehn, beobachtet, studirt und gesamlet hat« (Vorrede) und in Druck gab unter dem Titel: »Kurze Übersicht seiner biblisch-kritischen Reise nach Rom«, Altona 1783. Daneben schrieb er auf, was ihn persönlich bewegte. Es entstanden Texte, die im Kontext einer Bücherreise überraschen. Adler schildert, wie es zugeht in den Bibliotheken, aber er weiß auch, daß kein Buch das Erleben ersetzt, man muß »sehen und selbst empfinden« (S. 88). So beschreibt er Kunstwerke in der Absicht, das eigene Sehen zu entwikkeln. Und, seltsam genug für einen Zeitgenossen Volkmanns, er bemerkt Stimmungen, den malerischen Reiz der Ruine, die Wirkung der Land-

schaft. Unterschiedliche Wahrnehmungsformen durchdringen einander,
wenn Adler am Pantheon trocken-pedantisch Zahlen notiert und gleich-
zeitig in Formeln der Ergriffenheit angibt, wie der Bau auf ihn wirkt.

Über die Peterskirche sind ganze Bücher zusammen geschrieben, aber
man kann aus allen Beschreibungen sich keinen Begrif von ihr machen, ohne sie gesehen zu haben [. . .]. Ihre Pracht wird ungemein dadurch verschönert, daß sie nicht, wie die alten gothischen Kirchen, be-
stäubt und schwarz da steht, sondern mit der größten Sorgfalt durch
eigne Leute, die man Sanpetrini nennt, gereinigt, abgestäubt und ge-
waschen wird und daher beständig ein frisches, neues Ansehn hat.[1]
[. . .] Selbst die Lage der Kirche entspricht ihrer Größe: sie liegt so
hoch, daß man durch die Thür über die Spizzen der Häuser hinsieht.[2]
Dies würkt eine herrliche Empfindung, und ich träumte mich oft der
himlischen Ruhe näher, wenn ich nach ermüdenden Arbeiten am
Abend von der andern Seite in die Kirche trat, und in den weiten
Raum einsam gegen die große Thür, und wie es schien, gegen den of-
nen Himmel zuging; und die begeisternde Freude und die erhabnen
seligen Empfindungen, die dieser Anblik in mir erwekte, machten
mich aller Arbeit vergeßen.

Im Kolosseum. So viel ich aus den Ruinen erkennen konnte, bestand
das Inwendige des Amphitheaters aus drei Absäzzen. Nach einigen
Reihen Sizzen übereinander folgte eine Terasse oder ein freier Raum,
dann war eine Mauer in die Höhe geführt, in welcher die Öfnungen
oder Thüren waren, aus denen man nach der Terasse niederging; über
dieser fing dann die zweite Reihe von Sizzen an und so fort. Der einzige zweite Portikus ist noch erhalten und gibt eine unbeschreibliche
Idee von Größe. Die Arena ist mit Schutt aufgehäuft, die unterirdischen Behältniße für die wilden Thiere sind zugegraben, die Sizze
teils verfallen, teils weggebracht, das Gewölbe eingestürzt, die marmornen Treppen weggeschleppt, und die ganze Hälfte beinahe bis zur
Erde demolirt. – Jezt ist das Amphitheater – das sollte man sicher
nicht rathen – der Sommerpallast der Bettler und das Magazin der

---

1 Ganz anders klingt das 20 Jahre später nach der kurzzeitigen Auflösung des Kirchenstaates. Friederike Brun klagt (*Römisches Leben*, Leipzig 1833, Bd. 2, S. 17)
  über den Schmutz und die Armut, die in St. Peter zu finden seien.
2 Der Blick geht damals noch nicht auf eine leere Straße, sondern auf den Borgo,
  auf die erst für den Bau der Via della Conciliazione abgerissenen Häuser des dicht
  besiedelten Viertels zwischen den Kolonnaden und dem Tiber.

Puzzolanerde[3]. Man sieht des Sommers die Bettler bei Schaaren sich
in diesen Ruinen versamlen, in welchen sie schlafen. Man kann auch
zum Wegweiser, wenn man durch die Ruinen herumklettern will, keinen beßern als einen Bettler oder Bewoner derselben wälen [. . .]. In
dem Koliseo brachte ich einst bei Mondschein einen meiner vergnüg-
testen Abende zu. Es war Vollmond und ein überaus klarer Himmel.
Der Mond warf über die eine halb niedergerißene Seite des Amphitheaters sein Licht auf die gegenüberstehende, die noch in ihrer ganzen Höhe steht. An der einen Seite also der dunkelste Schatten, der
allmälig sich verlor, ie näher man der gegenüberstehenden kam, und
an dieser dann völliges Licht. Dann selbst in dieser prächtig beleuchte-
ten Mauer wieder dunkle Grüfte, nämlich die vormaligen Logen des
Theaters. Am Ende des Gebäudes zwischen zwei hohen melancholi-
schen Steineichen brante eine einsame Lampe über dem Häuschen
und der Kapelle eines Einsiedlers. Zwischen den Mauern und unter
den gewölbten Gängen lagen Schaaren von armen Leuten, die hier
ihre Nachtherberge hatten. Und in einiger Entfernung schlug uner-
müdet die Nachtigall. Ich weilte bis nach Mitternacht mit unbe-
schreiblichem Vergnügen unter dieser Pracht der Verwüstung.

Der lezte Tag im Jahr ist das Fest des Pabsts Silvester[4]. Am Abend ge-
gen Sonnenuntergang wird in Aracöli auf dem Kapitol im Beisein des
Senats, und in der Jesuiterkirche il Gesu in Anwesenheit der Kardi-
näle das Te Deum für die im verfloßnen Jahre genoßenen göttlichen
Wolthaten gesungen. Nachher wird das Sakrament exponirt. – Die
Ceremonien der römischen Kirche haben doch so etwas Feierliches,
Seelenerhebendes, daß einige sehr verdienten, in unsern Kirchen
nachgeahmt zu werden. Wie festlich es ist, in dieser lezten Stunde des
Jahrs das Te Deum von einem Chor guter Sänger, mit Begleitung der
Orgel und mit den Antiphonien des versamleten auf den Knieen lie-
genden Volks singen, und dabei das maiestätische Geläut der Glokken
in der Kirche tösen zu hören, das läßt sich blos empfinden. Die ganze
Seele wird bewegt, und wird Dank gegen Gott [. . .].

---

3 Kalkhaltiger Ton, der bei Pozzuoli am Vesuv gewonnen wurde und der durch
  Zusatz von weiterem Kalk beim Brennen Mörtel ergab.
4 Vgl. S. 47, Anm. 2.

Johann Wilhelm von Archenholtz

1743–1812

England und Italien. 5 Bde. 2., gänzlich umgearb. und beträchtlich verm. Ausg.
Leipzig: Dyk, 1787. Bd. 4. S. 205 f. Bd. 5. S. 25 f.

*Nach dem Siebenjährigen Krieg wurde Archenholtz als Hauptmann aus
der preußischen Armee entlassen und betätigte sich von nun an als Schriftsteller. Seinen Ruhm begründete er mit dem Wieland gewidmeten Buch
»England und Italien«, das das aufklärerische Italien-Bild auf den Begriff
brachte und die Vorstellungen vieler für lange Zeit prägte – gelegentlich
hat man den Eindruck, es wirkt nach bis heute. Archenholtz vergleicht
beide Länder. England steht dann für ökonomischen und politischen Fortschritt, Italien für »Aberglauben, Unwissenheit, Frevel und Laster aller
Art« (so Wilhelm Müller im ersten Bericht über Italien-Literatur, in:
»Hermes«, 1. Stück, 1821, S. 251). Der Systemzwang führt zu vielen schie-
fen Urteilen, etwa daß der Brite tätig, frei, aufgeklärt sei, der Italiener
aber träge, unwissend, sklavisch usw. Goethe stöhnte, als er das Buch in
Rom las: »Wie so ein Geschreibe am Ort selbst zusammenschrumpft«
(2. Dezember 1786). Doch wird gerade im Vergleich mit Goethes »Italienischer Reise« deutlich, daß die Literatur seit dem späten 18. Jahrhundert
ein weitgehend apolitisches Rom-Bild kultiviert. Archenholtz dagegen
skizziert, eben weil ihm das Verständnis für Kunst und Geschichte fehlt,
mit seinen groben Strichen ein soziales Gesamtbild, an dessen genauer
Ausführung aber kaum jemand Interesse hatte.*

Rom ist die prächtigste Stadt in Europa, mit der keine verglichen werden kann. Sie ist außerdem die vornehmste in der Welt, für den
Künstler, den Kunstliebhaber, den Alterthumsforscher, und überhaupt für jeden denkenden Kopf, von welcher Nation oder Religion
er auch immer seyn mag. Prachtvoll in ihren ungeheuern Ruinen, in
ihren Kirchen, Palästen, Springbrunnen, öffentlichen Statuen, Säulen
und Obelisken; dennoch aber bilden diese Wunder der Kunst kein
hinreißendes Ganze. Blos in seinen Theilen ist Rom bewunderungswürdig. Oft stehen die herrlichsten Gebäude im Winkel, wo sie keine
Wirkung thun, und überdem noch von niedrigen Gegenständen umgeben sind. So steht das Pantheon auf einem kleinen Platze, wo die
Weiber den ganzen Tag Fische zum Verkauf braten, auch andre Le-
bensmittel verkaufen. Der große Plaz Navonna, wo der majestätische
Springbrunnen ist, der alle in Italien übertrifft, hat größtentheils mit-
telmäßige Häuser, und dient zum Trödelmarkt [. . .].

Giovanni Battista Piranesi: Das Kapitol und die Kirche S. Maria in Aracoeli

Auf dem Kapitol. Die auf eben diesem Berg liegende Kirche von Aracoeli, welche den Franziscanern gehört, ist auf den Ruinen des Tempels Jupiters Capitolinus gebaut. Man steigt zu derselben auf einer marmornen Treppe von 120 Stufen,[1] die aus den Trümmern des Quirinustempels genommen worden sind. Hier sind noch Säulen aus dem alten Tempel Jupiters, die auf die sinnlichste Weise an dieses Heiligthum der alten Römer erinnern. Es war am Feste des heiligen Franziscus,[2] daß ich zum erstenmal diese Kirche betrat, allwo eine vortrefliche Musik aufgeführt wurde. Ich hörte sie kaum, denn ich war ganz in Betrachtungen verloren, die sich meinem Geiste darstellten. Dieses hier war gleichsam der Mittelpunkt der Erde, das größte Heiligthum eines der aufgeklärtesten Völker der Vorwelt; einer Nation, welche die Königreiche aller Zonen als Hintergebäude vom Capitol ansah.

1 Die 15 Meter breite Treppe führt über 124 Stufen hinauf zur Ziegelfront der Kirche und wurde deshalb auch als Symbol der Himmelsleiter gesehen (Anton Henze). Der 1348 begonnene Bau aus Spolien antiker Denkmäler, angeblich vom Quirinus-Tempel auf dem Quirinal stammend, ist das einzige architektonische Bauwerk, das während der Abwesenheit der Päpste in Avignon in Rom entstand.
2 Am 4. Oktober.

Hier wurden die sybillinischen Bücher aufbehalten. Hier waren die zwölf heiligen Schilde, die nach dem Livius an den Säulen des Tempels hingen. Die Bildsäule Jupiters war von Golde. Von eben diesem kostbaren Metall war auch eine Statue der Siegesgöttin, 320 Pfund schwer. Sulla hatte die Säulen zu diesem prächtigen Gebäude aus dem Tempel des olympischen Jupiters[3] genommen, und nach Rom bringen lassen. Die Reichthümer dieses capitolinischen Tempels waren unermeßlich. Man sahe hier die Geschenke der überwundenen Könige und Völker, eine große Anzahl goldener Kronen und Gefäße, kostbare Steine, marmorne und metallene Bildsäulen aller Arten, Gemälde, erbeutetes Kriegsgeräthe, Trophäen, nebst vielen Waffen, die von vornehmen Kriegern als ein Gelübde hieher gegeben wurden. An den Mauern des Tempels hingen Tafeln von Bronze, worauf die römischen Gesetze eingegraben waren. Der Kontrast jener Zeit mit der jetzigen ist nirgends so über allen Ausdruck auffallend als hier. Anstatt aller dieser Reichthümer sieht man hier elende Franziscanermönche, die das Gelübde der Armuth gethan, und sich hier, dreyhundert stark, auf diesem so ehrwürdigen Erdraume eingenistet haben; und um das Abstechende vollkommen zu machen, so sieht das Äußere des Gebäudes einer Dorfkirche ähnlich.

WILHELM HEINSE

1746–1803

Tagebücher und Briefe (1780–83). Ardinghello und die glückseeligen Inseln (1787). – W. H.: Sämmtliche Werke. Hrsg. von Carl Schüddekopf. 10 Bde. Leipzig: Insel, 1902–25. Bd. 8,2. S. 35, 17 f., 37. Bd. 8,1. S. 330. Bd. 4. S. 205–208.

Nach Jahren der Vorbereitung ging Heinse 35jährig im Juni 1780 für 3 Jahre nach Italien. Sehnsüchtig lebte er dieser »Pilgerfahrt nach Rom« (Bd. 10, S. 138) entgegen, »um endlich einmal diesem unruhigen Herzen, das vor lauter eingepreßtem Leben zu Grunde gehen wollte, wieder Luft zu machen« (Bd. 9, S. 399). Wie bei Winckelmann bedeutet der Aufbruch die Hoffnung auf wirkliches Leben. Doch gelang es Heinse nicht, mit dem, was er in Rom gelernt hatte, eine Stellung zu finden, »wobey ich für täglich Geschäft täglich Brod hätte« (Bd. 10, S. 222). Er wurde schließlich in

---

3 Des Zeus-Tempels von Olympia.

Aschaffenburg Bibliothekar des Mainzer Erzbischofs. Nur Hölderlin erkannte in dem »herrlichen Alten« den verwandten Geist. Heinse trat seine Italien-Reise in großer Armut an, meist zu Fuß, was ihm Beobachtungen ermöglichte, wie sie bisher nirgends vorkamen: »Den 7 Julius 1783 Nachts um 3 Uhr, welsch 7 bey einem starken Nebel, der vier bis fünf Stunden dauerte, von Rom zu Fuße mit meiner schweren Jagdtasche abgereist. Bis nach Ponte molle über das aufgerißne Pflaster schnell weggestolpert. Großer Effect des Nebels an derselben und dem Tyberstrom, ein Bild der Unendlichkeit, wo sich jeder Sinn verliert, und majestätisch und furchtbar rauschen die Wasser unten« (Bd. 7, S. 89). Heinse füllte unermüdlich Notizbücher »für die Zukunft zur völligen Ausarbeitung« (Bd. 8,2, S. 13). Sie wurden erst 1909 teilweise veröffentlicht und gelten seitdem als Heinses wichtigstes Werk wegen ihres intensiven und individuellen Erlebens von Landschaft und Kunst. Immer wieder wird versucht, in präziser, vor Ort angefertigter Beschreibung aus unterschiedlichem Blickwinkel Gegenstände zu erfassen. Heinses Schlüsselwort für den Umgang mit Kunst lautet »Genuß« (»Die beste Kunst ist ein bloßes Denkmal verfloßnen Genusses oder Leidens für den Künstler selbst«; Bd. 4, S. 195). Er entfernt sich damit weit von Winckelmanns Suche nach idealen Normen im Ästhetischen und wird zum Außenseiter. Publiziert hat Heinse die römischen Erfahrungen und Sehnsüchte in Form des Romans »Ardinghello«, des ersten Künstlerromans und zugleich ersten Romans, der in der Zeit der Renaissance spielt. Dessen Figuren dürfen ausleben, was die Notizbücher andeuten. In seiner Mitte, am Ende des 1. Buches steht ein römisches Bacchanal, das die Verbindung von Kunst und Sinnlichkeit zum unmittelbaren Erlebnis macht. Am Schluß wird auf Naxos eine »Republik« errichtet, die jedem Bewohner »völlige Freiheit seiner Person« sichert und in der die Hoffnung besteht, »der ganzen Regierung der Türken« (das darf als Metapher verstanden werden) »in diesem heitern Klima ein Ende zu machen und die Menschheit wieder zu ihrer Würde zu erheben« (Bd. 4, S. 397).

12. Mai 1783. Ich habe noch keinen süßern Übergang von Tag in Nacht gesehen. Die Harmonie der Lichttöne vom Safranrötlichen in milchweißen Schimmer. Jetzt reines sanftes stilles Blau, gelöscht, und den aschgrauen Saum der Wolken, die sich dunkel leicht auswölben, und unten sich alles in der Flut widerspiegelt, die hernach wie frische Quellentiefe fortströmt, und die grüne Nacht der Berge am Fuß, Abendstern vor mir, beinah Vollmond hinter mir, Nachtigallengesang, Grillenzirpen um mich, und aufschlipfende Fische, ist unbeschreiblich, nebst den freudigen Menschenkindern in der Ferne.

Zwei Buben machten Feuer von Rohr an und zu ihnen trieb ein Gärtner zwei Esel. Der Rauch und die Flamme und ihre Beleuchtung. Blinkende Johanniswürmchen.

Hendrick Goltzius: Herkules Farnese

Der flammend zitternde Lichtschimmer mit der ganzen Harmonie von verschiednen Lichttinten, und dem gelöschten heitern stillen Blau dahinter dauert nur wenig Momente, keine Minute; und es gehört Phantasie und Empfindung dazu ihn aufzubewahren, und viel Kunst, ihn täuschend langsam aufzutragen.

Herkules [Farnese] stützt sich mit der Linken auf seine Keule, worüber er die Löwenhaut gehängt hat; in der Rechten, mit dem Rücken derselben am Knöchel auf dem rechten Arschbacken, hält er drei Granatäpfel. Er ruht auf dem rechten Bein, und der linken Schulter, wie ein unwiderstehlicher fester Stahlkerl, der sich die Mühe gegeben hat, etwas was ihm gefiel, nachdem es schon viele andre wünschten, für sich, wegzunehmen. Die feisten breiten kolossalischen fleischigen Formen auf den starken Knochen machen alle Welt zu Hunden und Katzen gegen einen Löwen in seiner vollsten Kraft, er blickt auch so gelassen, doch mit ganzer Schnellkraft da stehend; wie in Betrachtung dessen was er erschlagen hat. Sein Vermögen fällt zentnermäßig über das Gefühl eines Menschen. Er steht noch viel zu niedrig; deswegen schwillt die Brust zu sehr aus ihrer natürlichen Form hervor, und der ganze Unterleib. Man genießt ihn auch am besten, wenn man sich gerad drunter stellt.

Die Griechen und Römer, wie überhaupt südliche Völker stehn jeder für sich da, wie Bäume; die Norden wie Buschwerk, das alles ineinander steckt; wenn die erstern zusammenhalten: so sind die letztern verloren; und halten sie nicht zusammen: so werden sie ihrer natürlich Meister: keiner von den Norden existiert vollkommen für sich; alle in andern, wenige einzelne ausgenommen. Die Erfahrungen kann man überall machen.

Über die Antiken im Vatikan. Die Flora war vermutlich eine Tänzerin. Sie gehört unter die schönsten und wollüstigsten weiblichen Konturen. Die Brüste göttlich straff und spitzig gedrängt, so daß sie das herrliche Gewand hohl halten; die Schenkel zeigen Kraft für ein Heldengeschlecht. Sie hat nur einen Gürtel um die Hüften gerad an der Scham herum, ein wenig darüber, daß er kaum fest steckt, mit einer kleinen Schleife geknüpft. Das Gewand zeigt den ganzen Nabel in seiner Tiefe, so schmiegt sich's an.

Der Apoll hat schon nicht das Lebendige des Herkules; besonders ein wenig härtlich ist der Unterleib; und der ganze Kontur des Körpers ist mehr geleckt und glatt, als daß er junges regsames Fleisch wäre. Zierlich und völliglich sind die Linien des Umrisses und bilden eine geistige Stärke; aber mich deucht, sie wäre doch nicht mächtig genug für so einen Gott, und ein wenig milchhaft, nicht recht markig. Die Linien sind an der Brust zu rund, und stemmen sich hernach nicht genug abwechselnd ineinander, und bilden feste starke Kraft. Es ist ein zorniger junger Herr, von himmlischer Schönheit im Gesicht und göttlichem Verstande, vor dem man sich freilich gewiß vom weiten in acht nehmen muß, wo er Pfeil und Bogen brauchen kann. Im bloßen Zweikampf oder Ringen hätt ihn der Herkules auf den Schoß gelegt, und lächelnd auf den Hintern gepatscht, ohne ihm viel weh zu tun, denn er ist bei seinem Stolz und Zorn doch zu entzückend schön, und hat unendlichen Verstand.

*

In dem Roman »Ardinghello« halten Künstler, von einem Ausflug nach S. Paolo fuori le mura zurückgekehrt, Rast in einem Gasthof am Monte Testaccio.

Die Sonne war prachtvoll untergegangen, und das schönste Abendrot zog lieblich hintennach.

[. . .] es war leer geworden, und die übrigen zogen auch noch von dannen. Endlich blieben ein halb Dutzend Mädchen, ebensoviel Künstler, Demetri, Tolomei, und ich. Wir machten uns zusammen wieder auf den Saal, eine auserlesene Gesellschaft. Die Mädchen waren echte Römerinnen an Wuchs und Gestalt, mit der erhabnen antiken noch republikanischen Gesichtsbildung, die auch auf fremde Fürsten wie nur Barbaren herunter schaut. Sie hätten, wie die alten, dem hohen Senat mit berichten lassen, wenn sie das Verbot gegen eine gewisse Lustbarkeit von ihnen nicht aufhüben, daß sie nicht mehr gebären wollten.

Paar und Paar standen im vertrauten Umgang miteinander; die reizenden Geschöpfe ließen sich von ihren Geliebten als Modelle brauchen, und gaben ihre Schönheiten deren Kunst preis. Sie machten sich selbst Musik, und tanzten lauter Nationaltänze, wo wenig gezogner, gedehnter, französischer Schritt, sondern immer neuer Freudensprung ist. Ich ließ dabei wacker auftischen, und einschenken und wurde selbst von dem Wirbel ergriffen.

Nach Mitternacht ging es in ein echtes Bacchanal aus; das erhitzte Leben blieb nicht mehr in den gewohnten Schranken, und jedes tobte nach seinem Gefühl und seiner Regung. Demetri machte seinen Einfall zu einem spartanischen Tanz laut, und dieser wurde mit Jauchzen ausgeführt. Doch machte man vorher den feierlichen Vertrag, nichts Schändliches zu beginnen, und die Leidenschaften bis ans lange Ziel gleich olympischen Siegern im Zügel zu halten, wie's braven Künstlern gezieme.

Man entkleidete die Jungfrauen, die, Glut in den Adern, sich nicht sehr sträubten, zuerst bis auf die Hemder, und schlitzte diese an beiden Seiten auf bis an die Hüften; und die Haare wurden losgeflochten. Demetri schlug die Handtrommel, und ich spielte die Zither.

Sie schwebten in Kreisen, drückten einzeln ihre Empfindungen aus, und jede enthüllte in den süßesten Bewegungen ihre Reize, bis Paar und Paar wieder sich faßten und hoben, und wie Sphären herumwälzten. Es war gewiß ein Götterfest, so viel mannigfaltige Schönheit herumwüten und herumtaumeln zu sehen, und ich habe in meinem Leben noch kein vollkommner weiblich Schauspiel genossen.

Man holte hernach aus der nahen Villa Sacchetti Efeu zu Kränzen, und belaubte Weinranken mit Trauben zu Thyrsusstäben; und jeder Jüngling warf alle Kleidung von sich. Es ging immer tiefer ins Leben, und das Fest wurde heiliger; die Augen glänzten von Freudentränen, die Lippen bebten, die Herzen wallten vor Wonne.

Wir führten auf die Letzt allerlei Szenen auf, aus Fabel, komischen und tragischen Dichtern und Geschichte in himmlischen Gruppen, wo eine wahrhaftige Phryne[1] an Schönheit darunter mit errötendem und lächelndem Stolze sich endlich ganz nackend zeigte, in den verschämtesten, und mutwilligsten Stellungen.

Tolomei wetteiferte mit ihr; er hatte wirklich Schenkel wie ein junger Gott, entzückend Feuer schon der Hand; und die Sprossen zum künftigen Strauchwerk waren an seinem Leibchen eben angeflogen.

Demetri glich dem Zeus, und ihm fehlte dazu nur Donnerkeil und Adler.

Die Phryne riß alsdenn der andern Schönsten das Hemd weg, und beide den übrigen; und nun ward ich von ihr wie von einer wütenden Penthesilea gefaßt, der höchste bacchantische Sturm rauschte durch den Saal, der alles Gefühl unaufhaltbar ergriff, wie donnerbrausende Katarakten, vom Senegal und Rhein, wo man von sich selbst nichts mehr weiß, und groß und allmächtig in die ewige Herrlichkeit zurückkehrt.

---

1 Wegen ihrer Schönheit berühmte griechische Hetäre des 4. Jh.s v. Chr.

Gegen Morgen macht ich die Zeche richtig; und wir schwärmten im Geisterglanze des Vollmonds unter Chor und Rundgesang an der Tiber vorbei und hernach durch die hehren Ruinen und Triumphpforten über den Tarpejischen Felsen.

JOHANN WOLFGANG GOETHE

1749–1832

Italienische Reise (1786–88). Römische Elegie VII (1788–90). – J. W. G.: Sämtliche Werke. Artemis-Gedenkausgabe. Hrsg. von Ernst Beutler [. . .]. Zürich: Artemis, ²1961–66. Bd. 11. S. 137, 141 f., 146 f. Bd. 1. S. 169.

Schon von der Sprachform her setzen Goethes Aufzeichnungen und Briefe aus Rom einen neuen Akzent. Immer wieder beginnen die Sätze mit »Ich«. Entsprechend enttäuscht wird, wer bei ihm Beschreibungen sucht. Ziel von Goethes Reise ist es, für einen Augenblick aus seiner bisherigen Existenz zu flüchten. Er gibt die Privilegien des Hofmanns und des Ministers ebenso auf wie die komplizierte Nähe einer geliebten Frau, um Klarheit zu gewinnen über sich selbst. Er will wissen, ob er zum Maler taugt; er will endlich wieder eine Dichtung zu Ende bringen; er will den Kreis seiner Naturbeobachtungen erweitern. Die Begegnung mit Rom beschreibt er mit dem aus der pietistischen Glaubenserfahrung stammenden Begriff der »Wiedergeburt«. Aber es geht nicht nur um das eigene Heil. Seine Reise wird aus der Weimarer Staatskasse bezahlt. Er versteht sie als eine Art von Investition und will das Glück, das er findet, freigebig austeilen. Für die Zeit nach der Rückkehr bittet er zwar den Herzog, ihn nur noch punktuell in die Politik einzuschalten, denn er weiß sich nun »eigentlich zur Dichtkunst geboren« (22. Februar 1788). Aber er will mitteilen, was er erfahren hat, und im vertrauten Raum geistig wirken und bilden. Auffällig ist deshalb, daß er zunächst nicht versucht, seine römischen Aufzeichnungen zu publizieren. Rasch ließ sich bemerken, daß über flüchtige Neugier hinaus niemand zu Hause geneigt war, sich überfordern zu lassen von einem Goethe, der von unterwegs geschrieben hatte: »Rom ist mir nun ganz familiär [. . .]. Die Gegenstände haben mich nach und nach zu sich hinaufgehoben« (15. September 1787). Die Redaktion geschah erst 30 Jahre später. Da verdeckte die harmonisierende Darstellung der »Italienischen Reise« (1816/18) den dramatischen Prozeß, in dem sich die Selbstfindung in Wirklichkeit vollzog. Poetisch umgesetzt wurden die römischen Erfahrungen dagegen in den »Römischen Elegien«. Goethe verbarg und verklärte sein unverhofftes und in der Kleinstadt mit Häme beobachtetes privates Liebesglück mit der jungen Christiane Vulpius in elegischen Disti-chen, die deutsches Sprachgefühl und antikes Metrum in »klassischer« Weise verbinden.

1. November 1786. Ja, ich bin endlich in dieser Hauptstadt der Welt angelangt! Wenn ich sie in guter Begleitung, angeführt von einem recht verständigen Manne, vor fünfzehn Jahren gesehen hätte, wollte ich mich glücklich preisen. Sollte ich sie aber allein, mit eignen Augen sehen und besuchen, so ist es gut, daß mir diese Freude so spät zuteil ward.

Über das Tiroler Gebirg bin ich gleichsam weggeflogen. Verona, Vicenz, Padua, Venedig habe ich gut, Ferrara, Cento, Bologna flüchtig und Florenz kaum gesehen. Die Begierde, nach Rom zu kommen, war so groß, wuchs so sehr mit jedem Augenblicke, daß kein Bleibens mehr war, und ich mich nur drei Stunden in Florenz aufhielt. Nun bin ich hier und ruhig und, wie es scheint, auf mein ganzes Leben beru-higt. Denn es geht, man darf wohl sagen, ein neues Leben an, wenn man das Ganze mit Augen sieht, das man teilweise in- und auswendig kennt. Alle Träume meiner Jugend seh ich nun lebendig; die ersten Kupferbilder, deren ich mich erinnere (mein Vater hatte die Prospekte von Rom auf einem Vorsaale aufgehängt), seh ich nun in Wahrheit, und alles, was ich in Gemälden und Zeichnungen, Kupfern und Holz-schnitten, in Gips und Kork schon lange gekannt, steht nun beisam-men vor mir, wohin ich gehe, finde ich eine Bekanntschaft in einer neuen Welt; es ist alles, wie ich mir's dachte und alles neu. Ebenso kann ich von meinen Beobachtungen, von meinen Ideen sagen. Ich habe keinen ganz neuen Gedanken gehabt, nichts ganz fremd gefun-den, aber die alten sind so bestimmt, so lebendig, so zusammenhän-gend geworden, daß sie für neu gelten können.

7. November 1786. Nun bin ich sieben Tage hier, und nach und nach tritt in meiner Seele der allgemeine Begriff dieser Stadt hervor. Wir gehn fleißig hin und wider, ich mache mir die Plane des alten und neuen Roms bekannt, betrachte die Ruinen, die Gebäude, besuche ein und die andere Villa, die größten Merkwürdigkeiten werden ganz langsam behandelt, ich tue nur die Augen auf und seh und geh und komme wieder, denn man kann sich nur in Rom auf Rom vorbereiten.

Gestehen wir jedoch, es ist ein saures und trauriges Geschäft, das alte Rom aus dem neuen herauszuklauben, aber man muß es denn doch tun und zuletzt eine unschätzbare Befriedigung hoffen. Man trifft Spuren einer Herrlichkeit und einer Zerstörung, die beide über unsere Begriffe gehen. Was die Barbaren stehen ließen, haben die Baumeister des neuen Roms verwüstet.

Wenn man so eine Existenz ansieht, die zweitausend Jahre und darüber alt ist, durch den Wechsel der Zeiten so mannigfaltig und vom Grund aus verändert, und doch noch derselbe Boden, derselbe Berg, ja oft dieselbe Säule und Mauer, und im Volke noch die Spuren des alten Charakters, so wird man ein Mitgenosse der großen Ratschlüsse des Schicksals, und so wird es dem Betrachter von Anfang schwer, zu entwickeln, wie Rom auf Rom folgt, und nicht allein das neue auf das alte, sondern die verschiedenen Epochen des alten und neuen selbst aufeinander. Ich suche nur erst selbst die halbverdeckten Punkte herauszufühlen, dann lassen sich erst die schönen Vorarbeiten recht vollständig nutzen; denn seit dem fünfzehnten Jahrhundert bis auf unsere Tage haben sich treffliche Künstler und Gelehrte mit diesen Gegenständen ihr ganzes Leben durch beschäftigt.

Und dieses Ungeheure wirkt ganz ruhig auf uns ein, wenn wir in Rom hin und her eilen, um zu den höchsten Gegenständen zu gelangen. Anderer Orten muß man das Bedeutende aufsuchen, hier werden wir davon überdrängt und überfüllt. Wie man geht und steht, zeigt sich ein landschaftliches Bild aller Art und Weise, Paläste und Ruinen, Gärten und Wildnis, Fernen und Engen, Häuschen, Ställe, Triumphbögen und Säulen, oft alles zusammen so nah, daß es auf ein Blatt gebracht werden könnte. Man müßte mit tausend Griffeln schreiben, was soll hier eine Feder! und dann ist man abends müde und erschöpft vom Schauen und Staunen.

10. November 1786. Ich lebe nun hier mit einer Klarheit und Ruhe, von der ich lange kein Gefühl hatte. Meine Übung, alle Dinge wie sie sind zu sehen und abzulesen, meine Treue, das Auge licht sein zu lassen, meine völlige Entäußerung von aller Prätention kommen mir einmal wieder recht zustatten und machen mich im stillen höchst glücklich. Alle Tage ein neuer merkwürdiger Gegenstand, täglich frische, große, seltsame Bilder und ein Ganzes, das man sich lange denkt und träumt, nie mit der Einbildungskraft erreicht.

Heute war ich bei der Pyramide des Cestius, und abends auf dem Palatin, oben auf den Ruinen der Kaiserpaläste, die wie Felsenwände dastehn. Hievon läßt sich nun freilich nichts überliefern! Wahrlich, es gibt hier nichts Kleines, wenn auch wohl hier und da etwas Scheltenswertes und Abgeschmacktes; doch auch ein solches hat teil an der allgemeinen Großheit genommen.

Kehr ich nun in mich selbst zurück, wie man doch so gern tut bei jeder Gelegenheit, so entdecke ich ein Gefühl, das mich unendlich freut, ja das ich sogar auszusprechen wage. Wer sich mit Ernst hier umsieht und Augen hat zu sehen, muß solid werden, er muß einen Begriff von Solidität fassen, der ihm nie so lebendig ward.

Der Geist wird zur Tüchtigkeit gestempelt, gelangt zu einem Ernst ohne Trockenheit, zu einem gesetzten Wesen mit Freude. Mir wenigstens ist es, als wenn ich die Dinge dieser Welt nie so richtig geschätzt hätte als hier. Ich freue mich der gesegneten Folgen auf mein ganzes Leben.

Und so laßt mich aufraffen, wie es kommen will, die Ordnung wird sich geben. Ich bin nicht hier, um nach meiner Art zu genießen; befleißigen will ich mich der großen Gegenstände, lernen und mich ausbilden, ehe ich vierzig Jahre alt werde.

*

O wie fühl ich in Rom mich so froh! gedenk ich der Zeiten,
    Da mich ein graulicher Tag hinten im Norden umfing,
Trübe der Himmel und schwer auf meine Scheitel sich senkte,
    Farb- und gestaltlos die Welt um den Ermatteten lag,
Und ich über mein Ich, des unbefriedigten Geistes
    Düstre Wege zu spähn, still in Betrachtung versank.
Nun umleuchtet der Glanz des helleren Äthers die Stirne;
    Phöbus rufet, der Gott, Formen und Farben hervor.
Sternhell glänzet die Nacht, sie klingt von weichen Gesängen,
    Und mir leuchtet der Mond heller als nordischer Tag.
Welche Seligkeit ward mir Sterblichem! Träum ich? Empfänget
    Dein ambrosisches Haus, Jupiter Vater, den Gast?
Ach! hier lieg ich und strecke nach deinen Knieen die Hände
    Flehend aus. O vernimm, Jupiter Xenius, mich!
Wie ich hereingekommen, ich kann's nicht sagen; es faßte
    Hebe den Wandrer und zog mich in die Hallen heran.
Hast du ihr einen Heroen herauf zu führen geboten?
    Irrte die Schöne? Vergib! Laß mir des Irrtums Gewinn!
Deine Tochter Fortuna, sie auch! Die herrlichsten Gaben
    Teilt als ein Mädchen sie aus, wie es die Laune gebeut.

Bist du der wirtliche Gott? O dann so verstoße den Gastfreund
Nicht von deinem Olymp wieder zur Erde hinab!
»Dichter! wohin versteigest du dich?« – Vergib mir; der hohe
Kapitolinische Berg ist dir ein zweiter Olymp.
Dulde mich, Jupiter, hier, und Hermes führe mich später,
Cestius' Mal vorbei, leise zum Orkus hinab.[1]

JOHANN GOTTFRIED HERDER

1744–1803

Briefe (1788). – J. G. H.: Italienische Reise. Briefe und Tagebuchaufzeichnungen 1788–1789. Hrsg., komm. und mit einem Nachw. vers. von Albert Meier und Heide Hollmer. München: Deutscher Taschenbuch Verlag, 1988. S. 267 f., 271 f. – © 1988 Deutscher Taschenbuch Verlag, München.

Herder reiste unmittelbar nach Goethe, den er im Juli 1788 noch kurz traf, aus der auch für ihn unerfreulichen Weimarer Enge nach Italien. Doch die erhoffte »Wiedergeburt« erlebte er nicht. Er habe sich »nie ganz behaglich in Italien gefunden«, bekennt er (S. 623) und spricht vom »verwünschten« (S. 413), »drückenden« Rom (S. 300), »kein Ort für mich« (S. 359). Die Umstände der Fahrt waren ungünstig. Herder fehlte das Geld. Der Trierer Domherr Johann Friedrich von Dalberg lud ihn ein, nahm aber plötzlich auf die »Wallfahrt« (S. 280) eine Mätresse mit, die den Männern ihre Launen aufzwang. Außerdem war der Winter extrem kalt im Unterschied zum Winter des Vorjahrs, der Goethe den zweiten römischen Aufenthalt verschönte. Der Unmut förderte freilich Herders eigene Sicht auf die antike Kunst, anderes interessierte ihn nicht. Goethe hatte in Rom Sinnlichkeit erfahren und gleichzeitig ahnen gelernt, daß das in Kunst verwandelte Sinnliche allen Zwecken entrückt eine eigene »ästheti-

[1] Das Gedicht erzählt zuerst die persönliche Geschichte des Rom-Besuchers. Er begreift das südliche Licht als Erscheinung des Gottes Phöbus Apollon. Träumend sieht er sich dann eintreten in den Tempel Jupiters auf dem Kapitol und nähert sich dem Götterbild. Der griechische Beiname Xenios, in V. 21 übersetzt als »der wirtliche Gott«, zeigt, daß wie bei Winckelmann in den römischen die griechischen Götter gesucht werden, deshalb plötzlich die Vorstellung, von Hebe, der Göttin der Jugend, auf den Olymp geführt zu sein. Auf dem protestantischen Friedhof an der Cestius-Pyramide, zu dem der Dichter von Hermes, dem Geleiter der Toten, geführt sein möchte, wurde 1830 Goethes Sohn August begraben.

sche« Wirklichkeit darstellt, ein »in sich selbst Vollendetes«. Störrisch be-
stand Herder darauf, Kunst sei eine »Schule der Humanität«, deshalb das
Sinnliche ohne das Moralische nicht zu denken. Er verlangte »jungfräuli-
che Enthaltsamkeit« (S. 333) und beschrieb seine eigene Erfahrung: »Wo
alles sinnlich ist, wird man unsinnlich; man sucht mit seiner Seele etwas,
das man mit den Sinnen nicht findet« (S. 334). In den klassischen Figuren
sah er die in ihnen erscheinende »fühlbar gewordene Seele.« In Rom be-
gann Herders Gegnerschaft zur Klassik. An Goethe schrieb er: »Ich will
nur dagegen kämpfen, daß ich nicht in Deine Fußstapfen trete, u. eine
›Gleichgültigkeit gegen die Menschen‹ nach Hause mitbringe, die mir üb-
ler bekommen würde, als Dir, weil ich keine Kunstwelt, wie Du, an die
Stelle des Erloschenen zu setzen wüßte. Fast möchte ich sagen, daß ich von
der Kunst nie kühler gedacht habe, als hier« (S. 293). Herders Blick auf
Rom ist nicht nur ein Rückfall in bereits überwundene Positionen der Auf-
klärung. Er spürt, welche Gefahr die scheinbar interesselose Verehrung des
Schönen in sich birgt, die im bürgerlichen Bildungshumanismus offensicht-
lich wurde, die Gefahr nämlich, daß die Verachtung der »wirklichen
Welt« zugunsten einer Welt des »Schönen« zur Verachtung des Menschen
selbst führt.

An Caroline Herder[1]. *13. Dezember 1788.* Moritz[2] wird jetzt auch
endlich bei Euch gewesen sein: er hat sich, wie seine Art ist, zu schlen-
dern, lange in Venedig, Mantua u. f. aufgehalten; es ist gut, daß er aus
Rom weg ist, u. ich habe ihn stark angespornt, es zu verlassen. Rom
erschlafft die Geister, wie man selbst an den meisten hiesigen Künstlern siehet; vielmehr einen bloßen Gelehrten; es ist ein Grabmal des
Altertums, in welchem man sich gar zu bald an ruhige Träume u. an
den lieben Müßiggang gewöhnt.

Auf mich hat es nun zwar die Wirkung nicht, da ich so leicht keinen
Tag vorbeistreichen lasse, ohne was gesehen, oder mich um etwas bemühet zu haben; es bleibt indessen auch für mich ein Grabmal, aus
dem ich mich allmählich herauswünsche. Man fühlet sich darin wie in
einer Tiefe, in der man nicht viel weiter kommt, je mehr man mit
Händen u. Füßen strebet. Das Altertum, als Studium betrachtet, ist
unendlich an Tiefe u. Weite; die Fäden, die sich aus Rom in alle Geschichte schlingen, sind so vielartig, u. die Mittel, sie zu verfolgen,
werden hier so erschweret, daß es besser ist, zu guter Zeit sie aus den
Händen zu lassen u. nur den Knäuel in seinem Gemüt zu behalten.
Aus dem Vatikan werde ich nicht viel bringen; er liegt mir zu weit ab,

---

1 Caroline Herder, geb. Flachsland (1750–1809), seit 1773 mit Herder verheiratet.
2 Karl Philipp Moritz.

Johann Georg Schütz: Herzogin Anna Amalia mit Freunden im Park der Villa d'Este in Tivoli, 1789. Herder, links im Bild, liest aus Goethes »Tasso« vor

mir fehlt Zeit, einen freien Gebrauch der Katalogen habe ich nicht erhalten können, noch weniger eine freie Ansicht der Schränke. Ich muß fodern, so wird mir, obwohl mit Mühe der ungeschickten Sucher, gewährt, was ich fodre, kann aber nichts mitnehmen; u. so gehen Stunden u. halbe Tage hin, ohne daß man was erbeutet. Das Glück müßte mir sehr wohl wollen, wenn ich noch einen Fund täte; ich will's hoffen u. wünschen, kann's aber noch nicht glauben. O wie manches ist anders in der Wirklichkeit, als in der Idee u. Hoffnung.

An Karl Ludwig von Knebel[3] *13. Dezember 1788.* Wahrlich, l. K., Götter u. Genien wandeln u. spielen mit unserm Schicksal, obgleich zuletzt Alles von natürlichen Ursachen, von den Leidenschaften u.

3 Karl Ludwig von Knebel (1744–1834), »Urfreund« Goethes, Prinzenerzieher in Weimar. Im Sommer 1780 wurde er von Prinz Constantin brüsk entlassen und lebte als Pensionär seinen Studien, da er kein politisches Amt erhielt.

Phantasien, der Vernunft u. Unvernunft der Menschen ppp abhängt. So bin ich nach Italien gekommen: so lebe ich drin; so werde ich zurückkehren; und das Beste, das man allenthalben davon bringt, ist oder sind wir selbst. Gleichviel, ob man wie der H. Bartholom[äus] in Angelos J[üngstem] Gericht seine geschundene Haut, oder wie die Venus den schönen Hintern vorweiset.[4] Allenfalls ist's gut, wenn man sich auf beides gefaßt macht, u. das Beste in sich selbst verwahret. [...]

In der Kunstbetrachtung bin ich nach meiner Weise fleißiger, u. ich gebe Goethen in Allem recht, was Er darüber saget. Das Einzige Schlimme dabei ist – aber ich will nicht einreden. Ich studiere, so oft ich kann, täglich 3 Stunden an diesen Gestalten der alten Welt, u. betrachte sie als einen Kodex der Humanität in den reinsten, ausgesuchtesten, harmonischen Formen. Mir verschwindet dabei Raum u. Zeit; ich habe die Idee, aus der Alles ward, aber ich habe keine Sprache, sie herzustammeln. Sie läßt sich, wie Alles in der Welt, nur durch Tat, durch Schöpfung zeigen; in meiner Seele indes soll sie bleiben. [...]

Die lebendige, große, mittlere u. kleine Welt in Rom, die ich gnug zu sehen Gelegenheit habe, ist auch ein Bild, das ich nicht so leicht vergessen werde. Auch hierin ist Rom einzig in seiner Art, ein sonderbares Wesen: man kann u. muß in ihm, wenn man's recht sehen will, sich durch alle Zeiten durchleben. Man sieht in ihm Ägypten, Griechenland, den A[lten] Römischen Staat, das Juden- u. endlich das päpstl. Christentum durch alle Zeiten. Wer nur Augen u. Zeit hätte, alles zu finden, alles zu erfassen u. zu ordnen. Ich bin aber ein armer Wicht; meine Augen reichen nicht weit u. mein Glas ist dunkel.

4 Der heilige Bartholomäus hat der Legende entsprechend seine ihm abgezogene Haut, auf der sich das Gesicht des Malers abzeichnet, in der Hand. Mit der Venus kann die heute im Museo Archeologico Nazionale in Neapel befindliche Venus Kallipygos gemeint sein, die damals noch in Rom zu sehen war, aber auch eine der Venus-Statuen in den Vatikanischen Museen.

Karl Philipp Moritz

1756–1793

Reisen eines Deutschen in Italien in den Jahren 1786 bis 1788. In Briefen. 3 Bde. Berlin: Friedrich Maurer, 1792–93. Bd. 1. S. 198–200. Bd. 3. S. 54, 83–85, 79 f.

»Jetzt bin ich frei [...]. Wahrscheinlich bekömmst Du nicht eher einen Brief wieder, als von Rom aus.« Mit diesen Sätzen verabschiedete sich Moritz im August 1786 nicht nur von seinem Lehrerdasein in Berlin, sondern auch von der materiellen, moralischen und religiösen Not seiner Jugend. Und er gab das utopische Ziel an, dem er zustrebte. In der Tat fand er in Rom, auch durch die Hilfe Goethes, den Frieden mit sich selbst für die wenigen Jahre, die ihm als Professor für Altertumskunde an der Kunstakademie in Berlin noch blieben. Dafür wagte er zunächst den Bruch mit seinem Verleger Campe, der die Reise finanzierte. Er weigerte sich, Reiseschilderungen zu liefern wie in seinem erfolgreichen England-Buch. Das einige Jahre später dann doch erschienene dreibändige Werk bedeutet einen Einschnitt in der Rom-Literatur. Moritz wollte nicht wie üblich religiöse, künstlerische oder politische Fakten aufzählen. Er beobachtet das Individuelle und bevorzugt statt beschreibender Vollständigkeit das charakterisierende Fragment. Kunstwerke erklärt er nicht in geschlossenen Kapiteln, sondern in immer neuen Anläufen. Er wiederholt Wanderungen unter veränderten Umständen. So entsteht unter den Rom-Schriften »die erste, die sich eigentlich als Unterhaltungsbuch gibt«, wie Wilhelm Müller (»Hermes oder kritisches Jahrbuch der Literatur«, Leipzig 1821, S. 252) in einer ersten Sichtung der Italien-Literatur feststellt. (Heinses Notizbücher wurden ja erst 100 Jahre später publiziert.)*

24. März 1787.   Vor ein paar Tagen machte ich einen Spaziergang längst dem Ufer der Tiber hin, jenseit des Aventinischen Berges, ohne meinen Wegweiser bei mir zu tragen, den ich sonst immer bei meinen Wanderungen zu Rate ziehe.

Ich fand ein großes Vergnügen daran, mich in der öden und einsamen Gegend zu verlieren, die ich zum ersten Male betrat; und wo mir die Gegenstände noch neu und unbekannt waren; als ich mich auf einmal auf dem ersten Kirchhofe der Welt befand, der durch die Pyramide des Cestius, eines der ehrwürdigsten Denkmäler aus dem Altertum, bezeichnet wird, bei welchem die Ketzer noch innerhalb der Mauren von Rom eine ehrenvolle Grabstätte finden.

Nichts kann überraschender sein, als der Anblick dieser Pyramide [...], sie ist von außen mit Marmorplatten überzogen, und hat ein schwärzliches Ansehen. An einigen Stellen ist sie mit grünem Moose bewachsen, und junge Sprößlinge von Gesträuch keimen hie und da aus den Ritzen hervor.

Maulbeerbäume beschatten die grüne Ebene, welche dies Monument umgibt, und auch den sonderbaren Berg einschließt, der seinen Namen, monte testaccio, von den Scherben führt, durch deren Anhäufung er entstanden, und bis zu einer beträchtlichen Höhe erwachsen ist.

Diese Gegend, welche jetzt still und einsam war, wird im Sommer von den Römern häufig besucht, welche in den kühlen Grotten unter dem monte testaccio Erfrischungen genießen, und auf diesen grünen Ebenen lustwandeln, die daher auch (prati del popolo romano) die Wiesen des römischen Volkes, heißen.

Die alte Stadtmauer, die schwarzgraue Pyramide, und der von Schutt und Scherben aufgehäufte Berg, machen mit der grünen von Bäumen beschatteten Ebne den reizendsten Kontrast. Die Schönheit der umgebenden Natur scheint hier der düstern Melancholie selber ein Lächeln abzuzwingen; und wenn nun hier zugleich Gesang und Freude herrscht, so kann es nicht leicht einen Platz in der Welt geben, wo die Extremen sonderbarer aneinander grenzen.

Vatikan

Die höchste Pracht und die höchste Armut wohnen hier nebeneinander; das unermeßliche Vatikan, und die ungeheure Peterskirche, sind mit engen, schmutzigen Straßen, und niedrigen Hütten umgeben, deren Bewohner durch Not und Elend in diese verpestete Gegend gebannt sind, wo sie mit jedem Sommer bösartigen Fiebern und Seuchen entgegen sehen, wodurch eine große Anzahl von ihnen hingerafft wird.

Durch die ungesunde Luft wird auch der Papst sogleich mit dem Anfange des Sommers vom Vatikan vertrieben, und bezieht seinen angenehmen Sommerpalast auf dem Quirinalischen Hügel, wo man in Rom die gesundeste Luft einatmet.

Einige Straßen in der Gegend des Vatikans sind so ungesund, daß die armen Bewohner des Nachts nicht in ihren Hütten schlafen dürfen, wenn sie tödliche Krankheiten vermeiden wollen.

Abendwanderung

Ich gehe durch Maria Maggiore. Man macht durch einen solchen Tempel ordentlich einen Spaziergang; man tritt von der Straße in einen Umfang, der zum Wandeln Raum verstattet, und wo man durch die Mauern sich nicht eingeengt und beschränkt fühlt.

Die Säulengänge an beiden Seiten laden zum stillen Nachdenken und zur ernsten Betrachtung ein, so wie man in dem einsamen Tempel unter ihnen auf und nieder geht –

Von Zeit zu Zeit heißt ein Gemälde den Fuß verweilen, um in der lebendigen Darstellung menschlicher Geschichten durch Farbe und Umriß, den Genius des Künstlers zu bewundern –

Die gerade Straße von Maria Maggiore führt mich zum Lateran – und so wie ich diesen Tempel durchwandert habe, und aus der andern Türe trete, finde ich mich am Ende der Stadt, und sehe eine der reizendsten Landschaften vor mir liegen:

Das drei Meilen weit entfernte Frascati, mit seinen weißen Häusern an dem Abhange der Tuskulanischen Hügel; ganz oben auf der Spitze des Hügels die Zypressenallee, wo ich so oft gewandelt habe.

Und hinter diesem die Spitze des Monte Cavo mit dem weißen Kloster, das in die Ferne schimmert, und denselben Platz einnimmt, wo der Tempel des Jupiter Latialis stand, und das Bundesfest der Lateiner gefeiert wurde.

Zur Linken sehe ich die Sabinischen Berge – ich wende mich nun nach dem alten Tiburtinischen Tore – hier zwischen den Mauern ist ein so stiller Gang – ich sehe in der Ferne den Rücken der höchsten Berge mit sanften Krümmungen den Horizont bezeichnen.

Ich komme zu dem Tiburtinischen Tore – der hintere Bogen mit seinen Steinmassen aus den Zeiten des alten Roms, ist halb eingesunken – Diese Überbleibsel sind gleichsam die Signale der römischen Macht, und erwecken, wenn man sie siehet, lebhaft das Andenken von Roms Geschichte.

Alles, was ich hier um mich her erblicke, jene Gebirge in der Ferne, diese Tempel und Ruinen in der Nähe, erhalten einen neuen Reiz für mich durch den Gedanken: daß ich nun bald aus diesen Gegenden scheiden werde; darum suche ich mir von dem was mich umgibt, ein bleibendes Bild einzuprägen, das Zeit und Entfernung nicht wieder auslöschen können.

Ich beschließe meine Abendwanderung, indem ich auf der mit Pinien und Zypressen bepflanzten Anhöhe in der Villa Negroni, noch des vollen Anblicks der Gegend um Rom genieße, und des herrlichen Schauspiels, wo die Berge im Widerschein der untersinkenden Sonne mit den mannichfaltigsten Farben spielen.

Päpstliches Militär

Ich sahe neulich auf Monte Cavallo dem Exerzieren der päpstlichen Soldaten zu. Ein junger Offizier ließ es sich recht angelegen sein, und kommandierte mit vieler Heftigkeit.

Dem einen der Herren Soldaten dauerte dies zu lange, und er trat mit dem Gewehr vor, und sagte:

Ma, quando finisce sta storia?

Wann wird die Geschichte ein Ende haben?

Nur noch einen Augenblick Geduld, mein Sohn, gab der Offizier zur Antwort, wir werden gleich fertig sein! Und nun beruhigte sich auch der Soldat, und exerzierte wieder mit, worauf denn auch sogleich geschlossen wurde.

Ein andermal, als ich dieser Waffenübung zusahe, kam einer von den Soldaten erst, da schon alles beinahe vorbei war.

Aber, mein Sohn, wo kommt Ihr so spät her? fragte der Offizier.

Ich habe Messe gehört! war die Antwort.

Recht gut, mein Sohn! versetzte der Offizier, und kommandierte weiter.

Ein Soldat heißt hier auch bei den gemeinen Leuten Signor Soldato; und die Soldatenstellen werden wie Bedienungen betrachtet, um welche man bei dem Papste durch Bittschriften anhält.

JEAN PAUL
1763–1825

Titan. 4 Bde. Berlin: Matzdorff, 1800–03. Bd. 4. S. 83–86.

Johann Paul Friedrich Richter ist über den Raum Hof–Weimar–Berlin–Bayreuth nie hinausgekommen, so daß sich Goethe lustig machte: »Richter in London – was wär er geworden! Doch Richter in Hof ist / Halb gebildet, ein Mann, dessen Talent euch entzückt.« Von diesem angeblichen

»Philister« stammen einige der schönsten deutschsprachigen Rom-Szenen. In dem Roman »Titan«, dessen Held Albano als Bürgerlicher aufwächst, jedoch ein heimlicher Prinz ist, gehört zum Bildungsprogramm auch eine Reise nach Rom. Die dort spielenden Szenen versuchen nichts Geringeres, als die Beschreibungen Volkmanns mit Jean Pauls Figuren zu bevölkern. »Rom« entsteht als neue, poetische Wirklichkeit. Es gibt virtuos beschriebene Wanderungen über das nächtliche Forum Romanum und durch das von Fackeln erleuchtete Kolosseum. Dann wird Albano gebeten, eine Freundin vor deren Abreise »früh vor Sonnenaufgang« auf die Peterskuppel zu begleiten.

Noch etwas begehrte die Fürstin am Abend vor der Abreise, am Morgen Albanos Begleitung auf die Peterskuppel; sie wollte Rom noch einmal in die scheidende Seele fassen, wenn es Morgenrot und Morgenglanz bedeckten. Auch Albano wollte gern den Most einer feurigen Stunde trinken, der sich zu einem ewigen Wein für das ganze Leben aufhellt; denn er wußte nicht, daß die lebhafte Fürstin – noch lebhafter durch Italien – nach langem Harren auf das schönste Wort von ihm, endlich zornig sich in eine Abschiedsstunde wagte, in der es ihm entfahren sollte.

Früh vor Sonnenaufgang, wo in Rom noch mehrere einschlafen als aufstehen, holte er sie ab; nur ihre treue Haltermann begleitete sie. Von der durchwachten Nacht glühte sie noch und schien sehr bewegt. Rom schlief noch; zuweilen begegneten ihnen Wagen und Familien, die eben ihre Nacht beschließen wollten. Der Himmel stand kühl und blau über dem dämmernden Morgen, dem frischen Sohn der schönen Nacht.

Der weite Zirkus vor der Peterskirche war einsam und stumm, wie die Heiligen auf den Säulen; die Fontänen sprachen; noch ein Sternbild erlosch über dem Obeliskus. – Sie gingen die Wendeltreppe von anderthalb hundert Stufen auf das Dach der Kirche und kamen aus einer Gasse von Häusern, Säulen, kleinen Kuppeln und Türmen durch vier Türen in die ungeheure Kuppel in eine gewölbte Nacht – unten in der Tiefe ruhte der Tempel wie ein weites finsteres Tal mit Häusern und Bäumen, ein heiliger Abgrund, und sie gingen nahe vor den musivischen Riesen, den farbigen breiten Wolken am Himmel des Doms vorbei. Während sie in der hohen Wölbung stiegen, blinkte immer röter Aurorens Goldschaum an den Fenstern und Feuer und Nacht schwammen im Gewölb ineinander.

Sie eilten höher und blickten hinaus, da schon ein einziger Lebensstrahl wie aus einem Auge hinter dem Gebürg in die Welt zückte –

um den alten Albaner rauchten hundert glühende Wolken, als gebäre
sein kalter Krater wieder einen Flammentag und die Adler flogen mit
goldnen in die Sonne getauchten Flügeln langsam über die Wolken. –
Plötzlich stand der Sonnengott auf dem schönen Gebürg, er richtete
sich auf im Himmel und riß das Netz der Nacht von der bedeckten
Erde weg; da brannten die Obelisken und das Coliseum und Rom
von Hügel zu Hügel, und auf der einsamen Campagna funkelte in
vielfachen Windungen die gelbe Riesenschlange der Welt, die Tiber –
alle Wolken zerliefen in die Tiefen des Himmels und goldnes Licht
rann von Tusculum und von Tivoli, und von Rebenhügeln in die viel-
farbige Ebene, an die zerstreuten Villen und Hütten, in die Zitronen-
und Eichenwälder – im tiefen Westen wurde wieder das Meer wie am
Abend, wenn es der heiße Gott besucht, voll Glanz, immer von ihm
entzündet und sein ewiger Tau.

In der Morgenwelt lag unten das große stille Rom ausgebreitet,
keine lebendige Stadt, ein einsamer ungeheurer Zaubergarten der
alten verborgnen Heldengeister, auf zwölf Hügel gelegt. – Der men-
schenlose Lustgarten der Geister sagte sich durch die grünen Wiesen
und Zypressen zwischen den Palästen an und durch die breiten offnen
Treppen und Säulen und Brücken, durch die Ruinen und hohen
Springbrunnen und den Adonisgarten, und die grünen Berge und
Götter-Tempel; die breiten Gänge waren ausgestorben; die Fenster
waren vergittert; auf den Dächern blickten sich die steinernen Toten
fest an – nur die glänzenden Springwasser waren rege und eine einzige
Nachtigall seufzete als sterbe sie zuletzt. –

»Das ist groß« (sagte endlich Albano), »daß unten alles einsam ist
und man keine Gegenwart sieht. Die alten Heldengeister können in
der Leere ihr Wesen treiben und durch ihre alten Bogen und Tempel
ziehen und oben an den Säulen mit dem Efeu spielen.«

»Nichts« (versetzte die Fürstin) »mangelt der Pracht als diese Kuppel, die wir auf dem Kapitolium gar dazu sähen. Aber nie werd ich
diese Stelle vergessen.«

»Was wär es sonst mit Allem« (sagt' er). »Ohnehin gehen die flachen Gegenden des Lebens ohne Merkmal vorüber, aus mancher langen Vergangenheit schlägt kein Echo zurück, weil kein Berg die breite
Fläche stört! – Aber Rom und diese Stunde neben Ihnen leben ewig
in uns.«

»Albano« (sagte sie), »warum muß man sich so spät finden, und so
früh trennen? Dort geht Ihr Weg neben der Tiber her, Gott gebe in
kein verschlingendes Meer!« –

»Und dort geht Ihrer über die hellen Berge«, sagt' er. Sie nahm seine Hand, denn sein Ton war so bewegt und bewegend. Göttlich leuchtete die Welt von den dunkeln Frühlingsblumen bis zum hellen Kapitol empor, und die Horen-Glocken tönten herauf – die Freudenfeuer des Tags loderten auf allen Höhen – das Leben wurde weit und hoch wie die Aussicht – sein Auge stand unter der Träne, aber keiner trüben, sondern unter jener, wo es wie das Weltauge unter dem Wasser sonnig glänzt und höhere Farben hat, welche die trockne Welt verzehrt.

Karl Ludwig Fernow

1763–1808

Sitten- und Kulturgemälde von Rom. Gotha: J. Perthes, 1802. S. 25–30, 57 f.

Fernow gehört zu jenen, die nach einer kärglichen Kindheit und Jugend Rom als Ort des Heils erfahren – eines Heils freilich, das ihm geschenkt wird durch die Kunst, nicht mehr durch die Religion. Seine Eltern waren Bauern in der Uckermark. Aus einer Apothekerlehre floh er, um preußischen Werbern zu entgehen, nach Lübeck, lernte dort den Maler Asmus Jacob Carstens kennen und begann selbst zu malen und zu zeichnen. Adelige Gönner schenkten ihm 1794 eine Reise nach Rom. Hier gab er die bildende Kunst auf, um »das theoretische Studium und die Geschichte der Kunst allein zu seinem Hauptzwecke zu erwählen« (Johanna Schopenhauer, Carl Ludwig Fernow's Leben, Tübingen 1810, S. 239). Er begann Vorlesungen über die Kunst »nach Kantischen Prinzipien« (ebd., S. 242) zu verfassen. Der Gewinn aus solchen Vorträgen und den Aufsätzen, die »einen reinen Geschmack in die Kunst einführen« (ebd., S. 250) sollten, deckte kaum das Existenzminimum, zumal Fernow eine Römerin geheiratet und eine Familie zu versorgen hatte. Obendrein fiel er politisch auf, denn er meinte, mit der »Hierarchie« müsse es ein Ende haben (ebd., S. 275). Seine Schriften, vor allem die Biographie seines Freundes Cartens (1806), machten ihn in Deutschland bekannt. Goethe vermittelte ihm 1802 eine Professur für Ästhetik in Jena. 1804 wurde Fernow in Weimar Bibliothekar der Herzogin Anna Amalia. Mit seiner Aufsatzsammlung »Römische Studien« gehörte er zu den Weimarer Kunstfreunden, die unter Goethes Leitung die zeitgenössische Kunst an der antiken ausrichten wollten. Sein Rom-Buch von 1802 liefert zeitgeschichtliche Studien, denn er

wollte der Stadt »den magischen Schleier des Altertums« (S. 6) abstreifen.
Fernow war, wie Seume lobt, ein »kompetenter Beurteiler« der Verhält-
nisse (Seume, »Spaziergang nach Syrakus« [vgl. S. 183], S. 363). Er be-
grüßte die Auflösung des Kirchenstaates und verachtete den Fanatismus,
mit dem »täglich auf öffentlichen Plätzen Roms« gegen die anrückenden
französischen Revolutionstruppen gepredigt wurde. Doch er kritisierte
auch die »unersättliche Habsucht« der französischen »Kommissaire und
Generäle« (S. 171). Das Buch beginnt mit 6 Tafeln, die die Ereignisse indi-
rekt kommentieren. Als Beispiel für die »Neubegründung« der päpstlichen
Macht dient ein Bild von der Rückkehr der Leiche Pius' VI. (gestorben
1799 im Exil) nach Rom.

Man sollte glauben, daß das Volk einer Stadt, die seit so vielen Jahrhunderten der Mittelpunkt der katholischen Religion ist, das von
Priestern regiert und erzogen wird, und eine Armee von Mönchen auf
seine Kosten füttert, entweder das religiöseste, frömmste und sittlich-
ste, oder das abergläubigste, bigotteste, fanatischeste unter allen Völkern sein müsse. Aber keines von beiden! Man findet hier weder so
viele Religiosität, noch einen so bigotten fanatischen Pöbel, als sich
von dem wohltätigen Gebrauch und Mißbrauch der Religion erwarten läßt. Religiöser Aberglauben herrscht freilich hier über alle Klas-
sen und Stände mit souveräner Gewalt; doch hat auch dieser seit
einiger Zeit dem, überall sich einnistenden, Unglauben einen nicht
unbeträchtlichen Teil seines Gebietes einräumen müssen, wovon man
während der Revolution, wo jeder sich in seiner wahren Gestalt zu
zeigen wagte, auffallende Beispiele gesehen hat. Weit entfernt also,
daß ein besonderer Hang zur Frömmigkeit, oder zur Bigotterie den
Charakter des römischen Volkes auszeichne, würde ich im Gegenteil
behaupten, daß es wenige Länder in der christkatholischen Welt gibt,
wo weniger strenge Religiosität und weniger Bigotterie herrscht, als
hier [. . .]. Auch das stüpideste Volk (und diesen Namen verdient das
römische Volk gewiß nicht) fühlt endlich den Druck seiner Beherr-
scher, wenn derselbe das gewohnte Maß übersteigt. Dieses Gefühl
war vornehmlich in den letzten Regierungsjahren Pius' des Sechsten[1]
erwacht, wo der Zustand des Volks sich in kurzer Zeit so merklich

---

1 Pius VI. (1775–99); Fernow hat die revolutionären Ereignisse miterlebt. Am
  10. Februar 1798 besetzte General Berthier im Auftrag Bonapartes Rom. Am
  15. Februar wurde der Papst abgesetzt und die Republik ausgerufen. Als der tod-
  kranke 80jährige Papst bat, ihn in Rom sterben zu lassen, erhielt er zur Antwort:
  »Sterben können Sie überall.« Am 20. Februar wurde er nach Frankreich abge-
  führt, mit ihm auf rund 500 Fahrzeugen die Kunstwerke Roms, die erst nach dem
  Sturz Napoleons zurückkehrten.

verschlimmert hatte, daß Verbesserung der lebhafte und allgemeine
Wunsch desselben ward. Kein Wunder also, wenn das römische Volk
nicht nur ruhig zusah, als seine Regierung, an der es nicht mehr mit

Leichenbegängnis Pius' VI.

Liebe, sondern bloß aus Gewohnheit hing, umgestürzt wurde, sondern sich auch schadenfroh der Kränkungen freute, welche einigen
Kardinälen und dem Nipote[2] widerfuhren, welchen letzteren es, als
das vornehmste Werkzeug seiner Bedrückungen, besonders haßte.
Kein Wunder, wenn in einer solchen Stimmung der ganze Apparat
von Mirakeln, Prozessionen, Bußpredigten, wenn die Ausstellung der
heiligsten Reliquien, die feierliche Weihung der Fahnen, keinen Fanatismus mehr bei einem Volke erregen konnte, in dessen Brust schon
die Hoffnung eines besseren Zustandes, durch die zu erwartende Veränderung keimte. Darum war auch das römische Volk, ohne den
Franzosen hold zu sein, oder die Revolution gerade zu wollen, doch
anfangs derselben nicht zuwider. Es wünschte Verbesserung seines
Zustandes und würde dafür im ersten, frohen Gefühle, freilich nicht

2 Gegen geltende Vorschriften sorgte Pius VI. noch einmal kräftig für seine Familie.
   Er baute trotz der katastrophalen Finanzlage des Kirchenstaates den Palazzo Braschi. Sein Neffe und sein Bruder, sehr gewöhnliche, aber arrogante Leute, wurden
   Kardinäle. Das in den Pontinischen Sümpfen gewonnene Land war vor allem für
   die sich wie Renaissance-Fürsten aufführenden Verwandten gedacht.

seine Religion, aber wohl einen Papst, dessen es längst überdrüssig war, samt seinen Kardinälen, Priestern und Mönchen, willig hingegeben, und sich mit seinen Kuraten[3] begnügt haben.

Der Fremde, welcher Rom besucht, um an den Werken der Kunst seinen Geschmack zu bilden, oder durch das Studium der Geschichte und Altertümer auf klassischem Boden, seinen Geist mit Kenntnissen zu bereichern, findet hier Stoff zur Beschäftigung für Jahre. Wenn er nun endlich diesen Zweck für sein Bedürfnis erreicht zu haben glaubt, so wird es ihm schwer aus Rom zu scheiden; denn er weiß, daß er diese Ruhe, diese völlige Unabhängigkeit von allen lästigen Fesseln der gesellschaftlichen Konvenienz, diese stete Umgebung von großen und schönen Gegenständen, nirgends wiederfinden wird. Er entbehrt hier manchen sinnlichen Genuß, manche Bequemlichkeit des Lebens, manche Freuden des Umganges; aber er lernt dafür das Vergnügen des Umgangs mit der Vorzeit und mit sich selbst höher schätzen. Wer hingegen ohne Kunstsinn, ohne Interesse an der Vergangenheit, Rom, wie die andern großen Städte Europas, bloß bereiset, um sich in den glänzenden Zirkeln der feinen Welt umher zu treiben, und in dem betäubenden Wirbel des Vergnügens seine Sinne in Genüssen aller Art zu berauschen, der wird hier für den unwürdigen Zweck seiner Reise hart bestraft. Für ihn ist Rom die langweiligste und traurigste Stadt in der Welt, die er so bald als möglich wieder verläßt, um sich selbst, und der unerträglichen Leerheit, die er in sich fühlt, zu entfliehen.

FRIEDERIKE BRUN

1765–1835

Tagebücher und Briefe (1795–1803). – F. B.: Prosaische Schriften. 3 Bde. Zürich: Orell & Füssli, 1799–1800. Bd. 3. S. 6, 10–13. – F. B.: Römisches Leben. 2 Bde. Leipzig: F. A. Brockhaus, 1833. Bd. 2. S. 67–73.

Friederike Brun, geb. Münter, stammt aus der Nähe Gothas und war die Tochter eines protestantischen Pfarrers. Sie heiratete mit 18 Jahren einen dänischen »Konferenzrat«, mit dem sie durch Europa reiste. Mehrere

---

3 Hilfspriester mit eigenem Seelsorgebezirk.

Jahre verbrachte sie auch in Rom. Ihre Briefe aus den Jahren 1802/03 zei-
gen einen Freundeskreis, zu dem Bonstetten, der Archäologe Zoega, Fer-
now, Angelika Kauffmann und die Familie Wilhelm und Caroline Hum-
boldts gehörten. Man erfreute sich gemeinsam »durch die Erläuterung der
Monumente des Altertums und im Genusse der Natur und Kunst«. Die
Wallfahrt zu den Kirchen wird abgelöst durch die »Wallfahrt um die Mau-
ern Roms zur Via Appia und Latina« (Vorrede, S. VI). Scharf verurteilt
Brun die römische Frömmigkeit, aber auch die politische Verrottung des
Kirchenstaats. Sie beschreibt die hoffnungslose Lage des »armen Volks«
(S. 19) nach der französischen Invasion. Unter den unglücklichen Bauern
der Campagna, wo sie sich außerhalb »der zivilisierten Staaten Europas«
glaubt (S. 23), sehnt sie sich zurück in die Stadt Rom, »wo man nun einmal
mehr der Vergangenheit als der Gegenwart lebt« (S. 21).

14. November 1795: Forum Romanum. Ich trat leise schauernd auf
den geweihten Boden, und sah mit einer Empfindung, die nur mit
sich selbst zu vergleichen ist, Trümmer auf Trümmer gehäuft, und die
Nachwelt auf der Vorzeit dahinschreiten. Es wäre mir unmöglich gewesen, laut zu reden, um nicht heilige Schatten zu stören, in ihrem leisen Wehen um uns! [...] Hier war mir eine neue alte Welt aufgetan!
Wir gingen neben dem Bogen des Titus hinauf, aus dem Schoße dieser
Ruinen, wo man neben den Substruktionen im tiefen Schatten geht,
auf altem Gemäuer, wo über den versinkenden Trümmern die schon
wieder verfallenden Farnesischen Paläste und Gärten trauern; wo ich
hinabblicke ins alte heilige Forum und mit tiefem Ton der Wehmut
alles die Seele umfängt, wo von den Bädern des Titus, die in einzelnen Riesenmassen zerrissen dastehn, über den Esquilin, Palatin, bis an
den Aventin, alles ein ungeheurer Schutthaufen ist, auf dem die jetzige
Römerwelt wie verstörte Ameisen herum wimmelt –
    Schön ist der Ausblick unter dem Schatten der von üppiger Vegeta-
tion überwölbten, dunkeln Mauern und Hallen, über die Tiber hin
und an den Janiculus hinan, der so ruhig daliegt, in der späten Jahrszeit noch mit frischem Grün bekleidet und mit Villen besäet. Dort auf
der ersten Stufe liegt die Kirche Pietro Montorio, und Raffaels Verklärung! Dort auf dem äußersten Gipfel die Villa Millini, in deren
Zypressen mein Herz sich hinsehnt; weit hin stehen luftig die Pinien
der Villa Corsini in reine Lüfte! – Allein immer von neuem zieht der
Kapitolinische Hügel meine Blicke an. Er ist mir so sehr nah! Aber
noch hält ein inneres Beben mich vom Kapitol zurück! Ich scheue
meine eigne Bewegung, wenn ich nun diesen Weg hinangehe – den die
Catonen, die Brutusse, die Scipionen betraten. – Ach, Du kennst ja

dies Herz, das so oft dem vollströmenden Quell seiner Gefühle erliegt!

Wir stiegen von der ersten Terrasse, neben der plätschernden, von Mauerraute und Adiantum umrankten Fontäne hinauf, und ich fand mich unter einem Obdach von dichtverschränkten immer grünen Eichen- und Johannisbrotbaum-Wipfeln, wie in einer dämmernden Grotte. Die Erde ist bedeckt mit Bruchstücken von Säulengestellen, Knäufen, Kornischen[1] und Architraven. Auf einem Säulenblock liegt ein Architrav als Tisch; acht bis zehn Knäufe stehen rings wie Stühle umher; alles ist still, und nur der Marmor redet! Unter die gesenkten Äste der Eichen sieht man hinab ins Campo Vaccino, und dorthin über die Tiber – Welch ein Platz! Und welche Sehnsucht gibt ein hohes Gefühl nach allen Verwandten unsrer Seele!

*

27. Februar 1803. Bei dem herrlichsten Vorfrühlingstage besuchten wir mit unserm halb kranken, halb übellaunigen Zoega[2] und dem immer gesunden, immer fröhlichen Freunde Reinhardt[3] the awfull ruins of the baths of Caracalla (wie Gibbon sie irgendwo nennt). Bald war unser geliebter Zoega fröhlich mit uns. Diese ungeheuern Überreste vom Riesendenkmal des tollsten unter den römischen Tyrannen liegen hart am südlichen Saume des Aventins und rechts von der Appischen Straße. Wir umgingen, mit einem guten Plane in der Hand, den ganzen äußern Umfang der ungeheuern Gemäuer, in deren Viereck das Hauptgebäude mitteninnestand [...]. Im nördlichen Hintergrunde an der Schlußwand erkennt man deutlich die halbmondliche Form des Theaters und den Erdwall, den die amphitheatralischen Sitze der Zuschauer bedeckten. Die Breite dieses Theaters korrespondiert mit der des Hauptgebäudes. Es wurden in demselben Waffen und Leibesübungsspiele gegeben. Die Aussicht von diesen Schutthöhen nach den südlichen Fernen war herrlich. Hinten im wildumbüschten Gemäuer fanden wir Spuren von den eingeleiteten Aquädukten, mit Eppich und Lorbeern umrankt und überschattet. An der südwest-

---

1 Gesimse.
2 Georg Zoega (1755–1809) war einer der bedeutendsten Altertumsforscher seiner Zeit, der von 1783 bis zu seinem Tod in Rom lebte, seit 1798 als dänischer Generalkonsul.
3 Johann Christian Reinhardt (1761–1847), seit 1789 in Rom, wo er sich von der idealisierenden Landschaftsdarstellung von Carstens und Joseph Anton Koch beeinflussen ließ, betätigte sich in seinen späten Jahren auch als Kunstschriftsteller.

lichen Seite des äußern Umfanges steht noch das Gewölbe des Tempels, aus dessen Schutte der Farnesische Herkules hervorgebracht ward.

Die große südliche Galerie ist in allen Proportionen noch völlig erkennbar, es scheint dieselbe tiefer gelegen zu haben, und ihre malerisch gebrochenen und reizend umbüschten Hallen sind nach ihrer ersten Bestimmung noch der angenehmste Spaziergang.

Das Gemäuer des ungeheuern Hauptgebäudes, wo die zerstörende Kraft eines empörten Volkes am gewaltsamsten gewütet, steht der Zeit trotzend da. Backsteine, mit Puzzolana[4] zusammengefügt und unauflösbar verbunden, machen den innern ellendicken Kern des Gemäuers aus. Dieses ist mit den großen, feinen, altrömischen Backsteinen nach dem Lineal zu beiden Seiten bekleidet. Diese großen Backsteine sind in gewissen Intervallen von ungefähr acht Palmen wieder durch eine Schicht jener gewaltigen Backsteintafeln von zwei Fuß im Viereck zu beiden Seiten wie gebunden, und das Ganze war mit einer dicken Schicht von schon in sich unzerstörbarem Mamorstuck überzogen.

Was nun von diesen riesenhaften Gemäuern, unserm Augenmaße nach über 140 Fuß an Höhe, über der Erde, dem Schutt entragend, noch da steht, ist im Ganzen so ungebrochen, so wenig haben ihm noch die Zeit von beinahe achtzehn Jahrhunderten und das zerstörende Pflanzenleben, welches immer nach und nach siegend über die unbelebte Masse triumphiert, in diesem mildfeuchten Klima anhaben können, daß diese erstaunungswürdigen Massen noch zu frischrot, zu monoton in der Farbe, zu spärlich durchwachsen, umgrünt und umwildert sind, um den malenden Künstler sehr zu reizen.

28. Februar 1803.   Heute gingen wir alle zusammen wieder hin, um das innere Gemäuer zu sehen [...]. Wie romantisch, groß und feierlich sind die Durchblicke unter den herrlichen Gewölben der Tempel des Herkules und der Minerva, die beiden andern, welche die nördliche und östliche Seite bezeichneten, sind nicht erkennbar. Zwei ungeheure Tribunen sind noch von dem Tempel des Herkules und dem der Minerva aufrechtstehend, und in ihnen noch angemalte Stellen erkennbar. Bewunderungswürdig ist die bei den Regenableitungen angewendete Sorgfalt; alle Rinnen sind noch frisch glasiert, wie trocken sind noch diese Gemäuer! Veilchen dufteten ringsum, und hoch von

4 Vgl. S. 153, Anm. 3.

den Mauern glänzte der blühende Goldlack und goß seinen auch veil-
chenartigen Wohlgeruch herab.

Man kann an mehren Orten noch die Höhe der Gemäuer auf den
antiken Wendeltreppen ersteigen, zumal in einem nach Südosten sich
erhebenden turmartigen Teile des innern Gebäudes; wir befanden uns
am Fuße desselben, Zoega und Bonstetten wollten hinauf; der sehr
mutige aber vorsichtige Reinhardt warnte; der Winter sei ungestüm
gewesen, Schnee, Sturm und Regengüsse lösen das Gestein, man
müsse erst abrollen lassen, was nicht halten könne. Vergebens, der
Philosoph und der Antiquar begannen zu steigen. Mit Todesangst
hörten ich und Du, mit Besorgnis Reinhardt die losen Steine unter
ihren Tritten abrollen. Bald erschienen die Verwegenen hoch über uns
triumphierend zwischen dem wilden Gebüsch. Reinhardt war im
ernsthaften Liebeszorn. Ich hätte sie schlagen mögen; allein sie brachten mir einen so herrlichen Strauß von Goldlack und blühendem
Viburnum herunter, daß ich bald versöhnt war.

JOHANN GOTTFRIED SEUME
1763–1810

Spaziergang nach Syrakus im Jahre 1802. Braunschweig/Leipzig: Vieweg, 1803.
S. 364 f., 367, 376.

*Seume ist eine Ausnahmefigur unter den Italien-Reisenden. Er war schon
vorher weit herumgekommen. 1781 nahmen ihn hessische Werber gefangen und verkauften ihn als Soldaten an England. Er wurde nach Nordamerika transportiert. 1783 kam er auf dem Umweg über Kanada zurück
und ging als Sekretär eines russischen Generals nach Warschau. Den Posten als Korrektor beim Verleger Göschen in Grimma gab er 1801 auf, um
eine Fußwanderung nach Italien zu machen. Auf dem Umweg über Paris
lief er in achteinhalb Monaten etwa 6000 Kilometer. Der Fußmarsch war
ebenso Programm wie der nur kurze Aufenthalt in Rom. »Wer geht, sieht
[. . .] mehr, als wer fährt [. . .]. Sowie man im Wagen sitzt, hat man sich sogleich einige Grade von der ursprünglichen Humanität entfernt« (»Prosa-
schriften«, mit einer Einl. von Werner Kraft, Köln 1962, S. 638). Seume
wollte bewußt »politisch« sein (ebd., S. 639). Ihn interessierten weder
Kirchen, Paläste und Ruinen noch die Vermehrung der eigenen Bildung,*

sondern der Zustand des Landes und besonders das Leben der Menschen außerhalb der Städte. Antikenbegeisterung lehnte er ab. Für ihn war das Zeitalter der Griechen und Römer eine barbarische Epoche. »Wo ein einziger Sklave ist, such ich keine Vernunft mehr« (»Apokryphen«, in: »Prosaische und poetische Werke«, Bd. 7, Berlin [o. J.], S. 154). Er verweist höchstens mit Hilfe antiker Beispiele auf Probleme der eigenen Zeit.

Aus dem Bericht vom zweiten Aufenthalt in Rom – der erste dauerte nur einen Tag. Im Frieden von Lunéville hatte Pius VII. am 9. Februar 1801 den Kirchenstaat vorläufig in verkleinerter Form zurückbekommen.

Die Hierarchie wird wieder in ihrer größten Ausdehnung eingeführt; und was das Volk eben jetzt darunter leiden müsse, kannst Du berechnen. Die Klöster nehmen alle ihre Güter mit Strenge wieder in Besitz, die eingezogenen Kirchen werden wieder geheiligt, und alle Prälaten behaupten fürs allererste wieder ihren alten Glanz. Da mästen sich wieder die Mönche, und wer bekümmert sich darum, daß das Volk hungert? Die Straßen sind nicht allein mit Bettlern bedeckt, sondern diese Bettler sterben wirklich daselbst vor Hunger und Elend. Ich weiß, daß bei meinem Hiersein an einem Tage fünf bis sechs Personen vor Hunger gestorben sind. Ich selbst habe einige niederfallen und sterben sehen. Rührt dieses das geistliche Mastheer? Der Ausdruck ist empörend, aber nicht mehr als die Wahrheit. Jedes Wort ist an seiner Stelle gut, denke und sage ich mit dem Alten. Als die Leiche Pius' des Sechsten[1] prächtig eingebracht wurde, damit die Exequien noch prächtiger gehalten werden könnten, erhob sich selbst aus dem gläubigen Gedränge ein Fünkchen Vernunft in dem dumpfen Gemurmel, daß man so viel Lärm und Kosten mit einem Toten mache und die Lebendigen im Elende verhungern lasse. Rom ist oft die Kloake der Menschheit gewesen, aber vielleicht nie mehr als jetzt. Es ist keine Ordnung, keine Justiz, keine Polizei; auf dem Lande noch weniger als in der Stadt: und wenn die Menschheit nicht noch tiefer gesunken ist, als sie wirklich liegt, so kommt es bloß daher, weil man das Göttliche in der Natur durch die größte Unvernunft nicht ausrotten kann.

Ich will nur machen, daß ich hinauskomme, sonst denkst Du, daß ich beißig und bösartig geworden bin. Die Partien rund herum sind ohne mich bekannt genug: ich habe die meisten, allein und in Gesellschaft,

---

1 Vgl. S. 177, Anm. 1, und S. 178, Anm. 2.

in der schönsten Jahrszeit genossen. Man kann hier sein und sich wohl befinden, nur muß man die Humanität zu Hause lassen.

In dem Palast Spada besuchte ich einige Augenblicke die Statue des Pompejus, die man bekanntlich für die nämliche ausgibt, unter welcher Cäsar erstochen wurde. Dieses kann aber vielleicht so wahrscheinlich gemacht werden, als solche Sachen es leiden. Die Statue hat sonst nichts Merkwürdiges und ist artistisch von keinem großen Wert. Unter dieser Statue sollten alle Revolutionäre mit wahren, hellen, gemäßigten Philanthropen zwölf Mitternächte Rat halten, ehe sie einen Schritt wagten.

WILHELM VON HUMBOLDT

1767–1835

Briefe (1803–05). – W. v. H.: Werke in 5 Bänden. Hrsg. von Andreas Flitner und Klaus Giel. Stuttgart: Cotta, 1960–81. Bd. 5. S. 202 f., 214–217.

Humboldt hatte das Glück, finanziell weitgehend unabhängig dem zu leben, was für ihn das »Höchste in der Welt« bedeutete, den »Ideen«. So verbrachte er den größten Teil seines Lebens als Privatgelehrter, dessen Hauptinteresse mehr und mehr der Philosophie der Sprache galt. Doch bemerkte er an sich selbst, daß der pure Umgang mit Büchern ihn »abgezogen, dunkel, phantastisch« machte (»Der Briefwechsel zwischen Friedrich Schiller und Wilhelm von Humboldt«, Berlin 1962, Bd. 2, S. 241). Er brauchte die Möglichkeit öffentlichen Wirkens. Im Herbst 1802 erhielt er den Posten des preußischen Ministerresidenten im Kirchenstaat und griff zu, um in ein Land zu kommen, »nach dem ich mich sehnte« (an Schiller, ebd., S. 222). Der Posten machte wenig Last, weil »mein Geschäft hier, der Natur der Sache nach, die Politik nur wenig angeht«; er war befaßt mit Rechtsstreitigkeiten von Privatleuten, um »dem Zwang, den man von Rom aus sogar auch in den entferntesten Gegenden noch ausüben möchte, soviel es angeht, zu steuern« (an Schiller, ebd., S. 262). Der Posten erledigte sich, als Napoleon den Papst gefangennahm und den Kirchenstaat auflöste. Im Oktober 1808 reiste Humboldt nach Berlin zurück. Weil die politischen Verhältnisse ihm den Zugang zu seinen Gütern versperrten, blieb er im Staatsdienst und konnte im Rahmen der preußischen Reformen seine Ideen auf die Neugestaltung von Schule und Universität anwenden. An

Rom hatte Humboldt vor allem die »einsamen Spaziergänge« geschätzt, weil sie »die tiefen Gefühle der Seele wecken«, während Paris sich mit der Vorstellung von »Gewühl« verband. Schroff hielt er fest, daß die Realität »Rom« ihn in keiner Weise interessierte: »Wohin man blickt, wird man in das Altertum hinübergezogen, und gern wendet man die Augen vom heutigen Elend und der heutigen Erbärmlichkeit ab« (an Schiller, ebd., S. 225).

An Carl Gustaf von Brinckmann[1]. 22. Oktober 1803. Ich kam in einer Art der Abstumpfung hieher. Sei es der Aufenthalt in Paris, oder der in Berlin, oder keiner von beiden, sondern nur ein inneres Bedürfnis, durch neue Umgebungen neue Anstöße zu erhalten, kurz ich fühlte in mir ein gewisses Unvermögen, mich auf eine eigentlich interessante Art zu beschäftigen, und ich glaube mit Wahrheit sagen zu können, daß ich hier sehr viel gewonnen habe. Rom ist eine Einöde, lieber Brinckmann, aber die schönste, die erhabenste, die fesselndste, die ich je gesehen habe. Rom ist nur für Wenige, und nur für die Bessern gemacht, aber wen es einmal anspricht, der findet die Welt hier. Ich sage mit Wahrheit die Welt. Denn er ist allein einer ungeheuern Natur gegenüber, was er sieht, ladet ihn ein auszuschweifen in die entferntesten Gegenden, und in die dunkelsten Zeiten, und der Charakter der Gegend ist gerade von der Art, daß er in der Seele die Stimmung hervorbringt, sich diesem Spiele der Phantasie zu überlassen. Sie, wie ich ehemals, werden auch oft von der Lieblichkeit italienischer Gegenden gehört haben. Ich habe sonst immer wenig daraus gemacht, und vieles für Einbildung gehalten. Aber an Ort und Stelle bin ich es inne geworden. Das Geheimnis besteht darin, daß entweder die Dinge hier so gestaltet sind, oder der Standpunkt so begeisternd ist, daß das Große, um groß zu scheinen, nicht groß zu sein braucht. Was man hier sieht, kann man sagen, trägt die Form der Kunst und der Phantasie. Man sieht und sieht es ewig wieder mit Lust, man untersucht es einzeln, und findet eigentlich nichts Einzelnes, was so außerordentlich wäre, nicht die hohen Felsen der Gebirggegenden, nicht die alten Eichen unsrer Wälder, nicht die großen romantischen Seen der Schweiz, aber man wirft einen Blick auf das Ganze und es ist ein Gemälde, es wirft die Phantasie nicht zerstreuend auseinander und in die Fernen, es versammelt sie zurück auf denselben Punkt, wenn sie eben ins Unendliche ausschweifen will, es macht das Gemüt still, es bringt

---

1 Der schwedische Diplomat Carl Gustaf von Brinckmann (1764–1847) war mit Humboldt seit dessen Referendarzeit in Berlin (1790) befreundet.

Wehmut hervor, und vermehrt doch die Klarheit und nimmt kaum etwas der Heiterkeit.

An Goethe. 23. August 1804. Ich habe oft darüber und über die ganze Wirkung nachgedacht, die Rom macht, und mich gefragt, wieviel wohl daran objektiv sein mag [...].

Rom ist der Ort, in dem sich für unsere Ansicht das ganze Altertum in Eins zusammenzieht, und was wir also bei den alten Dichtern, bei den alten Staatsverfassungen empfinden, glauben wir in Rom mehr noch als zu empfinden, selbst anzuschauen. Wie Homer sich nicht mit andern Dichtern, so läßt sich Rom mit keiner andern Stadt, römische Gegend mit keiner andern vergleichen. Es ist allerdings also das meiste an diesem Eindruck subjektiv, aber es ist nicht bloß der empfindelnde Gedanke zu stehen, wo jener oder dieser große Mann stand. Es ist ein gewaltsames Hinreißen in eine von uns nun einmal, sei es auch durch eine notwendige Täuschung, als edler und erhabener angesehene Vergangenheit; eine Gewalt, der selbst, wer wollte, nicht widerstehen kann, weil die Öde in der die jetzigen Bewohner das Land lassen, und die unglaubliche Masse der Trümmer selbst das Auge dahin führen, und da nun diese Vergangenheit dem innern Sinn in einer Größe erscheint, die allen Neid ausschließt, an der man überglücklich sich fühlt, nur mit der Phantasie Teil zu nehmen, ja an der keine andere Teilnahme nur denkbar ist, und dann dem äußeren Sinn zugleich die Lieblichkeit der Formen, die Größe und Einfachheit der Gestalten, den Reichtum der Vegetation (die doch wieder nicht überüppig ist, wie in noch südlicheren Gegenden), die Bestimmtheit der Umrisse im klaren Medium, und die Schönheit der Farben, in durchgängige Klarheit versetzt – so ist nur hier der Naturgenuß reiner, von aller Bedürftigkeit entfernter Kunstgenuß [...]. Es ist auch nur eine Täuschung, wenn wir selbst Bewohner Athens und Roms zu sein wünschten. Nur aus der Ferne, nur von allem Gemeinen getrennt, nur als vergangen muß das Altertum uns erscheinen. Es geht damit, wie wenigstens mir und Zoega[2] mit den Ruinen. Wir haben immer einen Ärger, wenn man eine halb versunkene ausgräbt. Es kann höchstens ein Gewinn für die Gelehrsamkeit auf Kosten der Phantasie sein. Ich kenne für mich nur noch zwei gleich schreckliche Dinge, wenn man die *campagna di Roma* anbauen und Rom zu einer polizierten Stadt machen wollte, in der kein Mensch mehr Messer trüge. Kommt je ein

2 Vgl. S. 181, Anm. 2.

so ordentlicher Papst, was aber die 72 Kardinäle verhüten mögen! so
ziehe ich aus. Nur wenn in Rom eine so göttliche Anarchie und um
Rom eine so himmlische Wüstenei ist, bleibt für die Schatten Platz,
deren Einer mehr wert ist, als dies ganze Geschlecht.

François-René Vicomte de Chateaubriand

1768–1848

Voyages en Amérique, en Italie, au Mont Blanc. In: Œuvres complètes. Bd. 6. Paris
1827. – F. R. de C.: Erinnerungen aus Italien, England und Amerika. Übers. von
W. A. Lindau. Dresden: P. G. Hilscher, 1816. S. 9–11.

*Auf einer Reise nach Nordamerika und im englischen Exil verfaßte Cha-
teaubriand jene Bücher, die ihn aus der Masse des revolutionsflüchtigen
Adels heraushoben, »Atala«, »René«, »Le Génie du Christianisme«. 1803
erbat er sich von Napoleon eine Stelle im öffentlichen Dienst und wurde
Gesandtschaftssekretär bei Kardinal Fesch in Rom. Da er überall nur den
»ersten Platz« wollte und in der Folgezeit immer stärker die Position des
bourbonischen Legitimismus vertrat, entsprach die politische Karriere keineswegs seinem Ehrgeiz. Er war Außenminister Ludwigs XVIII., Botschafter in Preußen, England und 1828/29 im Kirchenstaat. Gerade Rom
wurde ihm zum Symbol der eigenen Erfahrungen: »Dieses Rom, in dessen
Mitte ich lebe, sollte mich lehren, die Politik zu verachten. Hier sind Freiheit und Tyrannei gleichermaßen gescheitert; alles liegt durcheinander«,
schrieb er am 15. Januar 1830 in seinen »Erinnerungen« (hrsg. von Sigrid
von Massenbach, München 1968, S. 511). Sein einflußreiches Werk »Le
Génie du Christianisme« (1802), das aus den humanistischen Leistungen
der Christen in der Geschichte den göttlichen Charakter der christlichen
Religion bewies, kämpfte gegen den Atheismus und Materialismus der
Aufklärung und »warf das achtzehnte Jahrhundert auf immer aus seiner
Bahn«, wie er selbst behauptet. »Die Gläubigen sahen sich gerettet [. . .].
Sogar der jetzige Geschmack an den Bauwerken des Mittelalters geht auf
dieses Werk zurück« (»Erinnerungen«, S. 255, 277). Chateaubriand inspi-
rierte auch die Rom-Erfahrungen der nächsten Generation. Er selbst
träumte sich oft nach Rom zurück. Vergebens hoffte er, dort seine alten
Tage zu verbringen (»Erinnerungen«, S. 458, 471, 715). Im Januar 1803
schilderte er in einem berühmt gewordenen Brief voll romantischer Melancholie, den der »Mercure de France« publizierte und der dann oft nach-
gedruckt wurde, das abendliche Rom als eine Art eigentlicher Heimat.*

Es gibt nichts Schöneres, als die Grenzlinien des römischen Himmels, als die sanfte Abdachung der Ebenen und die zarten flüchtigen Umrisse der Berge, welche dieselben begrenzen. Die Täler gleichen oft einer Rennbahn, einem Zirkus, einem Hippodromus; die Hügel sind hier stufenförmig abgestochen, als ob die gewaltige Römerhand alles Erdreich weggeräumt hätte. Ein eigentümlicher Duft, der in den Fernen verbreitet ist, rundet alle Gegenstände, und vertreibt, was hart und scharf in ihren Bildungen auffallen könnte. Die Schatten sind hier nie hart und schwarz, und selbst in die dunkelsten Massen der Felsen und des Laubes fällt immer ein wenig Licht ein. Eine wunderbar einigende Tinte vermählt Erde, Himmel und Wasser; alle Oberflächen werden durch eine unmerkliche Steigerung der Farben in ihren äußersten Grenzen verschmolzen, ohne daß sich der Punkt angeben ließe, wo ein Farbenton endige und der andre anfange. Sie haben gewiß in den Landschaften unseres Claude Lorrain[1] jenes Licht bewundert, das idealisch und schöner, als die Natur zu sein scheint; nun da haben Sie das römische Licht.

Ich ward nicht müde, in der Villa Borghese den Untergang der Sonne zu betrachten, wenn sie hinter den Zypressen des Monte Mario, oder hinter den, von Le Nôtre[2] gepflanzten, Fichten der Villa Pamphili sank. Oft bin ich auch auf dem Ponte Molle über die Tiber gegangen, um dieses große Abendschauspiel zu sehen. Die Spitzen der Sabinischen Berge sind alsdann mit Himmelblau und blassem Golde umkleidet, während ein dunkelblauer oder purpurfarbiger Duft ihren Fuß und ihre Seiten einhüllt. Zuweilen werden schöne Wolken, leichten Wagen gleich, von dem Abendwinde gar anmutig fortgetragen, und man vermag die Erscheinung der Olympbewohner unter diesem mythologischen Himmel sich zu deuten; zuweilen scheint die alte Roma im Abend alle Purpurgewande seiner Konsuln und seiner Cäsarn unter den letzten Schritten des Sonnengottes auszubreiten. Diese reiche Verzierung schwindet nicht so schnell, als an unserm Himmel; wenn man glaubt, die Farbenpracht werde erlöschen, so lebt sie plötzlich wieder auf in einer andern Gegend des Himmelsgewölbes; Dämmerung scheint auf Dämmerung zu folgen, und es verlängert sich der Zauber des Abendlichts [...]. Es sind zweitausend Jahre, als Cicero unter dem Himmel Asiens im Elende zu leben glaubte, und an seine

---

1 Claude Lorrain (1600–82), französischer Landschaftsmaler, lebte lange Zeit in Rom.
2 André Le Nôtre (1613–1700), französischer Gartenarchitekt, Schöpfer der barokken Gartenanlage.

Freunde schrieb: In Rom mußt du wohnen, in jenem Lichte leben![3] Dieser Reiz des schönen Ausoniens[4] ist noch nicht verloren. Man kennt viele Reisende, welche nach Rom in der Absicht kamen, nur wenige Tage zu verweilen, und ihr ganzes Leben dort zubrachten.

GERMAINE DE STAËL

1766–1817

Corinne ou l'Italie. Paris 1805. – G. de S.: Corinna oder Italien. Übers. von Friedrich Schlegel. 4 Bde. Berlin: Herbig, 1807. Bd. 1. S. 176–182.

Madame de Staël, Tochter von Ludwigs XVI. Finanzminister Jacques Necker, ist eine der eindrucksvollsten Figuren der gesellschaftlichen und literarischen Szene des frühen 19. Jahrhunderts und eine wichtige Vermittlerin im europäischen Geistesleben. Zuerst Anhängerin, dann Gegnerin der Revolution, zuerst Anhängerin, dann Gegnerin Napoleons, führte sie bald ein großes Haus in Paris, bald mußte sie ins Exil. 1794/95 ging sie in Begleitung von August Wilhelm Schlegel nach Rom. Der dort entstandene Roman »Corinna« schildert die 1794 spielende und tragisch endende Liebe von »Oswald, Lord Nelvil, schottischer Pair« zu einer schönen Römerin mit unklarer Vergangenheit. Das Buch war erfolgreich, doch das Liebeswimmern seiner Helden ist schwer erträglich. Jean Paul sprach von einer »Satire«. Die liebende Annäherung des Schotten an die fremde Frau vollzieht sich als Entdeckung Roms. Die Kapitel sind wie ein Reiseführer geordnet. »4. Buch: Rom. 5. Buch: Die Gräber, Kirchen und Paläste. 6. Buch: Die Sitten und der Charakter der Italiener. 7. Buch: Die italienische Literatur. 8. Buch: Statuen und Gemälde. 9. Buch: Das Volksfest und die Musik. 10. Buch: Die Karwoche.« Es folgen ähnliche, wenn auch kürzere Liebeswege durch Neapel und Venedig. Der Leser bekommt nicht nur Gegenstände gezeigt. Das Erlebnis der Stadt wird zur moralischen Entdeckungsreise im eigenen Ich.

---

3 *Ad Familiares* II,14,2, geschrieben im Juni 50 v. Chr. aus dem Feldlager in Cilicien. Mit »Licht« meint Cicero freilich das politische Leben Roms.
4 Der Name kommt von Auson, einem Sohn des Odysseus und der Kalypso; die Ausonier siedelten in Kampanien und Latium und wurden 313 v. Chr. von den Römern besiegt. Ausoner nannte man im übertragenen Sinn die Bewohner von Unteritalien, in poetischer Sprache dann die Italer insgesamt.

Corinna zeigt ihrem Freund die Engelsburg. Für den Tod erbaut und nur eine einzige undurchdringliche Masse bildend, haben die Menschen dem Bau doch noch etwas Feindlicheres durch die äußern Befestigungen zu geben gewußt, welche mit der Stille und der erhabenen Zwecklosigkeit eines Totendenkmales im Widerspruch stehen. Auf dem Gipfel sieht man einen Engel von Bronze mit bloßem Schwert. Im Innern sind finstre Gefängnisse angebracht. Seit dem Hadrian bis auf unsre Tage knüpfen sich alle Begebenheiten in der Geschichte Roms an dieses Denkmal an. Hier verteidigte sich Belisar gegen die Goten,[1] und ebenso sehr Barbar als die, welche ihn angriffen, ließ er die schönen Statuen, welche das Innre des Gebäudes schmückten, auf die Feinde schleudern. Crescentius[2], Arnold von Brescia[3], Nicolaus Rienzi[4], diese Verteidiger der römischen Freiheit, die so oft Erinnerungen für Erfahrungen hielten, haben sich lange in diesem Grabmale eines Kaisers verteidigt. Sie gefallen mir, diese Steine, die sich an so viele hohe Taten knüpfen, um diese Pracht an dem Grabe eines Beherrschers der Welt. Es ist etwas Großes in dem Menschen, der, im Besitz aller irdischen Freude und Pracht, sich dennoch nicht scheut, sich so lange im voraus mit dem Tode zu beschäftigen. Sittliche Gedanken und uneigennützige Gefühle ergreifen die Seele, sobald sie auf irgend eine Weise die Schrecken dieses Lebens überschreitet. Von hier aus, fuhr Corinna fort, sollte man die Peterskirche schon sehen können, und bis hierher sollten sich die Säulen erstrecken, die den Eingang zu ihr bilden. So war der herrliche Plan des Michel Angelo, er hoffte, daß man ihn wenigstens nach seinem Tode ausführen würde; in unserm Zeitalter haben die Menschen den Gedanken an die Nachwelt verloren. Wenn man einmal die Begeisterung lächerlich gemacht hat, so bleibt nichts mehr übrig, als das Geld und die äußere Gewalt. Sie sind es, die dies Gefühl wieder erwecken müssen, rief Lord Nelvil mit Entzücken. Wem widerfuhr je ein Glück, wie ich es genieße?

1 Belisar (um 505–565), Feldherr von Kaiser Justinian I., kämpfte 535–540 und 544–548 in Italien gegen die Ostgoten.
2 Das Adelsgeschlecht der Crescentier (Crescentius I., gest. 984; Crescentius II., auf Befehl von Kaiser Otto III. 998 hingerichtet; Crescentius III., gest. 1012) setzte sich im 10. Jh. in den Besitz der Engelsburg, übernahm das römische Patriziat und beherrschte fast nach Belieben das Papsttum.
3 Arnoldo di Brescia (um 1105–55), ein radikaler religiöser Reformer, wurde zum Anführer einer Revolte des römischen Stadtbürgertums, verlangte die Verbannung aller Adeligen, den Verzicht des Papstes auf weltliche Herrschaft und eine republikanische Regierung.
4 Vgl. S. 46, Anm. 1.

Rom, wie Sie es mir zeigen, Rom angeschaut durch Fantasie und
Kunstsinn, Rom eine Welt, wenn das Gefühl es beseelt, ohne welches
selbst die Welt nur eine Wüste sein würde. Ach, Corinna! was wird
auf diese Tage folgen, die glücklicher sind, als mein Schicksal und
mein Herz es verstatten? – Corinna antwortete ihm mit einer sanften
Stimme: Alle wahre Liebe kommt vom Himmel, Oswald, warum
sollte er nicht schützen, was er selbst eingeflößt hat? Ihm kommt es
zu, für uns zu sorgen. – Jetzt zeigte sich ihnen die Peterskirche, das
größte aller Gebäude, was Menschen jemals errichtet haben; denn die
Pyramiden Ägyptens erreichen ihre Höhe nicht. Ich hätte Ihnen vielleicht unser schönstes Gebäude zuletzt zeigen sollen, sagte Corinna,
aber das ist mein System nicht. Um das Gefühl für die Schönheiten
der Kunst zu wecken, muß man, glaube ich, mit den Gegenständen
anfangen, die eine gewaltige und tiefe Bewunderung erregen. Ist dieses Gefühl erst vorhanden, so öffnet sich uns gleichsam eine neue
Welt, und macht uns nachher fähiger, alles zu lieben und zu beurteilen, was auch in einer niedern Gattung dennoch jenen ersten Eindruck
von neuem hervorruft. Alle Abstufungen, die methodischen und ab-
gemessenen Vorbereitungen eines großen Gefühls sind nicht nach
meinem Sinn. Man gelangt nicht stufenweise zum Erhabenen; durch
eine unendliche Kluft wird es sogar von dem noch geschieden, was
nur schön ist. Ein seltsames Gefühl ergriff Oswalden beim Anblick
der Peterskirche. Es war das erstemal, daß ein Werk der Menschen auf
ihn wirkte, wie die Wunder der Natur. Es ist das einzige Kunstwerk
unsrer jetzigen Erde, welches dieselbe Art von Größe hat, welche
sonst nur den unmittelbaren Werken des Schöpfers eigen ist. Corinna
freute sich an Oswalds Erstaunen. – Ich habe einen Tag gewählt, sagte
sie zu ihm, wo die Sonne in vollem Lichte strahlt, um Ihnen dies
Denkmal zu zeigen. Ich verspare Ihnen noch ein andres tieferes und
heiligeres Gefühl, es nämlich beim Mondlichte zu betrachten; aber
erst wollte ich Ihnen diesen festlichsten aller Anblicke gewähren, die
Kunst des Menschen durch die Pracht der Natur erhöht und verherr-
licht zu sehen [. . .].

Verweilen Sie, sagte Corinna zu Lord Nelviln, als er schon unter
dem Porticus der Kirche stand, noch einen Augenblick hier, ehe wir
den Vorhang aufheben, der die Tür der Kirche bedeckt. Klopft Ihnen
das Herz nicht bei der Annäherung an das Heiligtum? und fühlen Sie
nicht, da wir im Begriff stehn, hereinzutreten, alles was man bei der
Erwartung einer feierlichen Handlung empfinden würde? Corinna
hob selbst den Vorhang auf und hielt ihn, um Lord Nelvil hindurch

gehen zu lassen; sie hatte in dieser Stellung so viel Anmut, daß Oswalds erster Blick auf sie fiel, und einige Augenblicke lang konnte er ihn nicht von ihr wenden. Indessen trat er weiter in die Kirche hinein, und das Gefühl, das ihn unter diesen ungeheuren Gewölben ergriff, war so tief und so ernst, daß die Liebe selbst nicht mehr hinreichend war, um seine Seele ganz zu erfüllen. Er ging langsam an Corinnas Seite; beide schwiegen. Alles ladet hier zum Stillschweigen ein; das geringste Geräusch hallt so weit nach, daß keine Worte würdig genug scheinen, auf solche Weise in dieser fast ewigen Behausung wiederholt zu werden! Das Gebet allein, der Laut der Klage, mag er sich mit noch so schwacher Stimme erheben, erweckt in dieser erhabenen Umgebung eine tiefe Rührung. Und wenn man unter diesen hohen Hallen von weitem einen Greis kommen hört, dessen zitternde Schritte sich auf dem Marmorboden fortschleppen, der schon von so vielen Tränen benetzt ward, dann fühlt man, daß das Christentum, die Religion des Schmerzens, das wahre Geheimnis der Wanderschaft des Menschen auf Erden enthält.

LUDWIG TIECK
1773–1853

Das Feuerwerk (1805). – L. T.: Gedichte. Tl. 3. Dresden: P. G. Hilscher, 1823. S. 166 f.

Tiecks Rom-Gedichte entstanden nach einer um 1800 einsetzenden Lebenskrise, die mit einem schweren Gichtanfall begann und begleitet wurde von der Auflösung des frühromantischen Kreises. Von 1802 bis 1819 lebte Tieck auf einem Landgut bei Frankfurt an der Oder und unternahm von dort aus große Reisen. Erstmals waren seine Gedichte nicht Teil von Erzählungen oder Dramen, sondern erschienen in Zyklen. Es handelt sich um Texte, die »der kranke Verfasser auf der Reise nur als flüchtige Andenken schnell in seinem Tagebuche aufzeichnete« (Vorwort). Neue schwere Krankheit verhinderte die Überarbeitung, doch Tieck hoffte: »Vielleicht ist der Ausdruck des Momentes frischer und lebhafter, als es bei mehr Fleiß die Ausbildung des Verses, oder der hinzugefügte Reim und die geordnete Strophe zugelassen hätten« (Vorwort).

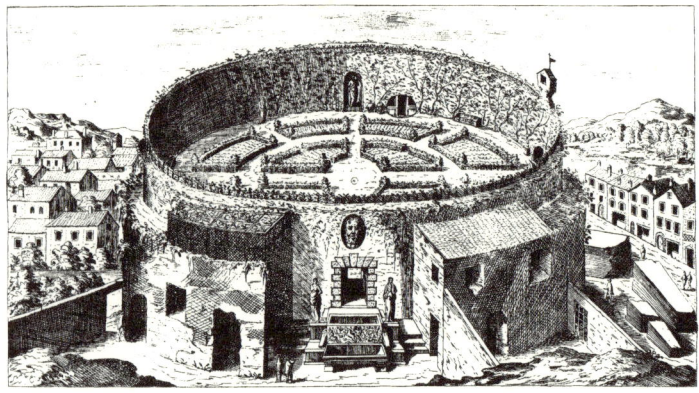

Etienne Du Pérac: Mausoleum des Augustus als Gartenanlage im 16. Jh.

Das Feuerwerk

Konntest du ahnden,
Augustus, Weltbeherrscher,
Daß ein spätes Geschlecht
In deinem Grabmal[1]
Den matten Stier hetzen könnte,
Daß hier Hundegebell
Und Jauchzen der Handwerker tönte?

Heut brennt ein Feuerwerk
Im bunten Spiel,
Ich schaue von oben
In die lichtsprudelnde Torheit hinab,
Und höher hernieder
Scheint vom klaren Himmel
Der goldne volle Mond.

---

1 Von der Anlage des Augustus-Mausoleums, vor dem die bei S. Maria Maggiore
und beim Quirinalspalast aufgerichteten Obelisken standen, gibt es nur noch den
gemauerten Zylinder. Er diente seit dem Mittelalter als Festung der Colonna,
wurde in einen Barockgarten, eine Stierkampfarena, ein Theater, schließlich einen
Konzertsaal verwandelt, bis das faschistische Italien den antiken Kern freilegte.

Ein türkisch Gezelt
Mit vielen Lichtern,
Mit leichter Luft gefüllt,
Steigt zum Beschluß langsam in die Höhe.
Da schwebt das leuchtende Gespenst,
Und wie ein sanftes Lüftchen
Vom Berg herüber weht,
Schaukelt und schwankt das leichte Gewebe:
Doch nun kühner, wendet es sich um,
Und Funke erst dann Flamme
Zeigt sich verzehrend hell
Und frißt den Scherz hinweg,
Daß leuchtend nieder tropfen
Die flimmenden, schnell erlöschenden Zunder.

Doch voll und glänzend steht die Mondesscheibe.
So du, alte Kunst und Poesie,
Wenn tausend flatternde Fünkchen
Nach augenblicklichem Leuchten
Als Zunder in des Vergessens Reich eintauchen.

CARL VICTOR VON BONSTETTEN

1745–1832

Voyage sur la scène des dix derniers livres de l'Enéiade, suivi de quelques observations sur le Latium moderne. An XIII (1805). – C. V. v. B.: Reise in die klassischen Gegenden Roms, zur Schilderung ihres ehemaligen und gegenwärtigen Zustandes. Bearb. von K. G. Schelle. 2 Bde. Leipzig: J. F. Hartknoch, 1805. Bd. 1. S. 51 f., 46, 54 bis 56. Bd. 2. S. 3 f.

Der Berner Patriziersohn las schon als Kind die Schriften Rousseaus, studierte in Leyden, Cambridge und Paris und reiste in Europa herum. Seit 1775 hatte er politische Ämter in seiner Heimatstadt inne, die ihm Zeit ließen zur Schriftstellerei. Als das patrizische Bern sich 1798 nach dem Einmarsch französischer Truppen in die Schweiz auflöste, ging er 1802/03 nach Rom. Anschließend zog er nach Genf in die Nähe von Frau von Staëls Landgut Coppet und begann ein umfangreiches literarisches Werk.

Sein Buch von 1805 fällt aus dem Rahmen der Rom-Berichte. Bonstetten sorgt sich nicht um die eigene Bildung. Er zeigt, wie das Schicksal der Menschen zu verbessern wäre. Belege aus der antiken Literatur beweisen, daß die Übel im Kirchenstaat nicht gott- oder naturgewollt, sondern von Menschen verschuldet sind. Elendsschilderungen aus der Campagna werden konfrontiert mit Kapiteln wie »Gemälde des Landes, wie es zu den Zeiten des Aeneas war« (Bd. 1, S. 81–86). Originell ist Bonstettens Versuch, zur Information über die Landschaft nicht nur zeitgenössische und antike Literatur, sondern auch Ausgrabungen heranzuziehen. Dazu gibt er eindrucksvolle Schilderungen aus Ostia. Zur Verbesserung der Lage verlangt er »große und ernsthafte Maßregeln« im Kirchenstaat und macht Vorschläge für Viehzucht, Garten- und Weinbau, Hygiene, Pachtsystem usw.

Man hat die Aufklärung des Altertums zu ausschließend aus den geschriebenen Denkmälern der Alten versucht. Sicherere und besser als selbst Steine und Bronze erhaltene, gewährt die Natur. Dies sind die Orte von dem Schauplatz großer Begebenheiten. Ich sagte mir zuweilen in Rom: diese Mauern, diese Ruinen sind nicht mehr die Gegenstände, welche Virgil, Horaz, Cicero oder Tacitus vor Augen hatten; aber diese Natur, dieser majestätische Albanische Berg, diese Kette von Sabinischen Gebirgen, dieser einsam in der Ebene sich erhebende Soracte der Horaz,[1] diese Tiber, dieser Janikulus; dieser Himmel endlich, diese Erde, diese Meere sind noch dieselben, sind es noch, während alles von Menschenhand zu Trümmern ging! Der große Schauplatz der Ereignisse besteht noch ganz. Das Studium dieser unwandelbaren Szene kann über Geschichte und Poesie der Alten Licht verbreiten.

Wenn man von einer Stadt spricht, so denkt man sich Straßen, Häuser, Familien; aber zu Rom muß man sich von allen diesen gemeinen Ideen losmachen. Ich erinnere mich noch, eine Stunde lang innerhalb Rom spazieren gegangen zu sein, ohne ein bewohntes Haus oder einen andern Menschen als einen weißen Mönch gesehn zu haben; und es gibt in der sonderbaren Stadt eine Straße ohne Häuser, die einzig aus größtenteils verlassen stehenden Kirchen und Klöstern besteht.

Mit dem Kapitol scheint auch die Menschengattung zu enden; die Wüste beginnt schon in der Stadt Rom selbst. Jenseits des Tempels der

---

1 Vgl. Horaz, Oden I,9: »Siehst du des Soracte Gipfel im tiefen Schnee erglänzen«.

Vesta und über das Forum hinaus gibt es fast nur verfallene Kirchen, Mauern, verlassene Klöster, einige Heumagazine, einsame Gärten und wüste Weinberge. Kommt man zum St. Paulstor heraus: so sieht man einige von ihren Besitzern verlassene Wohnungen, wo einige bleiche Gespenster nur kaum noch im Stande sind Schildwache zu stehn. Von da bis nach Ostia wird man nur zwei schmutzige Löcher gewahr, die man Gasthöfe nennt.

Die Basilika von St. Paul ist ein Gebäude, das am Eingang in die Wüste steht. Diese geräumigen, fast immer verlassen stehenden Tempel vollenden den Eindruck der Einsamkeit, den man in diesen Gegenden empfängt. Tauben nisten in dem stillen Gemäuer der Basilika; man hört sogar den Schlag ihrer Flügel. Eine aus Konstantinopel hieher gebrachte Tür enthält griechische und arabische Inschriften, die uns Zeiten zurückrufen, welche nicht mehr sind. Sie führt zu einem mit Mauern umschlossenen Platz. Es ist dies, sagt man, ein Begräbnisort. Allein hier gibt es keine Toten mehr, weil es keine Lebenden mehr gibt, und einige, Messe murmelnden, Priester erinnern uns nur an das Leben, um uns zu sagen: bald werde es nicht mehr sein. St. Paul liegt eine starke Viertelmeile von Rom. Zwischen dieser Basilika und der Stadt gibt es von ihren Herren verlassene Landhäuser und hier und da einige Pächter, welche sich so wenig als möglich darin aufhalten. Man schlägt, man klopft, man ruft an vielen Türen: und niemand kommt, der sie öffnete [. . .]. St. Paul fast gerade gegenüber erhebt sich ein rötlicher Felsen; ich ersteige ihn und finde eine hinreißende Aussicht. Hier sieht man den Aventin, wie er sich in zwei entgegengesetzten Abhängen senkt, und an dem einen Abhang das Tal bildet, wo vordem das gemeine Volk in Rom wohnte. Auf den Höhen des Hügels erblickt man in den Kirchen der heiligen Saba und Balbine den Tempel der Juno und der Diana, wo der letzte der Gracchen vergeblich einen Zufluchtsort zu finden hoffte [. . .]. Über St. Paul hinaus verschwinden alle belebten Gegenstände in dem Maß, als man in die Wüste weiter vorwärts dringt. Selbst alle Bewegung scheint nach und nach zu ersterben und dem Stillschweigen und der Erinnerung Platz zu machen.

Die Arbeiter in der Campagna di Roma haben es tausendmal schlimmer, als die Sklaven irgend eines europäischen Landes, und sind weit mehr vernachlässigt, als die Tiere auf den Alpen in den ärmsten Ge-

genden der Schweiz [. . .]. Man sollte eine obrigkeitliche Person zum
Schutzherrn der ackerbauenden Arbeiter erwählen, welcher jedes Jahr
ein genaues Verzeichnis aller dieser Unglücklichen führte, worin ihr
Alter, ihr Geburtsort, ihre Kinder, so wie ihr Gesundheitszustand, be-
merklich gemacht wäre. Anstatt der prächtigen Gebäude, auf die alle
Entwürfe hinauslaufen, welche man zu Rom macht, sollte man den
Eigentümern oder ihren Pächtern die Verbindlichkeit auflegen, gesunde und reinliche Hütten zu erbauen, die wohl mit Stroh zum Lager der Arbeiter versehn wären. Man sollte sie zu gewissen Stunden
hinein gehen lassen, ihnen eine gesunde Nahrung vorschreiben, die
Kranken von ihnen trennen, und solche in die, für die arbeitende
Klasse in Rom bereiteten, Häuser bringen lassen [. . .]. Da die römische Regierung arm ist und Pächter und große Eigentümer bei dem
Wohlbefinden der arbeitenden Klasse unendlich gewinnen würden, so
sollte man auch aus diesem Grunde alles auf gemeinschaftliche Kosten
für diese Menschenklasse tun. Auf solche Weise würde diese Handlung der Menschlichkeit und Politik dem Souverain wenig kosten, der
sich schmeicheln dürfte, endlich zu dem großen Zweck zu gelangen,
den er nie aus dem Gesicht verlieren sollte, daß die Campagna di
Roma endlich durch Arbeiter bebaut würde, welche Eigentümer des
Bodens wären, den sie tragbar machen sollten; und sie müßten selbst
darauf ansässig sein.

Zacharias Werner

1768–1823

Tagebücher (1809). – Die Tagebücher des Dichters Z. W. Hrsg. und erl. von Oswald
    Floeck. Leipzig: Karl W. Hiersemann, 1939. S. 140, 141, 202.

*Der in Königsberg geborene Professorensohn galt zeitweise als begabter
Dramatiker. In einem unsteten Wanderleben versuchte er mit allen führenden Köpfen seiner Epoche in Kontakt zu kommen. Er wollte Ideen aus
Goethes »Wilhelm Meister« mit Gedanken der Romantiker verbinden
und eine neue, freie Kirche gründen als »Verbindung aller Edlen zum
Zwecke der Vergöttlichung des Menschengeschlechts«. Vergebens übernahm er ein paarmal öffentliche Ämter. Drei Ehen mit mehr oder weniger berüchtigten Damen scheiterten. Während er ein mystisches Liebes-*

evangelium verkündete, notierte er in seinem Tagebuch sorgfältig jedes Dirnenabenteuer. Der Rom-Aufenthalt von 1808 bis 1813 bildet einen Einschnitt in seinem Leben. Werner konvertierte 1810 zur katholischen Kirche, verdammte sein literarisches Werk und pflegte fortan eine kulinarisch-schwärmerische Frömmigkeit. 1814 ließ er sich zum Priester weihen und wurde im Wien der Restaurationszeit ein gefeierter Prediger.

15. Dezember 1809. Frühstücken im Caffè Nuovo[1]. Zur Rosa. Ich miete das Logis. Gang den Petersplatz zu besehn. Ambrosy[2] kommt mit einer alten Dame angefahren. Gang mit beiden in die Peterskirche. Ausmessen des Umfangs von einer Säule, die 158 Fuß hat, Besehn der vom Engländer gev– Statue an dem Grabmale vom Stuhle Peters rechter Hand.[3] Fahrt mit Ambrosy nachdem der die alte Dame abgesetzt, zu einem Marchese, der nicht zu Hause, ins Kapitol, Gang mit ihm zu Damo[nt][4], wo ich eine Invite des Prinzen von Gotha[5] ausschlage und mit Ambrosy esse. Gang mit ihm ins Caffè Nuovo; hierauf Besuch bei der niedlichen Nina, Strada Frattina Nr. 26; von ihr zu einer etwas ältlichen Signora, die jede Versuchung in mir niederschlug, endlich – aller guten Dinge sind drei – zur Signora Gianettina, Strada Frattina, das 3. mit Karos bezeichnete Haus nach der 4. Straße. Ich war nun erschöpft und ging zu Ambrosy, frugales Souper bei ihm, sein Bursche bringt mich zu Hause.

17. Dezember 1809. Einladung vom Prinzen von Gotha, Gang zu ihm, Fahrt mit ihm nach St. Peter, Messe dort in der Sakristei der Canonici. Bekanntschaft mit der liebenswürdigen Fürstin Dietrichstein[6] und dem trefflichen Maler Camuccini[7]. Gang ins Caffè Nuovo. Früh-

1 Das Caffè Nuovo im Erdgeschoß des Palazzo Ruspoli am Corso.
2 Der Cavaliere Ambrosy begleitete Werner von Florenz nach Rom und war in der ersten Zeit der Gefährte seiner Abenteuer.
3 Das Grabdenkmal Pauls III. (1534–49) von Guglielmo della Porta stand ehemals dem Altar des Longinus gegenüber und wurde 1628 von Urban VIII. an den heutigen Platz in der linken Nische der Haupttribüne gesetzt. Von den beiden Frauenfiguren der Klugheit und der Gerechtigkeit erhielt die letztere kurz vorher eine blecherne Verhüllung ihrer anstößigen Nacktheit.
4 Gasthof in Via della Croce 68.
5 Friedrich IV., Herzog von Sachsen-Gotha und Altenburg (1774–1825). Durch einen Unfall zog er sich 1793 ein Nervenleiden zu, das er jahrelang in Rom auskurierte. 1817 wurde er katholisch. 1820 mußte er als letzter seiner Familie an die Regierung.
6 Die Fürstin Dietrichstein (1773–1847), mit einem russischen General und Diplomaten verheiratet, lebte seit den ersten Jahren des 19. Jh.s in Rom.
7 Vincenzo Camuccini (1773–1844), Historienmaler.

stücken auf dem Corso. Essen beim Prinzen mit seiner gewöhnlichen Gesellschaft. Gang ins Caffè Nuovo; mit Ambrosy zu einer hübschen Neapolitanischen Ballerina, Majorani, Strada Condotta, rechts die 3. Tür von dem bei Franz belegenen Caffè Greco. Ein Kastrat, ein Neapolitaner und die Cara Mamma sind von der Partie. Es wird erst Lotterie gespielt, dann Vingt et un, wo ich 3 Scudi verliere. Gang zur Secina, prima Scala della vita in der Nr. 25, einem schönen großen Mädchen, die häufig Zuspruch hatte, – Gang zu Hause.

19. November 1810. Gebet, Frühstücken, Pallavicinis Bedienter holt mich zu diesem ab. Gang mit Pallavicini und Finochi[8] in die 7 Basilikas[9], sobald wir zum Tor heraus sind, halten wir noch wechselweise die vorgeschriebenen Gebete aus einem Büchelchen, das mir Pallavicini schenkt. Es ist ein herrlicher Gang und mit lieben frommen Leuten. Wir gehen erst nach St. Paul, wo ich dem Finochi die Messe ministriere und vor dem wundertätigen Crucifix[10], das mit der heiligen Brigitta gesprochen haben soll, ingleichen vor dem alten Marienbilde[11] (es ist auf Goldgrund gemalt), vor dem der heilige Ignatius mit seinen ersten Gesellen Profeß abgelegt habe, sehr andächtig zum Heiligen um Fürbitte bete, daß auch ich gewürdigt werden möge einen Brüderverein zu stiften. Dann gehen wir nach St. Sebastiano, wo wir das Grab des Heiligen mit seiner Marmorstatue und den Eingang der Katacomben, doch ohne hereinzugehen sehen, dann nach St. Giovanni im Lateran, nach Santa Croce in Jerusalemme, nach San Lorenzo fuori le muri und nach Santa Maria Maggiore. In jeder Kirche halten wir die vorgeschriebenen Gebete. Dann esse ich bei Franz zu Mittage, wo ich mit etlichen Berlinern unnützes Geschwätz führe. Kaffeetrinken im Kaffeehause nebenbei.

---

8 Römische Priester.
9 Vgl. S. 76, Anm. 3.
10 Ein um 1300 entstandenes Holzkruzifix, eines der frühesten Bilder des leidenden Heilands in Italien; die Mystikerin Brigitta von Schweden (1303–73) lebte seit 1349 in Rom und bemühte sich durch strenge Bußreden um die Rückkehr der Päpste aus Avignon.
11 Das Marienbild ist eine noch vorhandene Mosaikikone des 13. Jh.s, die sich früher am Confessio-Altar in der Mitte der Basilika befand und vor der Ignatius von Loyola 1541 mit seinen ersten Gefährten das Gelübde zur Gründung einer »Gesellschaft Jesu« ablegte. Die Stelle bei Werner zeigt, wie intensiv sich Ereignisse der Frömmigkeitsgeschichte mit bestimmten Plätzen in Rom verbinden und nach Bedarf im Gedächtnis wiederholt werden.

Gang nach Hause, Theologie. Gang zu Ostini[12], theologische Stunde. Gang zu Hause, Vulgata[13], Kempis[14], Meditation, Theologie, Gebet, Schlafengehn.

GEORGE GORDON LORD BYRON

1788–1824

Childe Harold's Pilgrimage (1809–17). – Childe Harolds Pilgerfahrt. In: G. G. L. B.: Sämtliche Werke. Bd. 1. Aus dem Engl. von Otto Gildemeister und Alexander Neidhardt. Überarb. und mit Anm. hrsg. von Siegfried Schmitz. München: Winkler, 1977. S. 149–154. – © 1977 Winkler Verlag, München.

Der Sensationserfolg der 1812 erschienenen ersten Gesänge von »Childe Harold's Pilgrimage« machte Byron über Nacht berühmt. Im Gedicht flieht ein vom Wohlleben zerrütteter junger Adeliger voll Ekel über sein Treiben in die Welt und reist über Portugal, Spanien und Albanien nach Griechenland. Byron rühmt die wilde Landschaft und beklagt die Dumpfheit, mit der sich die Griechen unterdrücken lassen: »Wer frei sein will, der schlage selbst die Schlacht« (S. 66). Die biographische Parallele zwischen Held und Autor ist ebenso augenfällig wie der Unterschied dieser »Pilgerfahrt« zu der gelangweilten Bildungstour des englischen Adels. 1816/18 setzte Byron die literarische Reise fort nach Waterloo, wo inzwischen die europäischen Völker Napoleon besiegt hatten, ohne ihre Freiheit zu erlangen, und in die Schweiz, deren landschaftliche Schönheit er mit den Augen Rousseaus sah. Den Höhepunkt erreicht das Werk im 4. Buch mit dem Preis Italiens: »In deiner Öde noch der Völker Neid. / Dein Unkraut selbst ist schön, dein wüstes Feld / Reicher als andrer Zonen Fruchtbarkeit« (S. 120). »Denn was der Geist schuf, ist von Staube nicht, / Es ist unsterblich und erweckt und mehrt / Ein schönres Sein in uns, ein reines Licht« (S. 114). Am Schluß des Werks stehen, 1817 entstanden, grandiose Bilder eines in seinen Ruinen die Zeit überdauernden Rom.

12 Pietro Ostini ist in Rom Werners Beichtvater und Seelenführer; er wird später Nuntius in Wien und stirbt 1848 als Kardinalbischof von Albano.
13 Lateinische Bibelübersetzung des heiligen Hieronymus (um 347–419/420).
14 Das Buch *Über die Nachfolge Christi*, dem Mystiker Thomas a Kempis (1379 bis 1471) zugeschrieben, ist eines der bedeutendsten Erbauungsbücher der Kirchengeschichte.

Doch lasset kühn uns forschen, ohne Wanken!
Es wär ein feiger, schmählicher Verzicht,
Die letzte Burg, die Rechte der Gedanken
Zu opfern. Diesem Recht entsag ich nicht!
Ob man die Götterkraft, die in uns spricht,
Auch kette, foltre, beuge, banne, binde
Und schul in Dunkelheit, auf daß vom Licht
Der Geist nicht plötzlich sich geblendet finde –
Der Strahl bricht durch! denn Zeit und Kunst heilt ja auch Blinde.

Bogen auf Bogen! so als wollte Rom,
Ansammelnd die Trophäen seiner Macht,
All seine Sieg aufbaun zu einem Dom:
Das Kolosseum, nur vom Mond bewacht,
Dem Ampellicht, das die Natur entfacht!
Denn göttlich sei das Licht für solchen Bau,
Den lang durchforschten, nie erschöpften Schacht
Des ernsten Sinnens; und azurnes Blau
Der röm'schen Sommernacht, wo Farbe, Stern und Tau

Zur Sprache wird und von den Himmeln zeugt,
Schwimmt über diesem ries'gen Wundersaal.
Alles auf Erden, was die Zeit gebeugt,
Hat eines Geistes Wehn; wo sie einmal
Die Hand gestützt hat, aber dann den Stahl
Der Sichel abbrach, da weilt eine Art
Von Zauber im verwitterten Portal,
Vor welchem der Palast der Gegenwart
Den Glanz verliert und auf den Schmuck der Jahre harrt.

O Zeit! Verschönerin des Todesschlummers,
Verklärerin der Trümmer, Trösterin
Und einz'ger Arzt des blut'gen Herzenskummers!
Zeit, die zurechtweist den verirrten Sinn,
Prüfstein der Lieb und Wahrheit, Königin
Der wahren Weisheit, deren Gut und Habe
Niemals verliert, doch langsam im Gewinn –
Zeit! Rächerin! zu dir erhoben habe
Ich Auge, Hand und Herz und fleh um eine Gabe!

Hier, unter Trümmern, vor dem Hochaltare
Göttlichster Öde, nimm auch meinen Zoll
Zu stolzren Opfern – Trümmer meiner Jahre;
Nur wen'ge sind es, aber schicksalsvoll.
Wenn je mein Herz zu übermütig schwoll,
So hör mich nicht! Doch wenn in guten Tagen
Ich still blieb, stolz nur wider Haß und Groll,
Dann sei dies Eisen nicht umsonst getragen
In meiner Seele – laß auch jene andern klagen!

Ich habe doch gelebt, und nicht vergebens:
Ob dieser Geist erlahmt, dies Herz versiegt,
Ob dieser Leib zerbricht im Kampf des Lebens,
Eins ist in mir, was Zeit und Qual besiegt,
Was atmen wird, wenn dieser Hauch verfliegt;
Ein Etwas, das ihr Ohr noch nie vernahm,
Wie Nachhall der verstummten Harfe, wiegt
Einst ihren Groll in Schlaf, und wundersam
Weckt es in fels'ger Brust der Liebe späten Gram.

So ist's besiegelt. Nun sei mir willkommen,
Du namenlose, finstre Zaubermacht!
Mit heil'gem Graun, doch nicht von Angst beklommen,
Seh ich dich wandeln durch die Mitternacht;
Du hältst auf toten Efeumauern Wacht
Und hauchest einen Sinn, so tief und klar,
In diese Szene feierlicher Pracht,
Als wären wir ein Teil von dem, was war,
Verwachsen mit dem Ort, allsehend, unsichtbar.

Hier scholl einst gier'ger Völker dumpf Gesumm,
Flüsterndes Mitleid, donnernder Applaus,
Wenn Mensch den Menschen würgte – und warum?
Weshalb das Würgen? Nun, weil Kampf und Strauß
Des Kaisers Wunsch und dieses blut'gen Baus
Gesetz war. Und warum nicht? Wo man fällt,
Zum Fraße dem Gewürm, was macht es aus?
Am Ende sind der Zirkus und das Feld
Nur Bühnen; hier wie dort verwest des Stückes Held.

[...]

Doch wenn der Mond beginnt emporzuklimmen
Zum Bogensims und leise stillesteht,
Wenn Sterne durch die alten Risse glimmen
Und sanft der Nachtwind durch den Waldkranz geht,
Der diese grauen Mauern grün umweht,
Wie Lorbeern Cäsars kahles Haupt umgaben,
Dann, in dem klaren Dämmerlichte, seht,
Erstehn die Toten, die sie einst begraben,
Die Helden, deren Staub wir hier betreten haben.

Dorothea Schlegel

1763–1839

Briefe aus Rom (1818). – Der Briefwechsel Friedrich und D. S.s 1818–1820 während D.s Aufenthalt in Rom. Hrsg. von Heinrich Finke. Kempten: Kösel & Pustet, 1923. S. 59–63, 107 f.

Die Tochter von Moses Mendelssohn wurde vor ihrer Heirat mit Friedrich Schlegel 1804 protestantisch und konvertierte mit ihm 1808 zur katholischen Kirche. In einer schwierigen Phase des gemeinsamen Lebens, als unklar war, ob und wie die österreichische Regierung Friedrich finanziell versorgen würde, ging Dorothea zu ihren Söhnen aus erster Ehe Philipp und Johannes Veit nach Rom. Dort hatte inzwischen die romantisch-christliche Schule über die antikisierende Ästhetik Goethes gesiegt, wie die durch Humboldts Nachfolger Karl Josias von Bunsen im Palazzo Caffarelli organisierte Kunstausstellung von 1819 demonstrierte. Dorothea setzte sich ein für die jungen Künstler mit ihren altdeutschen Gewändern, langen Haaren und frommen Bildern. Ihre Briefe zeigen, bei fortdauerndem Desinteresse für die Stadt Rom selbst, einen ehrlichen Versuch zu persönlicher Frömmigkeit, der die vertrauten Gegenstände neu sehen und in den Beschreibungen neue Aspekte in den Vordergrund treten ließ.

3. *Juli 1818.* Gott wolle doch seine Kirche bei uns nicht verlassen – aber wenn ich mir alles das so vorstelle: den Zustand bei uns, hier, in Frankreich – ja in ganz Europa – wie sollte wohl da die Furcht nicht entstehen, daß nun die schreckliche Zeit für uns angebrochen ist, die

Zeit des Strafgerichtes, wie früher über Afrika und Asia, wo doch auch einmal die Kirche blühte! Dir sind alle diese Betrachtungen nichts Neues, ich teile sie dir auch mehr um meinetwillen, als um Deinetwillen mit. Welch ein furchtbarer, schrecklicher Zustand der Religion auch hier, im Mittelpunkte des Christentums ist; nein, das kann kein Mensch glauben noch begreifen, der es nicht mit Augen sieht! [...] Der Greuel des verworfensten Heidentums scheint inmitten des Christentums herein gebrochen zu sein; abscheulich, traurig und lächerlich zu gleicher Zeit. Von diesem Aberglauben, Unwissenheit, Geldgier, Trägheit und Sittenlosigkeit bei Geistlichen wie bei Weltlichen, in der Stadt wie auf dem Lande, davon kann man sich keine Vorstellung machen. [...]

Wenn die Rede ist in einer großen Stadt leben zu müssen, so weiß ich keine herrlichere, bedeutendere, das innere Leben nährendere als Rom, wobei auch noch die allergrößte Freiheit in der Lebensweise stattfindet. Was man immer von Paris sagt, daß man da leben könne, wie man wolle, das gilt in Rom ganz vorzüglich. Durch nichts wird man eingeengt oder fühlbar beobachtet [...].

Das Volk der Italiener sowohl als ihre Gesellschaft ist mir bis jetzt noch unbekannt geblieben. Was ich davon weiß, reizt mich nicht zu größerer Bekanntschaft. [...] Den größten, rührendsten und erschütterndern Eindruck aber machte mir das Colisäum! Das ist etwas über allen Ausdruck Erhabenes, wobei das Andenken an die ursprüngliche Bestimmung desselben, und an die verschiedenen Vorfälle darin wie Geister um einen schweben; man ist ganz der Gegenwart entrückt; man meint die Spuren zu sehen, wo die Christen gefesselt, mit Wache begleitet vor den Augen des prächtigen, stolzen, grausamen Volks, durch die Gänge zur Schau herum geführt wurden[1] – ich betrachtete wehmutsvoll das einfache hölzerne Kreuz mit den Marterwerkzeugen, welches in der Mitte aufgerichtet den Ort bezeichnet, wo so manche Heldenseele ihr Bekenntnis unter tausend Martern besiegelte. »Hier ist der Gang, wo die wilden Tiere durchgeführt wurden auf den Platz«, sagte mein Begleiter, und ich erschrak heftig, die Kniee bebten mir, ich mußte mich zusammennehmen um nicht umzusinken. Und noch jetzt bei der Erinnerung kann ich der Tränen mich nicht enthalten.

---

1 Nach der neueren Forschung diente das Kolosseum zu Gladiatoren- und Tierkämpfen, nicht um Christen zu ermorden. Doch mag hier erwähnt sein, daß Reliquien der im Spiel getöteten Gladiatoren als heilkräftig galten.

Das Kolosseum um 1860

4. Oktober 1818. Den Morgen die h. Messe in St. Peter und Kommunion. Helf[e]rich[2] las die Messe beim Altar der Transfiguration von
Raffael.[3] Ich liebe dieses Gemälde an sich nicht, aber doch ist immer
etwas anders mit jedem h. Gegenstand, ihn in der Kirche, an dem
schicklichen Platz, und in gehöriger Absonderung zu sehen, als Gegenstand der Erinnerung und Sammlung, als in einer sogenannten
Galerie als bloße Kunstschau. – Nachmittag im Palast des Kapitols die
Antiken und Gemäldesammlung. [. . .]

2 Joseph Anton Helfferich (1762–1837); mit Friedrich Schlegel kämpfte er auf dem
  Wiener Kongreß erfolgreich gegen Versuche, die Eigenständigkeit des deutschen
  Episkopats »gegen die ungebührlichen Ansprüche und Anmaßungen der römischen Curie« rechtlich abzusichern.
3 Raffaels Gemälde »La Trasfigurazione« (1517–20), ursprünglich für die Kathedrale von Narbonne bestimmt, ließ Kardinal Giulio de’ Medici in Rom nach Raffaels Tod zurückhalten. Nach kurzem Aufenthalt im Palazzo della Cancelleria
  kam es 1523 nach S. Pietro in Montorio, wo es über die Jahrhunderte hin zum
  Ziel der Kunstpilger wurde. 1797 gehörte er zu den nach Paris verschleppten
  Kunstschätzen. 1816 kam es nach Rom zurück, seit 1820 befindet es sich in den
  Vatikanischen Museen. Der Petersdom besitzt eine Mosaikkopie.

Nicht beschreiben aber kann ich den Eindruck, welchen die Statue zu Pferd des Marc Aurels auf mich gemacht hat. Nie werde ich ihn vergessen; das ist wohl in dieser Art das Vollkommenste was man sehen kann! wie er zu Pferde sitzt, wie leicht, wie kraftvoll, wie natürlich; wie ist die ganze Haltung und die Gebärde des Arms so sprechend, ganz Ausdruck: segnend, grüßend, sorgend, als ob er Gedränge beschwichtigte, eine frohe Botschaft brächte ... Man findet keine Worte für diese Gebärde, die vom Kopf und der Physiognomie so wohl begleitet wird. Und wie ist das Pferd über allen Ausdruck herrlich. – Mit Schrecken fiel mir die Stute vom Kaiser Joseph in Wien[4] ein, die eine Nachahmung von dieser sein soll, wie man sagt, die ungefähr so nachahmt wie eine hölzerne Marionette einen schönen Menschen. – Wahr ist es, daß man die Antiken zu Rom ganz anders fühlt und erkennt als an andern Orten; es ist als ob sie hier zu Hause wären, während sie überall sonst wie in der Fremde und in der Verbannung aussehen. Die Erinnerungen an die Zeit, wo sie hier geherrscht, in welche sie noch zurück zu blicken und die unsrige nicht zu verstehen und nicht anzuerkennen scheinen, umgibt sie wie eine Atmosphäre, die den Beschauer mit Ehrfurcht und Wehmut erfüllt; es ist als ob man mit ihnen fühlte und trauerte.

Dann gingen wir nach der Kirche Ara Coeli, auch auf dem Kapitol. Dort die Kapelle von Pinturiccio al fresco: das Leben und die Wunder des h. Bernardus. Wohl das Herrlichste mit von alter Malerei, was man sehen kann. Die Abendsonne beleuchtete die Kapelle und Gemälde auf wunderbare Weise.[5] In der Kirche selbst ward die Complet[6] gesungen. Es war sehr herrlich, und die Kirche selbst mit den herrlichen antiken Säulen aus dem Tempel des Jupiter, der hier gestanden, ist eine mir der liebsten Kirchen in Rom. Wegen der Andacht konnte ich mich nicht gut nach den andern Gemälden und Altären umsehen. Ich fand sie mehr zum stillen Gebet anmutend als die meisten römischen Kirchen.

4 Die 1795–1808 von Franz Anton von Zauner (1746–1822) geschaffene Statue auf dem Josephsplatz zeigt den Kaiser segnend in der Tracht römischer Imperatoren.
5 Bernardino Pinturicchio (1454–1513), Maler aus Siena, 1480–82 als Gehilfe Peruginos an der Ausmalung der Sixtinischen Kapelle beteiligt; seit 1484 malte er in der Cappella Bufalini in S. Maria in Aracoeli die Fresken aus dem Leben des heiligen Bernhard von Siena.
6 Nachtgebet im kirchlichen Brevier.

FRANZ GRILLPARZER

1791–1872

Die Ruinen des Campo Vaccino in Rom (1819). – F. G.: Werke. Hrsg. von Stefan
Hock. Berlin/Leipzig: Bong, [o. J.]. Bd. 1. S. 17–21.

*Von seiner Italien-Reise brachte Grillparzer 1819 auch Rom-Gedichte
mit. Er konnte die Probleme nicht ahnen, die er sich damit einhandelte.
Die Vorstellungen von »Rom« hatten inzwischen eminent politischen
Charakter. Das wurde deutlich an der Bewertung des Holzkreuzes in der
Mitte des Kolosseums. Als Papst Clemens X. (1670–76) es errichten ließ
zur Ehre der dort gestorbenen Märtyrer, hörte die Zerstörung des Bauwerks endlich auf. Ein Platz heidnischer Greuel wurde zum Heiligtum.
Zwar nützte man 1703 noch einmal ein Erdbeben, um herabgefallene Tra-
vertinblöcke zum Bau des Ripettahafens abzutransportieren. Doch Benedikt XIV. (1740–58) erklärte 1750 das Kolosseum zur Kirche, errichtete
rund um die Arena Kreuzwegstationen und erneuerte das Kreuz. So stand
die Ruine, bis im 19. Jahrhundert die Ausgräber kamen. Goethe hat das
Kreuz einfach übersehen und nur vom »köstlichen Anblick« des mondbe-
leuchteten nächtlichen Kolosseums geschwärmt (2. Februar 1787). Im Kreis
der Nazarener dagegen war dieses »Siegeszeichen des Christentums«
wichtig, weil es den eigenen Geschichtsvorstellungen entsprach. Der Versuch Grillparzers, in seiner »Begeisterung für das Altertum [...] das neue
Kirchliche oder vielmehr dem Alten aufgedrungene Pfäffische« zurückzu-
weisen (so die Selbstbiographie), erregte 1820 in Wien Widerstand. Die
Zensur griff ein und ließ das schon gedruckte Gedicht aus dem Taschenbuch »Aglaja« herausreißen. Als Grillparzer kaiserlicher Bibliothekar
werden wollte, lehnte man bedauernd ab mit Hinweis auf den Vorgang.
Nur die politische Situation macht die Erregung verständlich. Die europäische Restauration brauchte die stabilisierende Rolle der Kirchen. Zweifel
an ihnen wurden polizeilich unterdrückt. Das Kreuz in der antiken Arena
störte freilich weiterhin manche Besucher. Waiblinger schrieb 1829 eine
Glosse, in der ein irischer Tourist durch das Kolosseum geführt wird und
erfährt, es handle sich um ein Gebäude, »worin einst zu Heidenzeiten, vor
und nach Christi Geburt, die Märtyrer und Heiligen, wie heut zu Tage die
Schweine, par force gejagt wurden. Aber stellen Sie sich vor, [...] dieser
entsetzliche heidnische Koloß hat sich nun, so groß er ist, zum rechten
Glauben bekehrt und ist katholisch geworden« (»Taschenbuch aus Italien
und Griechenland auf das Jahr 1829«, Repr. Tübingen 1980, S. 245). Dieser Text blieb unbeanstandet.*

Die Ruinen des Campo Vaccino in Rom

Rom, 20. April 1819

Seid gegrüßt, ihr heil'gen Trümmer,
    Auch als Trümmer mir gegrüßt!
Obgleich nur noch Mondesschimmer
    Einer Sonn, die nicht mehr ist!
Nennt euch mir, ich will euch kennen,
    Ich will wissen, was ihr wart;
Was ihr seid, braucht's nicht zu nennen,
    Da die Schmach euch gleich gepaart.

[. . .]

Dort der Bogen, klein und enge,
    Schwach gestützt und schwer verletzt;
Wem von all der Helden Menge
    Ward so ärmlich Mal gesetzt?
Titus! – O, so laßt es fallen!
    Denn, ob's auch zusammenbricht,
So lang Menschenherzen wallen,
    Brauchst du, Titus! Steine nicht.

Hoch vor allen sei verkläret,
    Konstantin, dein Siegesdom!
Mancher hat manch Reich zerstöret,
    Aber du das größte – Rom.
Über Romas Heldentrümmern
    Hobst du deiner Meinung Thron;
In der Meinung magst du schimmern,
    Die Geschichte spricht dir Hohn.

Mit dem Raub von Trajans Ehren[1]
    Hast du plump dein Werk behängt;
Trajan kann des Schmucks entbehren,
    Er lebt ewig, unverdrängt!
Aber eine Zeit wird kommen,
    Da zerstäubt geraubte Zier,

---

1 Die schönen Basreliefs im Bogen Konstantins sind von einem Siegesmale Trajans
genommen. [Anmerkung Grillparzers.]

Da erborgter Schein verglommen;
Wer spricht dann noch mehr von dir?

Kolosseum, Riesenschatten
Von der Vorwelt Macht-Koloß!
Liegst du da in Tods-Ermatten,
Selber noch im Sterben groß?
Und damit verhöhnt, zerschlagen,
Du den Martertod erwarbst,
Mußtest du das Kreuz noch tragen,
An dem, Herrlicher! du starbst!

Tut es weg, dies heil'ge Zeichen!
Alle Welt gehört ja dir!
Übrall, nur bei diesen Leichen,
Übrall stehe, nur nicht hier!
Wenn ein Stamm sich losgerissen
Und den Vater mir erschlug,
Soll ich wohl das Werkzeug küssen,
Wenn's auch Gottes Zeichen trug?

Kolosseum, die dich bauten,
Die sich freuten um dich her,
Sprachen in bekannten Lauten,
Dich verstanden – sind nicht mehr.
Deine Größe ist gefallen,
Und die Großen sind's mit ihr,
Eingestürzt sind deine Hallen,
Eingebrochen deine Zier.

O so stürz denn ganz zusammen,
Und ihr andern stürzet nach!
Decket, Erde, Fluten, Flammen,
Ihre Größe, ihre Schmach!
Hauch ihn aus, den letzten Oden,
Riesige Vergangenheit!
Flach dahin auf flachem Boden
Geh' die neue, flache Zeit!

Wilhelm Müller

1794–1827

Rom, Römer und Römerinnen. Eine Sammlung vertrauter Briefe aus Rom und Albano mit einigen späteren Zusätzen und Belegen. 2 Bde. Berlin: Duncker und Humblot, 1820. Bd. 2. S. 159–161, 162, 164–166.

Der in Dessau als Sohn eines Schneidermeisters geborene Müller studierte in Berlin klassische und deutsche Sprachen; er plante 1817 im Auftrag der Akademie der Wissenschaften mit einem Baron von Sack – »ein alter unerträglicher Sack, obwohl sonst ein guter Mann« (Julius Schnorr von Carolsfeld, »Briefe aus Italien«, Gotha 1886, S. 37) – eine Reise nach Italien, Griechenland und Ägypten. In Rom trennte man sich. Mit kargen Mitteln und Schulden hinterlassend blieb Müller dort bis zum Sommer 1818. Er sah Rom als den »Ruhepunkt meiner Reise und als Mittelpunkt von Italien« (Bd. 1, S. 5). Seine Hoffnung, nach solchen »akademischen Lehrjahren« eine gelehrte Karriere machen zu können, erfüllte sich nicht. Bis zu seinem frühen Tod lebte er als Lehrer in Dessau (wo er einen der schönsten Gedichtzyklen des 19. Jahrhunderts schrieb, die von Franz Schubert vertonte »Winterreise«). Ziel von Müllers Rom-Buch war »die Darstellung eines lebenden Volkes« (Bd. 1, S. 5). Deshalb legte er fest: »Kunst und Altertum [bleiben] gänzlich von meinen Briefen ausgeschlossen« (S. 6). Anders ist es mit dem durch eine »unerklärliche Verblendung« (S. 7) verachteten Mittelalter. Dieses sucht er freilich nicht wie die Nazarener, die er in Rom kennenlernte, in einer bestimmten Art der Selbstinszenierung. »Das Mittelalter läßt sich nun einmal nicht durch deutsche Haare und Röcke, noch durch Fasten und Kasteien in uns hineinzwingen« (S. 9). Müller bewunderte das, wie ihm schien, über Jahrhunderte hin gleich gebliebene römische Volk, das seit der Antike ein eigentümliches, nun aber von der bürgerlichen Kultur gefährdetes naturhaftes Leben bewahrte. Solch romantische Sicht widerspricht zwar der Erkenntnis, daß nur die politische Rückständigkeit des Kirchenstaates jene in Rom und in Albano so bewunderte Eigenart konserviert. Doch Müller überbrückt diesen Widerspruch, indem er in »Schönheit und Größe« (Bd. 1, S. 185) der alten Ruinen jene »reine Menschlichkeit« (S. 231) wiederfindet, die das übrige Europa längst verloren hat.

25. Januar 1818. Das große Rom hat mancherlei Kleinstädtisches in sich. Am liebsten bemerke ich das ehrbare, bescheidene Bürgerleben, die strenge Zünftigkeit der Gewerke, die nahe Bekanntschaftlichkeit unter den Einwohnern. Den Corso ausgenommen, weiß ich keine Straße, in der man ein großstädtisches Leben wahrnähme. Da sucht man vergebens nach eleganten Putzladen, Galanteriehandlungen und

Restaurationen. Der Metzger steht mit aufgestreiften Hemdsärmeln bei seinen ausgehängten Braten; daneben sitzen die Gäste eines Kaffeehauses, aus dem der Küchenrauch bis auf die Straße zieht; dann folgt eine Kunsthandlung, die ihre Herrlichkeiten vor der Türe auf Bänken und über das Seitenpflaster ausgebreitet hat; dann ein grüner Baum vor einer gewölbten Halle, mit langen bretternen Tafeln umher, woran in bunter Reihe rotmiederige Frauen und manchestergrüne Männer sitzen: das ist eine römische Osterie. Die großen Paläste stehen dazwischen, mit glänzenden Säulen, Obelisken und Fontänen, und die ehrwürdigen Ruinen schauen noch fremdartiger darüber hin.

Des Abends sitzt die ganze Bewohnerschaft eines Hauses in traulichem Kreise vor der Türe, spinnt und klatscht oder erzählt Geschichten und Märchen. Selten verscheucht eine schnelle Kutsche die spielenden Kinder von dem Straßenpflaster: es rollen nicht viel Räder in Rom, und diese halten sich im Corso oder auf dem Monte Pincio zusammen. Die Staatskarossen der Großen sind groß und goldig, aber mitunter alt und geschmacklos, und fahren in langsamer Würde daher.

Ein großer Teil der Einwohner besteht aus Landbauern, Gärtnern und Winzern, deren Pachtungen oder Besitzungen sich über die Hügel und die Ruinenfelder hinter dem Kapitole ausbreiten. Diese zeichnen sich in keinem Stücke vor eigentlichen Landleuten aus. Einige Handwerke gehören ausschließlich dem echten Römerstamme, namentlich Metzgerei, Lohgerberei und Seilspinnerei. Diese Klasse, die mit den Fremden wenig in Berührung kommt, ist die kräftigste und eigentümlichste der Stadt. Dagegen findet man unter Bäckern, Tischlern und den feineren Werkleuten viele Fremde, auch Deutsche. Der vornehme Arbeitsstand der französisierten Hauptstädte gedeiht hier nicht.

Ich will nicht entscheiden, wie viel Teil die geistliche Regierung, wie viel der Charakter des Volkes an der kleinstädtischen Traulichkeit des römischen Lebens habe. Sie tut wohl und fesselt. Ihre Unbequemlichkeiten empfindet wenigstens der Fremde nicht, aber auch der Einheimische lebt frank und frei und es gibt sicher keine Stadt, in der so wenig Philisterei herrscht, als in Rom. Freilich aber, wer Komfort auf Reisen sucht, der reise nicht aus London, wer ohne Elegance und Delicatesse nicht leben kann, der bleibe in Paris!

26. Januar 1818. Die Fremdlinge klagen erbärmlich über den übeln Geruch in den römischen Straßen, Höfen und Hausfluren, von trok-

kenen Fischen, Käse, Kehricht und noch viel schlimmern Dingen. Der
Römer empfindet nichts davon: dagegen zieht er die Nase, wenn er an
einem parfümierten Fremdling vorbei geht, und sagt O quanto puz-
zo![1] Die Damen bekommen Kopfweh von starkduftenden Blumen
und Riechwassern, und die zartesten gar Ohnmachten. In den Kon-
versationen steht gewöhnlich ein Körbchen mit Geraniumsblättern
von der salzig riechenden Gattung an der Türe, und jede Dame
nimmt einige zur Vorsorge in die Hand, wenn etwa ein süßduftender
Neuling sich ihrem Stuhle nähern sollte. Dann steckt sie das Blättchen
als Schnupftabak in die Nase, und der parfümierte Herr findet sich
wieder durch den Heringsgeruch des Geraniums belästigt. Welche
Nase und welcher Sprachgebrauch soll gelten? Ich denke doch, wir
müssen die Römer mit ihrer eigenen Nase beurteilen. Wer sich länger
hier aufhält, fühlt auch ohne sein Zutun seine Nase allmählig nationa-
lisiert: denn diese Geruchsästhetik beruhet nicht auf Grundsätzen und
Regeln, sondern auf klimatischen Nervenreizen. Könnten nicht die
übrigen Sinne der Reisebeschreiber in ihren Beobachtungen über das
römische Volk ein gutes Beispiel von der Nase abnehmen?

30. Januar 1818. Die neuen Reisebeschreibungen haben die Aufräu-
mung des Forum Romanum durch die französische Regierung, womit
die heilige Statthalterschaft nachmals fortgefahren ist,[2] weidlich ge-
priesen. Sie haben in der Abreißung der Hütten, Buden, Lauben und
Hecken, die sich einst an die alten Trümmer schmiegten, in der Auf-
grabung der Mauern und Säulen bis an den antiken Boden und in der

---

1 O was für ein Gestank.
2 »Pius VII. [1800–23] ließ 1803 durch den 1801 von ihm zum Kommissar der Altertümer ernannten Karl Fea den Rindermarkt (Campo Vaccino) verlegen, eine
allgemeine Säuberung vom Kapitol an befehlen und einen Plan zur vollständigen
Freilegung des Platzes entwerfen. Sie setzte noch im gleichen Jahre mit der Isolie-
rung und Aushebung des Bogens von Septimius Severus ein, um den Pius eine
Mauer ziehen und die ihn zur Hälfte bedeckenden Schutthaufen beseitigen ließ,
worauf er dasselbe 1805 für den Konstantinsbogen anordnete.« Während seiner
Vertreibung führt die französische Regierung die Arbeit weiter, indem sie eine
Reihe moderner Gebäude entfernt. Nach der Rückkehr läßt Pius energisch fort-
fahren. »So wurden im Lauf von vier Jahren die vordere Hälfte des Kastor- und
das Vorschiff des Saturntempels, die Westseite der Basilica Julia, der Anfang der
Via Sacra mit den beiden Backsteinbasen, sowie das Podium und die Treppe der
Grecostasis, der Tempel der Concordia und die Säule des Phokas samt seinen Stu-
fen, Konstruktionen und dem darunterliegenden alten Pflaster, teils aus dem
Staatsfonds, teils auf Kosten privater Spender bloßgelegt« (Schmidlin, Bd. 1,
S. 164 f.).

Johann Anton Ramboux: Merenda in den Farnesischen Gärten zu Rom. Im Mittelgrund der Turm der Kirche S. Francesca Romana auf dem Forum

Abscheidung derselben durch steinerne Umzäunungen eine dem heiligen Altertume geziemende Ehrfurcht erkannt.

Dagegen klagen die Römer, und an sie schließen sich die deutschen Maler, über die Verschimpfung des alten Forum. Das schöne Forum, rufen sie aus, man erkennt es gar nicht mehr! Die abgeschmackten Antikler! Da haben sie den schönen Rasen aufgeworfen und runde tiefe Löcher um die abgeschälten Ruinen gezogen, und gar noch eine Mauer darum, mit verschlossenem Tore, als ob ihnen einer das Altertum aus Rom wegstehlen wollte. Und die schönen Rebenlauben und die wunderliebliche Eremitenhütte im Kolisseum! – Wer möchte jetzt noch auf dem Forum zeichnen? – Fürwahr, es hätte nicht lange mehr mit den Franzosen in Rom dauern dürfen, so hätten sie gar die Kirchen niedergerissen, die auf antiken Fundamenten stehen, um nur das pure Altertum aufzudecken; ja, sie hätten die grünen Ranken und Gesträuche und die bunten Blumen von dem Kolisseum heruntergejätet[3] und endlich das moderne Sonnenlicht durch einen ungeheuren übergebaueten Antiquitätensaal von den antiken Trümmern abgeschnitten. – Kann man doch jetzt nicht im Finstern über das Forum gehen, ohne auf Schutthaufen und in Gruben zu fallen. Und statt der weißen Rinderherden, die sonst auf dem grünen Rasen lagerten, und ihrer braunen Treiber, die den lustigen Saltarello in dem Schatten der Eichen und Linden tanzten, schleichen jetzt nur Reisebeschreiber mit Brillen, Meßstäben und dem Vasi[4] über das aufgewühlte Feld.

Ich habe das Forum in seiner früheren Gestalt nicht gesehen, aber dennoch darf ich mich auf die Seite der Unwilligen stellen. Ich liebe das Altertum mit dem frischen Leben der neuen Welt umschlungen zu sehen. Man genießt so beides freudiger und erkennt es tiefer durch den nahen Gegensatz.

AUGUST VON PLATEN
1795–1835

Warm und hell dämmert in Rom die Winternacht (1826). – A. Graf v. P.s sämtliche Werke in 12 Bänden. Hist.-krit. Ausg. [. . .]. Hrsg. von Max Koch und Erich Petzet. Bd. 4: Gedichte. Dritter Teil. Leipzig: Hesse, [o. J.]. S. 44.

Nach vergeblichen Versuchen, dem Sohn eines verarmten Adeligen eine militärische oder diplomatische Laufbahn zu ermöglichen, flüchtete dieser 1819 aus allen Karriereplänen. Er wurde sich seiner Homosexualität bewußt und fühlte sich stigmatisiert. Als Zufluchtsort diente Platen die Dichtung. 1821 begann er zu publizieren. 1826 ging er als schon berühmter Autor nach Italien, wo König Ludwig I. ihm durch eine Pension der Bayerischen Akademie der Wissenschaften den Aufenthalt finanzierte. Während Versuche in den poetischen Großformen scheiterten, gelangen Platen wich-

---

3 Ein Nachruf auf die Vegetation im Kolosseum ist das Buch von Antonio Sebastiani, *Romanarum plantarum fasciculus alter. Accedit enumeratio planetarum sponte nascentium in ruderibus Amphiteatri Flavii* (1815). Wie munter dennoch alles wieder wucherte, zeigt das Buch von Richard Deakin, *Flora of the Colosseum* (1855), das wiederum 420 Pflanzenarten aufzählt.

4 Das vielbenützte Buch von Guiseppe Vasi, *Itinerario istruttivo diviso in otto stazioni o giornate per ritrovare con facilità tutte le antiche e moderne magnificenze di Roma*, erschien seit 1763 in mehreren Auflagen und Bearbeitungen.

tige lyrische Texte. Seine römischen Gedichte zeigen, wie die persönliche
Not ihre Aufhebung findet in der strengen Odenstrophe. An keinem Ort
in Deutschland hätte man solche Gedichte lokalisieren dürfen.

Warm und hell dämmert in Rom die Winternacht:
Knabe, komm! wandle mit mir, und Arm in Arm
   Schmiege die bräunliche Wang an deines
     Busenfreunds blondes Haupt!

Zwar du bist dürftigen Stands; doch dein Gespräch,
O wie sehr zieh ich es vor dem Stutzervolk!
   Weiche, melodische Zauberformeln
     Lispelt dein Römermund.

Keinen Dank flüstere mir, o keinen Dank!
Konnt ich sehn, ohne Gefühl, an deines Augs
   Wimper die schmerzende Träne hangen?
     Ach, und welch Auge dies!

Hätt es je Bacchus erblickt, an Ampelos'[1]
Stelle dich hätt er gewählt, an dich allein
   Seines ambrosischen Leibs verlornes
     Gleichgewicht sanft gelehnt!

Heilig sei stets mir der Ort, wo dich zuerst,
Freund, ich fand, heilig der Berg Janiculus,
   Heilig das friedliche, schöne Kloster,
     Und der stets grüne Platz!

Ja, von dort nanntest du mir die große Stadt,
Wiesest mir Kirch und Palast, die Trümmer Sankt
   Pauls, die besegelte, leichte Barke,
     Die der Strom trieb hinab.
                   (Dezember 1826.)[2]

---

1 Von Dionysos geliebter Satyr, der nach Ovid, *Fasten* III, 409 ff., von einer Ulme
  stürzte und unter die Sterne versetzt wurde.
2 Am 30. Dezember 1827 schrieb Platen in sein Tagebuch, er sei am Vortag spazie-
  rengegangen und zufällig in die Kirche S. Pietro in Montorio geraten: »Es war gerade ein Jahr, seit ich auf St. Pietro in Montorio jenen Knaben gesehen hatte, der
  Veranlassung zu der Ode ›Warm und hell‹ gab. Ich hatte es zufällig aufgeschrie-
  ben, dachte aber nicht mehr daran [. . .]. Da sah ich vor dem Altar einen wunder-
  hübschen jungen Menschen knien, der meine ganze Aufmerksamkeit fesselte

WILHELM WAIBLINGER

1804–1830

Veduten aus Rom. I. Ponte Sisto (1826–30). – W. W.: Werke und Briefe. Textkrit. und komm. Ausg. in 6 Bänden. Hrsg. von Hans Königer. Bd. 4: Reisebilder aus Italien. Stuttgart: Cotta, 1989. S. 29–31. – © 1989 Klett-Cotta, Stuttgart.

Mit 23 Jahren flüchtete Waiblinger aus dem Tübinger Stift und aus einer Skandalgeschichte, in die er geraten war; er wollte weg, »so weit und so lange als möglich« (S. 395). Cotta bot ihm 2000 Gulden für Berichte aus Italien, zahlte dann aber nur 200. Waiblinger, der als hochbegabt und undiszipliniert galt und schon mit 18 Jahren einen ersten Roman vorgelegt hatte, ging 1826 nach Rom, um freiberuflich von seinen Schriften zu leben. Er war ungestüm im Leben wie im Schreiben. Bis zu seinem frühen Tod schickte er als Ergebnis langer Wanderungen etwa 2000 Druckseiten nach Deutschland. Er machte aus der Not eine Tugend und entwarf »Skizzen«, die »flüchtig, noch im ersten warmen Gefühl, noch im frischen Eindruck hingeworfen« sind. Dafür interessierten ihn nicht Kunst und Kirchen, er wollte »die Menschen aufsuchen, das Volk, das gewöhnliche Leben, die Nation, den Italiener, wie er sich zeigt und wie er ist« (S. 35). Schwerer befrachtet sind Waiblingers Gedichte. Nicht um reine Anschauung geht es hier. Das genialische Individuum bringt vielmehr sich selbst ins Spiel und erfährt die eigene Tragik in der Begegnung mit der römischen Geschichte.

Die schönste von allen Tiberansichten ist gewiß Ponte Sisto. Stellen wir uns auf die kleine Erhöhung für die Fußgänger, damit uns das endlose Hin- und Herfahren nicht störe, und blicken zuerst gegen Süden. Da zeigen sich die zwei Brücken, die zur Insel hinüberführen, mit ihren dunkeln steinernen Bögen: umher spiegeln sich die schwarzen Mühlen mit ihren Wasserrädern und den bretternen Häusern in der Flut, Kähne und Boote rudern zwischen ihnen, der byzantinische Turm von Bocca della Verità schwebt dünn darüber hervor: über der Brücke Capi[1] hebt sich der runde Vestatempel, und finster, voll erhabener schauriger Pracht, lagern sich die wilden Ruinen der Kaiserpalä-

[. . .]. So ist mir an demselben Tag und Ort, ja zur selben Stunde ganz dasselbe widerfahren, nur so, daß das Abenteuer des vorigen Winters eine bloße Vorbedeutung des gestrigen schien; denn Innocenz ist weit hübscher, lieblicher, unschuldiger als jener andere war, und ich habe auch Hoffnung, ihn öfters wiederzusehen« (*Tagebücher*, hrsg. von Gregor von Laubmann und Ludwig Scheffler, Stuttgart 1900, S. 846 f.).

1 Gemeint sind der Ponte Quattro Capi, der zur Tiber-Insel führt, und der Turm der Kirche S. Maria in Cosmedin.

ste den Palatin entlang: Das alles lebt und glüht nun in tausend Lichtern und Schatten, und über dem dicken vielgestaltigen Klumpen von Häusern, die sich in unzähligen malerischen Linien überbauen, schaut in einer Entfernung von fünf Stunden noch ein Stück des lachenden Frascati im hellen Sonnenglanz heraus, und das süße Gebirge bis zum Cavo zeichnet sich voll unaussprechlich warmer Farbe im ewigen Wechsel elysischer Töne über die Landschaft hin. Selig lächelt oben der goldene Himmel, und seine Kraft und Heiterkeit zaubert jeden Augenblick unbeschreibliche Beleuchtungen. Zur Rechten aber haben die Ufer ein klösterlich ödes Aussehn, und die nackten Ufer laufen einförmig in die Flut hinab.

Gegen Norden ist der Anblick Roms wo möglich noch schöner. Rechts schauen unzählige Bögen ins Wasser, und lächeln wieder daraus hervor, hohe breite Gruppen von Häusern, die nicht das Bedürfnis, sondern recht eigentlich verschwenderischer architektonischer Geist und Liebe zum Malerischen zusammengebaut hat, kreuz und quer geführte Stockwerke: über den hundertfach sich durchschneidenden und übersteigenden Mauern und Stützen und Pfeilern hängende Wäsche, eine Unzahl von Kaminen, Logen, Fensteröffnungen, Balkonen, Arkaden und Bögen, bemooste platte Dächer von den mannigfaltigsten Formen und Lagen – über all der Masse nun das Meisterwerk altitalienischer Baukunst, das riesenhafte Viereck des Farnesischen Palastes, das in griechischer Einfalt und Schönheit mit seinen kolossalen Frontispizen und mächtigen Säulenbögen, aus den Trümmern des Colosseums gebaut, in ernster brauner Farbe aus dem Chaos von Häusern vorschaut, die Ufer entlang, Türme, Kuppeln, Wasserpfeiler, und von all dem das Spiel der Reflexe auf der Fläche des Tibers, die endlich der Monte Mario mit seiner glatten rundlichen Fülle, seiner Zypressenkrone und den glänzenden Regenbogenfarben um seine sanfte Wölbung herum begrenzt, links der St. Peter über der Masse des Gianicolo, ein langer Garten voll grüner Lorbeerstauden und über hohen Mauerbögen hoch in der Luft ein kleiner Orangengarten. Drunten auf dem Tiber treiben sich Schiffchen und Kähne umher, auf der Brücke sitzen Blinde und Krüppel, die von morgens bis abends mit ihren Büchsen klappern und mit unermüdlicher Beredsamkeit dem vorüberziehenden Wanderer ihr Elend vordeklamieren, und für einen Bajock[2] mit lauter Stimme einem einen unendlich rhetorischen Segen nachsenden – unablässig wandelt's hin und her vom

2 Kleine päpstliche Kupfermünze.

mannigfaltigsten Volk, Scharen von Ordensbrüdern und Kapuziner gehen neben Sackträgern, Gemüsehändlern, Fischverkäufern, Wägen rollen, Schwärme von Maultieren, Esel mit Körben voll Limonien und Portugallen[3], traben hinüber, und die schönen Trasteverinerinnen in ihrer farbigen Tracht ziehen unsere Aufmerksamkeit mehr als einmal vom Tiber ab. Tut man aber nur ein Stück Papier und Bleistift aus der Tasche, so stehen Neugierige im Augenblick um einen herum, und man bringt sie weder mit Blicken, noch mit Worten von der Seite. Diese Brücke ist mein Lieblingsplatz, aber man hat der Lieblingsplätze in Rom so viele, und darunter so entlegene, daß es oft lange anstehn kann, bis man dran kommt. Man weiß nicht, wo man am liebsten zu Hause ist, und ich sage beinah an jeder Ecke, hier gefällt mir Rom am besten.

STENDHAL

1783–1842

Promenade dans Rome. 2 Bde. Paris 1829. – S. (Henri Beyle): Wanderungen in Rom. Mit einer Einl. und Anm. hrsg. von Bernhard Frank. Dt. [. . .] von Bernhard Frank. Berlin: Propyläen, 1982. S. 49, 44, 243 f. – © 1982 Verlag Ullstein GmbH, Frankfurt a. M. / Berlin / Wien – Propyläen Verlag.

Nach Napoleons Rußland-Feldzug, an dem er als Beamter teilgenommen hatte, ging Stendhal (d. i. Henri Beyle) 1814 nach Mailand, bis ihn die österreichische Regierung wegen der »umstürzlerischen« Gedanken seines Buches »Rom, Neapel, Florenz« (1817) auswies. Er lebte nun in Paris von literarischer Tagesarbeit, reiste aber immer wieder nach Italien. Dabei änderte sich sein Eindruck von Rom. Er hatte die Stadt wegen ihrer Rückständigkeit verachtet, nun begriff er ihre Bedeutung für die Zukunft Italiens. Notizen, die sein erstes Buch ergänzen sollten, wuchsen zu einem Werk, das in der Tradition französischer Italien-Bücher des 18. Jahrhunderts als zuverlässiger Stadtführer geplant war. Stendhal wollte die Kunstwerke ebenso sorgfältig wie die gesellschaftlichen Verhältnisse schildern. Sarkastisch beurteilte er die mehr gefühlvollen als exakten Äußerungen von Madame de Staël und Chateaubriand. Sein Buch war aber auch – damit unterscheidet es sich von dem gleichzeitig vollendeten deutschen Rom-

---

3 Von ital. *portogallo* ›Portugal‹ abgeleiteter Name für Orangen.

Führer von E. Platner, C. Bunsen u. a.: »Beschreibung der Stadt Rom«,
3 Bde., Stuttgart 1829–42 – Teil der politischen Publizistik, die in den Jah-
ren vor der Juli-Revolution nach der Rolle des Katholizismus im moder-
nen Verfassungsstaat fragte. Stendhal hielt ein Überleben der Kirche nur
bei einem Verzicht auf die monarchisch-klerikale Struktur für möglich.
Das österreichische Außenministerium warnte 1830 vor solchen Ansichten.
Stendhal empfahl deshalb, wer das Buch, das sein erster großer literari-
scher Erfolg wurde, mit nach Rom nehmen wolle, möge die Titelseite ab-
reißen und es in der Jackentasche verstecken (S. 451).

17. August 1827. Wieviel glückliche Morgenstunden habe ich im Kolosseum verbracht, in irgendeinem Winkel dieser ungeheuren Ruine
verborgen! Von den oberen Stockwerken sieht man unten in der
Arena die päpstlichen Galeerensklaven arbeiten und hört sie singen.
Das Klirren ihrer Ketten mischt sich in das Zwitschern der Vögel, der
friedlichen Bewohner des Kolosseums. Sie fliegen zu Hunderten auf,
wenn man sich dem Gestrüpp nähert, das die höchsten Sitzreihen bedeckt, dort, wo einst der Pöbel thronte. Dies friedliche Vogelgezwit-
scher, das in dem riesigen Rundbau nur schwach wiederhallt, und
dann wieder die tiefe Stille, die ihm folgt, tragen dazu bei, die Phantasie in die alten Zeiten zurückzuversetzen. Man gelangt zu den tiefsten
Freuden, die die Erinnerung bereiten kann.

Als Michelangelo im Greisenalter die Peterskuppel erbaute, traf
man ihn eines Tages im Winter, als starker Schnee gefallen war, in den
Ruinen des Kolosseums. Er hatte seine Seele auf den Ton gestimmt,
der nötig war, um die Schönheiten und Mängel seines Entwurfes zur
Peterskuppel zu empfinden. Das ist die Macht der erhabenen Schönheit: ein Theater gibt Gedanken zu einer Kirche.

Sobald andere Besucher das Kolosseum betreten, schwindet die
Freude des Reisenden fast völlig. Statt sich in erhabene und ergrei-
fende Träumereien zu verlieren, beobachtet er unwillkürlich die Lä-
cherlichkeiten der Ankömmlinge; und es scheint ihm stets, als ob sie
reich daran wären. Das Leben schrumpft zusammen wie im Salon;
man hört wider Willen die armseligen Gespräche. Besäße ich die
Macht, ich wäre ein Tyrann und ließe das Kolosseum während meines
römischen Aufenthalts schließen.

14. März 1828. Durch Reformen könnte einer Revolution vorge-
beugt oder ihr Rasen gemildert werden; aber diese Reformen würden
das Wohlbefinden der Greise beeinträchtigen, die überzeugt sind, daß
sie erst nach ihrem Tode ausbrechen wird. Der soziale Mechanismus

des Kirchenstaats ist so eingerichtet, daß er alle Genüsse auf das Haupt von etwa vierzig Kardinälen und gegen hundert Ordensgeneralen, Bischöfen, Prälaten und so weiter ausschüttet. Dies sind Leute ohne Familie, meist sehr bejahrt, und ihr ganzes Leben scheint darauf berechnet, die den Priestern aller Religionen so naheliegende Neigung zur Selbstsucht in ihnen zu bestärken. Dreiviertel dieser Glücklichen stammen aus adligen Familien, und bekanntlich ist der Adel in Toskana recht liberal und in Neapel *carbonaro*[1]. So wird sich der Geist des römischen Klerus zwangsläufig wandeln, und zwar früher als man annimmt. Ich glaube, es gibt nur noch zwei Kardinäle von der Art, wie ich sie 1802 sah. Kardinal wird man erst mit ungefähr fünfundfünfzig. Die Mehrzahl der Mitglieder dieses Kollegiums wird nach sieben Jahren abgelöst, und sieben Jahre ist auch die durchschnittliche Dauer einer Papstregierung.

Wie aufgeklärt ein Papst auch sei, ob er den freien Geist des Kardinals Spina[2] mit dem großen Charakter eines Pius VII. verbinde, er muß durch die hohe Stellung, die er erreicht hat und die zeitlebens das geheime Ziel seiner Wünsche war, etwas verwirrt werden.

Wofern er nicht ein Politiker ersten Ranges ist und nicht eine sehr seltne Aufgeklärtheit mit einem eisernen Charakter verbindet, so wird er die Notwendigkeit von Reformen in der katholischen Religion nicht erkennen. Wenn diese Religion keine neue Form annimmt, so werden wir einen Krieg auf Leben und Tod zwischen dem Papsttum und dem G l a u b e n einerseits und der parlamentarischen Regierungsform anderseits, die sich auf die P r ü f u n g und das M i ß t r a u e n gründet, erleben.

---

1 Die Carbonari (›Köhler‹) waren ein Geheimbund, der während der französischen Herrschaft in Kalabrien den Kampf um nationale Unabhängigkeit und eine freiheitliche Verfassung aufnahm. 1820 spielte er eine wichtige Rolle bei der Revolution in Neapel. Pius VII. (vgl. S. 213, Anm. 2) hat ihn 1821 verurteilt. Aus dem Bund ging 1832 Giuseppe Mazzinis »Junges Italien« hervor.
2 Giuseppe Spina (1756–1828), verhandelte für Pius VII. mit Napoleon. Später Erzbischof von Genua und seit 1802 Kardinal, erhielt er wichtige Missionen. Auf dem Kongreß von Laibach verweigerte er 1821 seine Unterschrift unter das Kriegsprotokoll, mit dem eine Intervention von Österreich, Rußland, Neapel und Piemont gegen die italienischen Unruhen beschlossen wurde, »da er vom Papst geschickt worden sei, um mit friedlichen Mitteln dem Volke beider Sizilien eine festere Regierung zu geben, nicht mit Gewalttaten dagegen einzuschreiten« (Schmidlin, Bd. 1, S. 162).

JOSEPH GÖRRES

1776–1848

Rom – wie es in Wahrheit ist, aus den Briefen eines dort lebenden Landsmannes (1826). – J. v. G.: Gesammelte Schriften. Bd. 14. Hrsg. von Heribert Raab. Paderborn: Schöningh, 1987. S. 213, 220. – © 1987 Ferdinand Schöningh GmbH, Paderborn.

Mit polemischen Schriften gegen den alten Fürstenstaat und die ihn stützende Kirche begann Görres seine literarische Laufbahn. Als er 1799 in Paris erlebte, wie der revolutionäre Elan in aggressive Kriegspolitik umschlug, änderte er seine politischen Ansichten, studierte Mythen und Religionen der Völker und lernte das christliche Mittelalter neu schätzen. König Ludwig I. berief ihn 1827 als Professor für Universalgeschichte an die Universität München. Görres vertrat nun mit großer publizistischer Wirkung gegen Rationalismus und Liberalismus die katholische Lehre als Norm für das private wie das staatliche Leben. Sein Rom-Artikel gehört in diesen Kontext. Er geht zurück auf einen Brief von Christian Brentano an seinen Bruder Clemens, der sich vom Abdruck eine »Aufforderung zur Nachahmung der Kirche« (S. 473 f.) versprach. Der Aufsatz steht für eine Gruppe von Texten, die hartnäckig der zunehmenden Skepsis des 19. Jahrhunderts eine vorbildliche römische Frömmigkeit entgegenhielt.

Schon in der außerordentlichen Mannigfaltigkeit seiner baulichen und landschaftlichen Gestaltung hat Rom etwas wahrhaft Katholisches; denn nicht nur von allen Zeiten sondern, man möchte sagen, auch von allen Nationaleigentümlichkeiten findet der, der es sinnig durchwandelt, Monumente, Ansichten und Anmahnungen, die ihn mitten in Italien in die Rückerinnerung seiner Heimat oder anderer auswärts gesehener Landschaften und Ortschaften, vermöge ihres Charakters versetzen, und also in ihrer Zusammenfassung gerade dasjenige darbieten, was der Begriff »katholisch« in Ansehung des Glaubens ausspricht: »zu allen Zeiten, an allen Orten, allgemein.« Diesem Betracht nicht minder zusagend ist auch, was man schwerlich an irgend einem andern Orte der Welt in dem Maße wird finden können, daß nämlich man sich hier nicht nur wie in einer Stadt, und zwar in einer Stadt von imponierendster Größe, sondern zugleich auch wie auf dem Lande befindet. Während Du über die ungeheure Zahl von Palästen, gegen deren Grandiosität manche renommierte unseres Vaterlandes eine sehr ärmliche Figur spielen würden, und die sich doch oft die anspruchslosesten Orte ja manchmal einen armen engen Winkel zum

Joseph Anton Koch: Blick vom Garten des Klosters S. Isidoro, in dem seit September 1810 der deutsche Künstlerbund der »Lucasbrüder« wohnte

Standpunkte erlesen mußten, erstaunst, und eine Menge Karossen den Prunk und Lärm der vornehmern Welt deiner Vorstellung nahe halten, findest du in den Seitenstraßen und naheliegenden ruhigern Plätzen ganze Herden weißer langhaariger Ziegen, an die Erde gelagert, ihre Mittagsruhe halten mit einem Frieden und einer Vertraulichkeit, als könne unter dem Krummstabe des obersten Hirten der Christen auch ihnen kein Leid widerfahren. Auch in der Nacht findet man diese lieblich zierlichen Tiere, und geht in der Einsamkeit einer späten Heimkehr mitten durch sie hindurch, ohne daß sie sich dadurch im mindesten schrecken oder stören lassen. Überhaupt herrscht hier zwischen Ländlichem und Städtischem eine solche Eintracht, daß sich keines durch das andere gestört findet. Der Esel behauptet neben dem Prunkpferd sein Recht, und der Bauer neben dem Edelmann. Ein schöneres Verhältnis und ein freimütigeres Benehmen der Stände gegeneinander kann man sich nicht leicht denken. Ein Mann des niedrigsten Standes spricht hier viel leichter und freier mit einem Kardinal oder dem Papste selbst, als bei uns mit dem Sekretär eines mittelmäßigen Beamten. Die Ursache ist vor allem freilich vorweg die Religion, vermöge der ein jeder in jedem den Christiano betrachtet, – weswegen sich auch alles gegenseitig nicht mit Zunamen, sondern mit Vornamen nennt und begrüßt, – demnächst aber auch unverkennbar eine gewisse, dem Römer überhaupt eigentümliche Natürlichkeit, die für das Abgeschmackte einer faden und lügenhaften Komplimentenschneiderei, eben wie für das Unwürdige einer kriechenden Erniedrigung zu großartig ist.

Bericht über eine Predigt zur Vorbereitung des Heiligen Jahres 1825.

Alle Butiken, Gewerbstätten etc. waren zu dieser Zeit geschlossen. Schon eine Stunde vor Anfang sah man das Volk versammelt, die Weiber auf der einen, die Männer auf der andern Seite des Platzes, alles nach der Bühne des Predigers gerichtet. Ein geistliches Lied in italienischer Sprache von schönen Stimmen gesungen, machte den Eingang; dann trat ein Katechist auf, das ist ein Geistlicher, der die Lehren des Christentums mit schöner Beredsamkeit der Ordnung nach entfaltete, so daß am Ende der drei Wochen ein kleiner Lehrkurs des ganzen katholischen Glaubens vollendet war; nach diesem wieder ein kurzer Gesang, dann die Predigt des Missionärs, welcher allerwärts einer von der höchsten Geistlichkeit war, denn nur solche hatte der Papst dazu erwählt. Nie hörte ich ergreifendere Vorträge, nie aus würdigerm Munde gesprochen, nie von willigern und aufmerksamern Ohren aufgefaßt. Eine Stille unter all diesem Volke, daß der entfernte Laut eines schreienden Kindes aus einer anstoßenden Straße, als Störung auffiel. Du kannst denken, welches rührende Schauspiel, aber auch um wie viel mehr es erhöhet wurde, wenn wie es reihum überall geschah, der Papst[1] selber erschien, und sich auf dem Balkon eines dem Redner nahen Hauses als Mitzuhörer einstellte, als ein frommer Vater, Beispiel und Freude seiner zur Frömmigkeit geladenen und versammelten Kinder. Kein Wunder, wenn am Schlusse der etwa drittehalb Stunden dauernden Andacht alles um seinen Segen rief, den er ihnen dann mit unaussprechlicher Huld, und zugleich, man möchte sagen, himmlischer Würde, man sah es, aus dem Herzen erteilte. Von dem Anstande des Papstes bei solchen Gelegenheiten kannst du dir keinen Begriff

1 Leo XII. (vgl. S. 232, Anm. 1).

machen; man muß es sehen, wie er im hohenpriesterlichen Kleide sich
erhebt, die Augen zum Himmel kehrt, ebendahin die Arme aus-
streckt, und sie dann, wie erfüllt von der erflehten Gabe des Geistes,
über das Volk breitet.

JOSEPH VON EICHENDORFF
1788–1857

Dichter und ihre Gesellen. Novelle. Berlin: Duncker und Humblot,
1834. S. 186–188.

*Eichendorff war nie in Italien und hat anders als Jean Paul auch nicht ver-
sucht, seine Erzählungen mit Hilfe von Reiseführern den bekannten Plätzen anzupassen. »Rom« ist für ihn eine reine Phantasiestadt. Sein »Taugenichts« schildert die Ankunft so: »Die Stadt stieg immer deutlicher und
prächtiger vor mir herauf, und die hohen Burgen und Tore und goldenen
Kuppeln glänzten so herrlich im hellen Mondenschein, als ständen wirklich
die Engel in goldnen Gewändern auf den Zinnen und sängen durch die
stille Nacht herüber. So zog ich denn endlich erst an kleinen Häusern vorbei, dann durch ein prächtiges Tor in die berühmte Stadt Rom hinein. Der
Mond schien zwischen den Palästen, als wäre es heller Tag« (Werke, hrsg.
von Wolfdietrich Rasch, München 1959, S. 1111). In dem Roman »Dichter
und ihre Gesellen«, einem der spätesten romantischen Erzählwerke, ist
»Rom« auch ein Ort der Gefährdung durch heidnische Sinnlichkeit und
damit ein Ort der Entscheidung. »Hinter den Weingeländen und duftigen
Gärten, die sich terrassenartig senkten, lag plötzlich die Nacht mit ihren
Trümmern und zerbrochenen Säulen wie ein Buch der Vergangenheit un-
ter ihnen aufgeschlagen, dessen Anfangsbuchstaben der Mond rätselhaft
vergoldete« (S. 198). In dieser Stadt gerät der seiner selbst nicht sichere
Mensch plötzlich in Not: »Über den Trümmern seines Glücks war über
Nacht eine üppig blühende Wildnis schimmernder Erinnerungen und
Hoffnungen giftig aufgeschossen« (S. 239). Doch zunächst zieht der Dich-
ter Fortunat unbekümmert und selbstsicher in sein Kulissen-Rom ein.*

Die Sonne war eben über Rom untergegangen, als Fortunat von den
Bergen mit der Abendkühle in die Stadt einzog. Nur ein Streifen des
Meeres in der Ferne und das Kreuz der Peterskuppel brannten noch
im Widerschein, dazwischen der Klang unzähliger Abendglocken,
und Gärten, Paläste und einsames Gebirg unten wunderbar zerwor-

fen – es war ihm, als zöge er in ein prächtiges Märchen hinein. Ecco
là! rief auf einmal sein Vetturin[1] und hielt still. Sie standen vor einem
großen, altmodischen Palast, welcher zum Teil unbewohnt schien und
in der Dämmerung melancholisch auf den einsamen Platz hernieder-
schaute, wo hohes Gras aus dem Pflaster drang und ein Springbrunnen einförmig rauschte. Es war das Haus des Marchese A., in welchem befreundete Reisende für Fortunaten die Wohnung besorgt
hatten.

Ein alter Diener, mit klugen, kurzen Blicken das geringe Gepäck
des genügsamen Reisenden musternd, führte diesen die breiten Mar-
mortreppen hinan, während er in großem Wortschwall die Abwesenheit des Marchese entschuldigte, welcher erst heute vom Lande
zurückkehre und nicht ermangeln werde, den schuldigen Empfang
morgen nachzuholen.

Die ersten Stunden in einer großen, unbekannten Stadt gehören zu
den einsamsten im Leben, auch Fortunaten überflog das Gefühl, als
sei er jetzt erst in der Fremde. Er verlor sich ganz in den hohen Ge-
mächern und betrachtete, als der Diener sich entfernt hatte, vor
Langerweile die Stuckverzierungen an den Decken, die schweren, altmodischen Stühle, die hohen Spiegel mit goldenen Rahmen, sowie die
umherhängenden Jagdbilder, Kavaliere in seltsamen Trachten vorstel-
lend, halb Ritter halb Gecken, einen Hirsch mit galanter Reiterkühn-
heit verfolgend, und junge, schöne Damen in Reifröcken unter einem
prächtigen Zelt im Walde, Jagdhörner in den Händen, denen der
glückliche Jäger seine Beute ehrfurchtsvoll zu Füßen legte. – Draußen
schien ein großer Garten zu liegen, weit über den Garten her schlugen
viele Uhren in der Ferne, es war ihm, als sei er schon gestorben und
hörte die Totenglocke über sich.

In diesen Betrachtungen unterbrach ihn das Rasseln eines Wagens,
der vor dem Schlosse zu halten schien. Er sah durchs Fenster und
konnte bei dem Schein einer Fackel nur noch bemerken, wie eine
schlanke Mädchengestalt aus der altmodischen Karosse behende in
das Haus schlüpfte. Im anderen Flügel des Palastes hörte man nun
Türen auf- und zuwerfen, gehen und lachen, dann war plötzlich alles
wieder still. – Bald darauf aber vernahm er im Garten einzelne, lang-
gezogene Klänge einer weiblichen Stimme, wie eine Nachtigall, durch
das Rauschen der Wipfel, durch welche die Glühwürmer leuchtend
hinzogen. Der Mond trat eben hervor und verwandelte alles in

---

1 (Lohn-)Kutscher.

Traum. Da öffnete Fortunat alle Flügeltüren, ergriff seine Gitarre und schritt durch die lange Reihe der Gemächer singend auf und nieder:

> Es rauschen die Wipfel und schauern.
> Als machten zu dieser Stund
> Um die halbversunkenen Mauern
> Die alten Götter die Rund.

> Hier hinter den Myrtenbäumen
> In heimlich dämmernder Pracht,
> Was sprichst du wirr wie in Träumen
> Zu mir, phantastische Nacht?

> Es funkeln auf mich alle Sterne
> Mit glühendem Liebesblick,
> Es redet trunken die Ferne
> Wie von künftigem großen Glück! –

GUSTAV NICOLAI
1795–1852

Italien wie es wirklich ist. Bericht über eine merkwürdige Reise in den hesperischen Gefilden, als Warnungsstimme für Alle, welche sich dahin sehnen. 2 Bde. Leipzig: Otto Wigand, 1834. – 2., verm. und verb. Aufl. 1835. Bd. 1. S. 180–182, 194 f.

»*Der Fremdenverkehr der ewigen Stadt nahm in den langen Friedensjahren bis zur Revolution von 1848 einen ungeheuren Aufschwung, der nur von vorübergehenden Ebben in dem durch politische Unruhen im Kirchenstaat gestörten Jahr 1831 und in der Cholerazeit 1835 bis 1837 unterbrochen wurde [. . .]. Das ganze vornehme und besitzende Europa schien sich in Italien und Rom verliebt zu haben, man begann romantisch für südliche Natur und die Halbwildheit der Bevölkerung zu schwärmen, die Straßenräuber von Sonnino und vom Saccotal, statt mit ihren kecken Überfällen die Fremden abzuschrecken, erhöhten nur den romantischen Reiz« (Noack, S. 193 f.). Eine Ausnahme machte der Berliner Militär-Richter Nicolai, der entrüstet die Forderung ablehnte, man solle »den Geist des fremden Landes erst erforschen und in diesem Geiste das fremde*

Land beurteilen. Das heißt ja befangen urteilen. Es gibt abstrakte Schön-heitsregeln, die sich auf Alles, was schön sein soll, anwenden lassen müssen oder es ist nicht schön« (Bd. 1, S. 140). In Venedig etwa hört Nicolai sofort, daß die Lieder der zwei »vorzüglichsten Sänger unter den Gondolieren«, die er zur Fahrt bei Vollmond gemietet hat, »den europäischen Lehrbü-chern der Harmonie« nicht entsprechen; nur wenige Sätze braucht er dann, um zu behaupten, es handle sich um einen Gesang »aus heiserer ver-soffener Kehle mit markdurchbohrendem Geschrei« (S. 73). Das Ergebnis der Reise steht schon auf S. 3 seines Buches: »Des wahrhaft Schönen gibt es dort leider nur wenig: das meiste ist verfaulte Herrlichkeit«; entspre-chend erklärt sein Resümee (Bd. 2, S. 344), »daß unser deutsches Vaterland hoch über Italien steht«. Die an irgendeiner Wahrnehmung nicht interes-sierte Denunziation – Nicolai war insgesamt 7 Tage in Rom und Umge-bung – verkörpert eine Konstante in der Reihe der Rom-Erzählungen, die es bis heute gibt. Manche Leser machten freilich aus den Vorurteilen poli-tische Argumente. Nicolai selbst druckte in der 2. Auflage seines Buches eine Rezension aus der Zeitschrift »Der literarische Hochwächter« vom 15. September 1834 ab. Dort freute sich ein Autor, der offenbar in den Umkreis des »Jungen Deutschland« gehört: Ludolf Wienbarg habe den Mythos »Holland«, Heinrich Zschokke den der »Schweiz« entlarvt, Nico-lai leiste das gleiche für »Italien«: »Ein kühner Freier erscheint, der mit kecker Hand den poetischen Schleier und den Gürtel löst und die Dame, die er umfaßt hat, zeigt, wie sie ist!« (Bd. 2, S. 372). Deutlich wird hinge-wiesen auf den ideologischen Charakter der Italien-Schwärmerei: »Die Wahrheit siegt! Die schönen Lügen zerfließen wie Abendrot, dem die Nacht folgt, aber ganze poetische Hallen und Dome voll Lichtglanz, Weihrauch und Madonnenbildern stürzen zugleich mit zusammen [. . .]. Überall zeigt sich ein Lossagen vom Alten, Hergebrachten, ein Herabrei-ßen alter Gemälde, vor denen die andächtige Welt jahrhundertelang im Entzücken gelegen. Man stürzt die Tempel und verjagt die Götter. Überall bricht das Licht eines jungen Tages herein.« Begeistert schreibt Nicolai hier in den Text: »Beherzige das, mein Leser!« Offenbar bemerkt er die politi-sche Konsequenz der Rezension nicht, die mit dem Hinweis endet: »Jetzt ist ein Kriegs- und Lagerzustand in der Politik wie in der Literatur« (S. 374). In dieser Sicht dient die Verachtung Roms und der Preis von Paris als revolutionärer Aufruf.

Ein enthusiastischer Verehrer Italiens hatte mir einmal gesagt, die Leipziger Straße in Berlin erinnere fast an den Corso in Rom. Welch ein Bild schwebte mir daher vom Corso vor! Und was sah ich? Eine lange schmale, schmutzige Gasse mit vielen hohen, räucherigen Häu-sern! Freilich ist diese Straße, die in Berlin zu den schlechtern gehören würde, für Rom eine Zierde; denn mit Ausnahme der Babuino-, der Ripettastraße und weniger anderer, sind die Straßen Roms erbärmlich;

viele bringen durch Kot und das Höhlenhafte der Wohnungen Ekel hervor. Dieser Ekel steigert sich dadurch, daß auch hier die schmutzigsten Handwerke im Freien getrieben werden. Besonders widerlich sind die Fleischläden, vor denen man die geschlachteten Tiere mit ab-

Giovanni Battista Piranesi: Forum Romanum

gezogner Haut aufgeblasen, oft noch in der Gestalt des Lebens, aufstellt, oder bläuliches, blutiges, und anscheinend schon in Fäulnis übergangenes Fleisch am Haken aushängt. Die Fleischer selbst gleichen mit ihren struppigen schwarzen Haaren, in ihrer schmutzigen Kleidung mit aufgekrempelten Ärmeln und nackten Waden eher wilden Kannibalen, als Mitgliedern einer zivilisierten Völkerschaft. Die Schmiedeknechte haben ihr Feuer auf den Straßen angeschürt und schmieden, schwarzen Zigeunern gleich, daß die Funken umherstieben, während ein erstickender Schwefelgeruch die Luft verunreinigt. Wohin man blickt, hängen aus den Fenstern, selbst der vornehmen Häuser dieser angeblich prächtigen Stadt, Hosen, Strümpfe und Hemden zum Trocknen aus, so daß man sich überall in einem Kasernenviertel zu befinden glaubt.

Nachmittags besuchten wir das Kapitol. Es liegt in einer unbedeutenden und verbauten Gegend auf einem kleinen Hügel, zu dem eine
elende verfallene Treppe emporführt. Könnte man sich in Italien
daran gewöhnen, die Bauwerke stets in gutem Zustande zu erhalten
und sie abzuputzen, so würden manche einen bessern Eindruck machen. Es ist bekannt, daß vom alten Kapitol nur noch das Fundament
übrig ist; das jetzige besteht aus einem Mittelgebäude, oder dem Sena-
torpalaste, welcher mit einem viereckigen Türmchen versehen ist, und
aus zwei isoliert stehenden, nach Michel Angelos Zeichnung erbauten
Seitenflügeln. Sämtliche Gebäude enthalten zwei Stockwerke und sind
in der Façade mit 8 korinthischen Pilastern, oben auf der Balustrade
des flachen Daches mit Statuen geziert. Sie imponieren weder durch
Größe noch durch Glanz, und würden vielleicht nicht beachtet werden, wenn sie nicht als ein Monument auf den Trümmern einer unter-
gegangenen Welt zu ernster Betrachtung aufforderten. Roms Kapitol!
Wie ganz anders habe ich es mir gedacht! Was ich fand, war eine
hübsch gebaute, doch wohl zu bemerken, rußige und verwitterte,
Villa eines Privatmannes. Oben an der Treppe ist der Platz, den die
drei Gebäude des Kapitols bilden, mit einer Brustwehr versehen, auf
welcher in symmetrischer Ordnung und zwar rechts und links an der
Treppe Castor und Pollux mit ihren Pferden in kolossaler Größe,
dann Trophäen, und endlich die Statuen Konstantin Augustus' und
des Konstantin Caesar, sämtlich Antiken von Marmor, aufgestellt
sind. Allein diese Kunstwerke sehen zu schwarz und verräuchert aus,
als daß sich ein Gemüt voll Schönheitssinn daran erquicken könnte.
Ich überlasse den Archäologen, die alles Alte schön finden, dabei in
Ekstase zu geraten. Auf dem Platze selbst steht die einzige ganze Reiterstatue von Bronze, welche aus der alten Welt noch übrig ist, die
Marc Aurels, ein wirklich herrliches Werk.

Giuseppe Gioacchino Belli

1791–1863

Sonetti (1830–37). – Die Wahrheiten des G. G. B. Römer, Huren und Prälaten. Eine Auswahl seiner frechen und frommen Verse. Übers. von Otto Ernst Rock. Frankfurt a. M.: Insel, 1984. S. 86, 104, 222. – © 1984 Insel Verlag, Frankfurt a. M.

Bellis Biographie spiegelt alle Probleme des Kirchenstaates von der Revolution von 1798 bis zum Pontifikat Pius' IX. Nach dem frühen Tod der Eltern geriet er in Armut und suchte sich mühsam einen Posten. Er fand ihn 25jährig in der päpstlichen Finanzverwaltung. Mit 35 ging er bei fast vollem Gehalt in den einstweiligen Ruhestand, wurde reich durch das Vermögen seiner Frau und wieder arm nach deren Tod im Cholerajahr 1837. Als Römer fand er trotz aller Kritik am Kirchenstaat die Republik von 1849 nur chaotisch. So ging er wieder in päpstliche Dienste, ließ ein paar fromme Schriften drucken, durfte seine »Kirchlichen Hymnen« sogar Pius IX. überreichen. Von seinen wichtigen Werken wußte fast niemand. Belli schrieb in seinen guten Jahren vor 1837 fast 2000 Sonette, die im kräftigen römischen Dialekt das Leben in der sogenannten Heiligen Stadt kommentieren. Belli hat diese Gedichte weder bekanntgemacht noch vernichtet, sondern bei Freunden hin und her gereicht. Nach seinem Tod sollte man sie vernichten. Ein befreundeter Bischof veröffentlichte eine Auswahl. 1886–89 erschienen die Texte vollständig, nach anständigen und nicht anständigen Teilen getrennt. Nur letztere waren trotz des fünffachen Preises ein Erfolg. Erst 1952 erschienen Bellis Gedichte im Zusammenhang.

Papst Leo

Papa-Leone
25. November 1832

Bevor Papst Leo zu den Würmern ging,
Die ihm nichts lassen als die alten Knochen,
Da sind ihm alle in den Arsch gekrochen:
Am liebsten täglich einen Treueschwur!

Was hatte er doch für ergebne Diener!
Er war so gütig, er war so gelehrt,
Die Gegner waren allesamt nichts wert
Und nichts als Lumpen, Gauner, Jakobiner.

Kaum war er hin, er war noch nicht ganz tot,
Wurde der gute, kluge Heilige Vater
Ein Ochs, ein Esel und ein Idiot.

So geht's dem großen Mann wie Kleinen auch:
Die Mäuse hüpfen um den toten Kater
Und tanzen Menuett auf seinem Bauch.[1]

Das Gewerbe

L'innustria
23. Dezember 1832

Wenn ich mal wieder durch des Schicksals Tücke
Kein Geld mehr habe und ganz pleite bin,
Helf ich mir so: ich geh zum Ofen hin
Und brech die Kohlenschaufel in vier Stücke.

Die werd ich in den Taschen gut verstauen,
Dann stell ich mich beim Forum hin und dort
Lauere ich auf irgendeinen Lord,
Und der wird gräßlich übers Ohr gehauen.

Wenn mein Typ kommt, dann sag ich zu dem Knaben:
Hier ein antikes Stück, leider kaputt
Wir haben's gestern abend ausgegraben.

Der setzt die Brille auf, ist hingerissen,
Gibt mir 'nen Schein und sagt: Bravo, sehr gutt!
So macht man das in Rom, so wird beschissen.

---

1 Nach dem Tod von Pius VII. gewann die reaktionäre Partei das Übergewicht im
  Konklave. Leo XII. (1823–29) ließ alle irgendwie fortschrittlichen politischen
  Ansätze rückgängig machen. Hinrichtungen, Zuchthaus und Verbannung waren
  im Kirchenstaat an der Tagesordnung. Längst veraltete Rechtsnormen wurden
  neu belebt. Die Juden sperrte man wieder ins Ghetto. Sogar die unter Pius VII.
  eingeführte Pockenimpfung wurde verboten und eine erhöhte Sterblichkeitsrate
  in Kauf genommen.

Was macht der Papst?

Cosa fa er Papa?
9. Oktober 1835

Was macht der Papst[2]? Na ja, er säuft und pennt,
Futtert, trinkt Kaffee, guckt zum Fenster raus,
Macht Späßchen, lümmelt sich und tobt sich aus,
Wie einer, der ganz Rom sein Eigen nennt.

Familie hat er nicht, muß niemand fragen,
Wenn er's Orchester stimmt und dirigiert.
Geht mal was schief, was ist dann schon passiert?
Er hat das letzte Wort, er hat das Sagen.

Die Luft, das Wasser, Sonne, Brot und Wein
– Genau, als lebte sonst kein Schwein auf Erden –
Alles für ihn gemacht: 's ist alles mein.

Der Schlaukopf hat den richtigen Beruf:
Er möcht so einsam wie der Herrgott werden,
Eh der sich Engel und den Menschen schuf.

HANS CHRISTIAN ANDERSEN

1805–1875

Improvisatoren. Kopenhagen 1835. – H. C. A.: Der Improvisator. Nach der vom Verf. selbst besorgten dt. Ausg. redig. von Angelika Wildermann. Zürich: Manesse, 1965. S. 70–73.

Als Sohn eines Schuhmachers erlebte Andersen eine karge Kindheit. Nur seine Phantasie träumte sich hinaus in die große Welt, in der er berühmt sein wollte. Mit 14 Jahren ging er nach Kopenhagen und erlebte ein Märchen, das er selbst nicht besser hätte erfinden können. Ein Mäzen nahm

---

2 Gregor XVI. (1831–46). Nach der Pariser Revolution von 1830 griffen die Unruhen auch auf den Kirchenstaat über. Der Papst lehnte die von den europäischen Mächten vorgeschlagenen Reformen ab und versuchte es mit einem konsequent jede Art von Fortschritt ablehnenden absolutistischen Regiment.

sich seiner an. Der König bezahlte die Schulbildung. Längere Reisen ins
Ausland folgten. Andersens erster literarischer Erfolg war 1835 der Roman
»Der Improvisator«. Als beiläufiges Nebenprodukt erschienen im gleichen
Jahr zwei Hefte mit Märchen, die Weltruhm erlangten. Der Roman ent-
stand in Rom. Andersen verwendet Motive der eigenen Biographie und
fügt sie ein in die Lebensgeschichte eines mutterlosen römischen Jungen,
der sich zum Dichter berufen fühlt. Die locker gefügte Handlung erzählt
von Liebe, Tod und Kunst, von habgierigen Bettlern, guten Räubern und
edlen Fürsten. Rom ist eine herrliche und gleichzeitig drohende Märchen-
welt. Es entstehen malerische, auf Wirkung arrangierte Bilder des Volksle-
bens. Der Ich-Erzähler, ein junger Römer, der immer auch das Bewußt-
sein eines dänischen Kunstreisenden hat, verliert seine Mutter und findet
Unterschlupf bei Bauern der Campagna in der Nähe von Rom.

Die ungeheure Steppe um das alte Rom war also jetzt meine Heimat.
Der Fremde von jenseits der Gebirge, der, für Kunst und Altertum
begeistert, zum ersten Male sich der Tiberstadt nähert, sieht in dieser
vertrockneten Öde ein mächtiges Blatt der Weltgeschichte. Die einsamen Gräber, die einzelnen Hügel: alles sind ihm heilige Chiffern,
ganze Kapitel in jenem Buch. Der Maler wirft den einzeln stehenden
Bogen einer zertrümmerten Wasserleitung, den zwischen der Schaf-
herde sitzenden Hirten auf das Papier hin und stellt die welken Disteln in den Vordergrund; die Leute sagen dann, das sei ein hübsches
Bild. Mit wie ganz verschiedenen Empfindungen betrachteten wir,
mein Führer und ich, die unübersehbare Ebene! Das versengte Gras,
die ungesunde Sommerluft, die dem Bewohner der Campagna Fieber
und bösartige Krankheiten bringt, machten die überwiegende Schat-
tenseite seiner Betrachtungen aus. Mir war hier alles neu. Mich er-
freuten die schönen Gebirge, die in verschiedenen Schattierungen von
Violett die eine Seite der Ebene umgaben, die wilden Büffel und der
gelbe Tiber, an dessen Ufer die Ochsen mit ihren langen Hörnern,
unter das Joch gebeugt, die Schiffe stromaufwärts zogen. Wir gingen
in derselben Richtung.
    Ringsum sahen wir nur niedriges, gelbes Gras und hohe, halbver-
welkte Disteln. Wir kamen an einem Kreuz vorüber, das als Zeichen
eines hier begangenen Mordes errichtet worden war. Neben demselben hingen Glieder des Mörders: ein Arm und ein Fuß. Es ward mir
ängstlich zumute, um so mehr, da dies alles sich nur in geringer Entfernung von meiner neuen Wohnung befand. Diese war nichts anderes als eines der alten, verfallenen Gräber, die hier seit den alten Zeiten so zahlreich vorhanden sind; die meisten Hirten in der Campagna

ziehen gern in ein solches ein, weil sie da alles finden, was sie zum Obdach, ja selbst zur Bequemlichkeit brauchen. Sie füllen einige Vertiefungen aus, vermauern einige Löcher, legen ein Dach von Schilfrohr darüber, und die Wohnung ist fertig. Unsere Wohnung stand auf einer Anhöhe und war zwei Stockwerke hoch. Die zwei korinthischen Säu-

Ein Hirte in der Campagna, 1877

len an der engen Tür zeugten von dem Alter dieses Gemäuers, die breiten Mauerpfeiler von einer späteren Ausbesserung. Vielleicht war es im Mittelalter befestigt worden. Ein Loch in der Mauer über der Tür wurde als Fenster angesehen; das halbe Dach war mit einer Art Rohr und mit Zweigen belegt, die andere Hälfte bestand aus lebendigem Buschwerk, aus welchem das Geißblatt in reicher Fülle über die geborstene Mauer hinabhing.

»Nun! so wären wir denn da!« sagte Benedetto, und dies waren die ersten Worte, die er sprach.

»Wohnen wir dort?« fragte ich und sah bald die düstere Wohnung an, bald die Glieder des Räubers. Ohne mir Antwort zu geben, rief jener: »Domenica! Domenica!« Und nun sah ich eine bejahrte Frau, deren ganze Bekleidung aus einem groben Hemde bestand, mit nackten Beinen und Armen und herabhängenden Haaren hervortreten. Sie überhäufte mich mit Küssen und Liebkosungen. Hatte ich bei Vater Benedetto ein tiefes Stillschweigen beobachtet, so war sie um so gesprächiger. Sie nannte mich ihren kleinen Ismael, der in die Wüste, wo die wilden Disteln wachsen, geschickt war.[1] »Allein du sollst bei uns nicht verschmachten«, sagte sie; »die alte Domenica wird dir, anstelle derjenigen, die jetzt im Himmel für dich betet, eine gute Mutter sein; und dein Bett habe ich dir schon gemacht, und die Bohnen sind weich, und mein alter Benedetto und du, ihr sollt zusammen am Tische sitzen. Nun! nun! – Mariuccia ist doch nicht mitgekommen? Hast du den Heiligen Vater gesehen, Benedetto? Allein ein Stück Schinken hast du doch wohl nicht vergessen? Und die messingenen Öfen auch nicht? Oder ein neues Madonnenbild zum Ankleben an die Tür neben dem alten, das wir schwarzgeküßt haben? Nein! ein Mann wie du denkt an alles und vergißt nichts; nicht wahr, mein lieber Benedetto?!«

So fuhr sie unaufhaltsam fort, während sie uns in den engen Raum führte, der ein Zimmer genannt wurde, mir aber damals so groß vorkam wie später die Säle des Vatikans. Ich glaube auch in der Tat, daß diese Wohnung nicht wenig auf mein poetisches Gemüt eingewirkt hat. Dieser kleine, enge Raum war meiner Phantasie, was ein Gewicht dem jungen Palmbaum ist: je mehr er in sich hineingepreßt wird, um so mehr wächst er. Unser Haus war, wie gesagt, in uralten Zeiten ein Familiengrab gewesen, das aus einem großen Raum mit vielen kleinen Nischen nebeneinander und wieder solchen in zwei Reihen über den

---

1 Vgl. 1. Mose 16.

ersten bestand, alle mit kunstvollen Mosaiken bedeckt. Nun wurden die Nischen zu höchst verschiedenem Gebrauche benutzt: die eine war Vorratskammer, eine andere bewahrte Töpfe und Krüge auf, eine dritte bildete den Herd, auf dem die Bohnen kochten.

JAMES FENIMORE COOPER

1789–1851

Excursions in Italy. London 1838. – Wanderungen in Italien. In: J. F. C.s sämmtliche Werke. Bd. 112–114: Italien. Aus dem Engl. übers. von C. F. Nietsch. Tl. 2. Frankfurt a. M.: Joh. David Sauerländer, 1838. S. 92 f., 152, 199, 223 f.

Idealisierende Berichte vom nordamerikanischen Waldleben, vom harten Überlebenskampf der Indianer und Siedler in einer großartigen Natur machten Cooper berühmt. Von 1826 bis 1831 lebte er in Europa. Er war amerikanischer Konsul in Lyon, dann reiste er privat nach Dresden, in die Schweiz und nach Italien. »Fünf vergnügte Monate« (S. 247) verbrachte er in Rom. Immer wieder nimmt er den Leser, den er in Briefform anredet, mit auf lange Pferderitte um die Aurelianische Mauer und quer durch die Stadt und verspricht, »eine möglichst deutliche Vorstellung von Rom zu geben, wie es gegenwärtig ist, nicht aber mich als einen Altertumsforscher zu zeigen« (S. 167). Dabei ist er bestrebt, Vorurteile zu widerlegen, indem er als guter Journalist einfach hinsieht und »mehr meine eignen Empfindungen und Ansichten, als den Nachhall der gewöhnlichen Meinungen« (S. 217) niederschreibt.

Zu unserm Glück kamen wir zum ersten Mal von der Südseite her in Rom hinein, der schönste Eintritt ohne Zweifel, den wir hätten wählen können. Denn da das neue Rom das ehmalige Marsfeld einnimmt, so wird derjenige, der von Norden her in die Stadt kommt, mit einem Male in eine Stadt unsrer Zeit mitten hinein versetzt; doch wer wie wir von der Südseite eintritt, hat den Vorteil, gleich anfangs durch die prachtvollen Trümmer der Hauptstadt der alten Cäsaren seinen Weg zu verfolgen.

Zuerst sahen wir fast nichts als einige Kirchen, Bruchstücke von Wasserleitungen und Gartenanlagen. Zur Linken lag ein verlassen aussehendes Schloß mit einer dazu gehörigen Kirche, es war die Ka-

pelle des heiligen Johannes im Lateran. Dann ragte ein ägyptischer
Obelisk von großem Altertum hoch zum Himmel hinan. Alle diese
und ähnliche Werke der Baukunst waren großartig und prächtig, aber
sie standen fast sämtlich vereinzelt. Weiterhin war eine weit ausge-
breitete stadtähnliche Häusermasse, doch bloß eine Vorstadt, und die
Häuserreihen waren häufig durch wüste Zwischenräume unterbrochen. Gleich darauf fuhren wir unterhalb dem Gemäuer eines großen
länglich runden Baues, aus rötlichen Steinmassen aufgeführt, vorüber,
in welchem Bogen über Bogen sich emporwölbten, bis zur gewöhnlichen Höhe eines Kirchturms, ein Berg von Gebäuden, und wiewohl
ich solches hier nicht vermutete, erkannte ich doch in demselben
sogleich das Colliseum. Jetzt begannen die Merkwürdigkeiten uns
immer dichter zu umdrängen, wie der Triumphbogen des Titus, des
Constantinus, zerstörte Tempel, das Forum und endlich die Stadt
selbst. Mich wandelte ein Schwindel an, stumm und starr saß ich da,
wie ein Dorfbewohner, der zum ersten Mal in seinem Leben in eine
große Stadt herein gekommen ist; denn mich hatte die Menge der Gegenstände überwältigt, und die überflutende Gewalt der verschieden-
artigsten Eindrücke ließ mich kaum zur Besinnung kommen.

Ein großer Teil des alten Roms, die nächsten Umgebungen nämlich
der sieben Hügel, wird von solchen Gartenmauern eingeschlossen;
doch zum Teil liegen auch manche Strecken ganz offen da. In viele
dieser Einschließungen kann man geradezu eintreten, und das Reiten
gewährt mir den Vorteil, vorher einen Blick hinein zu tun, ob sich
wirklich im Innern derselben etwas Sehenswürdiges wahrnehmen
läßt.

Sie kennen meine Vorliebe für das Poetische des römisch-katholischen
Gottesdienstes. Der Weihrauchduft, die Deckenwölbungen, die in
weite Ferne sich verlierenden Bogengänge, die hohen weiten Räume,
die düstern Fensterbögen mit den ernsten Glasmalereien, die ergrei-
fende Harmonie des Chorgesangs, Alles vereinigt sich in mir zu einer
unversiegbaren Quelle innerlichen unnennbaren Behagens.

Die Vergleichung zwischen Rom, wie es jetzt ist, und einer unserer
großen Städte hat sich mir fast bei jeder Veranlassung wiederholt auf-
gedrungen. Das heutige Rom und New York zum Beispiel sind in
moralischer Hinsicht einander gradezu entgegengesetzt und physisch
ebenfalls. Die eine ist eine Stadt voll herrlicher Erinnerungen, die an-

dere voll großer Hoffnungen. In der einen scheinen die Leute sich mit Nichts beschäftigen zu wollen, als mit Rückblicken in vergangene Zeiten, in der andern beschäftigt man sich bloß mit allerlei Entwürfen für die nächste Zukunft.

Rom ist eine Stadt voll Paläste, Denkmäler und Kirchen, die bereits Jahrhunderte überdauert haben; New York zeigt nichts, als baukünstlerische Notbehelfe, die kein Menschenalter überleben, so wenig wie die Menschen darin. Der Römer ist stolz auf seinen Geburtsort und auf seine Vergangenheit; sein gegenwärtiger Zustand genügt ihm, und es dünkt ihm rühmlich, seine Abstammung weit genug rückwärts, vielleicht bis zu irgend einem römischen Konsul verfolgen zu können. In New York wird dagegen so wenig Wert auf alte Abstammung, auf Taten der Vorzeit gesetzt, kurz auf Nichts, was nicht unmittelbar Geld ist, daß über die Hälfte seiner Einwohner, statt auf ihre Familie stolz zu sein, oder auf ihre geschichtlichen Erinnerungen oder ruhmwürdige Taten, öfter kaum genau wissen, welcher Nation sie eigentlich angehören. Während die Nachkommen derjenigen, die einst den Palatinischen Hügel umwohnten, an ihrer Geschichte und Überlieferung mit einer Innigkeit haften, die sie mit derselben Teilnahme einander verbindet, als ob jene Erinnerungen die gemeinschaftlichen Erlebnisse des gestrigen Tages umfaßten; – so gibt es auf der weiten Erde wohl keine Stadtbevölkerung außer der unsrigen, in welcher alle geselligen Verhältnisse, sofern sie auf irgend etwas anderes als unmittelbaren und offenbaren Vorteil Bezug haben, so äußerst unbeständig und lose zusammenhängen.

»Welches von beiden Völkern ist glücklicher?« so fragte ich mich selbst, während ich meine Blicke über die sagenreiche Gegend gleiten ließ, »diejenigen, welche ihr Dasein in diesen Erinnerungen verträumen, oder die, welche den Augenblick mit solcher Gier ergreifen, als gälte es, Vergangenheit und Zukunft in einen Tag zusammenzupressen, die bloß darum zu leben scheinen, um, wenn die Nacht kommt, sich zu rühmen, daß sie abermals reicher geworden, als sie am Morgen waren?« Diese Frage ist nicht leicht beantwortet; obschon ich tausendmal vorziehen möchte, daß das Los meines Lebens mir in Rom zugeteilt gewesen wäre, als in New York oder in irgend einer bloß Handel treibenden Stadt.

Fanny Mendelssohn

1805–1847

Italienisches Tagebuch (1839–40). Hrsg. von Eva Weissweiler. Darmstadt/Neuwied: Luchterhand, 1985. S. 61, 65, 87 f., 101. – Mit Genehmigung des Societäts-Verlags, Frankfurt a. M.

Die Enkelin von Moses Mendelssohn war musikalisch ebenso begabt wie ihr Bruder Felix (Jakob Bartholdy, der Förderer der nazarenischen Maler in Rom, war ihr Onkel). Sie spielte virtuos Klavier und hatte Kompositionsunterricht bei Carl Friedrich Zelter, doch ihr Vater lehnte ein Studium ab mit dem Argument, sie »müsse Felix den Vortritt lassen, auch wenn sie vielleicht genauso begabt sei wie er und müsse sich ›ernster und emsiger‹ zu ihrem ›eigentlichen Beruf, zum einzigen Beruf des Weibes, zur Hausfrau‹ bilden« (Vorwort, S. 7). Felix Mendelssohn Bartholdy ließ seine Schwester für sich arbeiten, unterdrückte aber ihre Werke. Fanny war verheiratet mit dem Maler Wilhelm Hensel. Mit ihm, ihrem kleinen Sohn und einer Köchin reiste sie 1839 für ein Jahr nach Italien. Während die Reisebriefe ihres Bruders seit 1861 immer neue Auflagen erlebten, gibt es von den Briefen Fannys keine kritische Ausgabe. Dabei erzählt sie vorzüglich. Sie ignorierte wie viele andere das Leben der Stadt, urteilt aber scharf und selbständig über die künstlerische Szene. Maler wie Overbeck oder ihr Vetter Philipp Veit langweilten sie. Empört beklagte sie die Lage der Juden. (Seit Leo XII. zeigt der päpstliche Antisemitismus wieder sein häßliches Gesicht.) Sie lebte auf, als sie den Komponisten Charles Gounod kennenlernte (angeblich schrieben beide zusammen in Rom das populäre »Ave Maria«). Im Umgang mit Gounod und dessen Freunden schüttelte sie Komplexe und Ängste ab. Nur in Rom fühlte sie sich für kurze Zeit frei. »Ich kann es nicht sagen, wie unbeschreiblich glücklich ich mich hier fühle« (S. 107).

28. November 1839. Gestern waren wir bei Papstens in der Sixtinischen Kapelle, und ich habe ihn und alle Kardinäle aufs genaueste gesehen,[1] vorbeipassieren nämlich, denn für die Zeremonien sind wir armen Weiber übel dran; wir müssen hinter einem Gitter sehr weit ab sitzen, und wer nun, wie ich, ein kurzes Gesicht hat, bekommt von dem ganzen Spaß nichts zu sehn und muß drei Stunden lang sitzen und den sehr unreinen und mittelmäßigen Gesang der päpstlichen Kapelle und den nicht kurzweiligen Vortrag der Messe durch ein paar

---

1 Papst Gregor XVI. (vgl. S. 233, Anm. 2). Von den Kardinälen sei nur der von Görres bewunderte Staatssekretär und Kriegsminister Luigi Lambruscini (1776 bis 1854) genannt, der Veränderungen im staatlichen Leben für Verbrechen hielt.

zittrige Kardinalstimmen anhören. Ich werde indessen doch öfter in die Sixtina gehen, man muß sich daran gewöhnen, und es etwas genauer kennenlernen, es gehört doch einmal dazu.

16. Dezember 1839. Es war eine feierliche Sitzung der Archäologischen Gesellschaft, Winckelmanns Geburtstag (ich gratuliere), und ich war hingegangen worden. Die Sitzungen finden auf dem Tarpejischen Felsen statt, und Kestner ist jetzt da Bunsen.[2] Der Saal ist küchenrot pompejanisch gemalt und so antik niedrig, daß Dirichlet den höflichsten Bückling würde machen müssen. Längelang steht ein grüner Tisch und Rohrstühle zu beiden Seiten (alles auf dem Forum ausgegraben). In der Mitte des Tisches steht Winckelmanns Büste mit einer Nachtmütze von Rosen und Efeu und Papenkord gewunden, Minna würde geschaudert haben über solchen Kranz. Es waren schon einige Damen und viele Herren versammelt, alles sprach leise, und es ging so putzig feierlich zu, daß mir schon der Magen zum Lachen wackelte, ehe noch ein Mensch gesprochen hatte. Nun fingen aber die Reden an! Die Herren, die sich in italienischer Sprache vernehmen ließen, hießen Kestner, Braun, Otfried Müller, Abeken, und ihre Aussprache klang ebenso italienisch wie ihre Namen. Kestner las die Einleitung wie ein altes vernünftiges Pferd, das einen angemessenen Schritt geht, bei jedem stolpert, aber doch nicht fällt. Hierauf galoppierte Braun herbei und las über die archäologischen Verdienste des Herzogs von Blacas. Er zeichnete sich dadurch aus, daß er auf gut sächsisch b mit p und d mit t verwechselte. Er machte unglaubliche Kapriolen in der armen italienischen Sprache und kam mir so lächerlich vor, daß ich die M., die neben mir saß und mich immer ansah, inständig bitten mußte, es zu unterlassen, sonst wäre ich losgeplatzt. Dann kam Otfried Müller, für diesmal der Lion, – alles räusperte sich, ehe er anfing. Er bewies aus alten Schriftstellern, wo ein gewisses Gebäude des Forums

2 An Winckelmanns Geburtstag am 9. Dezember (1717) finden bis heute akademische Feierstunden statt. Das Deutsche Archäologische Institut hatte seine erste römische Niederlassung auf dem Kapitol zwischen dem Palazzo Caffarelli und dem Konservatorenpalast. Die im folgenden genannten Herren sind Christian August Kestner (1777–1853, der Sohn von »Goethes Lotte«), seit 1817 in Rom zuerst als hannoveranischer Gesandtschaftssekretär, später als Ministerresident – er übernahm von Bunsen (vgl. S. 204) die Rolle als Förderer der Künstler; der Archäologe Emil Braun (1809–56), der seit 1837 die deutsche Bibliothek betreute; der Archäologe Otfried Müller (1797–1840), der wenig später in Athen starb; und Wilhelm Abeken (1813–43), seit 1836 als Nachfolger von Karl Richard Lepsius (1810–84) Redaktionssekretär des Archäologischen Institutes (Noack, S. 424 ff.).

gestanden haben müsse. Anfangs bildete ich mir wirklich ein, es interessiere mich, aber bald sah ich meinen Irrtum ein, und da kam mir alles so willkürlich vor, und der Gegenbeweis schien mir so leicht zu führen, daß ich beinahe auf den Tisch gestiegen wäre und mit den Maulwürfen geheult hätte. – Die übrigen schenke ich Dir und mir.

15. März 1840. Um zwei Uhr setzte sich die ganze Henselei [...] in einen Wagen und fuhr beim herrlichsten Wetter und wärmster Luft zum entferntesten Tore Roms, der Porta San Sebastiano, hinaus. Die Luft hatte im höchsten Grade die berühmte italienische Transparenz, in der die fernsten Gegenstände ebenso klar als weich erscheinen; davon gibt kein Bild auch nur annähernde Vorstellung, und ich glaube auch, es ist nicht zu malen. Irdische Mittel reichen da nicht hin, denn es ist eine wahre Verklärung. Die Stadt wimmelte von Spaziergängern [...], alle Landleute und Gebirgsammen waren im Sonntagsstaat, Züge von Priestern in allen Farben, Kardinal Rotstrumpf und Monsignore Violettstrumpf, Weiber und Jungen auf Eseln, gingen, fuhren und ritten dem Freien zu, eine Schar Mädchen, die nach Ostern heiraten (in den Fasten wird nicht getraut) zogen, einem Gelübde zufolge, in Ordenstracht, grauen Kleidern, weißen Schleiern und strickartigen Schnüren um den Leib einstweilen ins Kloster und sahen in dieser Resignationskleidung allerliebst aus. Wir aber fuhren seelenvergnügt (mein Mann war in Sonntagslaune, und wir kamen den ganzen Tag nicht aus dem Lachen) beim Denkmal der Caecilia Metella, einem meiner Lieblingspunkte, vorbei, auf der alten Via Appia, zwischen zwei Reihen grandioser Ruinen hin, bis zu einem Punkt, der vorzugsweise Roma Vecchia heißt, und wo eine sehr malerische Meierei zwischen den schönsten Ruinen liegt. Hier ist man schon den Gebirgen ganz nah und sieht jedes Haus in Frascati liegen. In dieser Meierei ist der Brunnen, den Wilhelm zu seinem Bilde »Die Samariterinnen« benutzt hat;[3] dies war für dasmal unser entferntestes Ziel, wir stiegen aus, wanderten umher, die Herren und Herrchen zeichneten ein wenig, und wir fuhren auf einem sehr interessanten Wege nach der Grotte der Egeria.[4] Hier kommt man so recht durch die öde und in

---

3 Bild Wilhelm Hensels (1794–1861) von einem früheren Rom-Aufenthalt: »Christus und die Samariterin«, heute in der Gemäldegalerie des Schlosses Sanssouci.
4 Antikes Nymphäum in einer Villa des Herodes Atticus in der Nähe der Via Appia Pignatelli. Egeria war die Geliebte des Königs Numa Pompilius und dessen Ratgeberin in allen Fragen des Kultes. Nach seinem Tod wurde sie in eine Quelle verwandelt (Ovid, *Metamorphosen* XV, 487 ff.). Touristen liebten diesen Ort,

ihrer Dürftigkeit doch so liebliche Campagna di Roma, Herden aller
möglichen Geschöpfe, Schafe, Ziegen, Rindvieh, Pferde, weiden überall, und überall steht Aurel Roberts[5] Hirt mit der Pelzjacke dabei
(Wilhelm nennt einen solchen Hirten den Übergang vom Hammel
zum Menschen). In der Grotte der Egeria ward eine mitgenommene
Flasche Orvieto hervorgeholt und auf Deine Gesundheit getrunken;
kannst Du es wohl klassischer und zugleich romantischer verlangen,
liebe Mutter?

Sonntag, den 26. [April], ging ich früh mit Wilhelm in den Garten der
Akademie[6]. Es war entzückend schön. Wir hatten den Abend vorher
stundenlang deliberiert und natürlich wieder die ganze Nacht nicht
schlafen können, deshalb, ob wir nicht unsern Aufenthalt über den
nächsten Winter ausdehnen sollten; endlich morgens früh trug Vernunft und Rücksichten den Sieg davon, aber in der Villa beschlossen
wir, uns dafür zu belohnen und bis Ende Mai hier zu bleiben, wie der
Säufer, der an drei Schnapsläden glücklich vorbeigekommen, sich am
vierten dafür entschädigt. Es kostet uns beide einen schweren Kampf,
von Rom fortzugehn; ich hätte nie gedacht, daß es mir einen so tiefen
Eindruck machen würde. Ich will mir gar nicht verhehlen, daß die Atmosphäre von Bewunderung und Verehrung, von der ich mich hier
umgeben sehe, wohl etwas dazu beitragen mag, ich bin in meiner frühen Jugend lange nicht so angeraspelt worden wie jetzt, und wer kann
leugnen, daß das sehr angenehm und erfreulich ist? Es kommt eben
alles hier zusammen, um mich an Rom zu fesseln; und wie gut wäre
es für meinen Wilhelm, für seine Arbeiten; aber es geht nicht, es ist
fest beschlossen.

»ein Brunnengebäude, welches nach der Stadt zu in lieblicher, kühler Einsamkeit
liegt. Zarte Schlinggewächse überweben mit grünem Schleier den Eingang und
die Nischen, aus denen die Götterbilder längst verschwunden sind« (so Stahr [vgl.
S. 294], S. 249).
5 Aurèle Robert (1806–71), in Rom 1822–30.
6 Gemeint ist der Garten der Villa Medici, Sitz der Französischen Akademie.

Nikolaj Gogol

1809–1852

Rom. Ein Fragment. Moskau 1842. – N. G.: Sämmtliche Werke. Hrsg. von Otto Buek. Bd. 6. München/Leipzig: Georg Müller, 1912. S. 488–490.

Mit 19 Jahren kam Gogol aus seiner ukrainischen Heimat nach Petersburg und arbeitete dort als Lehrer. Thema seiner satirischen Prosa waren die Menschen der Großstadt und die Gesellschaft der russischen Provinz. Als die Komödie »Der Revisor« nur amüsiert aufgenommen wurde, aber nichts zur moralischen Erneuerung Rußlands beitrug, reiste Gogol 1836 enttäuscht ins Ausland. Im September 1839 begann er mit einer in Rom spielenden Erzählung, die er abbrach, als Fragment aber 1842 in Druck gab. Gogols Perspektive ist bestimmt durch die Ablehnung von Paris. Ein junger römischer Fürst, der zu ersticken glaubt, weil ihm Italien »wie ein finsterer, mit Schimmel bedeckter Winkel Europas« (S. 477) vorkommt, lebt auf im Glanz von Paris. »Das also war Paris, dieser ewig kochende Krater, dieser Springbrunnen, der eine wahre Funkengarbe von Neuigkeiten, von Aufklärung, Moden, erlesenem Geschmack und winzigen, aber mächtigen Gesetzen ausspie« (S. 470). Mit solchen Formeln macht später die europäische Jugend Paris zur Hauptstadt Europas. Doch der Römer ahnt die Leere des Treibens. »Im Wirbel dieser ewigen siedenden Bewegung und Tätigkeit entdeckte er eine furchtbare Untätigkeit und ein schreckliches Vorherrschen des Wortes über die Tat« (S. 478). Der Fürst kehrt nach Rom zurück und ordnet die Verhältnisse seines verstorbenen Vaters. Im »Genuß der Natur, der Künste und der Antike« entsteht neues Interesse für die Geschichte der Stadt und neuer Glaube an deren Zukunft (S. 503).

Er sonderte sich gänzlich von allen Menschen ab, widmete sich ganz dem Studium Roms und erinnerte in dieser Beziehung sogar an die Ausländer, die zunächst durch die unbedeutende schmucklose Außenseite der Stadt mit ihren dunklen fleckigen Häusern überrascht sind und sich, von Gasse zu Gasse irrend, erstaunt fragen: wo ist denn das gewaltige, alte Rom? um es erst später wahrhaft kennen zu lernen, wenn das antike Rom allmählich aus den engen Gassen hervorzutreten beginnt: hier in Form einer dunklen Arke[1], dort in Form marmorner, in die Mauer eingelassener Karniese[2], einer verwitterten Porphyr-

---

1 Bogen (von lat. *arcus*).
2 Karnies (von ital. *cornice* ›Fries, Rahmen‹): aus einem konvexen und einem konkaven Teil fließend zusammengesetztes, S-förmiges Bauglied als Teil von Gesimsen.

säule, eines Giebels inmitten eines übelriechenden Fischmarkts; oder
als ein vollständiger Portikus vor einer neueren Kirche, oder endlich
ganz abseits und dort in der Ferne, wo die bewohnte Stadt ein Ende
nimmt [...].

Aber es ging ihm doch auch wieder nicht so, wie dem Ausländer,
der allein für seinen Titus Livius und Tacitus schwärmt, an allem vor-
übersieht und für nichts Sinn hat, außer für die Antike, und der in
einer edeln und pedantischen Aufwallung gern die ganze neue Stadt
niederreißen würde – nein, er fand alles gleich schön, die antike Welt,
die sich unter dem dunklen Architrav regte, das gewaltige Mittelalter,
das überall die Spuren gigantischer Künstler und einer wunderbaren
Freigebigkeit der Päpste hinterlassen hatte, und endlich die an dieses
sich anschließende neue Zeit mit ihren zahlreich sich drängenden
neuen Völkern. Ihm gefiel diese wunderbare Verschmelzung zu einem
Ganzen, dieser Charakter einer dicht bevölkerten Hauptstadt und
dieser Charakter einer einsamen Wüste, die sich hier miteinander
mischten, diese Paläste und Säulen, dieses Gras und das wilde Gebüsch, das sich an den Mauern dahinzog, der lärmende Markt inmitten dunkler, einsamer, unten verdeckter Massen, das helle Geschrei
des Fischhändlers in der Säulenhalle, der Limonadenverkäufer vor
dem Pantheon mit seiner fliegenden und mit grünem Laub ge-
schmückten Bude; ihm gefiel selbst die Unscheinbarkeit dieser dunklen, unordentlichen Straßen, der Mangel aller hellen, gelben Farbe an
den Häusern, dieses Idyll inmitten der Stadt, die Ziegenherde, die auf
dem Straßenpflaster ausruhte, das Schreien der Kinder und diese reine
feierliche Stille, die unsichtbar auf allen Dingen zu liegen schien, und
die auch den Menschen umfing. Ihm gefielen diese unaufhörlichen
Überraschungen, diese Plötzlichkeiten, die einem in Rom so auffallen.
Wie ein Jäger, der am frühen Morgen auf die Jagd geht, oder wie ein
alter Ritter, der auf Abenteuer auszieht, so machte er sich jeden Tag
auf, um neue und immer neue Wunder aufzusuchen; er blieb unwillkürlich stehen, wenn sich plötzlich inmitten einer ärmlichen Gasse ein
Palast vor ihm auftürmte, der eine finstere und strenge Größe atmete.
Seine schweren unerschütterlichen Mauern waren aus dunklem Tra-
vertin errichtet, seine Spitze krönte eine prachtvolle, wunderbar aus-
geschmückte, kolossale Karniese, die mächtige Tür war mit marmornen Tragbalken ausgelegt, und die Fenster mit ihrem herrlichen architektonischen Schmuck boten einen majestätischen Anblick dar. Oder
es blickte ihm plötzlich auf einem kleinen Platz ein malerischer Brunnen entgegen, der sich selbst und seine vom Moos verunstalteten gra-

nitenen Stufen mit feuchtem Naß besprengte, oder eine finstere, schmutzige Straße endete plötzlich mit einer glänzenden architektonischen Dekoration eines Bernini, mit einem gen Himmel strebenden Obelisk, mit einer Kirche oder einer Klostermauer mit ihren kohlschwarzen Karniesen, die auf dem dunkelblauen Himmel im Glanze der Sonne aufflammten; je weiter sich die Straßen in die Tiefe verloren, um so häufiger wurden die Paläste und die architektonischen Schöpfungen eines Bramante, Borromini, Sangallo, della Porta, Vignola, Buonarroti, und es wurde ihm endlich klar, wie man nur hier in Italien das Gefühl hat, daß es eine Architektur gibt, und etwas von ihrer strengen künstlerischen Größe ahnt.

CHARLES DICKENS

1812–1870

Pictures from Italy. London 1846. – C. D.: Italienische Reise. Aus dem Engl. von Noa Kiepenheuer und Friedrich Minckwitz. Mit einem Nachw. von Werner Hermann. Hamburg: Hoffmann und Campe, 1986, S. 228–230. – © 1968 Gustav Kiepenheuer Verlag GmbH, Leipzig.

Nach der Veröffentlichung mehrerer erfolgreicher Romane, die seinen Erfolg als Autor der einfachen Leute begründeten, suchte Dickens 1844/45 in Italien eine schöpferische Pause. In Genua mietete er für ein volles Jahr ein Haus und reiste umher. Unbelastet von Bücherwissen, vertraute er auf sein »gesundes Empfinden«. Er wollte keine Begegnung mit europäischer Geschichte und Kunst, sondern suchte Stoffe und Motive für sein literarisches Werk. Charakteristisch ist eine Bemerkung aus Neapel: »Ihr Liebhaber des Schönen, die ihr auf das Malerische Jagd macht, übersieht nicht all die entsetzliche Verderbtheit, Verkommenheit und Verelendung, mit denen das bunte neapolitanische Leben unzertrennlich verflochten ist [. . .]. Vergeßt zum anderen nicht, die Entdeckung neuer Schönheiten mit der Besinnung auf die Bestimmung des Menschen und seine Fähigkeiten zu verbinden« (S. 282). So betrachtet Dickens die Führer, die den Reisenden Kirchen und Kunstschätze zeigen, oft genauer als die Kunstwerke selbst. In gräßlichen Einzelheiten schildert er eine Hinrichtung durch den päpstlichen Henker. Er läuft zu allen berühmten Plätzen, doch er studiert das Leben in deren Schatten. Respektlos notiert er seine Eindrücke. Der Petersdom etwa erregt bei ihm »keinerlei religiöse Empfindungen«, sondern

erinnert an das italienische Opernhaus in London, »nur weit reicher ver-
ziert« (S. 202).

Unter den Leuten, die man gelegentlich in die Peterskirche huschen
und dort niederknien und ein stilles Gebet verrichten sieht, befinden
sich Schüler weltlicher Schulen und geistlicher Seminare. Meistens
kommt immer gleich eine Schar von etwa zwanzig bis dreißig solcher
junger Burschen. Sie knien stets in einer Reihe, einer hinter dem anderen. Ein hagerer, streng dreinblickender Schulmeister in langem
schwarzem Rock bildet die Nachhut. Dies gleicht sehr einem Spiel
Karten, das man so aufgestellt hat, daß es bei der geringsten Berührung umfallen muß, mit einem unverhältnismäßig großen Treffbuben
am Ende. Wenn sie so vor dem Hauptaltar etwa eine Minute gelegen
haben, rappeln sie sich wieder auf und ziehen nach der Marien- oder
Sakramentskapelle, wo sie in derselben Ordnung abermals niederknien, so daß, wenn jemand über den Schulmeister stolperte, innerhalb der ganzen Reihe unvermeidlich ein allgemeiner, plötzlicher Einsturz erfolgen müßte. [...]
  Die Eindrücke, die man in sämtlichen Kirchen empfängt, sind die
seltsamsten, die man sich nur denken kann. Überall der gleiche eintö-
nige, einschläfernde Gesang, überall das gleiche düstere Innere, noch
besonders dunkel wirkend durch die hellen Straßen draußen, überall
dieselben trübe brennenden Lampen, überall die knienden Leute,
überall vor den Altären die den Besuchern zugekehrten, sich so ähnlich sehenden Priesterrücken mit dem gestickten Kreuz auf dem Meß-
gewand. So verschieden in Größe, Gestalt, Reichtum und Bauart eine
Kirche von der anderen auch ist, findet man doch immer dasselbe darinnen vor. Da gibt es die gleichen schmutzigen Bettler, die in ihren ge-
murmelten Gebeten innehalten, um Fremde anzubetteln; da gibt es
dieselben elenden Krüppel, die an den Türen ihre Gebrechen zur
Schau stellen; da gibt es dieselben Blinden, die mit ihren Almosen-
büchsen rasseln; da gibt es dieselben geschmacklosen Kronen aus ver-
silbertem Stuck über den gemalten Köpfen der auf den Bildern in großer Zahl sich drängenden Heiligen und Jungfrauen, so daß eine win-
zige Figur auf einem Berg einen Kopfputz hat, größer als der Tempel
im Vordergrund oder die sich dahinter meilenweit erstreckende Landschaft; da gibt es besonders beliebte Altärchen und Heiligenfiguren,
geschmückt mit silbernen Kreuzchen und Herzchen, die den Haupt-
handel der Juweliere und den größten Teil der Auslage in ihren Läden
bilden; da gibt es das gleiche seltsame Gemisch von Ehrfurcht und Re-

spektlosigkeit, von Glaubenseifer und Gleichgültigkeit: man kniet auf
den Steinfußboden nieder und spuckt darauf; man steht vom Gebet
auf, um zu betteln oder um sonst etwas Weltliches zu verrichten, kniet

Louis Haghe: Eine päpstliche Prozession betritt St. Peter, um 1860

dann aufs neue nieder, um die zerknirschte Bitte an dem Punkt wieder aufzunehmen, wo sie unterbrochen wurde. In einer der Kirchen
erhob sich eine kniende, ins Gebet versunkene Dame, um uns eine
Empfehlungskarte als Musiklehrerin zu überreichen. In einer anderen
Kirche unterbrach ein sehr würdiger Herr mit einem dicken Spazierstock seine Andacht, um seinen Hund durchzuprügeln, der einen anderen angeknurrt hatte und dessen Gewinsel und Geheul noch durch
die Kirche hallte, nachdem sein Gebieter wieder seine Andacht aufgenommen hatte, ohne allerdings den Hund dabei aus den Augen zu
verlieren.

ADOLF STAHR

1805–1876

Ein Jahr in Italien. 2 Bde. Oldenburg: Schulze, 1848. Bd. 2. S. 232–240, 217 f.

Durch seine Aristoteles-Forschungen fiel der Oldenburger Gymnasialleh-
rer auf, wurde zum Oberlehrer und Konrektor, ehe man ihn 1845 aus Ge-
sundheitsgründen beurlaubte und dann pensionierte. Nun konnte er sich
voll dem Studium der antiken und deutschen Literatur widmen. Die Zeit
überdauert haben seine zum Teil mit seiner Frau Fanny Lewald (1811–89)
verfaßten Reisebeschreibungen. Das Paar lebte längere Zeit in Rom. Stahr
berichtet 1848 ungewöhnlich genau über die politisch-revolutionären Vor-
gänge der vergangenen Jahre, aber auch über die Veränderungen, die die
Stadt noch unter dem päpstlichen Regiment durchmachte.

In die helle Festluft dieser römischen Oktobertage wirft der letzte,
blutig niedergeworfene Aufstandsversuch der Romagnolen einen
breiten dunklen Schatten.[1] Man hört von zahlreichen Verhaftungen
auch hier in Rom, und Alles, was nicht zur herrschenden Partei gehört, verhält sich schweigsam und voll banger Erwartung. Ein Gespräch über diese Dinge mit Römern ist selbst im vertrautesten Kreise
nicht möglich, denn Furcht und Mißtrauen fesseln jetzt hier jede
Zunge. [. . .]
　Einer so herzzerschneidenden Hoffnungslosigkeit gegenüber, im
Anblicke eines Volkes, das von tausend Fesseln umschnürt, vom
Schlingkraute des Pfaffentums ausgesogen und verzehrt, in tiefster
Unwissenheit künstlich erhalten, fast ohne Ahnung von den ungeheu-

---

1 Die letzten Regierungsjahre Gregors XVI. [vgl. S. 233, Anm. 2] sind gekenn-
zeichnet durch fortgesetzte Kämpfe und Erhebungen, die von den geheimen Gesellschaften und den Männern des jungen Italien angezettelt waren. Da der mit
Ungeduld erwartete Tod des Papstes sich hinzog, schlugen sie los. Im Herbst
1845 rief der Advokat Galetti von Bologna »durch Zirkulare an die ›Brüder‹ der
Romagna zur Ermordung von Beamten, Plünderung von Kirchen, Brandstiftung
und allgemeinen Erhebung unter der Parole ›Freiheit, Ordnung, Einheit‹ auf, wo-
für er zu lebenslänglichem Gefängnis verurteilt wurde«. Von San Marino her, wo
sich viele Flüchtlinge gesammelt hatten, erstürmten die Abenteurer am 20. September das ahnungslose Rimini, entwaffneten das päpstliche Militär und befreiten
die Gefangenen. »Sie dachten auch an einen Angriff auf Ancona, mußten aber am
26. wieder abrücken, worauf die Papstbehörden und -truppen von der Bevölkerung bejubelt wieder einzogen [. . .], die Regierung schritt zu verschärften Re-
pressivmaßregeln. Die ambulanten Kriegsgerichte bekamen neue Arbeit und ver-
richteten sie noch rücksichtsloser als bisher« (Schmidlin, Bd. 1, S. 553 f.).

ren Fortschritten der staatlichen Kultur, die zwischen ihm und den übrigen Hauptvölkern Europas eine Kluft von Jahrhunderten gerissen haben, aus tausend Wunden blutet – im Anblicke solchen Jammers und Elends, wie es der Kirchenstaat, Neapel und Sizilien dem Beobachter auf Schritt und Tritt entgegendrängen, da geziemt sich vielleicht das Bekenntnis: daß das Wie des Anders- und Besserwerdens hier nicht abzusehen sei. Es wird vielleicht auch diesem schönsten Lande der Erde der Tag wiedererscheinen, wo sein Anblick dem Betrachter, der neben Kunst und Natur auch noch für Menschen- und Völkergeschick ein Herz hat, nicht mehr die Brust zusammenschnürt. Aber – der Tag scheint noch ferne. Und wenn irgend ein Land, so hat Italien keine Hoffnung, diesen Tag ohne blutige Opfer anbrechen zu sehen; zu tief ist hier das Übel gewurzelt, zu tief hat sich der Krebs des Unheils in das Mark der Nation eingefressen [. . .]. Nur eins könnte hier aushelfen: ein politischer Reformer auf dem Stuhle Petri selbst, der die Sache des jetzt verfemten politischen Fortschritts zu der seinigen machte, ein Papst, der mit des fünften Sixtus[2] Energie die Hinneigung an die neuen Ideen bürgerlicher und staatlicher Existenz verbände. Einem solchen würden alle Herzen Italiens zujauchzen, denn so verwahrlost es ist, das Volk fühlt das Elend seiner Zustände viel tiefer, als man bei oberflächlicher Betrachtung glauben sollte.

Noch neulich hatte ich Wilhelm Müllers Schilderung[3] gelesen. Freilich ist in der enthusiastischen Darstellung dieses vortrefflichen Mannes noch ein gewisses arkadisches, schäferhaftes Etwas, ein gewisser rotbebänderter Stil mit Blumenstrauß im Knopfloche, was Alles jener Zeit angehört, aber uns nicht mehr zusagt. Wir sind nicht mehr so glücklich unbefangen wie diese glückseligen Besucher Italiens, diese schwärmenden Hesperienfahrer[4] aus den ersten zwei- bis dritthalb Jahrzehenden unsers Jahrhunderts. Wir sehen nicht mehr, was sie sahen, weil wir uns dem romantischen Eindrucke nicht mehr so mit ganzer Seele, mit aller Energie eines nur auf das Kunstschöne gerichteten Interesses hinzugeben vermögen. [. . .]
Aber nicht bloß unsere Augen und Augengläser haben sich geändert, auch die Menschen und Dinge haben sich dem Einflusse der Zeit selbst hier nicht ganz entziehen können. Rom, Römer und Römerin-

2 Vgl. S. 88, Anm. 2.
3 Vgl. S. 211.
4 Hesperien: altgriech. für ›Abendland‹, Bezeichnung für Italien.

nen sind auch in der Wirklichkeit nicht mehr ganz und völlig dieselben, wie sie der liebenswürdige Sänger der Müllerlieder sah und beschrieb. Der unglaublich gesteigerte Zudrang der Fremden hat nicht bloß über einen Teil des steinernen Rom den Kalkverputz und die gleißende Tünche einer äußerlich herangekommenen Kultur gebracht. Auch die Ursprünglichkeit und Naivetät der Menschen und Sitten, des ganzen Lebens hat wesentlich unter jenem Einflusse gelitten. Rom macht jedes Jahr einen Schritt mehr seinem Ziele zu, eine Weltstadt in dem Sinne einer modernen Badekönigin zu werden, mit allem Bazar- und Gasthofscharakter und der ganzen Lohnbedientenhaftigkeit solcher Orte. Ungeheure Fremdenkasernen im echtesten Berliner und Hamburger Geschmack, mit ihren Fronten nichtssagend und geistlos wie die Paradelinie eines preußischen Garderegiments, steigen überall empor, zum widerwilligen Grimme der Künstler und alten Römer.

HECTOR BERLIOZ

1803–1869

Mémoires, comprenants ses voyages [. . .]. Paris 1870. – H. B.: Memoiren. Aus dem Franz. von Elly Éllés. 2. Aufl. Hamburg: Rogner & Bernhard, 1990. S. 123, 138 bis 141. – © 1990 Rogner & Bernhard GmbH & Co., Verlags KG, Hamburg.

In der an Mißerfolg, Schulden und persönlichem Unglück reichen Biographie von Hector Berlioz bedeutet auch der nach mehreren vergeblichen Anläufen errungene »Grand Prix de Rome« (1830) – verbunden mit einem Stipendium in der Stadt – keine Entlastung. Eine »akademische Kaserne« (S. 137 und 177) nennt Berlioz die Villa Medici, in der bis heute die französischen Stipendiaten wohnen. Mit Ausnahme der Sixtinischen Kapelle (»man ist glücklich, dort eine Zuflucht zu finden vor den Geschützen der Kantilenenfabrikanten«; S. 155) erregte die in Rom zu hörende Musik nur »Qualen« (S. 154), die Kirchenmusik fand er in einem »Zustand der Erniedrigung, ich möchte sogar sagen, der Entsittlichung, der nicht zu glauben ist« (S. 157). Statt sich weiter zu entwickeln, fühlte er sich »inmitten dieser antimusikalischen Atmosphäre« so heruntergekommen, daß er »nicht mehr komponieren konnte« (S. 161). Wichtig war aber die Bekanntschaft mit Felix Mendelssohn Bartholdy, der Berlioz später freundschaftlich half, als dieser durch Konzerte Schulden abtragen mußte.

Später, nachdem ich mich bei M. Vernet[1] gemeldet hatte, begleitete ich die anderen zum Café Greco, ihrem Lieblingslokal. Es ist dies wohl die abscheulichste Spelunke, die man finden kann: sie ist schmutzig, dunkel und feucht, und nichts kann den Vorzug rechtfertigen, den die in Rom lebenden Künstler jeder Nationalität ihr geben. Allein ihre Lage in der unmittelbaren Nähe der Piazza di Spagna und des gegenüberliegenden Restaurants Lepri bringen ihr eine beträchtliche Anzahl von Gästen. Man schlägt dort die Zeit tot, indem man scheußliche Zigarren raucht, einen kaum besseren Kaffee trinkt, den man dort nicht wie überall sonst auf Marmortischen serviert, sondern auf kleinen, hölzernen Tischchen, so breit wie der Deckel eines Hutes, so schwarz und klebrig wie die Wände dieses liebreizenden Ortes. Das Café Greco wird indessen so sehr von fremden Künstlern besucht, daß die meisten ihre Briefe dorthin adressieren lassen und daß die frisch Angekommenen nichts Besseres tun können als dorthin zu gehen, um Landsleute zu treffen.

Man wundere sich nicht darüber, daß der große Schatten des alten Rom, der ganz allein dem neuen einen poetischen Zauber verleiht, nicht genügt hat, um mich für das zu entschädigen, was ich entbehrte. Man wird sehr bald mit den Gegenständen vertraut, die man fortwährend vor Augen hat, und schließlich rufen sie nur noch gewöhnliche Eindrücke und Vorstellungen wach. Doch muß ich das Kolosseum davon ausnehmen. Bei Tag oder bei Nacht – niemals sah ich es, ohne davon ergriffen zu werden. Auch St. Peter ließ mich immer einen Schauer der Bewunderung empfinden. Sie ist so groß, so vornehm, so schön, von einer so majestätischen Ruhe! Ich liebte es, während der unerträglichen Sommerhitze den Tag darin zuzubringen. Ich hatte einen Band Byron bei mir, machte es mir in einem Beichtstuhl bequem, und im Genuß der Kühle, der heiligen Stille, die nur in langen Zwischenräumen von dem harmonischen Plätschern der beiden Fontänen auf dem großen St.-Peters-Platz unterbrochen wurde, wenn Windstöße es an mein Ohr trugen, las ich mit Muße jene leidenschaftliche Poesie; auf den Wogen folgte ich den kühnen Fahrten des Korsaren[2]; ich verehrte aufs tiefste diesen zugleich unerbittlichen und zärtlichen, mitleidlosen und edelmütigen Charakter, in dem sich in wundersamer

---

1 Horace Vernet (1789–1863), Maler von Schlachtenbildern und von orientalischen Genreszenen auf riesigen Formaten; 1829–35 Direktor der Römischen Akademie.
2 Byrons Verserzählung *The Corsair* erschien 1814.

Weise zwei scheinbar entgegengesetzte Gefühle zusammenfinden, der
Haß gegen die Gattung und die Liebe zu einer einzigen Frau.

Bisweilen sah ich von meinem Buch auf, um· nachzudenken, und
ließ meine Blicke umherwandern; meine Augen, vom Licht angezogen, richteten sich empor zu der erhabenen Kuppel Michelangelos.
Welch ein unvermittelter Übergang der Vorstellungen! Von dem Wut-
geschrei der Piraten, von ihren blutigen Orgien hinweg versetzte ich
mich zu den Gesängen der Seraphim, zu dem Frieden der Tugend, in
die unendliche Ruhe des Himmels . . . Alsdann lenkten meine Gedanken ihren Flug herab und gefielen sich darin, in der Vorhalle des Tempels die Spuren des edlen Dichters zu entdecken . . .

– Er muß hier gewesen sein, um diese Gruppe von Canova³ zu betrachten, sagte ich mir; seine Füße haben diesen Marmor betreten,
seine Hände diese Bronze befühlt; er hat diese Luft geatmet, diese
Echos haben seine Worte wiederholt . . . Worte der Liebe und Zärt-
lichkeit vielleicht . . . O gewiß! Kann er nicht zur Besichtigung des
Bauwerks mit seiner Freundin, der Gräfin Guiccioli⁴, gekommen
sein? Mit dieser wunderbaren und seltenen Frau, die ihn so vollkommen verstanden, so tief geliebt hat! . . . Geliebt! . . . Ein Dichter! . . .
frei! . . . reich! . . . All das war er! . . . Und der Beichtstuhl vernahm
ein Zähneknirschen, das die Verdammten hätte schaudern machen.

In solcher Verfassung stand ich eines Tages plötzlich auf, um fort-
zugehen; nach einigen raschen Schritten hielt ich an und blieb schwei-
gend mitten in der Kirche stehen. Ein Bauer kam herein, trat auf die
Statue des heiligen Petrus zu und küßte die große Zehe.⁵

»Glücklicher Zweifüßler«, sagte ich bitter vor mich hin, »was
könnte dir noch fehlen? Du glaubst und hoffst; diese Bronze, die du
anbetest, deren rechte Hand heute statt der Blitze die Schlüssel des
Paradieses hält, war einst ein Jupiter; du weißt nichts davon, keine
Enttäuschung droht dir. Wenn du wieder hinausgehst, was suchst du
draußen? Schatten und Schlaf; die Marienkapellchen auf dem Felde
stehen dir offen, dort findest du beides. Welche Reichtümer erträumst
du? . . . Eine Handvoll Dukaten, einen Esel zu kaufen oder dich zu
verheiraten. Deine Ersparnisse von drei Jahren erst werden dazu aus-

---

3 Gemeint ist wohl das Denkmal der letzten Stuarts, also Jakobs III. und seiner
    Söhne, entstanden 1817–19, von Antonio Canova (1757–1822).
4 Teresa Guiccioli (1800–73), geb. Gräfin Gamba-Ghiselli, heiratete 1818 einen
    60jährigen Venezianer, tat sich aber 1819 mit Byron zusammen, folgte ihm nach
    Griechenland und veröffentlichte später wichtige Memoiren.
5 Vgl. S. 53, Anm. 8.

reichen. Was ist für dich eine Frau? ... Ein anderes Geschlecht ...
Was suchst du in der Kunst? ... Ein Mittel, die Gegenstände deines
Glaubens zu versinnlichen, dich zum Lachen oder zum Tanzen anzu-
regen. Ein rot und weiß angemaltes Muttergottesbild, das ist für dich
die Malerei; die Marionetten und Pulcinella, das ist für dich das
Drama; Dudelsack und Schellentrommel, das ist für dich die Musik;
für mich gibt es nur Verzweiflung und Haß, denn ich habe nichts von
dem, was ich suche, und ich kann nicht mehr hoffen, es zu erlangen.«

Nachdem ich einige Zeit dem Toben des Sturmes in meinem Innern
gelauscht hatte, bemerkte ich, daß der Tag sich neigte. Der Bauer war
fort; ich war allein in St. Peter ... Ich ging hinaus. Ich traf deutsche
Maler, die mich in eine Osteria vor den Toren der Stadt mitschlepp-
ten, wo wir ich weiß nicht wie viele Flaschen Orvieto tranken, dummes Zeug schwätzten, rauchten und kleine Vögel, die wir von einem
Jäger gekauft hatten, in rohem Zustand verzehrten.

Die Herren fanden dieses Wild-Gericht gut, und ich wurde trotz
des Abscheus, den ich anfangs davor empfand, bald ihrer Ansicht.

Auf dem Rückweg nach Rom sangen wir Chöre von Weber,[6] die
uns musikalische Genüsse ins Gedächtnis zurückriefen, an die für
lange Zeit nicht mehr zu denken war [...].

Als wir die Treppe von Trinità del Monte hinaufstiegen, um zur
Akademie zurückzukehren, mußten wir unsere großen römischen
Dolche ziehen. Unglückliche hatten sich auf der Plattform in den
Hinterhalt gelegt, um von den Vorübergehenden Geld oder Leben zu
fordern. Aber wir waren zu zweit und sie nur zu dritt; das Klicken
unserer Messer, die wir geräuschvoll aufmachten, genügte, um sie sofort auf den Weg der Tugend zurückzuführen.

---

6 Daß man gemeinsam die Chöre aus den Opern *Der Freischütz* (1821), *Euryanthe*
(1823) und *Oberon* (1826) von Carl Maria von Weber (1786–1826) sang, wird
nicht nur bei Berlioz erzählt.

Jacob Burckhardt

1818–1897

Der Cicerone. Eine Anleitung zum Genuss der Kunstwerke Italiens. Basel: Schweighauser, 1855. S. 913 f.

Sein ganzes Leben lang beschäftigte sich Burckhardt mit Italien. 1843 floh er aus der als bedrängend empfundenen Großstadt Paris und war von nun an Jahr um Jahr in Italien unterwegs. Er analysierte Probleme der Gegenwart, indem er sie am Beispiel vergangener Epochen studierte, und interessierte sich vor allem für Umbruchzeiten wie die zwischen Mittelalter und Neuzeit »schwebende« Renaissance oder »Die Zeit Constantins des Großen«. Der »Cicerone« versucht eine Gesamtdarstellung der in Italien anzutreffenden Kunstwerke. Diese sind aus unmittelbarer Anschauung beschrieben, doch so, daß dem Betrachter das Urteil frei bleibt. Gesprochen wird nur von den Werken selbst. Jedes erscheint als Individuum, das nur mit seinesgleichen in Bezug gesetzt werden kann. Burckhardts Vorliebe für die Antike und die Hochrenaissance und seine Verachtung des Barock sind heute überholt. Aber seine knappen, präzisen, unaufgeregten Beschreibungen führen auch vor dem Allbekannten noch immer zurück in das Erstaunen der ersten Wahrnehmung.

Aus der Beschreibung der Stanzen Raffaels: »Die Disputation über das Altarsakrament« und »Die Schule von Athen«.

Raffael hat hier ein wahrhaft gefährlich-lockendes Vorbild hingestellt. Eine große Anzahl von Gemälden analogen Inhaltes sind seitdem geschaffen worden, zum Teil von großen Künstlern; sie erscheinen sämtlich als von Raffael abhängig oder als ihm weit untergeordnet. Weshalb? Gewiß nicht bloß, weil es nur einen Raffael gegeben hat.

Er war von vornherein im Vorteil durch die Unbefangenheit in antiquarischer Beziehung. An sehr wenig überlieferte Porträts gebunden, durfte er lauter Charaktergestalten aus sich selber schaffen; in der Disputa z. B. war die Tracht das einzig kenntlich machende Attribut, welches auch völlig genügte. Er mußte nicht die Köpfe so und so stellen, damit man sie auf gelehrtem Wege verifizieren könne. Diese größere sachliche Freiheit kam durchaus der Komposition nach rein malerischen Motiven zugute. Es sind fast lauter Gestalten einer mehr oder weniger entfernten Vergangenheit, die schon nur in idealisierender Erinnerung fortlebten. Die Aktion, welche diese Bilder beseelt, ist allerdings nur die Sache des größten Künstlers. Allein man mutete

ihm innerhalb seines Themas auch nicht das Unmögliche zu, wie z. B.
die geistige Gemeinschaft eines Gelehrtenkongresses, einer Maleraka-
demie oder überhaupt solcher Personen, deren charakteristische Tätigkeit gar nie gemeinsam vor sich geht, und die, wenn man sie beisammen malt, immer auf das Diner zu warten scheinen. In der Disputa gab Raffel nicht etwa ein Konzilium, sondern ein geistiger
Drang hat die größten Lehrer göttlicher Dinge rasch zusammenge-
führt, so daß sie um den Altar herum nur eben Platz genommen
haben; mit ihnen namenlose Laien, die der Geist auf dem Wege ergriffen und mit hergezogen hat; diese bilden den so notwendigen passi-
ven Teil, in welchem das von den Kirchenlehrern erkannte Mysterium sich bloß als Ahnung und Aufregung reflektiert. Daß der obere
Halbkreis der Seligen (eine verherrlichte Umbildung desjenigen von
S. Severo)[1] dem untern so völlig als Kontrast entspricht, ist der einfach
erhabene Ausdruck des Verhältnisses, in welchem die himmlische
Welt die irdische überschattet. Endlich imponiert hier im höchsten
Grade die kirchliche Idee; es ist kein Bild von neutraler Schönheit,
sondern ein gewaltiger Inbegriff des mittelalterlichen Glaubens.

Den Gegensatz dazu bildet die Schule von Athen, ohne himmlische Gruppe, ohne Mysterium. Oder ist die wunderschöne Halle,
welche den Hintergrund ausmacht, nicht bloß ein malerischer Gedanke, sondern ein bewußtes Symbol gesunder Harmonie der Gei-
stes- und Seelenkräfte? Man würde sich in einem solchen Gebäude so
wohl fühlen! – Wie dem nun sei, Raffael hat das ganze Denken und
Wissen des Altertums in lauter lebendige Demonstration und in eif-
riges Zuhören übersetzt; die wenigen isolierten Figuren, wie der
Skeptiker und Diogenes der Zyniker, sollen eben als Ausnahmen
kontrastieren. Daß die rechnenden Wissenschaften den Vordergrund
unterhalb der Stufen einnehmen, ist wieder einer jener ganz einfachen
genialen Gedanken, die sich von selbst zu verstehen scheinen. Treff-
lichste Verteilung der Lehrenden und der Zuhörenden und Zuschau-
enden, leichte Bewegung im Raum, Reichtum ohne Gedränge, völliges
Zusammenfallen der malerischen und dramatischen Motive.

---

1 Gemeint ist das 1504 entstandene Fresko »Die Heilige Dreifaltigkeit umgeben
  von Heiligen« in S. Severo in Perugia.

Conrad Ferdinand Meyer

1825–1898

Der römische Brunnen (nach 1858). – C. F. M.: Gedichte. Leipzig: Haessel, 1882. S. 125.

Im März 1858 floh Meyer – wie viele andere auch – aus einer mißglückten Liebesgeschichte für ein paar Wochen nach Rom. Vom Hafen Civitavecchia erfolgte das letzte Stück der Fahrt mit der Postkutsche in rasender Eile, weil in der Nähe Roms mit Raubüberfällen zu rechnen war. Meyer sammelte Eindrücke als Tourist. Das Volksleben interessiert ihn nicht. Nur in den Galerien machte er gelegentlich Notizen. »Im Vatikan die herrlichen Säle voll Bildsäulen neben den Fresken Raffaels, eine Menge Sammlungen von Bildern der ersten Meister, die schönsten Gärten und Villen mit Pinien, Zypressen und Lorbeer [...], wer möchte beschreiben, was man erleben, einatmen muß«, heißt es in einem Brief vom 14. April 1858. Die Eindrücke wurden in jahrzehntelanger Arbeit artistisch umgeformt zu Gedichten. Der Zufall der Überlieferung macht es möglich, bei einem der schönsten Rom-Gedichte die Entstehung zu verfolgen. Nicht etwa ein berühmter Straßenbrunnen, sondern ein unbedeutendes Brünnlein im Garten der Villa Borghese wird aus der umgebenden Wirklichkeit herausge-

Brunnen im Park der Villa Borghese

nommen und verwandelt sich aus einem Abbild zum Sinnbild, das zugleich ein Sinnbild der Stadt Rom selbst ist. »Nur Rom kann eine Heimat
ersetzen«, schrieb Meyer am 25. Mai 1858 (»Briefe«, hrsg. von Adolf Frey,
Leipzig 1908, Bd. 1, S. 63).

Der römische Brunnen

Aufsteigt der Strahl und fallend gießt
Er voll der Marmorschale Rund,
Die, sich verschleiernd, überfließt
In einer zweiten Schale Grund;
Die zweite gibt, sie wird zu reich,
Der dritten wallend ihre Flut,
Und jede nimmt und gibt zugleich
Und strömt und ruht.

NATHANIEL HAWTHORNE

1804–1864

The Marble Faun or the romance of Monte Beni. Boston 1860. – N. H.: Der
Marmorfaun. Dt. von Emi Ehm. Mit einem Nachw. von Franz H. Link. Frank-
furt a. M.: Fischer, 1964. S. 228. – © 1964 Fischer Taschenbuch Verlag GmbH,
Frankfurt a. M.

*Als Angestellter bei der Zollverwaltung von Massachusetts schlug sich
Hawthorne durch, ehe er 1850 mit dem Roman »The Scarlet Letter« bekannt wurde. Sein ehemaliger Schulfreund Franklin Pierce, 1853 zum
Präsidenten der USA gewählt, machte ihn zum Konsul in Liverpool. Nach
dem Rücktritt von diesem Amt reiste Hawthorne in Europa und vor allem
in Italien umher. Das Ergebnis dieser Reisen ist »The Marble Faun«. Als
Hawthorne 1860 in die USA zurückging, hatte er die Absicht, »nie wieder« das verrottete Europa zu betreten. Sein Roman zeigt Rom als eine
Stadt von gefährlicher Schönheit, die jeden Besucher zwingt, sich zu entscheiden. Vier junge Leute, zwei Amerikaner und zwei Italiener, geraten
in eine Kriminalgeschichte, an der aber nicht die Lösung, sondern nur die
erzieherische Wirkung interessiert. Am Schluß fahren die Amerikaner als
neue Menschen heim, den Italienern bleibt ihre wohlverdiente Buße.*

Überheblich wird festgestellt, daß »unsere Dörfer in Neu-England« viel sauberer, wohlriechender und moralischer sind als »jene schlechte und elende Stadt« (S. 168), in der »die Sünden vergangener Generationen eine Atmosphäre der Sünde für jene schufen, die nach ihnen kommen« (S. 151). Ein alter deutscher Künstler warnt die junge Amerikanerin: »Die Luft ist in so vielen tausend Jahren zu oft eingeatmet worden und ist nicht gesund für eine kleine ausländische Blume wie Sie, mein Kind, eine zarte Waldanemone aus dem Land der Wälder im Westen« (S. 234). Doch das Buch warnt auch vor einem naiven Fortschrittsglauben, wie ihn Hawthorns Freunde Ralph Waldo Emerson und Henry David Thoreau vertreten. Erst die Begegnung mit der Sünde führt zur moralischen Sicherheit. »Der Marmorfaun« diente, so wie vorher die »Corinna« der Madame de Staël, als Reiseführer, weil man an den »originalen« Schauplätzen die Empfindungen der Romanfiguren nachvollziehen wollte.

Wenn wir Rom einmal kennengelernt und es verlassen haben wie einen seit langem verwesenden Leichnam, der noch eine Spur der edlen Form bewahrt, die er einst war, aber dessen bewundernswertere Züge alle nun mit angehäuftem Staub und Schimmelpilz überwuchert sind; es verlassen haben, zweifellos äußerst müde seiner engen, krummen, ineinander verwobenen Straßen, die so unbequem mit kleinen Viereken aus Lava gepflastert sind, daß über sie zu schreiten ein Bußgang ist, so unbeschreiblich häßlich außerdem, so kalt, so sehr wie Sackgassen, in die die Sonne niemals fällt und in denen ein frostiger Wind seinen tödlichen Atem in unsere Lungen zwingt; es verlassen haben, müde des Anblicks jener immensen siebenstöckigen gelbgetünchten Elendsquartiere oder sogenannten Paläste, an denen alles, was am häuslichen Leben verdrießlich ist, vervielfacht und vergrößert erscheint, und es müde geworden sind, jene Treppen zu erklimmen, die aus einem Erdgeschoß von Garküchen, Schuhflickerbuden, Ställen und Kavallerieregimentern aufsteigen zu einer mittleren Region für Fürsten, Kardinäle und Gesandte und einem oberen Teil für Künstler, direkt unter dem unerreichbar hohen Himmel; es verlassen haben, erschöpft von dem Frösteln an dem freudlosen und rauchenden Kamin am Tag, und nachts dem gierigen kleinen Mob eines römischen Bettes an der eigenen Substanz ein Gastmahl bietend; es verlassen haben, bis ans Herz angewidert von der italienischen Gaunerei, die ausgerottet hat, was einem an Glauben an die Integrität des Menschen noch bis jetzt geblieben war, und magenkrank von saurem Brot, saurem Wein, ranziger Butter und schlechter Küche, unnötig an verdorbenes Fleisch verschwendet; es verlassen haben, angewidert von der angeblichen

Heiligkeit und der wirklichen Schlechtigkeit, beide gleicherweise all-
gegenwärtig; es verlassen haben, halbtot von der schlappen Atmosphäre, deren Vitalität schon vor langer Zeit aufgebraucht oder durch
Myriaden von Metzeleien verdorben wurde; es verlassen haben, nie-
dergeschmettert von der Trostlosigkeit seines Verfalls und der Hoffnungslosigkeit seiner Zukunft; Rom, kurz gesagt, verlassen haben, es
aus Leibeskräften hassend und unseren individuellen Fluch dem unendlichen Anathema[1] hinzufügend, das seine einstigen Verbrechen
unverkennbar herabbeschworen haben – wenn wir Rom in einer solchen Stimmung verlassen haben, sind wir erstaunt, wenn wir nach
und nach entdecken, daß sich die Fäden unseres Herzens geheimnis-
voll an die Ewige Stadt gehängt haben und uns wieder hinziehen, als
sei sie unser Daheim, vertrauter, inniger sogar als der Ort, an dem wir
geboren wurden.

KURD VON SCHLÖZER
1822–1894

Römische Briefe 1864–1869. Hrsg. von Karl von Schlözer. Stuttgart/Berlin:
Deutsche Verlags-Anstalt, [5]1914. S. 39–41, 49, 95 f., 325, 330 f.

*Bismarck schickte den Diplomaten Schlözer, in dem er einen unbequemen
Kritiker sah, im Januar 1864 als Sekretär an die preußische Gesandtschaft
im Kirchenstaat. Schlözer fand das »unerträglich«. Ein Jahr später bekannte er: »Ich segne die Stunde, die mich in diese Stadt geführt hat«
(S. 177). Der Junggeselle schrieb regelmäßig lange Briefe an seine Mutter
und seinen Bruder und dokumentierte so von seinem herausgehobenen
Beobachtungsposten im Palazzo Caffarelli aus die letzten Jahre des Kirchenstaates. Mit dem Abzug der französischen Schutztruppen stand dessen
Ende bevor, doch die Prälaten reagierten nur mit Rechthaberei. Schlözer
porträtiert scharfsichtig, aber nie unfreundlich die führenden Männer,
schildert noch einmal den Glanz kirchlicher Zeremonien und die ungebro-
chenen Traditionen des Hochadels. Manchmal werden seine Erzählungen
zu kleinen Novellen, etwa wie er nach langem Suchen in der Kirche S. Maria di Monserrato in einer kleinen Holzkiste die sterblichen Überreste der*

---

1 Urspr.: das dem Zorn der Götter Überlieferte, das Verfluchte; in der katholischen
Kirche: Verurteilung von Irrlehren, Exkommunikation.

in Rom unbeliebten Borgia-Päpste Calixtus III. (1455–58) und Alexander VI. (1492–1503) findet. Ergreifend sind die Begegnungen mit Franz Liszt, der sich auf seine alten Tage hatte zum Priester weihen lassen. Da Schlözer die römischen Verhältnisse kannte, sollte er von 1882 bis 1894 als Botschafter des Deutschen Reiches beim Heiligen Stuhl nach dem für beide Seiten katastrophalen »Kulturkampf« für Entspannung sorgen. Auch aus dieser Zeit gibt es einen Band »Letzte römische Briefe 1882–1894« (1924).

27. April 1864. Häufig wird zur reizenden Villa Madama gefahren. [...]
    Die Villa liegt auf dem rechten Tiberufer, am Abhange waldiger Höhen. Die mächtigste Erhebung ist der Monte Mario. An dessen Fuß hielt unser Wagen vor einem verfallenen Parktor. Die Pfosten zeigen die Lilien der Farnese, Überbleibsel der früheren Herrlichkeit.[1] Eine knarrende, verrostete Eisentür öffnet sich, man steigt den Berg hinan auf einer jetzt fast unwegsamen Straße, auf der einst die glänzenden päpstlichen und herzoglichen Karossen zum Schloß hinaufrollten. Denn verödet und verfallen ist alles, was von den Farnesen den neapolitanischen Bourbonen in Rom überkommen ist[2] – ein Glück, daß Louis Napoleon die Farnesischen Gärten auf dem Palatin und ein Spanier die Farnesina ankaufte; so können sie vielleicht vor dem Untergange gerettet werden.
    Endlich steht man vor der Villa und ist plötzlich ins sechzehnte Jahrhundert versetzt, in den eigentümlichen Charakter der vornehmen Gartenbauten jener Zeit. Man tritt in die hohe Arkadenhalle, deren schwungvolle Architektur den genialen Giulio Romano verrät. An den gewölbten Plafond hat er die reizendsten mythologischen Gestalten hingezaubert. Um die Medaillons wand sein Mitarbeiter Giovanni da Udine sinnvolle Arabesken in Stuck. An den Türen sind die kostbaren Steineinfassungen noch erhalten. Die breiten Fensteröffnungen zeigen steinerne Kreuze; prächtiger Marmor umrahmt die großen Kamine.

---

1 Die bei Raffael in Auftrag gegebene Villa sollte den Rang der Medici in Rom (Leo X., Clemens VII.) sichtbar machen. Über die Tochter Karls V., Margarete von Parma (»Madama«), zuerst mit einem Medici, dann mit Odoardo Farnese verheiratet, kam sie in den Besitz dieser Familie.
2 Als die spanischen Bourbonen die Farnese beerbten, begnügten sie sich damit, den Familienbesitz auszuplündern und die Kunstwerke nach Neapel zu schaffen. Erst nachdem sie 1861 von dort vertrieben waren, benötigten sie wieder ihre Refugien im Kirchenstaat.

Was mag alles vor ihrem lodernden Feuer vertraulich verhandelt sein! Welche Pläne mögen dort die ehemaligen Besitzer des Schlosses entworfen haben, um den Glanz und die Macht ihrer Familien zu mehren – jene Mediceer und Farnesen, die, sobald es galt, ehrgeizige Pläne ins Werk zu setzen, um die Wahl der Mittel nicht verlegen waren und – wenn es nötig schien – rasch zu Gift und Dolch griffen. Man sagt, in diesen Räumen seien später auch die ersten Entwürfe zur Bartholomäusnacht[3] durchgesprochen und von dort in den Louvre gelangt. Worauf diese Nachricht beruht, konnte ich noch nicht feststellen.

Statt der früheren stolzen Herren bewohnt jetzt ein bleicher, kränklicher Hofhüter die fürstlichen Hallen, in denen sich ein Heer von Enten, Gänsen und Hühnern tummelt. Bei unserem Nahen suchten sie schnatternd und gackernd das Weite, überall die Spuren ihrer irdischen Existenz zurücklassend. Außer den Plafondgemälden ist fast alles ruiniert; Schwamm und Feuchtigkeit herrschen; mit Wehmut sieht man, wie auch die lieblichen Girlanden und Amoretten dem sichern Untergang entgegeneilen. Das haben die neapolitanischen Bourbonen, wie so manches andere, auf ihrem Gewissen; diesen Verfall der Kunstwerke haben sie ebenso zu verantworten, wie die jetzigen Zustände im ehemaligen Königreich.

Tritt man aus der Halle auf den weiten Hofraum, möchte man eine Peitsche nehmen, um die Rinder und Gäule zu verjagen, die sich auf dem Rasen herumtreiben. Die reizenden Grotten in der Mauer sind ihre Lagerstätten. In einer Mittelnische hat Johann von Udine einen weißen Elefantenkopf angebracht. Der Rüssel speit Wasser in einen prächtigen Marmorsarkophag – heute die Tränke der Kühe. Am Ausgang des Hofraums stehen zwei kolossale Statuen, einst majestätische Torwächter, jetzt nur noch unförmliche Torsos.

Und doch zieht es uns stets von neuem zurück an diesen Ort des Moders und Verfalls, über den nicht nur die Natur, sondern auch die Kunst Giulio Romanos ihren lachenden blauen Himmel spannt.

12. Mai 1864. Als ich vorgestern von dem neuen Anfall des Papstes[4] hörte und über die etwa bevorstehenden Ereignisse nachdachte, traf ich auf der Piazza di Spagna Herrn Commeter.[5] Dieser [. . .] war im-

---

3 Vgl. S. 282, Anm. 4.
4 Pius IX. (1846–78).
5 Commeter, Kunstsammler aus Hamburg, 1853–59 in Rom, gest. 1869 in Neapel. (vgl. Noack, S. 429).

mer ein Original, großer Kunstkenner, lebt in Rom, trägt langes weißes Haar, einen breiten Kalabreser, große Schuhe, geht etwas gebückt,
hat ein großes, gutes, blaues Auge, etwas Treuherzig-Ruhiges in seinem Wesen und spricht, was für mich an dem Alten unnennbar reizend ist, jenen echt hanseatischen, singenden Dialekt, der einen nach
zwei Worten schon auf den Jungfernstieg oder in die Breitenstraße
versetzt [. . .].

Also diesen guten Commeter traf ich vorgestern. Ich stellte ihn.
Auch er hatte schon von dem neuen Erkranken des Papstes gehört,
wie er überhaupt hier gut Bescheid weiß. Ich konnte nicht unterlassen, ihm zu bemerken, daß, falls der Papst stürbe, doch wohl eigene
Dinge passieren könnten. Da sah er mich groß an, und nach etwa einer halben Minute, während welcher mir schon Barrikaden, Putsch
der Italianissimi, Einrücken der Piemontesen[6] usw. durch den Kopf
gingen, antwortete er mit der Ruhe eines Jupiter und mit einem alle
Phantasien unbarmherzig zu Boden werfenden Kopfschütteln: »Nee,
da passiert gar nichts; sie wählen man bloß en neuen. Da passiert gar
nix, Herr Doktor!«

24. Juni 1864.   Gestern nachmittag holte mich Gregorovius zu einem
Spaziergang ab, um mir die alte Kirche San Sabba zu zeigen, die nicht
fern vom Aventin einsam zwischen Vignen und Gärten liegt. [. . .]

Nur einmal die Woche belebt sich der Garten neben der Kirche,
wenn die Herren vom Collegio Germanico erscheinen, um hier Spiele
zu treiben und dichterische Wettkämpfe abzuhalten.

Die ganze Stiftung gehört diesem deutschen Kolleg, welches unter
der Aufsicht und Leitung des Jesuitenordens steht. Die Zöglinge sind
meist Österreicher, Bayern, Württemberger und andere Süddeutsche,
die man in die Siebenhügelstadt schickt, damit sie recht gründlich in
die Mysterien der römischen Kirche eingeweiht werden. Diese jungen
Burschen tragen schwarze breitkrempige Hüte, lange Talare von zie-
gelroter Farbe, weshalb sie auch beim Volk nur »li gamberi« (die
Krebse) heißen. Wenn sie ins Freie geführt werden oder von dort zurückkehren, durchziehen sie, militärisch geordnet, in Trupps von acht

---

6 1860 besetzte König Viktor Emanuel II. von Sardinien-Piemont den nördlichen
Teil des Kirchenstaates. Die feierliche Exkommunikation des Königs bewirkte
nichts, ebensowenig wie der Protest, als Viktor Emanuel nach dem Sturz
der Bourbonen in Neapel am 26. Februar 1861 den Titel »König von Italien« an-
nahm. Italianissimi sind jene, die auch in Rom auf das Ende des Kirchenstaates
warteten.

bis zwölf Mann die Straßen Roms. Ihre echt teutonischen, blondhaa-
rigen Köpfe, die meist etwas bäuerlichen Physiognomien, der vollkommen ausgeprägte deutsche Seminaristenschritt jedes einzelnen in
allen seinen holperigen, stolperigen und dabei doch hochpathetischen
Variationen, die schreiende Farbe der wollenen Talare, der klassische
Schwung der alten, abgegriffenen Bücher und Mappen, die jeder unter
seinem gelehrten Arm trägt – das alles verleiht einer solchen Korpo-
ralschaft von acht oder zwölf Zöglingen einen ganz eigentümlichen
Anstrich, der um so pikanter wird, wenn daneben oder dahinter der
Aufseher geht, ein italienischer Jesuit in seinem feinen, rabenschwar-
zen Gewand, den Schnabelhut kokett auf den Kopf gedrückt, darunter das dunkle Haar neben der asketischen Blässe des Gesichts, die
Marmorkälte der ganzen Physiognomie, aus der um so schärfer das
lebensvolle Auge hervortritt, in dem die Glut und Leidenschaft des
religiösen Fanatismus rastlos zu wühlen und zu arbeiten scheint.
Wenn ich einen solchen Herrn neben den biderben Alemannen gehen
sehe, dann bin ich vollständig beruhigt; denn der wird ihnen schon
klar machen, was eine römische Harke ist. –

26. Juni 1867. Heute früh hielt der Papst ein Konsistorium in der
Peterskirche ab, um dem gesamten Episkopat den Vorschlag zu einem
neuen Brillantfeuerwerk, nämlich zu einem Kirchenkonzil, mitzutei-
len, wie solches seit mehr denn dreihundert Jahren, seit dem Tridentiner[7], nicht stattgefunden hat. Dies Konzil soll in anderthalb bis zwei
Jahren zusammentreten, um alsdann die Unfehlbarkeit des Papstes zu
einem Glaubensartikel zu erheben, den damals die Tridentiner sich
weigerten anzuerkennen.[8] Es ist freilich schon jetzt unter den Katholiken guter Ton, so zu tun, als ob der Papst unfehlbar wäre; aber diesen Satz als Dogma hinzustellen, ist neu und wird zu Weiterungen
führen. Indes die Jesuiten sind dafür, und das erklärt alles. Der auto-
kratische Pio IX. kann sich zudem in solchen Machtfragen nicht genug
tun.

7 Konzil von Trient (1545–47, 1551/52, 1562/63) zur Erneuerung der katholischen
Kirche.
8 Am 8. Dezember 1869 eröffnete Pius IX. das 1. Vatikanische Konzil. Die Bischöfe
mußten gegeneinander predigen. Am 18. Juli 1870 wurde das Dogma von der
päpstlichen Unfehlbarkeit verkündet. Einen Tag später erklärte Frankreich
Deutschland den Krieg. Das Konzil war damit beendet. Während die europäischen Staaten miteinander beschäftigt waren, annektierte das Königreich Italien
am 20. September 1870 den Kirchenstaat.

18. Juli 1867. Gestern abend fuhr ich mit Russell[9] vor die Porta San Giovanni. Bei der Acqua Santa stiegen wir aus, um den Sonnenuntergang zu bewundern. Vor uns lag die Campagna, braungedörrt von der Hitze. Nur der kleine Thymian hatte ihr widerstanden und grünte, weithin seinen aromatischen Duft verbreitend.

Vor uns dehnte sich lautlos die unendliche Fläche, besät mit den Trümmern der mittelalterlichen Wachttürme und klassischen Aquädukte, auf denen einst, wie auf Triumphbogen, die stolzen, klaren Gebirgswasser nach Rom rauschten.

Je tiefer die Sonne sank, desto rascher wechselten die Farbentöne an den Sabinerbergen und den Höhen von Albano. Noch standen die Ruinen in Purpur. An ihren Mauerbogen und Pfeilern glänzte violett der Efeu. Plötzlich begann es im Tal zu dunkeln. Alle Farben verblaßten, und fern hinter Castel Gandolfo, dem Sommersitz des Oberhauptes der römischen Christenheit, erhob sich in sonnerborgter Pracht der Vollmond, um sein lockendes Silbernetz über die weite Ebene, über die Höhen und Tiefen der Erde auszuwerfen . . .

Das alles habe ich nun schon hundertmal gesehen, und doch ist der Eindruck stets von neuem ergreifend.

HIPPOLYTE TAINE

1828–1893

Voyage en Italie. Paris 1866. – H. T.: Reise in Italien. Bd. 1: Rom und Neapel. Aus dem Franz. übertr. von Ernst Hardt. Leipzig: Diederichs, 1904. S. 96–99, 126, 297 f. – Mit Genehmigung des Eugen Diederichs Verlags, München.

Taines Versuche, als Philosoph eine Universitätslaufbahn einzuschlagen, blieben erfolglos, weil sein Positivismus und Materialismus der vom französischen Staat um die Mitte des 19. Jahrhunderts erwarteten Geisteshaltung widersprach. So wandte er sich der Historie sowie der Literatur- und Kunstkritik zu. Seine Ästhetik analysierte Phänomene von Kunst und Kultur als Ergebnis geschichtlicher Situationen und suchte ihr Entstehen im Sinn einer auf die Werke des Menschen angewandten Botanik zu begrei-

---

9 Odo Russell war Geschäftsträger Englands beim Vatikan, als Lord Russell später Botschafter in Berlin.

fen. Bei seinen Reisen wollte Taine Beobachtung der Gegenstände und Buchwissen verbinden, um so zu allgemeinen Formeln und von diesen zu Definitionen zu kommen. Ziel des Italien-Buches war eine Typenlehre, eine Bestimmung der »race latine«. Er dachte sich die »Pflanze Mensch« in Italien »kräftiger als anderswo, ein schönes Tier, mächtig und schrecklich, mit ausdrucksvoller und schöner Gebärde« (S. 10, 17). Er bemerkte freilich selbst, daß sein vierwöchiger Aufenthalt nicht ausreichte zu Definitionen im Sinn seiner Theorie. Der Reiz des Buches liegt im Gegenteil in der Fülle individueller Wahrnehmung vor allem bei der Beschreibung von Kunstwerken.

Die Gegensätze [sind] im Überfluß vorhanden. Am Ausgange einer lärmenden belebten Straße kann man eine Viertelstunde lang an einer riesigen, versinterten, moosbewachsenen Mauer entlanggehen, und man begegnet keinem Fußgänger und keinem Wagen. Von Zeit zu Zeit rundet sich unter einem niedrigen Bogengang eine eisenbeschlagene Tür: Das ist ein geheimer Ausgang des großen Gartens. – Man wendet sich nach links, und man befindet sich in einer Straße voller Schenken und armseliger Häuser, in der ein halbnacktes Gesindel wimmelt, und die Hunde zwischen Müllhaufen herumwühlen. – Sie führt zu dem geschnitzten, verzierten Portal einer schmucküberladenen Kirche, einer Art geistlichen Schmuckkästchens, das auf einen Müllhaufen herabgefallen ist. Auf der anderen Seite fangen die öden dunklen Straßen wieder an, ihr Netz zu weben. Durch eine halbgeöffnete Tür erblickt man plötzlich einen Lorbeerhain, große, beschnittene Sträucher und ein Volk von Bildsäulen zwischen murmelnden Springbrunnen. Ein Gemüsemarkt breitet sich unter einer antiken Säule. Mit einem roten Regenschirm bedeckte Buden drängen sich an die Mauer eines verfallenen Tempels, und dann, am Ausgang eines Haufens von Kirchen und elenden Häusern, erblickt man plötzlich einen Laubteppich, Gemüsebeete und fern ein ganzes Stück des flachen Landes. [. . .]

Am entzückendsten ist hier, was man ganz unerwartet unterwegs antrifft: Bald der Palast des Quirinal auf dem Gipfel eines Hügels, der sich von der grauen Luft klar abhebt, ihm gegenüber die Pferde und Kolosse aus Marmor, etwas weiter das blasse Laub eines Gartens und ein unermeßlicher Himmelsrand, an dem die Wolken lagern, bald ein armenisches Kloster mit seinen Berieselungswässern, die in Steinrinnen laufen, mit seinen planlos zerstreuten Palmen, seinen riesigen Reben, die allein ein Wäldchen bilden, und mit seinen schönen, unter ihren goldenen Äpfeln so edlen und stillen Orangen. Afrikanische Feigen wärmen ihre dornigen Schilde längs den Felsen in der Sonne, die schlanken Zweige der Bäume fangen an, sich zu belauben, und man hört nichts als das Tröpfeln eines leisen, lauen, kaum fühlbaren Regens. Wie wohl befände man sich hier, um müßig zu sein und seine innersten Empfindungen zu betrachten! Aber man müßte dazu eine immer fröhliche oder wenigstens eine immer gesunde Seele haben.

Ich bin zu Fuß hinter die Engelsburg und dann die Tiber, auf dem rechten Ufer entlang, zurückgegangen. Man kann sich einen gleichartigen Gegensatz nicht vorstellen. Das Ufer besteht aus einem langen Streifen lockeren Sandes, der von verlassenen dornigen Hecken eingefaßt wird. Gegenüber auf dem anderen Ufer erstreckt sich eine Reihe alter schmutziger Häuser und erbärmlicher, vergilbter, verschiefter Baracken, welche über und über durch das Eindringen des Wassers und die Berührung mit dem menschlichen Ungeziefer befleckt sind. Einige tauchen mit ihren zernagten Grundmauern in den Fluß, andere lassen zwischen sich und ihm einen kleinen, von Kehricht verpesteten Hof. Man kann sich nicht vorstellen, was aus einer Mauer wird, welche hundert Jahre lang die Unbilden des Wetters und den Schmutz eines Haushaltes hat erdulden müssen. Dieser ganze Uferrand gleicht dem zerfetzten Rock einer Hexe, oder ich weiß nicht welchem Überbleibsel eines schmierigen, durchlöcherten Scheuerlappens. Die Tiber rollt gelb und schlammig durch diese Wüste und diesen Moder.

Wir sind durch die Porta del Popolo herausgegangen und haben eine lange staubige Vorstadt durchquert. Auch hier gibt es Ruinen. Wir betraten zur Rechten des Weges die alte, halbverlassene Villa des Papstes Julius III.[1] Man stößt eine wurmstichige Tür auf und sieht einen zierlichen Hof, den ein runder Säulengang aus viereckigen Säulen mit korinthischen Kapitälen umgibt. Das Ganze hat sich durch die Festigkeit seiner alten Konstruktion erhalten. Heute ist es eine Art Schuppen, der zu häuslichem Gebrauch hergerichtet ist: Bauern und Wäscherinnen mit aufgekrempelten Ärmeln streichen herum, auf dem Rand der alten Steinbecken harrt die Wäsche des Bläuels, eine Ente auf einem Bein betrachtet das reiche Sprudeln des Wassers, welches, einst mit fürstlicher Verschwendung herangeleitet, noch heute wie in den ersten

---

1 Villa Giulia, 1551–53 im Auftrag von Papst Julius III. (1550–55) mit einer riesigen Gartenanlage errichtet, während sich in Trient das Konzil um eine Kirchenreform mühte. Es ist die einzige nennenswerte Spur dieses Papstes.

Tagen kocht und plätschert; Binsen, Schilfbüsche, Misthaufen und Tiere umgeben die Säulen. Das sind die Erben Vignolas, Michelangelos, Hannibal Caros[2], des ganzen kunstsinnigen, kriegerischen und gelehrten Hofes, welcher abends den großmütigen Papst zu unterhalten kam. – Zur Linken entfaltet eine große Treppe ohne Stufen, eine Art Rampe, auf die man heraufreiten konnte, ihre Tiefe und die schönen Krümmungen ihres Gewölbes. Oben drückten wir eine Klinke nieder und gelangten in eine Loggia; hierher kam der Papst nach dem Abendessen, um sich zu unterhalten und frische Luft zu schöpfen, und gegenüber lag, weit gebreitet, die Campagna vor seinen Blicken. Die Loggia wird von Säulen getragen; an der Decke erkennt man Reste kunstvoll gearbeiteter Felder, auf denen sich die lebendigen Körper von kleinen Gestalten verschlingen und bewegen; ein breiter Balkon verlängert den Gang und trägt die freie Luft freier in die Brust. Es gibt nichts größer Aufgefaßtes, nichts dem Klima besser Angepaßtes, nichts was geeigneter wäre, Künstlersinne tiefer zu befriedigen; hierher muß man kommen, um Baupläne zu besprechen oder die letzte Hand an ein Gemälde zu legen. Man zeigte ihm hier Skizzen und zeichnete in seiner Gegenwart; ein solcher, so freisinniger Mann und Liebhaber des Schönen war geeigenschaftet, derartige Seelen zu verstehen. Jetzt ist eine Art Speicher übrig geblieben, die Eisen des Balkons sind halb herausgebrochen, die Deckenverzierungen sind herabgefallen, die Pfeiler auf dem Hof haben ihren Stuck verloren und zeigen ihre mit roten Ziegeln gemischten Steinstufen; einzig die Säulen der Loggia erheben noch unversehrt ihre schönen weißen Marmorschichten. Zwei oder drei Maler nisten sich im Frühjahr in dieser Ruine ein.

---

2 Annibale Caro (1507–66) war ein gefeierter Dichter seiner Zeit. Durch seine Verbindung mit den Farnese bewegte er sich immer im engsten Zirkel der Macht.

MARK TWAIN

1835–1910

The Innocents Abroad; or The New Pilgrim's Progress: Being Some Account of the Steamship Quaker City's Pleasure Excursion to Europa and the Holy Land. Hartford (Conn.) 1869. – M. T.: Reise um die Welt. Übers. von Ana Maria Brock. Berlin: Aufbau-Verlag, 1964. S. 196–201. – © 1964 Aufbau-Verlag, Berlin.

Nachdem ihn seine humoristische Erzählung »Der berühmte Springfrosch des Bezirks Calaveras« 1865 schlagartig berühmt gemacht hatte, ging Twain (d. i. Samuel Langhorne Clemens) 1867 an Bord des Dampfers »Quaker City« auf Weltreise. Seine Berichte an Zeitungen in San Francisco und New York, in Buchform zusammengefaßt, machten ihn zum höchstbezahlten Schriftsteller seiner Zeit (der Titel spielt an auf John Bunyans Allegorie »The Pilgrim's Progress« von 1678). Die »große Vergnügungsreise nach Europa und dem Heiligen Land«, sollte »ein Picknick riesenhaften Ausmaßes werden«; man wollte gelegentlich »ein oder zwei Tage zur Besichtigung« erstaunlicher Dinge verwenden, im übrigen »bei Tage auf den Decks umhertollen, das Schiff mit Rufen und Lachen erfüllend [. . .], und nachts im Freien auf dem Oberdeck tanzen, mitten in einem Ballsaal, der sich von Horizont zu Horizont erstreckt und vom Himmelsgewölbe überdacht ist« (S. 7–9). Rom war ein beliebter Platz unter vielen, die helfen sollten gegen die Langeweile der amerikanischen Provinz. Bei der Beschreibung ersetzen wilde Phantasien, grobe Witze und Zahlenspiele das genaue Hinsehen. Der von Ironie funkelnde Reisebericht Twains, der historisches und ästhetisches Interesse gar nicht erst vortäuscht, mochte noch über Jahre ihn Unterhaltung liefern, wenn man zu Hause wieder gezwungen war, »eine schwerfällige Dampffähre mit Jugend und Schönheit, mit Pasteten und Pfannkuchen zu beladen und irgendein unbekanntes Flüßchen hinaufzupaddeln« (S. 7).

Wir schauen von der Kuppel der Peterskirche auf viele die Aufmerksamkeit fesselnde Dinge herunter; und zuletzt ruhen unsere Augen auf einem Gebäude fast zu unseren Füßen, das einst der Sitz der Inquisition war. Wie sich die Zeiten geändert haben, vom Altertum bis zur Neuzeit! Vor einigen siebzehn- oder achtzehnhundert Jahren war es bei den unbedarften Römern so üblich, Christen in die Arena des Kolosseums da drüben zu treiben und zur Belustigung die wilden Tiere auf sie loszulassen. Es diente zugleich als Lehre. Es sollte die Menschen dazu erziehen, die neue Lehre, die von den Anhängern Christi verkündet wurde, zu verabscheuen und zu fürchten. Die Tiere zerrissen die Opfer Glied um Glied und machten im Handumdrehen arg verstümmelte Leichen aus ihnen. Aber als die Christen an die

Macht kamen, als die heilige Mutter Kirche Herrin der Barbaren wurde, belehrten sie diese über die Irrwege ihres Tuns nicht mit solchen Mitteln. Nein, sie brachten ihnen die Annehmlichkeit der Inquisition und wiesen sie auf den heiligen Erlöser hin, der so mild und barmherzig zu allen Menschen war, und sie nötigten die Barbaren, ihn zu lieben; und sie taten alles, was sie nur konnten, um sie dazu zu bewegen, daß sie ihn lieben und ehren – zuerst, indem sie ihnen die Daumen mit einer Schraube an den Gelenken drehten; dann, indem sie ihr Fleisch mit Zangen kniffen – rotglühenden, weil diese bei kaltem Wetter am angenehmsten sind; dann, indem sie ihnen bei lebendigem Leibe ein bißchen die Haut abgezogen; und schließlich, indem sie sie öffentlich brieten. Stets überzeugten sie diese Barbaren. Die wahre Religion, richtig dargebracht, wie sie die gute Mutter Kirche darzureichen pflegte, ist sehr, sehr beruhigend. Sie ist auch wunderbar überzeugend. Ob man die Leute an wilde Tiere verfüttert oder durch die Inquisition ihre feineren Gefühle anspricht, ist ein großer Unterschied. Das eine ist das System entarteter Barbaren, das andere das erleuchteter, zivilisierter Menschen. Es ist sehr schade, daß es die Inquisition nicht mehr gibt. [...]

Jedermann kennt das Bild des Kolosseums; jedermann erkennt sofort diese ›mit Schießscharten und Fenstern versehene‹ Hutschachtel, deren eine Seite herausgebissen ist. Da es ziemlich isoliert steht, zeigt es sich vorteilhafter als irgendein anderes Denkmal des alten Rom. Selbst das schöne Pantheon, dessen heidnische Altäre jetzt das Kreuz tragen und dessen Venus, mit geweihtem Flitterkram herausgeputzt, heute widerwillig als Jungfrau Maria Dienst tut, ist von schäbigen Häusern umgeben und so in seiner Stattlichkeit jämmerlich beeinträchtigt. Aber der König aller europäischen Ruinen, das Kolosseum, bewahrt die Zurückhaltung und fürstliche Zurückgezogenheit, die der Majestät ziemen. Unkraut und Blumen sprießen aus seinen massigen Bögen und seinen ringförmig angeordneten Sitzen, und Reben lassen ihre Ranken von seinen hohen Mauern herabhängen. Eine eindrucksvolle Stille brütet über dem riesenhaften Bau, wo sich einst eine solche Vielzahl von Männern und Frauen zu versammeln pflegte. Schmetterlinge haben den Platz der Mode- und Schönheitsköniginnen der Zeit vor achtzehn Jahrhunderten eingenommen, und Eidechsen sonnen sich auf dem geheiligten Platz des Kaisers. [...]

Mir war die hohe Ehre vorbehalten, zwischen dem Schutt des zerstörten Kolosseums das einzige noch existierende Programm dieses Unternehmens zu entdecken. Es hing noch ein vielsagender Duft von

Pfefferminzdrops an ihm, eine seiner Ecken war offensichtlich zer-
kaut worden, und an den Rand waren in einer zierlichen weiblichen
Handschrift in vorzüglichem Latein folgende Worte geschrieben:

*Triff mich morgen abend am Tarpejischen Felsen, Liebster, Punkt
sieben. Mutter wird fort sein, zu Besuch bei ihren Freunden auf den
Sabiner Bergen.*

Claudia

Ach, wo ist dieser glückliche Jüngling heute und wo die kleine
Hand, die diese niedlichen Zeilen schrieb? Staub und Asche seit sieb-
zehnhundert Jahren!

So lautet das Programm:

RÖMISCHES KOLOSSEUM

Unvergleichliche Attraktion!
Neue Ausstattung! Neue Löwen! Neue Gladiatoren!
Gastspiel des berühmten
Marcus Marcellus Valerian!
Nur 6 Vorstellungen!

Die Direktion erlaubt sich, hiermit dem verehrten Publikum eine Unterhaltung anzubieten, die an Großartigkeit alles übertrifft, was bisher
auf irgendeiner Bühne unternommen worden ist. Es wurden keine Kosten
gescheut, um die Eröffnungssaison so zu gestalten, daß sie sich der großmütigen Gönnerschaft würdig erweist, die, wessen sich die Direktion
gewißfühlt, ihre Bemühungen krönen wird. Die Direktion erlaubt sich
bekanntzugeben, daß es ihr gelungen ist, sich der Dienste einer
glänzenden Schar von Talenten
zu versichern, wie sie Rom noch nicht gesehen hat.
Die Veranstaltung beginnt heute abend mit einem
großen Säbelfechten
zwischen zwei jungen und vielversprechenden Amateuren und einem
berühmten parthischen Gladiator, der frisch aus dem
Lager des Verus eingetroffen ist.
Diesem folgt ein großes, solides
Streitaxt-Treffen
zwischen dem berühmten Valerian (dem eine Hand auf dem Rücken gebunden wird) und zwei riesenhaften Wilden aus Britannien.
Danach wird der berühmte Valerian (wenn er noch lebt)
linkshändig
mit dem Säbel gegen sechs Studenten des zweiten Studienjahres und
einen Neuimmatrikulierten der Hochschule für Gladiatoren kämpfen!
Eine lange Reihe glänzender Gefechte wird folgen, an denen die besten
Talente des Imperiums teilnehmen.
Danach wird das berühmte Wunderkind, bekannt als
„DER JUNGE ACHILLES"
vier junge Tiger in einen Kampf verwickeln, mit keiner anderen Waffe
versehen als seinem kleinen Speer!
Den Beschluß bildet ein züchtiges und geschmackvolles
allgemeines Blutbad
in welchem dreizehn afrikanische Löwen und zweiundzwanzig gefangene
Barbaren einander bekämpfen werden, bis alle vernichtet sind.

•

Die Kasse ist geöffnet
Erster Rang einen Dollar, Kinder und Dienstboten die Hälfte.
Eine tüchtige Polizeitruppe steht bereit, um für Ordnung zu sorgen und
die wilden Tiere davon abzuhalten, daß sie die Geländer überspringen
und die Zuschauer belästigen.
Einlaß 19 Uhr — Beginn der Vorstellung 20 Uhr.
Freikarten werden nicht ausgegeben

Akzidenzdruckerei Diodorus

Henry James
1843–1916

Roderick Hudson. Boston 1875. – H. J.: Roderick Hudson. Roman. Aus dem Amerik. von Werner Peterich. Köln: Kiepenheuer & Witsch, 1983. S. 94 f., 100 f. – © 1983 Verlag Kiepenheuer & Witsch, Köln.

Das Verhältnis Amerikas zu Europa wurde zum entscheidenden Thema des Lebens und Werkes von Henry James. In seinem ersten großen Roman führt ein reicher, junger Amerikaner, der nichts mit sich anfangen kann, den talentierten, aber unerfahrenen Bildhauer Hudson aus der »kleinen kargen Welt« (S. 177) von Northampton (Massachusetts) nach Rom zum Studium antiker Skulptur (in Massachusetts argwöhnt man mit Recht, es handle sich da um »die Abbilder heidnischer Gottheiten, an denen ziemlich viel Schmutz klebt, die keine Arme, keine Nase haben und keinerlei Kleidung tragen. Fabelhafte Vorbilder«; S. 63). In einer »Pilgerfahrt« (S. 93) ziehen die jungen Männer durch Europa nach Rom, einerseits »bereit, die Geduld aufzubringen, die man mit allen römischen Altertümern haben muß« (S. 87), andererseits erbittert »wegen dieser ständigen Seichtheit des Geistes, in die man verfällt, wenn einem soviel Bewunderung abgerungen wird« (S. 88). Im Park der Villa Ludovisi – damals noch in seiner alten Pracht – begegnet der Bildhauer der »göttlichen« (S. 173) Schönheit in Gestalt einer jungen Frau, die er heftig zu lieben beginnt. Sie aber wird abgestoßen von dem Künstler, der sich in einem stetigen moralischen und künstlerischen Abstieg befindet, heiratet einen reichen Fürsten aus Neapel, worauf Hudson sich in den Alpen zu Tode stürzt. Das Buch enthält grandiose römische Szenen, etwa als Hudson vergeblich versucht, der Geliebten eine blaue Blume aus den brüchigen Mauern des Kolosseums zu pflücken, oder als zwei brave Frauen aus Amerika erstmals in den »Zauber Roms« (S. 331) eintreten. Bis in den Satzbau hinein macht James aber deutlich, daß es ihm nicht um Beschreibungen, gar Analysen Roms geht. Er benützt »die verwitterte alte Stadt« (S. 107) als Ort der Bewährung für seine Figuren.

In Rom hatte seine erste Liebe dem Vatikan gegolten, den er immer und immer wieder aufgesucht hatte. Gleichwohl war er auch hingerissen von der Stadt der Imperatoren und Päpste als solcher; allein hier fand er wirklich das, wonach er von Anfang an gesucht hatte, nämlich die überzeugende Absage an alles, was das heimatliche Neuengland seinem Künstlerauge zu bieten hatte. In der Tat ist ja Rom die natürliche Heimat jener Geisteshaltung, von der wir gerade behauptet haben, daß Roderick sich ihr verwandt fühle – jener Geisteshaltung, die in der Fülle und Vielfalt des Menschenbildes schwelgt und in den unendlich sich überlagernden Schichten der Menschheitsgeschichte. Rom ist Quell und Hort von Tradition und Konvention schlechthin, und in der noch nicht lange zurückliegenden Zeit, da unsere beiden Freunde sich in dieser Stadt aufhielten, sprangen dem aufmerksamen Beobachter die eindrucksvollsten Traditionen und Konventionen der ganzen Geschichte auf den von Leben pulsierenden Straßen ins Auge, und es konnte sein, daß sie sich in einer goldenen, von vier Rappen gezogenen Kalesche manifestierten. Die ersten vierzehn Tage waren für Roderick ein einziger Rausch. Er erklärte, Rom lasse ihn mehr Dinge spüren und verstehen, als er ausdrücken könne; er sei überzeugt, daß das Leben dort von alters her für alle Sinne von einem unvergleichlichen Reiz gewesen sein müsse und daß einem hier mehr aufregende Dinge widerfahren müßten als irgendwo sonst auf der Welt. Er gab Rowland zu verstehen, daß er vorhabe, das Leben in vollen Zügen zu genießen und mitzunehmen, was sich ihm biete. Rowland sah keinerlei Anlaß, darin die drohende Gefahr einer ungebührlichen Hingabe an die Sinne zu sehen; denn erstens hatte jedes rohe ›Vergnügen‹, mochte es durch die Phantasie noch so sehr verfeinert werden, etwas Niedriges und Gewöhnliches, was es unmöglich machte, daß Roderick sich ihm hingab, und zweitens war der junge Bildhauer ein Mann, der alles im Licht seiner Kunst betrachtete, seine Leidenschaften seinem Genius unterordnete und stets die Erfahrung machen würde, daß er uneingeengt, ja, geradezu zügellos leben konnte, ohne die Grenzen des reinen Ergötzens zu überschreiten. Rowland empfand tiefe Genugtuung über dieses – wie er es sah – positive Gesetz, nach dem der Geist seines Gefährten sich ausrichtete, über sein angeborenes Verlangen, jede sinnliche Erfahrung und jeden geistigen Gewinn dem Schöpfertum, dem er sich verschrieben hatte, zugute kommen zu lassen.

Er hatte sich im Souterrain eines riesigen, düsteren und halbverfallenen alten Hauses niedergelassen, das an jener langen, gewundenen und typisch römischen Straße lag, die unter mehr als einem Namen vom Corso zur Engelsbrücke führt. Der schwarze Torweg, durch den man hineingelangte, hätte ohne weiteres den Zugang zu den Ställen des Augias bilden können, doch erreichte man schon nach wenigen Schritten einen nach Verfall riechenden kleinen Hof, dessen vierte Seite von einer schmalen Terrasse gebildet wurde, welche über den Tiber hinausragte. Auf der Balustrade waren zusammen mit ein paar kümmerlichen Orangenbäumchen in Tonkübeln und einem Oleander, der nie blühte, ein halbes Dutzend Bruchstücke von Skulpturen aufgestellt worden. Unten floß der unsaubere, geschichtsträchtige Fluß vorüber, und dahinter waren düstere, übelriechende Mauern, deren Trostlosigkeit nur durch zum Trocknen aufgehängte bunte Wäsche und hier und da durch Topfblumen auf den Fenstersimsen gemildert wurde. Gegenüber, auf der anderen Seite, lagen die vegetationslosen braunen Ufer des Flusses, und in der Ferne ragten die Rotunde der Engelsburg mit ihrer Engelsgestalt obenauf, die Kuppel von Sankt Peter und die ausladenden Pinien der Villa Pamphili auf. Das ganze Gebäude hatte etwas Halbverfallenes, Schäbiges und Unheimliches, aber der Fluß war bezaubernd, die Miete nicht der Rede wert und alles zusammen äußerst romantisch. Roderick war von Anfang an sehr glücklich mit seiner Bleibe gewesen, und es war klar, daß er hier in einer Stunde mehr würde schaffen können als in Northampton in zwanzig Jahren.

VICTOR HEHN
1813–1890

Italien. Ansichten und Streiflichter. St. Petersburg 1864. – Nachdr. der 2., stark verm. Aufl. 1879. Darmstadt: Wissenschaftliche Buchgesellschaft, 1992. S. 296 f., 136–139.

Der Baltendeutsche wurde nach Studien in Dorpat und Berlin und nach einer großen 1839/40 erfolgten Italien-Fahrt Lehrer in Perschau, einer »von gebildeten Menschen nicht ganz entblößten Landstadt im nördlichen Livland« (Dehio). Seine Gedanken blieben in die Ferne gerichtet. Er verfaßte eine Schulschrift »Über die Physiognomie der italienischen Landschaft« (1844). Jenseits von klassischen Studien und romantischen Sehnsüchten ging es ihm um das Land selbst und die noch vorhandenen »Naturformen des Menschenlebens«. 1846 erhielt er einen Lehrauftrag an der Universität Dorpat. Doch die russische Polizei verdächtigte ihn als Radikalen und nahm ihn in Festungshaft. Wegen erwiesener Unschuld verbannte man ihn nur in eine Kleinstadt südlich von Moskau. Hehn tröstete sich mit den Schriften Goethes. Von 1855 an machte er an der Kaiserlichen Bibliothek St. Petersburg Karriere. 1860 und 1863 war er wieder in Italien. Nach der Pensionierung zog er 1873 nach Berlin. In St. Petersburg hatte er die Reisenotizen ausgearbeitet. Sie erschienen zunächst kaum beachtet in einer Zeitschrift, dann 1866 als Buch. Gegen die üblichen Vorurteile malte Hehn »einseitig ins Schöne« (S. IX) und schilderte vor allem italieni-

sche Lebensform, Landschaft, Vegetation. Von Beginn an sah er Rom als Höhepunkt der Fahrt, obwohl Religion ihn nicht interessierte: »Rom ist eine Welt, mein Gehirn ist eng und meine Zeit fließt reißend«, notierte er 1839 (»Reisebilder aus Italien und Frankreich«, Stuttgart 1894, S. 82). Bereits 1866 engagierte er sich für Rom als Hauptstadt Italiens. Seit der 1879 erschienenen 2. Auflage gilt Hehns Buch als eine der klassischen Darstellungen Italiens. An dem Mitte der 70er Jahre neu geschriebenen Rom-Kapitel stört heute das antisemitische Geschwätz, das von Sachkenntnis ungetrübte Geschimpfe auf die Priester, die albernen Sprüche wider die Franzosen. Das Kapitel bleibt dennoch wichtig, denn Hehn betrauert zwar, daß das alte naturwüchsige Rom, das er geliebt hat, verschwindet, gleichzeitig begrüßt er den Umbau Roms zur neuen Hauptstadt, die – so hofft er jedenfalls – dem Wohl Italiens dienen würde.

Aus: Erstes Nachwort, erschienen 1868.

Mit der nahe rückenden römischen Frage wird sich übrigens eine neue Quelle politischer Schwierigkeiten öffnen. Sollte Rom nebst Umgegend an Italien fallen – etwa so, daß dem Papste außer einem Jahrgehalte die leoninische Stadt[1] auf dem rechten Tiberufer verbliebe –, so würde manche Million aufzuwenden sein, ehe der moderne Staat in der Ewigen Stadt auch nur die ersten Anknüpfungspunkte fände. [. . .] Die übrigen Teile des Reiches müßten jahrelang die Steuern aufbringen, die zur Umwandlung dieser ihrer öden Hauptstadt und ihres unproduktiven Gebietes erforderlich wären. [. . .] Allein dies ist offenbar nicht möglich. Die Einheit Italiens ist nicht entstanden in der Abstraktion von der Vorzeit, die nationalen Erinnerungen waren vielmehr ein mächtiger Hebel dazu. Alle andern Städte Italiens, so schön jede in ihrer Art auch sein mag, haben doch nur individuelle Bedeutung und lokale Physiognomie: Rom allein ist die neutrale, umfassende Weltstadt, einzig dazu angetan, das Bündel zusammenzuhalten und dem Werke das Siegel der Dauer und zugleich der Größe aufzudrücken. Er wird und muß also kommen, der Tag der Trauer, wo der stille elegische Zauberhauch, der die sieben Hügel und die von ihnen getragenen Säulen, Bogen und Giebel und das vor den Toren sich ausbreitende einsame Gefilde umweht, dem gemeinen Lärm moderner Staatsverrichtungen weicht, wo befehlshaberische Zivil- und Militäruniformen, grade Linien, Gesundheits- und Reinlichkeitspolizei, vielleicht gar rauchende Schlote die reizenden Szenen des

---

1 Der von Papst Leo III. (795–816) mit einer Mauer umgebene Stadtteil um St. Peter, etwa identisch mit dem heutigen Vatikanstaat.

Volkslebens und die idealen Landschaftsbilder entheiligen. Schon jetzt hat sich die widerwärtige Eisenbahn nach Rom gewagt, Philosophie und Naturwissenschaft lassen sich nicht mehr zurückhalten. Die Bauten und Schöpfungen des Jahrtausends der Priesterherrschaft werden eine zweite Ruinenwelt bilden, neben der sich eine neue Zeit ansiedelt, und Rom wird wieder einmal zerstört werden, um einen dritten Lebensabschnitt zu beginnen und ein anderes Antlitz zu tragen!

Aus dem Rom-Kapitel der 2. Auflage, erschienen 1879.

Auf dem Esquilin und Viminal, jenseits des von Sixtus V.[2] angelegten Straßenzuges, östlich vom Bahnhof und im Rücken von Maria Maggiore, erheben sich jetzt eine Anzahl reiner, moderner Häuser, in grader Linie und unter rechten Winkeln aneinandergeschlossen. Hat man lange in den labyrinthischen Stadtvierteln geirrt und steigt dann, übersättigt von malerischen Motiven, zu diesen Anfängen einer amerikanischen Stadt auf, dann kann man vorübergehend ein Wohlsein fühlen, wie derjenige empfindet, der nach staubiger Fußwanderung oder langer schmutziger Arbeit in den Fall kommt, frische Wäsche anzulegen. Das neue Finanzministerium freilich, ein kolossaler Bau, tut im Punkte rücksichtsloser Prosa des Guten zu viel; wandert man aber auf der neuen Via nazionale, die zum größten Teil noch unvollendet ist, von dem Platze der Thermen des Diokletian weiter über die Abhänge des Quirinal zum Forum des Trajan oder nach SS. Apostoli und sieht zu beiden Seiten die aufgedeckte römische Erde, verwilderte, jetzt offene Klostergärten, alte Mauern, formlose Ruinen, herüberragende Türme, dunkle Bäume, dann mag man bedauern, daß diese schwermütige Wildnis verschwinden, jener tausendfach geweihte Boden monotone quadratische Häuserreihen und paarweise gepflanzte japanische Bäume tragen soll. Man mag es bedauern, aber abzuwenden wäre es nur, wenn die Zeit still stünde, zu tadeln nur, wenn Rom nicht Hauptstadt der Italiener sein sollte. Gesündigt wird dabei in mancherlei Weise, wie überall in dieser endlichen Welt; auch geht die Arbeit nur mühselig und langsam fort, Da bauten die Päpste energischer – [. . .] kehrt man in einem der neu entstandenen Gasthöfe ein, im Quirinale an der Via nazionale oder bei Costanzi in S. Niccolò da Tolentino, da erinnert Ausstattung und Einrichtung an die vornehmsten Anstalten der Art in den ersten Hauptstädten Euro-

2 Vgl. S. 41.

Päpstlicher Segen in S. Giovanni in Laterano, um 1865. Das Viertel zwischen
SS. Croce und dem Lateran war noch unbewohnt

pas und an der Mittagstafel sitzend oder auch die tägliche Rechnung
überschlagend, fragt man sich: bin ich in Rom, der Zuflucht der Trau-
ernden, der lieben Heimat der Künstler, dem alten, von Rost und
Spinnweb überzogenen geistlichen Eulennest? [. . .] In Rom aber darf
man seine Schritte nur ein wenig seitwärts lenken und das um Piazza
Colonna sich treibende Leben schwindet – ich will nicht sagen als blo-
ßer Schein, aber doch als geringer, sehr geringer Anflug. Mit Trauer
oder Freude, je nachdem, findet man da das alte Rom wieder, wie es
aus dem 18. in das 19. Jahrhundert herübergekommen und wie es von
geistlichen Würdenträgern und ihren Nepoten, von Kardinälen und
Mönchen geschaffen worden. Da öffnen sich die schönen stillen
Plätze, ganz umgeben von Wandflächen, sanft von Luft und Licht ge-

färbt, mit wenigen, unregelmäßigen Fenstern, Architektur des 16.
oder 17. Jahrhunderts, drüber der Himmel mit fliegenden Wolken
oder ewigen Sternen – Plätze wie z. B. der von S. Agostino oder der
zwischen Via Petra und S. Ignazio oder in nächster Nähe des Corso
der von S. Silvestro in Capite[3] u. s. w. Aus der Stille solcher verlassenen
Räume treten wir dann wieder in die belebten Gassen und auf die
Märkte, wie Campo de' Fiori – da wimmelt die eigentliche Bevölkerung Roms durcheinander, immer arm, fast ohne Bedürfnisse, oft anmutig, Lumpen und Lappen tauschend, laute Stimmen, ewiges Gebär-
denspiel, Esel und verlegenes Obst und halbfauler gesalzener Fisch
und Zwiebeln, der kleine, um Kupfermünze sich drehende Verkehr
der Krämer, Handwerker, Trödler und Bettler.

FRIEDRICH THEODOR VISCHER

1807–1887

Auch Einer. Eine Reisebekanntschaft. 2 Bde. Stuttgart/Leipzig: Hallberger, 1879.
Bd. 2. S. 265 f., 269 f.

Vischer war Professor für Philosophie und Ästhetik, als er 1839 nach Ita-
lien reiste. In seinen Reisebriefen führt er ein Selbstgespräch mit einer
zweiten Person, einem Menschen, »der in mir ist und mir Alles zu entlei-
den sucht, ein hämischer, mürrischer, widerwärtiger, hypochondrischer
Kerl«, der ihm dringend von Italien abrät (»Briefe aus Italien«, München
1907, S. 11 f.). Als Vischer den Rom-Aufenthalt beendet, meint er den
Kampf mit diesem Kerl gewonnen zu haben. Er hat das Gefühl, »daß in
dieser Stadt durch eine Fülle neuer Anschauungen mein inneres Leben sich
neu geboren hat«; es ist ihm, »als müßte ich von einem Gliede meines Le-
bens, von einer Braut scheiden« (»Briefe«, S. 115). Der viel später entstan-
dene und in der Tradition Jean Pauls stehende Roman »Auch Einer«
knüpft an die Bemerkung des frühen Briefs an. Der Erzähler macht eine
Italien-Reise mit einem Zufallsbekannten, von dem er nur die Initialen
A. E. kennt; anders als im Titel des Romans angedeutet, ist das wohl als
Abkürzung von »Alter Ego« zu lesen. Das heterogene Werk mit seinem
zum Teil abstrusen Idealismus enthält Sätze über Rom, die – auch in ihrer

3 Der damals so stille Ort ist heute als Busbahnhof einer der verkehrsreichsten
Plätze Roms.

Goethe-Nachfolge – vielen gründerzeitlichen Touristen aus der Seele ge-schrieben sein dürften.

Rom. Es ist wahr, es ist richtig. In Rom erfährt ein nordischer Mensch, daß sich etwas in ihm setzt. [. . .] Das alles ist zu groß, als daß deine Grillen, deine Ich-Aushegungen, Ich-Brütungen, Hirnschnaken dagegen bestehen könnten! Sie werden zu Boden gelegt. Höhere Art von Brausepulver. – Nun auch namentlich die Campagna. Diese pla-stische Erdhorizontale, dies Meer von Erde, dahinter die schönen Berge, rechts fern die See: da wird der innere Mensch wie mit einem Modellierholz ausgestrichen, Knöpfe, Warzen, Buckeln, Raupen in der Seele planiert.

Hinauf nach Pietro in Montorio! Dort noch einmal die Abendbe-leuchtung! – Zuerst Purpurglut, wie flammt sie über Kapitol, Forum, Palatinus, Kolosseum! Breite ihn, breite ihn, scheidende Sonne, den Kaisermantel über die ewige Stadt, steiget auf im Feuermeer, ihr Rie-sengeister, die ihr um diese Trümmer schwebt! – Vergiß nicht, Seele, Rom war die Geschichte, Rom war die Welt. Hörst du den wunderba-ren Klang in den Lüften? Stimmen der alten Tage, Klagelaut versun-kener Götter. Und jene Wolke dort – ist es nicht Jupiters bärtiges Haupt, das auf sein Kapitol niederschaut? – Und doch wieder alles so ruhig sanft; auf Glut- und Blutrot, dann Prachtviolett folgt zarte Ro-senröte, weich weilend auf Albaner- und Sabinerbergen und dem rein gezeichneten Sorakte.
  Werde Heimweh haben wie alle. Noch ein Trunk aus Fontana Trevi. Hast mir oft Kühle ins verglühende Herz gerauscht. Rausche mir so kühlend in mein künftig Leben. – Seele hat sich hier doch an-gesogen, eingenistet. So tragisch groß und doch auch so gut heimat-lich! Das bewohnte Rom, das sich zwischen die erhabenen Trümmer, Paläste, Kirchen gelegt, hat ganz gewöhnliches, ordinäres Aussehen, in Wohnungen findet man gemütliches Philisterium, gute Mütterchen, die dem Gast ein brodo lungo[1] bereiten. So werden die Straßen, die Häuser bald alte Bekannte. Diese Mischung des Wunderbaren und des vertraut Gewöhnlichen, dies erst gibt Rom seinen Stempel und macht, daß man so anwächst. Und dazu so viel Stille und die vielen rauschenden Brunnen. – Mag es Italien gönnen, wenn du Residenz-stadt wirst, aber ich gehe dann nicht mehr hin. Rom ohne Stille? Nein.

1 Dünne Fleischbrühe.

Ferdinand Gregorovius
1821–1891

Römische Tagebücher 1852–1889. Hrsg. und komm. von Hanno-Walter Kruft und Markus Völkel. München: Beck, 1991. S. 129, 190 f., 191, 277 f., 329, 350, 357. – © 1991 C. H. Beck'sche Verlagsbuchhandlung, München.

Nach der gescheiterten Revolution von 1848 ging Gregorovius mit Geld, das ihm ein Freund geschenkt hatte, nach Rom und blieb dort 22 Jahre, ein protestantischer Privatgelehrter aus Ostpreußen ohne berufliche und familiäre Bindung und ohne mäzenatischen Rückhalt. Als Dichter, Journalist und vor allem als Historiker suchte er nach einer Lebensform, die »Forschung und künstlerische Darstellung vereint«. Er begann mit Zeitungsartikeln über Corsica, Italien und Rom, die historisch erzählend und realistisch schildernd Landschaften, Städte und Menschen porträtierten. Die daraus entstandenen 5 Bände »Wanderjahre in Italien« (Leipzig 1856–77) gehören zu den schönsten deutschsprachigen Italien-Büchern, etwa mit Sätzen wie diesen: »Dies Rom ist eine wunderliche Figurenwelt. Die ganze Entwicklungsgeschichte der Erde ist hier in Figuren zu finden, von den Museen des Vatikans und des Kapitols und den Kirchen herab bis auf die Springbrunnen des Bernini und die Marionettentheater. Wenn alle diese Figuren lebendig würden, so könnten sie das römische Volk austreiben, und es sollte eine lustige Gesellschaft sein, die dann Rom bewohnte, vom Apollo im Belvedere bis zu dem kleinen Pagliazzo auf der Montanara und dem armen Erasmus, dem die Eingeweide aus dem Leibe gewunden werden. Aber das ist keineswegs ein burlesker Spaß für die Phantasie, sondern es ist für den Denkenden. Denn alle diese Figuren und Tierbilder sind ebensoviel geschichtliche Formen des Menschen und selbst alle aus seinem innersten Wesen durch große Prozesse von Entwicklungskämpfen vieler Zeitalter herausgeschaffen; am Ende kann sich auch die Marionettenpuppe neben Laokoon stellen und ausrufen: ›Anch'io sono Laocoonte!‹ [Auch ich bin Laokoon!]« (Wanderjahre, Bd. 1, S. 209 f.). Der Plan zu Gregorovius' Hauptwerk, einer »Geschichte der Stadt Rom im Mittelalter« (8 Bde., 1852–79) entstand 1852: »Ich faßte den Gedanken dazu, ergriffen vom Anblick der Stadt, wie sich dieselbe von der Inselbrücke S. Bartolomeo darstellt. Ich muß etwas Großes unternehmen, was meinem Leben Inhalt gäbe« (3. Oktober 1854; S. 53). Gregorovius begriff im Lauf der Jahre, daß er eine Welt schilderte, deren Untergang er soeben im Kampf des neuen Königreichs Italien gegen den Kirchenstaat eines Pius IX. erlebte. 1872 resümiert er: »Ich blicke mit Befriedigung auf diesen langen Weg zurück, wo ich mich unter unsagbaren Mühen ans Licht emporgearbeitet habe. Meine Lebensaufgabe ist vollendet, und mein Werk zugleich von der Stadt Rom selbst als ihrer würdig anerkannt worden«

(25. Dezember 1872; S. 328). Der Papst setzte das Buch auf den Index verbotener Bücher. Rom machte Gregorovius zum Ehrenbürger. Als solcher fühlte er sich herausgefordert, als nach 1870 die Stadt einer Spekulationswut anheimfiel, die die alten Strukturen rücksichtslos zerstörte. Er gehörte zu den wenigen, die öffentlich protestierten.

4. April 1861. Die Italiener gleichen einem Gärtner, der einen Baum in der Hand hält und das Loch nicht hat, worin er ihn pflanzen soll. Das unermeßliche Ereignis: Rom zur Hauptstadt eines italienischen Reiches heruntergesetzt, Rom, die kosmopolitische Stadt seit 1500 Jahren, das moralische Zentrum der Welt, zum Sitz eines Königshofs geworden, wie alle anderen Hauptstädte, will mir gar nicht recht begreiflich sein.[1] Ich ging mit diesem Gedanken durch Rom, und fand, daß man hier auf jedem Schritt nur Erinnerungen und Monumente der Päpste sieht, Kirchen, Klöster, Museen, Fontänen, Paläste, Obelisken mit dem Kreuz, die Kaisersäulen mit St. Peter und Paul auf ihren Gipfeln, tausend Bildsäulen von Päpsten und Heiligen, tausend Grabmonumente von Bischöfen und Äbten – eine von dem Geist der Ruine, der Katakomben und der Religion durchdrungene Atmosphäre, kurz ganz Rom ein Monument der Kirche in allen ihren Epochen, von Nero und Konstantin hinab bis zu Pius IX.[2] Alles Zivile, Politische, Weltliche verschwindet darin oder taucht nur auf als die graue Ruine einer Vorzeit, wo Italien nichts war als eine Provinz von Rom und die Welt nichts als eine Provinz von Rom. Die Luft Roms taugt nicht für ein frisch auflebendes Königtum, welches an seiner Residenz eines leicht zu behandelnden Stoffes bedarf, dem es sich schnell eindrücken kann wie Berlin und Paris oder Petersburg. Der König von Italien wird hier nur die Figur machen wie einer der dakischen Kriegsgefangenen[3] vom Triumphbogen des Trajan; größer wird er hier nicht aussehen.

Alles wird Rom verlieren, seine republikanische Luft, seine kosmopolitische Weite, seine tragische Ruhe.

---

1 Am 18. Februar 1861 trat in Turin das erste italienische Parlament zusammen. Am 24. März nahm Vittorio Emanuele II den Titel eines Königs von Italien an. Um das Recht des neuen Staates auch auf das Gebiet des Kirchenstaates zu betonen, ließ Camillo Graf von Cavour Rom zur Hauptstadt Italiens erklären.
2 Vgl. S. 262, Anm. 4.
3 Gemeint sind die mit bloßem Auge kaum sichtbaren Figuren auf den Reliefs der Siegessäule Trajans.

13. November 1864. Vorgestern machte ich Besuch beim Prinzen Santa Croce.[4] Die römischen Magnaten wohnen in Palästen der Renaissance, unter einem kalten und veralteten Luxus. Irgendein Kardinal der Familie ist in der Regel die Mythe des Hauses – so hier Prospero Santa Croce, aus der Epoche der Bartholomäusnacht. Der Prinz führte mich durch den Palast. In seinem Archiv gibt es nichts Bedeutendes für mich, da die Familie erst aus dem 15. Jahrhundert stammt. Freilich auch hier der römische Wahnsinn fabelhafter Abstammung von Publicola.[5] Santa Croce ist ein lebenskräftiger, lebenslustiger, gutmütiger Mann; er bat mich wiederzukommen, was ich tun will.

31. Dezember 1864. Der Papst hat am 8. Dezember eine Enzyklika und einen damit verbundenen »Syllabus«[6] veröffentlicht, worin er alle politischen und philosophischen Irrlehren der Zeit zusammenfaßt und verurteilt. [...] der Schluß verurteilt als Nr. 80 folgende Ansicht: »Der römische Papst kann und darf mit dem Fortschritt, mit dem Liberalismus und der modernen Zivilisation einen versöhnlichen Vertrag schließen.« Die Klerikalen sehen in diesen Manifesten eine weltgeschichtliche Tat, alle Vernünftigen nur die Unfähigkeitserklärung des Papsttums, sich in der Zeit fortzuentwickeln, und seinen Absagebrief an die menschliche Kultur. Die Anmaßung im Jahre 1864, die einzige Quelle aller Macht und alles Rechts, ja aller Zivilisation zu sein, diese antiquierte Sprache Innozenz' III. und Bonifatius' VIII.[7] im Munde eines schwächlichen Träumers, ist ganz lächerlich. Der syllabierte Blödsinn beweist nur das kindisch gewordene Alter dieses Instituts.

4 »Prospero Santa Croce (1513–1589) war Nuntius im Reich, in Frankreich und Spanien gewesen und spielte auch auf dem Konzil von Trient eine bedeutende Rolle. Die Familie Santa Croce hat insgesamt drei Kardinäle gestellt. Mit dem Fürsten Antonio starb sie im 19. Jh. aus« (*Römische Tagebücher*, S. 490, Anm.). In der »Bartholomäusnacht«, der Nacht zum 24. August 1572, wurden auf Befehl von Katharina von Medici die in Paris versammelten Anführer des hugenottischen Adels zusammen mit Tausenden von Glaubensgenossen ermordet. Papst Gregor XIII. feierte deshalb einen Dankgottesdienst.
5 *Publicola* ist eigentlich ein Beiname (›Volksfreund‹), der in verschiedenen altrömischen Familien gebräuchlich ist.
6 In einer Enzyklika von 1864 verurteilte Pius IX. 80 »Zeitirrtümer«. Als solche bezeichnete er theologische Abweichungen ebenso wie die Forderung nach Pressefreiheit und nach der Abschaffung des Kirchenstaates. In seiner Unfähigkeit zur Unterscheidung zeigt der Syllabus besonders deutlich, wie schwer es dem Vatikan fiel, die Entwicklungen des 19. Jh.s mitzudenken.
7 Innozenz III. (1198–1216), Bonifatius VIII. (1294–1303).

10. März 1870. Der Papst ist felsenfest überzeugt, daß er von Gott prädestiniert sei, das Dogma als Krone auf das Gebäude der Hierarchie zu setzen.[8] Er hält sich für ein göttliches Instrument in der gestörten Weltordnung, für das Sprachrohr des heiligen Geistes.

Ich sah ihn gestern auf dem Corso zu Fuß einhergehen und betrachtete ihn genau. Er kam mir sehr fallibel vor, sein Gang wackelnd, seine Gesichtsfarbe fahl. Daß solche schon begrabene Menschen noch fortdauern müssen, die Welt zu verfinstern! Der Kardinal de Angelis[9] begegnete ihm; beide große Auguren entblößten ihre Häupter, redeten miteinander. Als der Papst den Kardinal entließ, stand auf dessen Antlitz ein Glanz wie Reflex von Infallibilität und Nachfolge im Papsttum.

12. Januar 1873. Der Winter ist von beispielloser Milde. Köstlicher Ätherglanz über Rom, wundervolle Sonnenuntergänge.

Man baut mit Furie: die Viertel, Monti werden ganz umgewühlt. Gestern sah ich die hohe Mauer der Villa Negroni fallen; auch dort legt man Straßen an; im prätorianischen Lager wächst schon ein neuer Stadtteil empor, nicht minder auf den Abhängen des Coelius bei Santi Quattro Coronati. Man baut selbst bei S. Lorenzo in Paneperna. Fast stündlich sehe ich ein Stück des alten Rom fallen. Neu-Rom gehört dem neuen Geschlecht; ich gehöre zum alten Rom, in dessen zaubervoller Stille meine »Geschichte der Stadt« entstanden ist. Wenn ich heute nach Rom käme, so würde und könnte ich nimmermehr den Plan zu diesem Werke fassen.

Der Papst fährt fort, wie eine Mumie im Vatikan zu sitzen, während der König dann und wann in Rom erscheint, um gleich wieder auf entfernte Jagden zu gehen.

---

8 Das auf dem 1. Vatikanischen Konzil verkündete Dogma von der »Unfehlbarkeit« des Papstes erklärt nur, daß der Papst nicht irren könne, wenn er mit der ausdrücklich und klar ausgesprochenen Absicht, die ganze Kirche zu verpflichten, eine Entscheidung in Glaubens- oder Moraldingen verkündet. Die »Unfehlbarkeit« kommt also nicht dem Papst persönlich zu und garantiert nicht die Richtigkeit seiner Äußerungen als Theologe, Schriftsteller und Prediger. Und sie gilt in keiner Weise für kirchliche Amtsträger.

9 Filippo De Angelis (1792–1877), zuerst Nuntius in der Schweiz, dann Bischof von Montefiascone, 1839 Kardinal und Erzbischof von Fermo. Wegen politischer Differenzen mit Pius IX. 1849 in Ancona in Haft genommen, 1860 nach Turin verbannt. 1866 kehrt er auf seinen Bischofssitz zurück und wird Camerlengo, also Schatzmeister, am päpstlichen Hof.

21. April 1875. Geburtstag der Stadt Rom. Ich habe viele Menschen gesehen, da Rom von Fremden noch erfüllt ist! Der mit jedem Jahre anwachsende Fremdenzug bringt große Unbequemlichkeiten und macht die Stadt unruhig. Ehemals kamen weniger Fremde und für längere Zeit. Sie vertieften sich dann mit Liebe in Rom und machten daraus ein ernstes, das Leben erweiterndes Studium. Jetzt stürzen sie sich mit Hast darauf und stürzen auch so wieder heraus nach Neapel und Florenz. Sich amüsieren, die Gesellschaft genießen, an den Hof kommen, das ist die Hauptsache.

9. Juni 1875. Alle meine Freunde, die noch das alte oder doch ältere bisherige Rom gesehen und erlebt haben, fühlen wie ich. Unter den Händen ist mir Rom weggezerrt worden. Der wundervolle Zauber der Geschichtlichkeit ist der modernsten Bauspekulation zum Opfer gefallen.[10] Die majestätische Stille der Stadt hat sich in fieberhafte Unruhe verwandelt. Die republikanische Weltluft ist mit Miasmen höfischer Natur zersetzt, die bürgerliche Physiognomie der Römer selbst hat die massenhafte Invasion aus allen Provinzen verändert. Wenn ich auf dem Corso umhergehe, finde ich meine Römer nicht mehr heraus.

Diese Transformation ist ein notwendiger geschichtlicher Prozeß, und ich sage mir, daß es das höchste Interesse gewähren muß, ihn zu erleben und anzusehen. Aber trotzdem macht mir all das neue Wesen nur Pein. Ich muß von dem Rom scheiden, welches durch ein halbes Leben meine Heimat war – die ehrwürdige Göttin Roma, die ich liebte und kannte, ist hinweggenommen und eine moderne Puppe an ihre Stelle gesetzt.

Es gibt aber doch einen ewigen Bestand hier, der nicht zu transformieren ist. Manchesmal erscheinen mir die Rom durchwühlenden Italiener wie Zwerge, die sich an einem kolossalen Marmorblock fruchtlos abmühen. Ich glaube auch, daß all dies Hinüberziehen Roms in den Zustand einer italienischen Hauptstadt nur etwas Transitorisches ist, was Rom erduldet. Bis es eines Tags, nach Jahrhunderten, wieder

---

10 »In Italien herrschte damals eine wirtschaftliche Depression, und der Staat konnte nur mit Mühe die Finanzkrise meistern, die das Risorgimento hinterlassen hatte. So konnte sich die Regierung im ersten Jahrzehnt von Roma Capitale nur in geringem Maße für den Ausbau der Hauptstadt engagieren. Das Feld blieb der privaten Bauspekulation überlassen, in der hochadelige und klerikale Kreise führend waren; vgl. Alberto Caracciolo, *Roma Capitale dal Risorgimento alle crise dello Stato liberale*, Rom 1956, S. 125–133« (*Römische Tagebücher*, S. 538, Anm.).

der Sitz der Völker sein wird, wenn das Papsttum nicht mehr besteht,
sondern seine Stelle der Präsident der europäischen Staatenunion
einnimmt.

FRIEDRICH NIETZSCHE
1844–1900

Also sprach Zarathustra. Ein Buch für Alle und Keinen. Leipzig 1883–85. – Nachw.
von Josef Simon. Stuttgart: Reclam, 1994 [u. ö.]. S. 108 f.

*Nietzsches »Nachtlied« läßt nicht erkennen, daß es in Rom spielt. Es bildet
im 2. Teil des »Zarathustra« eine von dessen Reden. In »Ecce homo« erzählt Nietzsche, wie es im März 1882 auf einer Loggia hoch über der
Piazza Barberini entstand. »Ich lag ein paar Wochen hinterdrein in Genua
krank. Dann folgte ein schwermütiger Frühling in Rom, wo ich das Leben
hinnahm – es war nicht leicht. Im Grunde verdroß mich dieser für den
Dichter des Zarathustra unanständigste Ort der Erde, den ich nicht frei-
willig gewählt hatte, über die Maßen; ich versuchte loszukommen – ich
wollte nach Aquila, dem Gegenbegriff von Rom, aus Feindschaft gegen
Rom gegründet, wie ich einen Ort dereinst gründen werde, die Erinnerung an einen Atheisten und Kirchenfeind comme il faut, an einen meiner
Nächstverwandten, den großen Hohenstaufen-Kaiser Friedrich den Zweiten. Aber es war ein Verhängnis bei dem Allen: ich mußte wieder zurück.
Zuletzt gab ich mich mit der piazza Barberini zufrieden, nachdem mich
meine Mühe um eine antichristliche Gegend müde gemacht hatte. Ich
fürchte, ich habe einmal, um schlechten Gerüchen möglichst aus dem Wege
zu gehn, im palazzo del Quirinale selbst nachgefragt, ob man nicht ein
stilles Zimmer für einen Philosophen habe. – Auf einer loggia hoch über
der genannten piazza, von der aus man Rom übersieht und tief unten die
fontana rauschen hört, wurde jenes einsamste Lied gedichtet, das je gedichtet worden ist, das Nachtlied; um diese Zeit ging immer eine Melodie
von unsäglicher Schwermut um mich herum, deren Refrain ich in den
Worten wiederfand ›tot vor Unsterblichkeit‹« (»Sämtliche Werke«, hrsg.
von Giorgio Colli und Mazzino Montinari, München 1980, Bd. 6,
S. 340 f.). Zarathustra polemisiert in diesem Lied einmal nicht gegen die
durch die Scheinwerte der Kirche, des Staates und der Wissenschaft defor-
mierte Menschheit, die er führen möchte, »dorthin, wohin ich will«. Während Berninis Tritonenbrunnen auf der Piazza Barberini in die Dunkelheit zurücktritt, wird das den Wandel der Zeiten und der Religionen über-
dauernde Rauschen des Wassers in Rom zum Symbol für die Seele dessen,
der reden muß, was keiner hören will.*

Das Nachtlied

Nacht ist es: nun reden lauter alle springenden Brunnen. Und auch meine Seele ist ein springender Brunnen.

Nacht ist es: nun erst erwachen alle Lieder der Liebenden. Und auch meine Seele ist das Lied eines Liebenden.

Ein Ungestilltes, Unstillbares ist in mir; das will laut werden. Eine Begierde nach Liebe ist in mir, die redet selber die Sprache der Liebe.

Licht bin ich: ach, daß ich Nacht wäre! Aber dies ist meine Einsamkeit, daß ich von Licht umgürtet bin.

Ach, daß ich dunkel wäre und nächtig! Wie wollte ich an den Brüsten des Lichts saugen!

Und euch selber wollte ich noch segnen, ihr kleinen Funkelsterne und Leuchtwürmer droben! – und selig sein ob eurer Licht-Geschenke.

Aber ich lebe in meinem eignen Lichte, ich trinke die Flammen in mich zurück, die aus mir brechen.

Ich kenne das Glück des Nehmenden nicht; und oft träumte mir davon, daß Stehlen noch seliger sein müsse, als Nehmen.

Das ist meine Armut, daß meine Hand niemals ausruht vom Schenken; das ist mein Neid, daß ich wartende Augen sehe und die erhellten Nächte der Sehnsucht.

Oh Unseligkeit aller Schenkenden! Oh Verfinsterung meiner Sonne! Oh Begierde nach Begehren! Oh Heißhunger in der Sättigung! [. . .]

Viel Sonnen kreisen im öden Raume: zu Allem, was dunkel ist, reden sie mit ihrem Lichte, – mir schweigen sie.

Oh dies ist die Feindschaft des Lichts gegen Leuchtendes, erbarmungslos wandelt es seine Bahnen.

Unbillig gegen Leuchtendes im tiefsten Herzen: kalt gegen Sonnen, – also wandelt jede Sonne.

Einem Sturme gleich fliegen die Sonnen ihre Bahnen, das ist ihr Wandeln. Ihrem unerbittlichen Willen folgen sie, das ist ihre Kälte.

Oh, ihr erst seid es, ihr Dunklen, ihr Nächtigen, die ihr Wärme schafft aus Leuchtendem! Oh, ihr erst trinkt euch Milch und Labsal aus des Lichtes Eutern!

Ach, Eis ist um mich, meine Hand verbrennt sich an Eisigem! Ach, Durst ist in mir, der schmachtet nach eurem Durste!

Nacht ist es: ach daß ich Licht sein muß! Und Durst nach Nächtigem! Und Einsamkeit!

Nacht ist es: nun bricht wie ein Born aus mir mein Verlangen, –
nach Rede verlangt mich.
Nacht ist es: nun reden lauter alle springenden Brunnen. Und auch
meine Seele ist ein springender Brunnen.
Nacht ist es: nun erst erwachen alle Lieder der Liebenden. Und
auch meine Seele ist das Lied eines Liebenden. –

Also sang Zarathustra.

GABRIELE D'ANNUNZIO

1863–1938

Elegie Romane 1887–1891. Bologna 1892. – Gesänge von G. D'A. Nachdichtung
von Else Schenkl. Berlin/Leipzig: Schuster & Loeffler, 1904. S. 63 f.

*Schon als 16jähriger erstaunte der aus einer reichen bäuerlichen Fami-
lie am Gardasee stammende D'Annunzio mit seinen frühreifen Versen
(»Primo vere«, 1879). Er gehörte zu jener kleinen, feinen Gemeinde europäischer »Décadents«, die den modischen Verismus und das »wirkende
Getriebe« (Stefan George) ablehnte und sich in virtuoser Wortkunst einem
Kult der Schönheit verpflichtet fühlte. Die »Elegie Romane« entstanden,
während D'Annunzio als Journalist in Rom arbeitete und auf dem Höhepunkt seines literarischen Ruhms stand. Um die Jahrhundertwende ging er
dann in die Politik, ließ die Helden seiner Romane die Posen von Herren-
menschen annehmen und führte in der »Villa Capponica« am Gardasee
das Leben eines Renaissancefürsten. Der Blickpunkt des Gedichts entspricht dem von Nietzsches Bericht über die Entstehung von Zarathustras
Nachtlied.*

Der Abend

Als ich (noch bebt es mir süß in den Adern bei der Erinnrung)
    aus der Geliebten Haus wie ein Trunkener fortging

Durch die Straßen, die noch das letzte Gewimmel des Tagwerks,
    rollender Karren Lärm, heisere Rufe erfüllten,

Fühlt ich wie meine Seele verlangend aus mir emporstieg,
hoch in die Lüfte sich schwang über die engenden Mauern,

Durch den feurigen Gürtel, den über Rom rings der Abend
am feuchten Himmel entflammt zwischen den breiten Wolken.

Nichts empfand ich von Zeit und von Ort . . . umfloß meine Sinne
trügerisch wirrender Traum? wußten die Dinge ringsum

Alle von meiner Freude und strahlten in seltenem Lichtglanz?
Ob ich's auch nicht verstand – alles strahlte von Licht.

Unbewegt glühten die Wolken. Wie Blut aus dem Rumpfe erschlagner
Ungeheuer entquoll fließendes Rot ihren Flanken.

Blitzend im Kampf durchbrachen wie Pfeile des mordenden Schützen
zuckende Strahlen die Glut wie einen lodernden Wald.

Munter aus seinen geräumigen Wangen spie der Triton
nach dem Brande den Strahl, der wie Haar sich zerteilte.

Zitternd in blitzendem Licht, in der Höhe purpurn entzündet
Frei vom Himmel sich hob leuchtend der Barberini

Schönes und mächtiges Haus, das gern zum Palaste der Liebe
ich uns erwählte; mein Wunsch malt mir dort herrliche Liebe –

Funkelnde Liebe und Wunder an Pracht, erquickende Ruhe,
eine reichere Kraft, volleres wärmeres Leben.

Es gibt – so sagte die tolle Chimära, das Herz mir umschlingend –
gibt noch viel süßere Frucht, ungekostete Freude. –

Gebt mir – sagte das Herz – ihr süßen Augen, o gebt mir
Trunkenheit, die ich nie trank, unbekannten Genuß!

Hoch aus der Tiefe des Herzens schwang sich der Wunsch . . . Von der
Höhe
über dem Straßenkreuz lachten silbern die Brunnen.

Kühlend vom Quirinal her führte der Lufthauch mir Düfte;
rosig im Hintergrund stand Santa Maria Maggiore.

EMILE ZOLA

1840–1902

Rome. Paris 1896. – E. Z.: Rom. Übers. von Erich Marx und Irmgard Nickel.
Leipzig: Dieterich, 1970. S. 91 f., 308–310. – © 1970, 1992 Sammlung Dieterich
Verlagsgesellschaft mbH, Leipzig.

*Zolas Hauptwerk »Les Rougon-Macquart« (1871–93) liefert in 20 Roma-
nen eine über fünf Generationen reichende Geschichte vom Verfall einer
Familie. Der Zyklus »Les Trois Villes« (»Lourdes«, 1894; »Rome«, 1896;
»Paris«, 1898) führt die Darstellung weiter und analysiert die Bedeutung
der Religion für das Selbstverständnis der Menschen und der Gesellschaft
im ausgehenden 19. Jahrhundert. Im Zentrum stehen die Versuche des
Abbé Pierre Froment, seinen Glauben und sein priesterliches Amt ausschließlich als Dienst für die Menschen und besonders die sozial Schwa-
chen zu verstehen. Er will sein Buch »Das neue Rom« im Vatikan verteidigen, findet aber eine Kirche, die sich nach dem Verlust der weltlichen
Macht als unfehlbar definiert und strikte Unterwerfung verlangt. Zola re-
cherchierte 1894 in Rom für den Roman, war in kirchlichen Kreisen aber
nicht willkommen. Auf seine Bitte um ein Gespräch mit Papst Leo XIII.
kam die Antwort, er werde weder zu einer privaten noch zu einer öffentlichen Audienz zugelassen. Zweifellos zeichnet Zola die Gestalt des Papstes
verzerrt. Aber er liefert genau gesehene Impressionen der Stadt und der in
ihr Regierenden, aber auch der diese Regierung ertragenden Menschen.
Der junge Priester erlebt Antikes, Barockes und Modernes in seltsamer
Mischung. Seine Erfahrungen zeigen, welchen Eindruck »Rom« erweckt
zu einem Augenblick, in dem viele nach der selbstzufriedenen Glaubens-
abkehr des 19. Jahrhunderts in Neokatholizismus und Mystizismus neues
Heil suchten.*

*Der in Rom unerfahrene französische Priester wartet im Vorzimmer
eines Kardinals, an den er empfohlen ist, auf die Audienz.*

Auch dieser sehr große Saal war ein Bild des Verfalls. Unter der herrlichen Decke mit vergoldeter Holzschnitzerei waren die Wandbe-
spannungen aus roter, mit großen Palmblättern gemusterter Broka-
telle zerschlissen. Zwar hatte man sie hier und da ausgebessert, aber
im Lauf der Jahre war der dunkle Purpurglanz der Seide stellenweise
verblichen. Die Sehenswürdigkeit des Raumes war der alte Thron, der
Sessel aus rotem Samt, in dem ehemals der Heilige Vater Platz nahm,
wenn er dem Kardinal einen Besuch abstattete. Über ihm wölbte sich,
gleichfalls aus rotem Samt, ein Baldachin, unter dem das Bild des jet-

zigen Papstes[1] hing. Gemäß der Vorschrift war der Thronsessel zur Wand gekehrt, um zu zeigen, daß sich niemand darauf setzen dürfe. Sonst standen in dem riesigen Saal nur noch einige Sofas, Sessel, Stühle und ein herrlicher vergoldeter Tisch im Louisquatorze-Stil mit einer Mosaikplatte, auf der die Entführung der Europa dargestellt war.

Zunächst sah Pierre jedoch nur Kardinal Boccanera, der neben einem andern, ihm als Schreibtisch dienenden Tisch stand. In seiner einfachen Soutane mit den roten Vorstößen und roten Knöpfen erschien er ihm noch größer und stolzer als auf dem Porträt, das ihn im Ornat zeigte. Wohl war es dasselbe lockige weiße Haar, das lange, von scharfen Falten durchzogene Gesicht mit der kräftigen Nase und den schmalen Lippen; die gleichen lebhaften Augen leuchteten aus seinem blassen Gesicht unter den dichten, schwarz gebliebenen Brauen. Nur gab das Bild nicht den erhabenen, ruhigen Glauben wieder, der von dieser hohen Gestalt ausging, die feste Überzeugung zu wissen, wo die Wahrheit lag, und die unbedingte Entschlossenheit, sich immer an sie zu halten.

Boccanera hatte sich nicht gerührt; er blickte mit seinen dunklen Augen den nahenden Besucher fest an. Der Priester kannte das Zeremoniell, kniete nieder und küßte den großen Smaragd, den er am Finger trug. Aber der Kardinal hob ihn sogleich auf.

»Mein lieber Sohn, seien Sie uns willkommen . . . Meine Nichte hat mir mit so viel Anteilnahme von Ihnen erzählt, daß es mir eine Freude ist, Sie zu empfangen.«

Er hatte sich am Tisch niedergelassen, ohne Pierre zum Platznehmen aufzufordern.

Bei einem Abendessen erzählt der Freund, der Vatikan habe bei Grundstücksspekulationen hohe Beträge verloren – ein Vorgang, der auch im römischen Hochadel zu spektakulären Konkursen führte.

Nach den Koteletts mit Tomaten servierte der Kellner ein gebackenes Huhn. Narcisse schloß nun seine Erzählung mit den Worten: »Aber das Loch ist jetzt zugestopft; ich habe Ihnen ja die beträchtlichen Summen genannt, die der Peterspfennig[2] einbringt, deren genaue

---

1 Leo XIII. (1878–1903).
2 Im 8. Jh. eine freiwillige Spende aus England an den Heiligen Stuhl, später auch in anderen Staaten gesammelt; im Mittelalter im Kirchenstaat auf Grund der »Konstantinischen Schenkung« als Steuer erhoben. Der moderne Peterspfennig

Höhe der Papst allein kennt und über deren Verwendung er bestimmt
... Belehrt ist er übrigens auch jetzt noch nicht, denn ich weiß aus zuverlässiger Quelle, daß er immer noch spekuliert, wenn auch etwas
vorsichtiger; aber das ist auch alles. Noch heute ist sein Vertrauens-
mann ein Prälat, Monsignore Marzolini, wenn ich nicht irre, der seine
Geldgeschäfte tätigt ... Im Grunde hat er ganz recht, zum Teufel,
man muß doch mit seiner Zeit mitgehn!«

Pierre staunte immer mehr über die äußerst seltsame Geschichte.
Wurde je ein überraschenderes, ergreifenderes Drama ersonnen? Der
Papst, der sich fest in seinem Palast einschloß, der wohl ein Gefängnis
war, aber ein Gefängnis, dessen hundert Fenster in die Unendlichkeit,
auf Rom, die Campagna, die fernen Hügel hinausgingen, der Papst,
der von seinem Fenster aus zu jeder Tages- und Nachtstunde, zu allen
Jahreszeiten seine Stadt mit einem einzigen Blick umfaßte, sie ständig
zu seinen Füßen ausgebreitet sah, die Stadt, die man ihm geraubt hatte
und deren Rückgabe er mit unaufhörlichem Klageruf forderte, der
Papst, der von Anfang an täglich zugesehen hatte, welche Veränderungen seine Stadt erlitt, wie neue Durchbrüche entstanden, die alten
Viertel niedergerissen wurden und man Gelände verkaufte, wie die
Neubauten überall emporschossen und allmählich einen weißen Gürtel um die alten roten Dächer zogen, dieser Papst wurde angesichts
des täglichen Schauspiels der Bauwut, die er vom Aufstehen bis zum
Schlafengehen verfolgen konnte, schließlich selber von der wie ein
Rausch aus der ganzen Stadt aufsteigenden Spekulationssucht gepackt! Der Papst, der von seinem stets verschlossenen Zimmer aus
selbst mit den Verschwörungen seiner alten Stadt zu spekulieren begann und sich bei den Schwankungen der Börsenkurse zu bereichern
suchte, die von der ihm als Räuber verhaßten italienischen Regierung
ausgingen, verlor dann plötzlich Millionen in der gewaltigen Katastrophe, die er wohl hätte herbeiwünschen sollen, aber nicht vor-
ausgesehen hatte! Nein, noch nie war ein entthronter König einer
seltsameren Eingebung gefolgt und hatte sich in einem tragischeren
Abenteuer bloßgestellt, das ihn wie eine Strafe traf. Und das war
nicht nur ein König, es war der Abgesandte Gottes, es war in den
Augen der blindgläubigen Christenheit Gott selbst in seiner Unfehlbarkeit!

wurde seit 1860 zuerst in Wien für den bedrängten Kirchenstaat zur Verfügung
gestellt; nach dem Wegfall der eigenen Steuereinnahmen ist er eine freiwillige
Spende der gesamten Kirche für die Ausgaben der vatikanischen Verwaltung.

Inzwischen hatte man den Nachtisch, bestehend aus einem Ziegenkäse und Früchten, serviert. Während Narcisse eine Traube aß, blickte er plötzlich auf und rief: »Wahrhaftig, mein Lieber, Sie haben recht, jetzt sehe ich ganz deutlich die weiße Gestalt dort oben hinter dem Fenster im Zimmer des Heiligen Vaters.«

STEFAN GEORGE

1868–1933

Der Siebente Ring. Berlin 1907. – S. G.: Sämtliche Werke in 18 Bänden. Hrsg. von der Stefan-George-Stiftung, Stuttgart. Bd. 6/7: Der Siebente Ring. Bearb. von Ute Oelmann. Stuttgart: Klett-Cotta, 1986. S. 20 f. – © 1986 Klett-Cotta, Stuttgart.

Der aus rheinisch-katholischem Elternhaus stammende George brach ein Philologiestudium ab, um sich ganz der Dichtung zu widmen. Aus der Neugier auf fremde Sprachen (Italienisch, Englisch, Norwegisch) und der Begegnung mit der Pariser Moderne (Baudelaire, Mallarmé) erwuchs der Wunsch, in der poetischen Sprache einen ganz neuen Ton zu finden. Zeit seines Lebens war George unterwegs; bezeichnenderweise heißt einer seiner Gedichtbände »Pilgerfahrten« (1891). Was er suchte, war freilich nicht der Reiz neuer Gegenstände, sondern deren Verwandlung in symbolische Bilder. Sein »Leo XIII.« ist ebenso verzeichnet wie jener Zolas. George benützt »die Wirklichkeit« für einen poetischen Entwurf geglückten, vorbildhaften Daseins.

Leo XIII

Heut da sich schranzen auf den thronen brüsten
Mit wechslermienen und unedlem klirren:
Dreht unser geist begierig nach verehrung
Und schauernd vor der wahren majestät
Zum ernsten väterlichen angesicht
Des Dreigekrönten wirklichen Gesalbten
Der hundertjährig von der ewigen burg
Hinabsieht: schatten schön erfüllten daseins.

Nach seinem sorgenwerk für alle welten
Freut ihn sein rebengarten: freundlich greifen
In volle trauben seine weissen hände ·
Sein mahl ist brot und wein und leichte malve
Und seine schlummerlosen nächte füllt
Kein wahn der ehrsucht · denn er sinnt auf hymnen
An die holdselige Frau · der schöpfung wonne ·
Und an ihr strahlendes allmächtiges kind.

›Komm heiliger knabe! hilf der welt die birst
Dass sie nicht elend falle! einziger retter!
In deinem schutze blühe mildre zeit
Die rein aus diesen freveln sich erhebe . .
Es kehre lang erwünschter friede heim
Und brüderliche bande schlinge liebe!‹[1]
So singt der dichter und der seher weiss:
Das neue heil kommt nur aus neuer liebe.

Wenn angetan mit allen würdezeichen
Getragen mit dem baldachin – ein vorbild
Erhabnen prunks und göttlicher verwaltung –
ER eingehüllt von weihrauch und von lichtern
Dem ganzen erdball seinen segen spendet:
So sinken wir als gläubige zu boden
Verschmolzen mit der tausendköpfigen menge
Die schön wird wenn das wunder sie ergreift.[2]

---

1 »Leo XIII. war ein gottbegnadeter Dichter, der nicht nur zu seiner Erholung die schöpferische Muse gepflegt, sondern auch mit oft mühsam feilender Hand sein dichterisches Genie in den Dienst der pontifikalen Zwecke gestellt hat« (Schmidlin, Bd. 2, S. 404). George zitiert unter Auslassung der christlichen Anreden das Gedicht »In Praeludio natalis Jesu Christi Domini nostri« von 1901: »Adsis, sante Puer, saeclo succurre ruenti / Ne pereat misere; tu Deus una salus [. . .]. Sic optata diu terras pax alma revisat, / Pectora fraterno foedere iungat amor« (*Leonis XIII. P. M. Carmina. Inscriptiones. Numismata,* mit Genehmigung Sr. Heiligkeit, vollst. Ausg. von Joseph Bach, Köln 1903, S. 94).
2 George erlebte 1898 Leo XIII. beim Segen »Urbi et orbi«.

Oscar Wilde

1856–1900

Briefe (1900). – O. W.: Sämtliche Werke in 10 Bänden. Hrsg. von Norbert Kohl. Frankfurt a. M.: Insel, 1982. Bd. 9. S. 908–915. – © 1982 Insel Verlag, Frankfurt a. M.

»Zwei Dinge waren ihm unentbehrlich: der Umgang mit schönen Dingen und gesellschaftliches Ansehen«, schrieb ein Freund nach Wildes Tod. Doch gleichzeitig verachtete Wilde die bürgerliche Moral und provozierte – als erfolgreicher Dichter – durch seinen exzentrischen Lebensstil. Die Gesellschaft rächte sich und steckte ihn für zwei Jahre »wegen sexueller Perversität« ins Zuchthaus. Als er 1897 entlassen wurde, war er ruiniert und ging unter fremdem Namen nach Frankreich. Die Stadt Rom hinterließ in Wildes Gedichten und Briefen eine bemerkenswerte Spur. Außer dem Grab von John Keats bei der Cestius-Pyramide interessierte ihn offenbar nur das päpstliche Rom. Frühe Gedichte von 1877 zeigen, wie sehr er von der katholischen Kirche fasziniert war, und zwar nicht von ihrer ästhetischen Erscheinung, sondern von ihrer religiösen Wirkung. Ein Vetter entzog ihm damals aufgrund der »römischen Neigungen« (Bd. 1, S. 76) das versprochene reiche Erbe. Nach der Katastrophe seines Lebens wollte Wilde in Rom konvertieren, doch erst auf dem Totenbett kam es dazu. So schroff er in den letzten römischen Briefen auf seinem persönlichen Lebensstil und seiner Homosexualität bestand, so sehr suchte er Heiligung und Gnade.

April/Mai 1900. In Rom trafen wir am Gründonnerstag ein [...], und gestern erschien ich, zum Entsetzen Grissells[1] und des gesamten päpstlichen Hofes, in der vordersten Reihe der Pilger im Vatikan und empfing den Segen des Heiligen Vaters[2] – einen Segen, den sie mir verweigert hätten.

Er war wundervoll, als er auf seinem Thron an mir vorbeigetragen wurde, nicht aus Fleisch und Blut, sondern eine weiße Seele in Weiß gewandt, Künstler und Heiliger zugleich – das einzige Beispiel in der Geschichte, wenn man den Zeitungen glauben darf.

Nie habe ich so etwas gesehen wie die einmalige Grazie seiner Gesten, wenn er sich alle paar Augenblicke erhob, um – möglicherweise auch den Pilgern, bestimmt aber mir – seinen Segen zu erteilen.

---

1 Den Ehrenkämmerer Hartwell de la Garde Grisell (1839–1907) hatte Wilde schon früher in Rom kennengelernt.
2 Leo XIII. (vgl. S. 290, Anm. 1).

Ich war zutiefst beeindruckt, und mein Spazierstock machte Anstalten, Knospen zu treiben: ja, hätte Knospen getrieben, wenn er mir nicht am Eingang zur Kapelle von dem Verschnittenen abgenommen worden wäre. Dieses seltsame Verbot besteht natürlich zu Ehren Tannhäusers[3].

Ich habe den Heiligen Vater schon seit Donnerstag nicht mehr gesehen, halte mich aber ausgesprochen gut. Zu meinem Leidwesen gab er seinen Segen zu einem schauderhaften Taschentuch mit seinem Bild in der Mitte und Basiliken an den Ecken. Es besteht ein seltsamer Zusammenhang zwischen Glauben und schlechter Kunst: ich spüre das an mir selbst. [...]

Ich habe Armando aufgegeben, diesen sehr geschickten, eleganten jungen römischen Sporus[4]. Er war sehr schön, aber seine Forderungen für Kleidung und Krawatten nahmen kein Ende: wie ein Hund den Mond anbellt, so kläffte er buchstäblich um Stiefel. Jetzt liebe ich Arnaldo: er war Armandos engster Freund, aber die Freundschaft ist zu Ende. Armando ist offenbar *un invidioso*[5] und wird verdächtigt, einen hübschen Überzieher gestohlen zu haben, mit dem er auf dem Corso auf und ab patrouilliert. Der Mantel ist so wunderschön, und er sieht darin so gut aus, daß ich ihm den Diebstahl verzieh, obgleich der Mantel nicht mir gehörte.

Muß ich Dir sagen, daß ich den Heiligen Vater morgen wiedersehen werde? Ich bin freudig erregt von der Aussicht auf ein altvertrautes Vergnügen [...].

Omero begleitete mich, auch Armando, dem für den Augenblick verziehen ist. Er sieht dem Apoll vom Belvedere so lächerlich ähnlich, daß ich mir in seiner Gesellschaft immer wie Winckelmann vorkomme. Die gleichen Lippen, das gleiche Haar, der gleiche leicht vulgäre, weil allzu offenkundige Stolz; und überdies verkörpert auch er jene Dekadenzerscheinung, den Triumph des Gesichts über den Körper, den es in der großen griechischen Kunst nicht gab. Siehe die Schenkel des Theseus, Brust und Hüften des Hermes.

---

3 Vgl. dazu die Rom-Erzählung Tannhäusers im 3. Akt der gleichnamigen Oper (1845) von Richard Wagner (1813–83).
4 Nach Sueton, *Leben der Caesaren* (»Nero«, Kap. 28 u. ö.) nahm Kaiser Nero den Kastraten Sporus »zu allen Gerichtstagen und Märkten mit [...] und küßte ihn immer wieder«.
5 Ein Neider.

Ich tue nichts anderes, als den Papst aufsuchen: ich bin schon viele Male gesegnet worden, einmal in der Privatkapelle des Vatikans. [. . .] Ich gebe mein ganzes Geld für Eintrittskarten aus: denn heute wie in alten Tagen plündert man die Pilger in Rom. Das Plündern wird vorwiegend von den Hotelportiers besorgt, besser gesagt, von Berufsplünderern, die als Hotelportiers verkleidet sind, und vielleicht ist es richtig, daß man die Ketzer schröpft, denn wir sind aus dem fremden Pferch.

Meine Situation ist seltsam: ich bin kein Katholik: ich bin nur ein fanatischer Papist. Niemand könnte schwärzer sein als ich. Ich verbeuge mich nicht mehr vor dem König. Mehr brauche ich nicht zu sagen.

Als ich heute aus dem Vatikanischen Museum kam, den Kopf noch voller griechischer Götter und römischem Mittelstand, und dies alles, um den Kontrast noch zu verschärfen, in Marmor, stellte ich fest, daß die Vatikanischen Gärten für die böhmischen und portugiesischen Pilger geöffnet waren. Sofort sprach ich beide Zungen fließend, erklärte, meine englische Kleidung sei eine Art Bußgewand, und betrat den wüsten, öden Park mit seinen verblichenen Louis-XIV-Anlagen, den düsteren Alleen, den traurigen Waldstücken. Die Pfauen kreischten, und ich begriff, warum sich Tragik an die güldenen Fersen jedes Hohepriesters heftet. Aber ich wanderte in erlesener Melancholie eine Stunde herum. Ein gewisser Philippo, ein Student, den ich im Borgia-Zimmer aufgelesen hatte, begleitete mich: seit vielen Jahren war die Liebe nicht mehr im päpstlichen Lustgarten gewandelt.

Heute ist es naß und windig, aber ich habe den Heiligen Vater wiedergesehen. Er zieht sich jedesmal anders an; ganz entzückend. Heute über seinem Weiß und Purpur ein hermelingesäumtes Samtcape und eine riesige Stola in Scharlach und Gold. Ich war, wie immer, tief ergriffen.

Ich schenkte meinem neuen Freund *Dario* eine Karte. Sein Name gefällt mir so gut: er sah den Papst zum erstenmal: hätte mich, glaube ich, geküßt, als wir das Bronzetor durchschritten, wenn ich ihn nicht streng zurückgewiesen hätte. Ich bin sehr grausam gegen die Knaben geworden und lasse mich nie mehr in der Öffentlichkeit von ihnen küssen.

Die Pilger fallen in großen schwarzen Schwärmen ein: ganz bestimmt waren sie eine der Plagen Pharaos: manche von ihnen werden wahnsinnig. Gestern drei Fälle. Sie werden von ihren normaleren Glaubensbrüdern glühend beneidet.

Rom hat mich ganz eingefangen. Ich muß hier den Winter verbringen; es ist die einzige Stadt für die Seele.

RAINER MARIA RILKE

1875–1926

Neue Gedichte. Leipzig 1907–08. – R. M. R.: Sämtliche Werke. Hrsg. vom Rilke-Archiv. In Verb. mit Ruth Sieber-Rilke bes. durch Ernst Zinn. Bd. 1. Frankfurt a. M.: Insel, 1962. S. 529, 599 f. – © 1962 Insel Verlag, Frankfurt a. M.

Im Winter 1903/04 bekam Rilkes Frau, die Bildhauerin Clara Westhoff, ein Stipendium für einen Rom-Aufenthalt. Das Ehepaar reiste zusammen, doch jeder arbeitete für sich. Man sah sich selten. Rilke mochte Rom nicht. »Eine Ausstellungsstadt«, schimpfte er, ein »schlechtes Museum«; die vielen »traditionell entzückten« Fremden störten ihn (»Briefe«, hrsg. von Ruth Sieber und Carl Sieber, Leipzig 1939, Bd. 1, S. 429). Er haßte »das Scheinleben dieses vergangenen Volkes« und behauptete: »Hier ist alles nach dem Leichtesten hin gelöst, nach des Leichten leichtester Seite« (ebd., S. 459). Selbst die Nachtigallen im Park hörte er als »kleine brünstige Vögel mit seichtem Gesang und leicht erfüllbarer Sehnsucht« (ebd., S. 460). So lernte er Dänisch und sehnte sich nach Rußland. Über den persönlichen Unmut hinaus artikulieren seine Briefe aus Rom den Protest moderner Künstler gegen »die namenlose, von Gelehrten und Philologen unterstützte und von den gewohnheitsmäßigen Italienreisenden nachgeahmte Überschätzung aller dieser entstellten und verdorbenen Dinge, die doch im Grund nicht mehr sind als zufällige Reste einer anderen Zeit und eines Lebens, das nicht unseres ist und unseres nicht sein soll.« Das einzige, was Rilke an Rom faszinierte, waren die Brunnen: »In meiner Erinnerung werden einmal nur seine Wasser sein, diese klaren, köstlichen, bewegten Wasser, die auf seinen Plätzen leben; seine Treppen, die nach dem Vorbild fallender Wasser erbaut, so seltsam Stufe aus Stufe schieben wie Welle aus Welle; seiner Gärten Festlichkeit und die Pracht großer Terrassen; seine Nächte, die so lange dauern, still und mit großen Sternbildern überfüllt« (ebd., S. 403). Die Aufzählung wird im Schreiben länger und länger, als ob auch die Ablehnung nicht loskäme vom Preis des Gewesenen. In der poeti-

*schen Gestaltung des Brunnens mit ihren gereihten Partizipien, die auf
keinen Hauptsatz bezogen sind, erscheint ein Gegenstand, der subjektlos
in Bewegung ist und nur den Fall nach unten kennt; doch das Niederfallen
geschieht in Sanftheit und Charme. Das Campagna-Gedicht, in dem alle
Gegenstände nur sich selbst ausgeliefert sind, führt den antiken Weg, der
kein Ziel mehr hat, hinauf in die bergende Leere des Himmels.*

Römische Fontäne

Borghese

Zwei Becken, eins das andre übersteigend
aus einem alten runden Marmorrand,
und aus dem oberen Wasser leis sich neigend
zum Wasser, welches unten wartend stand,

dem leise redenden entgegenschweigend
und heimlich, gleichsam in der hohlen Hand,
ihm Himmel hinter Grün und Dunkel zeigend
wie einen unbekannten Gegenstand;

sich selber ruhig in der schönen Schale
verbreitend ohne Heimweh, Kreis aus Kreis,
nur manchmal träumerisch und tropfenweis

sich niederlassend an den Moosbehängen
zum letzten Spiegel, der sein Becken leis
von unten lächeln macht mit Übergängen.

Römische Campagna

Aus der vollgestellten Stadt, die lieber
schliefe, träumend von den hohen Thermen,
geht der grade Gräberweg ins Fieber;
und die Fenster in den letzten Fermen

sehn ihm nach mit einem bösen Blick.
Und er hat sie immer im Genick,
wenn er hingeht, rechts und links zerstörend,
bis er draußen atemlos beschwörend

seine Leere zu den Himmeln hebt,
hastig um sich schauend, ob ihn keine
Fenster treffen. Während er den weiten

Aquädukten zuwinkt herzuschreiten,
geben ihm die Himmel für die seine
ihre Leere, die ihn überlebt.

HENRY ADAMS

1838–1918

The Education of Henry Adams. An Autobiography. Washington 1907. – Die
Erziehung des H. A. Von ihm selbst erzählt. Aus dem Amerik. übers. von Jonas
Lesser. Zürich: Manesse, 1953. S. 147–153. – © 1953 Manesse Verlag, Zürich.

Der Urenkel des zweiten und Enkel des sechsten Präsidenten der USA
(John und John Quincy Adams) wurde als Professor in Harvard einer der
bedeutendsten amerikanischen Historiker. Als erster stellte er die Konsti-
tuierung des Staates aus den Quellen dar. Er selbst sah sich nach seiner
Herkunft und Erziehung »als Kind des 18. Jahrhunderts« (S. 22), geprägt
von Puritanismus und moralischem Rigorismus. Den zunehmenden Ein-
fluß des großen Geldes auf Regierung und Gesellschaft beobachtete er mit
wachsender Skepsis. Seine Autobiographie fragt nach der Rolle des einzel-
nen in diesem Prozeß und stellt kritisch fest: »Nie hat jemand untersucht,
welcher Teil der Erziehung sich nach seiner Erfahrung als nützlich erwie-
sen hat und welcher nicht. Dieses Buch versucht, diese Fragen zu prüfen«
(S. 6). Adams behauptet, weder Schule noch Universität, weder Reisen
noch Berufsarbeit hätten beigetragen zu seiner Erziehung. Er verallgemei-
nert das zu der These, die amerikanische Gesellschaft sei grundsätzlich
nicht in der Lage, die Menschen vorzubereiten auf die Probleme des
20. Jahrhunderts. Auch der Besuch Roms wird unter diesem Aspekt gewer-
tet. Bildungstourismus hat keinerlei Sinn: »Trotz vielfältiger Eindrücke
wußte er beim Abschied von Rom nicht mehr als bei der Ankunft«
(S. 153).

Im übrigen war Italien vor allem ein seelisches Erlebnis, und dieses
Erlebnis fand in Rom seinen Mittelpunkt. Der Vater drüben in Amerika, der Paris bitter haßte, schien seltsamerweise geneigt, die Rom-

reise als eine angemessene, wenngleich mißbrauchte Förderung seiner Bildung anzuerkennen. Aber für junge Menschen, die ernstlich Bildung suchten und es für ausgemacht hielten, daß alles eine Ursache habe und daß die Natur einem Ziel zustrebe, war Rom das schlimmste Laster in der Welt, und kein Widerstand war den Verführungen des Rom von vor 1870 gewachsen.[1] Der Mai des Jahres 1860 war göttlich. Ohne Zweifel haben seitdem andere junge Männer und manchmal auch junge Frauen den Mai in Rom verbracht und sie glauben, daß der Zauber dieser Stadt noch immer ungebrochen sei. Vielleicht – in ihnen. Aber im Jahre 1860 waren die Lichter und Schatten noch mittelalterlich, und das mittelalterliche Rom lebte; die Schatten atmeten und glühten in weichen Formen, die verlorene Sinne in sich aufnahmen. Noch hatte kein Sandsturm der Wissenschaft die Epidermis der Geschichte, des Gedankens, des Gefühls abgezogen. Die Bilder waren nicht gereinigt, die Kirchen nicht restauriert, die Ruinen nicht ausgegraben. Das mittelalterliche Rom war Magie. Rom war von allen Orten der Erde am wenigsten dazu geeignet, einen jungen Menschen des 19. Jahrhunderts zu lehren, was er mit der Welt des zwanzigsten anfangen sollte. Die Empfindungen eines Menschen in Rom waren seine persönliche Sache, wie das Glas Absinth vor dem Essen im Palais Royal; sie müssen schädlich sein; denn sonst hätten sie nicht so intensiv sein können, und sie waren sicherlich unmoralisch; denn niemand, kein Priester oder Politiker, konnte, wenn er ehrlich sein wollte, aus den Ruinen Roms mit Sicherheit eine andere Lehre herauslesen, als die, daß sie Zeugnisse der gerechten Urteile eines beleidigten Gottes über alle Taten des Menschen waren. Diese Moral machte junge Menschen unfähig zu jeder Art nützlicher Arbeit, sie machte Rom zu einem Evangelium des Lasters und zu dem für eine Erziehung der Jugend ungeeignetsten Ort unter der Sonne. Dennoch war es nach allgemeinem Urteil der einzige Ort, den junge Menschen beider Geschlechter und aller Völker leidenschaftlich, eigensinnig, lasterhaft liebten. [...] Man sah das Forum oder St. Peter unaufmerksam genug an, aber man vergaß den Anblick nie, und nie hörte er auf fortzuwirken. Ei-

---

1 Am 20. September 1870 eroberten italienische Truppen Rom. Im Oktober wurde der Regierungssitz dorthin verlegt. Am 31. Dezember zog König Vittorio Emanuele II im Quirinalspalast ein. Papst Pius IX. sprach von einer »betrügerischen und verräterischen Aggression« und belegte »sämtliche Urheber und Teilnehmer der sakrilegischen Usurpation ohne Unterschied der Würde« mit dem Kirchenbann (Schmidlin, Bd. 2, S. 91–93).

nem jungen Menschen aus Boston, der eben aus Deutschland kam,
schien Rom eine reine Gefühlserregung, völlig frei von wirtschaft-
lichem oder tatsächlichem Nutzen, und er konnte vernünftigerweise,
mit bloßem gesundem Menschenverstand nicht voraussehen, daß

Der Palatin von Süden, um 1860

diese Stadt beständig Rätsel um Rätsel auf seinem Erziehungswege
anhäufte, die ohne Zusammenhang schienen, die er aber in einen Zusammenhang bringen mußte, Rätsel, die unauflösbar schienen, die
man aber irgendwie auflösen mußte. Rom war kein Käfer, den man
sezierte und wegwarf; es war kein schlechter französischer Roman,
den man im Zuge las und zum Fenster hinauswarf hinter den anderen
schlechten französischen Romanen drein, deren Moral die Unmoral
der römischen Geschichte nicht erreichen konnte. Rom war wirklich,
es war England, es würde Amerika sein. Rom konnte nicht in ein or-
dentliches, systematisches Entwicklungsschema der Bostoner Mittel-
klasse eingeordnet werden. Kein Gesetz des Fortschritts war darauf
anwendbar. Nicht einmal die chronologische Abfolge, die letzte Zuflucht der hilflosen Historiker, paßte für Rom. Das Forum führte so
wenig zum Vatikan wie der Vatikan zum Forum. Rienzi, Garibaldi,

Tiberius Gracchus, Aurelianus könnte man mit noch tausend anderen in jeder beliebigen zeitlichen Beziehung anordnen, und niemals ließe sich aus ihnen eine Zeitfolge ableiten. [...]

Vielleicht lernte Henry etwas in Rom, obgleich er es nicht wußte und nie erstrebte. Rom macht Lehrer zu Zwergen. Die größten Männer der Zeit bestanden die Prüfung kaum, sich mit Rom als Hintergrund sehen zu lassen. [...] Rom war eine verwirrende Vielfalt von Ideen, Versuchen, Begierden und Energien. Ohne Rom war die abendländische Welt bedeutungslos und bruchstückhaft, es verlieh ihr Herz und Einheit. Aber Gibbon[2] hätte das ganze Jahrhundert lang inmitten der Ruinen des Kapitols sitzen können, und niemand wäre vorübergekommen, der ihm hätte sagen können, was Rom bedeutete. Vielleicht bedeutete es nichts.

BENITO MUSSOLINI

1883–1945

Rede vor Kriegsfreiwilligen (1924). – B.M.: Reden. Eine Auswahl aus den Jahren 1914 bis Ende August 1924. Hrsg. von Max H. Meyer. Leipzig: Koehler, 1925. S. 201.

Mit einem »Marsch auf Rom« erzwang Mussolini am 30. Oktober 1922 seine Ernennung zum Ministerpräsidenten. Der Faschismus hatte eigene Vorstellungen von Geschichte und Zukunft der Stadt. Im Gespräch mit Emil Ludwig bemerkte Mussolini einmal: »Caesar kommt nach ihm – Jesus ist der Größte, denken Sie doch! Eine Bewegung entfesseln, die 2000 Jahre dauert! 400 Millionen Anhänger, darunter Dichter und Philosophen!«; und später: »Wäre das Christentum nicht ins kaiserliche Rom gekommen, es wäre eine jüdische Sekte geblieben.« Ludwig kommentiert: »Ich sah Mussolini in diesem Augenblick auf neue Art. Mit keinem Teil

2 Anspielung auf eine Bemerkung von Edward Gibbon (1737–94), die John Murray, *A Handbook of Rome and its Environs* (London [5]1858), das Adams benützte, zitiert. Gibbon erzählt, im Oktober 1764 habe er in der Kirche S. Maria in Aracoeli mit den Franziskanern zusammen in der Abenddämmerung die Vesper gesungen »im Tempel des Jupiter auf den Ruinen des Kapitols«; dabei sei ihm der Gedanke gekommen, *The History of the Decline and Fall of the Roman Empire* zu beschreiben. Die zwischen 1776 und 1788 erschienenen 6 Bände gelten als eines der klassischen Werke neuerer Geschichtsschreibung.

und Ort der Geschichte hat er sich so viel beschäftigt wie mit Rom: so empfindet er sich als ein Stück römischer Geschichte. Davon zeugte der Ausdruck seiner Züge während dieser letzten Sätze«, (»Mussolinis Gespräche mit Emil Ludwig«, Berlin/Wien/Leipzig 1932, S. 180–182). Als Mussolini am 6. April 1924 die Wahlen gewonnen hatte, erklärte er vom Balkon des Palazzo Chigi seinen Anhängern: »Rom ist nicht etwa die Hauptstadt eines Völkchens von Antiquaren. Schaut um euch, und ihr werdet schon in den Straßen dieser unvergleichlichen Stadt einen stetig anschwellenden lauten Verkehr, ein stetig wachsendes Maß von Kräften sehen. Denn das Rom, von dem wir träumen, soll nicht nur das lebendige und schlagende Herz der erneuerten Nation, sondern auch die herrliche Hauptstadt der gesamten lateinischen Welt sein« (»Reden«, S. 199). Einen makabren Auftritt veranstaltete er am 4. Juni 1924 vor Freiwilligen des Ersten Weltkriegs. Er hatte sie auf das Forum Romanum bestellt, erschien im Reitanzug, bestieg die Stufen des antiken Vesta-Tempels und erklärte seinen Zuhörern, »daß nicht Mussolini als Mensch, als Mussolini, sondern als Haupt der italienischen Regierung« ihnen das folgende zurufe.

Gut, daß die Zeremonie zur Weihe eurer Fahne in diesen Ruinen stattfindet; es genügt, die Augen zu schließen und ein wenig nachzudenken, um den unendlichen geistigen Reiz dieser Stätte zu fühlen. Wie viel Zeit ist vergangen, seitdem Rom die Welt beherrschte? Kurze Zeit! Kaum fünfzig bis sechzig Generationen, vom Tage, an dem Julius Caesar die Grenzen des Reiches zeichnete. Bedenkt! In diesem kleinen Raum hat sich jahrhundertelang die Weltgeschichte abgespielt. Zwischen diesen Mauern, auf diesem kleinen Stück Boden, drängte sich zur Zeit des Augustus eine Bevölkerung von vier Millionen zusammen! Rom war damals riesenhaft: die ganze Welt strömte in diese wunderbare Stadt!

Hier entschied sich das Schicksal der Menschheit, hier verfolgte Rom seinen Traum, nie die Grenzen äußerster Weisheit überschreitend. Mit Recht beabsichtigte es die Völker zu schwächen, die ihm widerstanden, mit Recht war es streng in der Kriegführung, denn der Krieg ist kein Scherz und kein Spiel! Nachdem aber die Völker seine Oberherrschaft anerkannt hatten, sammelte es sie in seinem Schoße und sie wurden Bürger der Stadt, erhielten römische Gesetze, dieselben, die noch heute bestehen. Sie nahmen teil an seiner Kultur, und Rom achtete ihre Sitten und ihre Religion. Im Pantheon steht ein Altar für alle Götter, auch für den »unbekannten Gott«! Mommsen[1], ein

1 Theodor Mommsen (1817–1903) war Professor für römisches Recht und alte Geschichte in Zürich, Breslau und Berlin. Für seine *Römische Geschichte* (3 Bde., 1854–56) erhielt er als erster Deutscher den Nobelpreis für Literatur.

Deutscher, der im Grunde genommen die Geschichte Roms nicht lieben konnte, sagte, daß lange Zeit die Italiener die Schmarotzer der römischen Geschichte gewesen seien! Eins ist jedenfalls gewiß: wenn man die verschiedenen Blutmischungen, denen alle Rassen unterworfen sind, analysiert, bleiben immer die Italiener unter allen Völkern die einzigen berechtigten Nachkommen Roms. Dieser Stolz darf aber nicht ein passiver Stolz bleiben, man muß jener Größe würdig bleiben, darf nicht daraufhin weiterleben, sich der Vergangenheit zuwenden und sagen: Wir sind groß, weil wir groß waren! Nein! Wir werden nur dann groß sein, wenn die Vergangenheit nur ein Banner für uns sein wird, um der Zukunft würdig entgegenzutreten, wenn die Vergangenheit nicht ein toter Punkt in unserer Existenz ist, sondern ein Sporn zu neuem Leben.

Mit ruhigem Gewissen und reinem Herzen weihe ich eure Fahne: Im Frieden und im Kriege wird sie, dessen bin ich sicher, die tapfere Jugend versammeln, die gewillt ist, eurem herrlichen Beispiel zu folgen.

Und wenn eines Tages neue Opfer verlangt werden, dann werdet ihr sicher wieder die ersten sein, und die Kräfte der Nation werden euch folgen; und durch diese Vereinigung der Kräfte und der Opfer werden alle Ziele und Siege erreicht werden!

GERTRUD VON LE FORT
1876–1971

Der römische Brunnen. München 1926. Tl. 2: Der Kranz der Engel. München 1946. – G. v. Le F.: Das Schweißtuch der Veronika. Bd. 1: Der römische Brunnen. Roman. München: Ehrenwirth, [16]1985. S. 156–160. – © 1950 Ehrenwirth Verlag GmbH, München.

Der Roman spiegelt das Ringen der Autorin um den Glauben in einer heillosen Welt. Nach dem 1926 erfolgten Übertritt zur katholischen Kirche – wie ihre Romanheldin war sie 1907 erstmals in Rom und studierte seit 1908 in Heidelberg – erklärte sie, das bedeute »keinen Bruch mit dem Protestantismus, sondern eine für mich persönlich vollzogene Einigung«. Auch »Der römische Brunnen« erforscht solche Möglichkeiten der Vereinigung. Ein ohne Eltern aufwachsendes junges Mädchen sucht seinen Weg zwi-

schen der vornehm-humanistischen Kultur der Großmutter, der halbher-
zigen Frömmelei einer Tante und der anarchisch-heidnischen Selbstsicher-
heit eines jungen Poeten. Im Mittelpunkt der Romanhandlung steht eine
Wanderung durch die römische Nacht vom Kolosseum zur Piazza di
S. Pietro.

Es drang jetzt kein Laut mehr aus der Arena herauf; die Menschen
drunten mußten längst fort sein. Nur manchmal brach irgendwo im
Getrümmer ein Stein los und klang wie im Nichts unter. Auch große
Eulen schwammen auf und tauchten wieder hinab. Wie lange das alles
dauerte, weiß ich nicht. – – –

Als wir endlich aus den Arkaden des Kolosseums heraustraten, war
unser Auto verschwunden. Auch ein anderes Gefährt konnten wir
nirgends erblicken – die Nacht war offenbar schon weit vorgerückt.
Wir mußten uns also zu Fuß auf den Weg machen. Ich war wie tau-
melnd von Müdigkeit und gleichzeitig von dem Gefühl einer sonderbaren Entfremdung meiner selbst, so, als ginge ich mit den Füßen
eines anderen. Dunkel ist mir, als hätte Enzio zuerst meinen Arm
genommen; später muß er ihn dann losgelassen haben – ich weiß das
alles nicht mehr. Ich weiß nur, daß ich in dieser Nacht mitten durch
Enzios Rom gegangen bin und mitten durch seine Welt und mitten
durch seine Dichtung.

Ich sagte schon, daß ich von Müdigkeit wie betäubt war. Ich ging
fast schlafend. Schließlich aber weckte mich eben jene Müdigkeit dadurch, daß sie plötzlich größer wurde. Das muß damals gewesen sein,
als Enzio meinen Arm losließ. Aufblickend sah ich meinen Begleiter
eine kleine Strecke von mir entfernt ziemlich schnell gehen; ich rief
ihn an, aber er beachtete mich nicht. Gleichzeitig wurde ich mir bewußt, daß wir schon sehr lange gingen und wohl längst daheim sein
sollten. Ich sah mich um. Wir befanden uns in einer Gasse, wie es in
den älteren Stadtteilen Roms viele gibt. Die Häuser standen eng und
hoch einander gegenüber; ihre Fenster waren vergittert. Die ganze
Straße erschien so schwarz, als wäre sie ins Innere der Erde hineinge-
graben. Nur hoch oben, an den flach abschneidenden Dächern hin,
floß wie eine schmale, scheinhafte Helle die blaugrüne Nacht. Ich
kannte die Straße nicht. »Enzio, ich glaube, wir gehen falsch!« rief ich,
ihm nacheilend, und da er immer noch nicht antwortete, faßte ich,
meine Worte wiederholend, unwillkürlich nach seiner Hand. Er ergriff mit leichtem, wie unbewußtem Druck die meine und hielt sie
fest. Und nun geschah etwas sehr Merkwürdiges; es war – ich kann
dies nicht anders beschreiben –, als verlöre ich mich selbst ziemlich

schnell, aber doch nicht ohne noch das entgleitende Bewußtsein davon
zu haben, vollkommen aus den Augen, überwältigt von einer Schau,
die im Grunde nicht die meine, sondern die meines Begleiters war,
und zu der mich der leise, zuckende Druck seiner Hand hinwegzu-
führen schien wie durch das offene Tor seiner Seele. Ich hatte die Vorstellung, als ob wir tief auf den Grund eines unermeßlichen Meeres
hinabsänken, über dem hoch aufgefunkelt die gestirnte Nacht stand.
Alles um uns her schien erfüllt und überspült von dem lautlosen
Strömen zahlloser aufgelöster Wesenheiten und Geschehnisse, deren
dunkle Bestandteile, in ein einziges Ganzes verschollen, alles wie mit
Flut füllten. Wir gingen tief im Geschweige dieser stillen, schwarzen
Materie. Von Zeit zu Zeit tauchten, phantastischen Riffen oder Gewächsen gleich, großartige Paläste und Kirchen auf, Portale von
schwerer und zugleich überfließender Pracht, wie zusammengerauscht
aus dieser dunklen, wogenden Weltmasse. Ich erkannte halb im
Traum die majestätischen Fassaden von San Ignatio, San Luigi di
Francesi, den Palazzo Madama und das bizarre wie mit Muscheln be-
kränzte Haupt der Sapienza. Gleich großen, mattfarbenen Seesternen
schwammen die schönen, mondbeglänzten Plätze an uns vorüber, einsam wie Tote, besprüht vom nächtlichen Schwall der Fontänen, als
entflössen sie bereits in das unergründliche Ganze. – – Alles schien
seiner Augenblicklichkeit schon halb entkleidet und wie eingetaucht
in eine fremdartige Ungewißheit, als sei es bloße Spiegelung eines un-
erkennbaren Dahinter. Zuweilen wurde diese Ungewißheit so zauber-
haft, daß es war, als würden die Gebäude, an denen wir vorübergin-
gen, lautlos abgebrochen oder aufgeschoben; Hintergründe öffneten
sich, als hingen da in den sichtbaren Mauern gleichzeitig viele andere
Mauern schleierhaft übereinander: Erscheinungen von Gebäuden,
zart, grau, wie Häute, eine über die andere gezogen und eine von der
andern ablösbar; immer feiner, immer dämmriger, immer unsichtbarer
werdend, schienen sie wie in der Unerkennbarkeit eines Anfanglosen
zu zerschweben, um dann plötzlich doch wieder zu neuen Formen
zusammenzufließen.

Das alles war in keiner Weise spukhaft, nur vollkommen abgelöst
vom Gegenwärtigen, vom Menschlichen und vom Einzelnen. Selbst
die Grüfte unter unseren Füßen schienen sich ihres Inhalts nicht mehr
zu entsinnen. All das dunkle Aufströmen des in der Erde Liegenden,
das die Nächte Roms so oft fühlbar durchschauert, war wie von jeder
leichenhaften Verbindung gelöst und nur noch gleich einem kühlen
Hauch aus tief aufgebrochenem, unpersönlichem Gestein. Die Welt

war mit sich alleine: ein einziges, grandioses Spiel der Wildnis in sich
selber durch immer neue Verwandlungen. Und auch wir waren von
unserem Einzelsein gelöst, nicht nur von unseren Körpern, sondern
auch von unseren Seelen, bloßen Witterungen gleich, zusammenge-
flossen mit dem großen, dumpfen Bewußtsein oder Unbewußtsein
dieser schönen, wilden, schauerlichen Welttiefe.

Aber plötzlich war es, als würde das dunkle Geström, in das wir
verspült waren, von einem Pfeil durchbohrt und stünde still: etwas
Strahlenhaftes drang in meine Augen. Eine Monstranz von unbegreif-
licher Größe stand wie die Vision eines riesigen Sternes, mitten aus
der Nacht emporgestiegen, vor uns. Mit feierlicher Ruhe drang ihr
Licht nach allen Seiten in die Finsternis ein, die vor ihm zurückzuwei-
chen schien: ich sah es noch halb im Traum, aber doch wieder mit
meinen eigenen Augen. Dann erkannte ich, daß der ungeheure Umfang der Monstranz durch einen Altar gebildet wurde, der, mit Hunderten von Kerzen ihre Umstrahlung fortsetzend, wie ein Feuerherd
in einer großen, einsamen Kirche brannte. Ihre Gewölbe schwangen
sich ins schier Unermeßliche empor, schattenerfüllt, aber doch voll
Festigkeit und Gewißheit. – – – Plötzlich erkannte ich den Baldachin
Sankt Peters. In diesem Augenblick blitzte ein Gefühl in mir auf, als
wäre ich durch die ganze Welt gegangen und stünde nun vor ihrem
innersten Herzen. – – –

SIGMUND FREUD
1856–1939

Das Unbehagen in der Kultur. Wien 1930. – S. F.: Studienausgabe in 10 Bänden.
Bd. 9. Hrsg. von Alexander Mitscherlich [u. a.]. Frankfurt a. M.: S. Fischer, 1974.
S. 201–203. – © 1974 S. Fischer Verlag GmbH, Frankfurt a. M.

*Im September 1907 machte Freud Urlaub und schrieb ein paar köstliche
Briefe. »Ich lebe hier in Rom ganz einsam [. . .], habe die Wissenschaft tief
begraben und möchte jetzt wieder zu mir selbst kommen und etwas aus
mir herausholen. Dafür ist die unvergleichliche Stadt der richtige Ort« (an
Carl Gustav Jung, 19. September 1907). Der Familie erzählte er vom Geschehen in den Straßen, am 22. September 1907 z. B. von »kinemato-
graphischen Vorführungen« auf der Piazza Colonna, denen er wie die ande-*

ren »großen Kinder« begeistert zusah; es seien »eigentlich Reklamen, aber um das Publikum zu bestechen, sind zwischen zwei Annoncen immer Bilder eingeschoben von Landschaften, Kongonegern, Gletscherbesteigungen und so weiter«. Freuds wichtigster Text über Rom entstand ohne die Erinnerung eigener Erfahrung. Er gibt als Quelle an: »Nach The Cambridge Ancient History. Bd. 7 (1928): ›The Founding of Rome‹ by Hugh Last« (S. 201). Am Beispiel Roms wird die Entwicklung im »Ichgefühl der Erwachsenen« (S. 199) erläutert. »Unser heutiges Ichgefühl ist nur ein eingeschrumpfter Rest eines weit umfassenderen, ja – eines allumfassenden Gefühls, welches einer innigeren Verbundenheit des Ichs mit der Umwelt entsprach« (S. 200). Was als »Beispiel« gedacht war für die komplizierte Schichtung psychischer Prozesse, wird zu einem faszinierenden Text über das Verständnis Roms und führt selbst zu der Frage, in welcher »Wirklichkeit« sich die Erfahrung der Stadt vollzieht.

Wir greifen [. . .] die Entwicklung der Ewigen Stadt als Beispiel auf. Historiker belehren uns, das älteste Rom war die *Roma Quadrata*, eine umzäumte Ansiedlung auf dem Palatin. Dann folgte die Phase des *Septimontium*, eine Vereinigung der Niederlassungen auf den einzelnen Hügeln, darauf die Stadt, die durch die Servianische Mauer begrenzt wurde, und noch später, nach all den Umwandlungen der republikanischen und der früheren Kaiserzeit die Stadt, die Kaiser Aurelianus durch seine Mauern umschloß. Wir wollen die Wandlungen der Stadt nicht weiter verfolgen und uns fragen, was ein Besucher, den wir mit den vollkommensten historischen und topographischen Kenntnissen ausgestattet denken, im heutigen Rom von diesen frühen Stadien noch vorfinden mag. Die Aurelianische Mauer wird er bis auf wenige Durchbrüche fast unverändert sehen. An einzelnen Stellen kann er Strecken des Servianischen Walles durch Ausgrabung zutage gefördert finden. Wenn er genug weiß – mehr als die heutige Archäologie –, kann er vielleicht den ganzen Verlauf dieser Mauer und den Umriß der *Roma Quadrata* ins Stadtbild einzeichnen. Von den Gebäuden, die einst diese alten Rahmen ausgefüllt haben, findet er nichts oder geringe Reste, denn sie bestehen nicht mehr. Das Äußerste, was ihm die beste Kenntnis des Roms der Republik leisten kann, wäre, daß er die Stellen anzugeben weiß, wo die Tempel und öffentlichen Gebäude dieser Zeit gestanden hatten. Was jetzt diese Stellen einnimmt, sind Ruinen, aber nicht ihrer selbst, sondern ihrer Erneuerungen aus späteren Zeiten nach Bränden und Zerstörungen. Es bedarf kaum noch einer besonderen Erwähnung, daß alle diese Überreste des alten Roms als Einsprengungen in das Gewirre einer Großstadt aus

Turm Pauls III. auf der Südseite des Kapitols, neben der Kirche S. Maria in Aracoeli, um 1870 vor dem Abriß und dem Bau des Nationaldenkmals

den letzten Jahrhunderten seit der Renaissance erscheinen. Manches
Alte ist gewiß noch im Boden der Stadt oder unter ihren modernen
Bauwerken begraben. Dies ist die Art der Erhaltung des Vergangenen,
die uns an historischen Stätten wie Rom entgegentritt.

Nun machen wir die phantastische Annahme, Rom sei nicht eine
menschliche Wohnstätte, sondern ein psychisches Wesen von ähnlich
langer und reichhaltiger Vergangenheit, in dem also nichts, was einmal
zustande gekommen war, untergegangen ist, in dem neben der letzten
Entwicklungsphase auch alle früheren noch fortbestehen. Das würde
für Rom also bedeuten, daß auf dem Palatin die Kaiserpaläste und das
Septizonium des Septimius Severus sich noch zur alten Höhe erheben,
daß die Engelsburg noch auf ihren Zinnen die schönen Statuen trägt,
mit denen sie bis zur Gotenbelagerung[1] geschmückt war, usw. Aber
noch mehr: an der Stelle des Palazzo Caffarelli stünde wieder, ohne
daß man dieses Gebäude abzutragen brauchte, der Tempel des Kapitolinischen Jupiter, und zwar dieser nicht nur in seiner letzten Gestalt,
wie ihn die Römer der Kaiserzeit sahen, sondern auch in seiner frühesten, als er noch etruskische Formen zeigte und mit tönernen Antifi-
xen geziert war. Wo jetzt das Coliseo steht, könnten wir auch die ver-
schwundene Domus Aurea des Nero bewundern; auf dem Pantheon-
platze fänden wir nicht nur das heutige Pantheon, wie es uns von
Hadrian hinterlassen wurde, sondern auf demselben Grund auch den
ursprünglichen Bau des M. Agrippa; ja, derselbe Boden trüge die Kirche Maria sopra Minerva und den alten Tempel, über dem sie gebaut
ist. Und dabei brauchte es vielleicht nur eine Änderung der Blickrich-
tung oder des Standpunktes von seiten des Beobachters, um den einen
oder den anderen Anblick hervorzurufen.

Es hat offenbar keinen Sinn, diese Phantasie weiter auszuspinnen,
sie führt zu Unvorstellbarem, ja zu Absurdem. Wenn wir das historische Nacheinander räumlich darstellen wollen, kann es nur durch ein
Nebeneinander im Raum geschehen; derselbe Raum verträgt nicht
zweierlei Ausfüllung. Unser Versuch scheint eine müßige Spielerei zu
sein; er hat nur eine Rechtfertigung; er zeigt uns, wie weit wir davon
entfernt sind, die Eigentümlichkeiten des seelischen Lebens durch an-
schauliche Darstellung zu bewältigen. [...] Die früheren Phasen der
Entwicklung sind in keinem Sinn mehr erhalten, sie sind in den späteren, zu denen sie den Stoff geliefert haben, aufgegangen. Der Embryo
läßt sich im Erwachsenen nicht nachweisen.

---

1 Vgl. Prokop, *Gotenkriege* I,22.

Reinhold Schneider

1903–1958

Tagebuch 1930–1935. Red. und Nachw. von Josef Rast. Frankfurt a. M.: Insel, 1983. S. 327 f., 330, 336, 339. – © 1983 Insel Verlag, Frankfurt a. M.

Als Schneider 1931 nach Rom reiste, wollte er Studien für ein Buch über Innozenz III. (1198–1216) betreiben, die wohl bedeutendste Herrscherfigur unter den Päpsten. Die privaten Notizen, die dabei entstanden, weiteten sich zu einer verzweifelten Geschichtstheologie, die Schneider aber nicht vom Glauben weg, sondern angesichts der heillosen Zeit zu ihm hinführte. 1938 konvertierte er zum Katholizismus. Nach einer Privataudienz bei Pius XII. am 23. März 1941 schrieb er ergriffen: »Ich bin noch nie einem Menschen begegnet, der in solchem Maße, bis zur völligen Transparenz, Seele war – und zugleich Gestalt der Gnade.« Trotzdem weigerte sich auch der Katholik Schneider, nur auf die »Gewißheit« der Erlösung zu vertrauen. Sein letztes Buch »Winter in Wien« (1958) greift viele Motive des römischen Tagebuchs neu auf. Kein »erborgter metaphysischer Glanz« kann die Erfahrung von Verfall und Zerstörung in der Nachkriegswelt und den Übergang möglicher Friedenswirtschaft in eine schreckliche atomare Kriegswirtschaft verdecken. Und so wird aus dem in den Kirchen Roms erfahrenen Glauben eine sanfte und tapfere Bereitschaft, gegen die päpstliche Politik ebenso Einspruch zu erheben wie gegen die neue Bewaffnung Deutschlands.

29. März 1931. Höllischer Lärm in den Straßen; treibende Benzinwolken. Heller Himmel, kalte Abende. Tiefe Melancholie. Der Innozenz wurde mir durch die Reisetage entrückt und hängt nun wie eine nachtschwarze Wolke über mir. Er erscheint mir wie die Geburt eines Fremden, die ich beleben soll. Heimweh nach Florenz.

Hier wirken die Kolosse. Alles ist im Stil der Imperatoren gebaut oder es hat sich aus ihrem Stil entwickelt; sie sind, obschon der Palatin in Trümmern liegt und der Efeu in den zerbrochenen Bogen grünt, noch immer die Herren der Stadt; ja es scheint mir, sie regieren auch über den Vatikan. Denn daß die Kirche original sei, kann man schwerlich behaupten. Ich ahne die Größe von Sankt Peter, doch fehlt die Mystik, die Dichtigkeit der Atmosphäre; dieser Bau ist ein Abschluß mit allen seinen Konsequenzen. Nachdem er da war, konnte nicht mehr viel geraten; es ist ein allzu großer Raum, in dem der Glaube verloren geht. Heute, am Palmsonntag verhallte der Gesang der Geistlichen im Uferlosen; am Hochaltar drängten sich die Menschen zusammen, in den Hallen fluteten die Scharen der Neugierigen: wie viele von diesen Tausenden hatten wirklich ein religiöses Erlebnis? Es sind so erschreckend wenige, daß man den gewaltigen Fundamenten von Sankt Peter nicht mehr traut: denn ein Bau, der nicht erfüllt wird, kann gewiß nicht mehr lange bestehen. Ich halte das Ende: eine wachsende Erschlaffung, eine sehr langsam sich vollziehende Umgestaltung für unabwendbar. Daß Sankt Peter vollendet wurde zu einer Zeit, da von Deutschland aus der entscheidende Schlag schon getan war, sagt genug: das nicht mehr zu Übertreffende steht immer am Abgrund; es kann nur am Abgrund gedeihen; und auch Michelangelo ist, wie alle Großen, der Siegelbewahrer einer Vergangenheit.

Kurz, ich empfinde Sankt Peter nicht als Ausdruck einer überwältigenden Gegenwart, sondern durchaus als Grabmonument einer machtvollen Vergangenheit: das Ewige war ohne Zweifel in jener Zeit beschlossen; uns aber offenbart es sich in einer andern Form.

Auf dem Palatin hebt sich die Kalla auf den Brunnenbecken, und die gelbe Sumpfblume blüht. In den zertrümmerten Kammern weht rasch aufgesprossenes Gras. Im Zypressengeviert waren Soldaten abgestiegen und ließen ihre Pferde in den hohen Kräutern weiden; die roten Aufschläge der Mäntel flammten in der Sonne. Unten, die zerschlagenen Statuen und zersplitterten Säulen, die gestörten Gebärden der Vestalinnen, das Stammeln der Inschriften und die Beharrlichkeit zerschundener Pfeiler zeugen auch jetzt noch für Rom. Denn diese Geste des Stolzes, diese Sicherheit auf der Erde, diese unwiderlegliche Natürlichkeit des Stehens und Haltens gehören für immer dieser Stadt und diesem Volk; sie treiben ewig zur Nachfolge und werden in Ewigkeit nicht erreicht.

Man versteht, welche Tragik in dem Versuch der Kirche liegt, das Erbe eines solchen Volkes als Behältnis für metaphysischen Sprengstoff zu gebrauchen [. . .].

Als tiefstes Verhängnis des Christentums erscheint es mir nun, daß es Rom als seinen Sitz wählte und wählen mußte; daß es, unter dem Verzicht auf eigene Bauwerke, sich einem Parasiten gleich im Vorhandenen einnistete. Das Grabmal Hadrians[1]: die Burg der Päpste! So versinkt die ganze Religion in einem Grab römischen Stils, und Rom treibt weiter. Denn soviele Vorteile die Ehe der neuen Wahrheit mit

---

1 Die Engelsburg.

dem Imperatorentum versprach, der innere Widerspruch kostete diese Wahrheit in jungen Jahren schon das Leben. – Wie wird sich das alles wohl in der Perspektive späterer Jahrtausende ausnehmen? Sehr klein, wie mir scheint.

[. . .] Ohne die römische Tradition wäre gewiß die Einigung Italiens nicht zustande gekommen (ebensowenig wie die Neugründung des deutschen Kaisertums). Die Idee entfernte sich also vom Papsttum und ging wieder zum Fürstentum über, das sich nun, kraft der Idee, gegen den alten Träger, das Papsttum wandte und ihn stürzte. Rom verschlingt Rom; dies ist der große europäische Prozeß seit mehr als zweitausend Jahren. – Nach allem Geschehenen, und nachdem der Versuch, die päpstliche Macht auf weltliche Mittel zu gründen, nun endgültig gescheitert ist, wäre diese Macht nur möglich als eine Herrschaft über das Gewissen; diese aber setzt den Glauben voraus. Der Papst kann nur regieren, solange er der Schlüsselbewahrer des Himmelreichs ist. Für wen aber ist er das noch? Man prüfe die Staatsmänner und die Regierenden und Mächtigen von heute; man überschlage jene, die vielleicht ihre Nachfolge antreten: der Anspruch des Papstes ist völlig illusorisch; ja er hat auch in Zukunft keine Aussicht auf Erfüllung. Heute ernährt die Kirche noch ihre Priester; es fehlt ihr deshalb an Priestern nicht: es ist aber sehr die Frage, wie lange sie das noch kann. Von eigentlicher Religiosität hat man heute selbst in den eingeweihten Kreisen keinen Begriff mehr.

In Summa: das Christentum ist für mich ein rein historisches Problem. Aber seine Ausdeutung, die Darstellung seiner Fragwürdigkeit, die Enthüllung des Zukünftigen in ihm: das sind die wichtigsten Aufgaben. Die Blüte ist tot; der Same ist gefallen; es gilt, die Kapsel zu öffnen.

Ich betrat noch San Teodoro, eine kleine Rundkirche aus sehr alter Zeit. Sie war ganz von Weihrauch erfüllt, viele Kerzen flackerten an dem linken Altar, aber keinen Priester, keinen Gläubigen fand ich vor. Sie waren eben gegangen. Das ist die Situation in Rom: noch wölkt der Weihrauch, noch dauern die Zeremonien; aber der Glaube ist eben gegangen.

CZESŁAW MIŁOSZ

geb. 1911

Campo di Fiori (1943). – C. M.: Zeichen im Dunkel. Poesie und Poetik. Hrsg. von
Karl Dedecius. Frankfurt a. M.: Suhrkamp, 1979. S. 43–45. – © 1989 Suhrkamp
Verlag, Frankfurt a. M.

*Als Miłosz, der Sohn eines polnischen Ingenieurs aus Litauen, 1980 den
Nobelpreis für Literatur bekam, kannte ihn fast niemand. Für Polen exi-
stierte er nicht, denn er hatte 1951 mit dem Kommunismus gebrochen und
»die Freiheit« gewählt. Er wurde 1956 in Berkeley Professor für slawische
Sprachen und Literatur. Miłosz publizierte schon als Student Gedichte. Im
Frühjahr 1943 beobachtete er einen Warschauer Rummelplatz: Die Leute
waren lustig; die Schlagermusik machte Freude; die Gewehrsalven im
Hintergrund gingen unter. Während man sich vergnügte, starb das Warschauer Ghetto. Miłosz setzt mit der Überschrift seines Gedichts scheinbar
fern ein. Wer kennt schon Giordano Bruno, der vor Jahrhunderten in Rom
verbrannt wurde, nachdem man ihn als Zeichen besonderer Entehrung
nackt ausgezogen hatte. Heute steht am Ort des Scheiterhaufens ein pa-
thetisches Denkmal. Als die Figur im späten 19. Jahrhundert errichtet
wurde, sollte sie den Papst ärgern, der noch immer vom Vatikan aus den
italienischen Staat verurteilte. Mitten im katholischen Polen, das nicht
wahrnehmen wollte, wie die Juden verbrannten, verbindet 1943 ein Gedicht die Erinnerung an Giordano Bruno mit der erfahrenen Gleichgültigkeit gegenüber dem Schicksal von Menschen. Miłosz' »Campo di Fiori« ist
weit entfernt vom römischen Bildungstourismus und dennoch einer der
wichtigsten Texte über die Ewige Stadt.*

Campo di Fiori

In Rom auf dem Campo di Fiori
Körbe Oliven, Zitronen,
Wein fließt über das Pflaster
Zwischen die Blumenreste.
Rosige Früchte des Meeres
Schütten die Händler auf Tische,
Bündel von dunklen Trauben
Fallen auf Pfirsichdaunen.

Auf diesem selben Markte
Verbrannte Giordano Bruno,[1]
Das Feuer, geschürt vom Henker,
Wärmte die Neugier der Gaffer.
Und kaum war die Flamme erloschen,
Füllten sich gleich die Tavernen,
Körbe Oliven, Zitronen
Trugen die Händler auf Köpfen.

Ich dachte an Campo di Fiori
In Warschau an einem Abend
Im Frühling vor Karussellen
Bei Klängen lustiger Lieder.
Der Schlager dämpfte die Salven
Hinter der Mauer des Gettos
Und Paare flogen nach oben
weit in den heiteren Himmel.

Der Wind trieb zuweilen schwarze
Drachen von brennenden Häusern,
Die Schaukelnden fingen die Flocken
Im Fluge aus ihren Gondeln.
Der Wind von den brennenden Häusern
Blies in die Kleider der Mädchen,
Die fröhliche Menge lachte
Am schönen Warschauer Sonntag.

Vielleicht wird jemand hier folgern,
Das Volk von Rom oder Warschau
Handele, lache und liebe
Vorbei an den Scheiterhaufen;

---

1 Giordano Bruno (1548–1600) verließ den Dominikanerorden und führte ein unstetes Wanderleben durch ganz Europa. In Venedig wurde er 1592 bei der Inquisition angezeigt und nach Rom verschleppt. Das Denken des Nikolaus von Cues
weiterführend, kam er zu einem Weltbild, das mit dem Begriff Pantheismus nur
grob umschrieben ist. Da er jeden Widerruf verweigerte, wurde er am 17. Februar
1600 auf dem Campo de' Fiori, an der Stelle, an der heute sein Denkmal steht,
öffentlich verbrannt.

Ein andrer, möglich, die Kunde
Von der Vergänglichkeit dessen
Empfangen, was schon vergessen,
Bevor die Flamme erloschen.

Ich aber dachte damals
An die Einsamkeit der Opfer.
Daran, daß, als Giordano
Den Scheiterhaufen bestieg,
Er keine einzige Silbe,
Menschliche Silbe gefunden,
Von jener Menschheit, die weiter-
Lebte, Abschied zu nehmen.

Schon liefen sie, Wein zu trinken,
Die Seesterne zu verkaufen,
Körbe Oliven, Zitronen
Mit lustigem Lärmen zu tragen.
Und schon war er fern von ihnen,
Als wären Jahrzehnte vergangen,
Als hätten sie niemals gewartet
Auf seinen Abflug im Feuer.

Auch diese Opfer sind einsam,
Bereits von der Welt vergessen,
Und fremd ist uns ihre Sprache,
Als wär sie vom andern Planeten.
Bis alles dann zur Legende
Erkaltet und später nach Jahren
Auf neuem Campo di Fiori
Ein Dichterwort aufruft zum Aufruhr.

1943, Warschau

CESARE PAVESE

1908–1950

Il Compagno. Turin 1946. – C. P.: Der Genosse. Drei Romane. Aus dem Ital. von
Arianna Giachi. Hamburg: Claassen, 1970. S. 307–316. – © 1970 Claassen Verlag
GmbH, Düsseldorf (jetzt Hildesheim).

*Pavese war eine der Leitfiguren europäischer Nachkriegsliteratur; seine
Wirkung beruhte auf der Verbindung von aufrechtem Antifaschismus und
metaphysischem Pessimismus, der besonders in seinem Tagebuch »Il Me-
stiere di Vivere 1935–1950« (dt. »Das Handwerk des Lebens«, München
1963) zu resignierender Beziehungslosigkeit wird. In dem um 1935 spielenden Roman »Il Compagno« ließ Pavese seinen Helden erleben, was
ihm selbst verwehrt blieb. Pablo, der Arbeiter und virtuose Gitarrenspie-
ler, lebt in seiner Heimat Turin ein freies, niemandem verantwortliches
Leben, bleibt dabei aber bindungslos und ist ständig in Gefahr, seelisch
und materiell ausgebeutet zu werden. Als ihm jemand die Freundin weg-
nimmt, geht er nach Rom, »wo jeder lebt und leben läßt« (S. 303), und
schließt sich einer antifaschistischen Gruppe und dann den Kommunisten
an. Er findet eine Frau, die ihn liebt, und Gefallen an seiner Arbeit
(S. 349). Der Schluß klingt wie ein schönes Märchen. Paveses Buch ist
wichtig durch den neuen Blick auf Rom. Ort der Entscheidung ist nicht
mehr das von Frömmigkeit und Reichtum, von Kunst und Macht geprägte
Zentrum, sondern die in den faschistischen Jahren neu gebauten Wohn-
viertel, genauer: eine Autowerkstatt vor dem Ponte Milvio zwischen Via
Cassia und Via Salaria. In dieser Gegend fiel Andersens »Improvisator«
100 Jahre früher Campagna-Räubern in die Hände.*

Gerade das gefiel mir an Rom, daß man hier den lieben Gott einen
guten Mann sein ließ. Das lag geradezu in der Luft. Wenn ich hier ein
Glas Wein trank, war es nicht wie in Turin; ich trank nicht aus Wut
und nicht zu meiner eigenen Qual. Ich spürte, wie alles, die Leute, die
Häuser und der helle Wein, in mich einging und mir wohltat. Ich
fühlte, daß ich hier leben konnte und Arbeit finden würde und daß
ich deswegen einen so weiten Weg und die Berge hinter mich gebracht
hatte. Jeden Tag kam es mir so vor, als sei ich gerade erst vom Lastwagen gestiegen, und wenn ich nur wolle, liege die ganze Welt offen vor
mir wie Rom. Wenn bisweilen die alte Wut wieder in mir hochstieg
wie in Turin, ballte ich die Fäuste, schaute auf, lief los und machte mir
klar, daß Pablo jetzt in Rom war. Das genügte. Ich war wirklich ein
anderer geworden. [. . .]

Dann ging ich aus, ging spazieren. Ich schaute mir die Straßen und

die Palazzi an, manche waren so alt und so fremdartig, daß nur die
Römer sie gebaut haben konnten. Ich konnte mir kaum vorstellen,
daß Leute wie ich dabei Hand angelegt haben sollten. Auch die Luft
war hier anders, man atmete freier. Auf einer Brücke blieb ich stehen,
schaute mich um und hörte den Leuten zu. Es gab hier Hügel und
Bäume, wie man sie bei uns nicht kennt. Die alte Marina hatte wohl
nur so dahergeredet. Denn wenn ich mich in diesen Straßen wohl
fühlte, dann doch nur, weil mir hier alles so anders vorkam. Und doch
glichen an manchen Abenden, wenn ich im Mondschein über den
Ponte Milvio ging, der Steilhang über dem Tiber und die Baumgruppen in der Ferne den Wäldern am Po und dem Steilhang von Sassi.
Ortschaften am Fuß eines Hügels sehen einander eben alle ähnlich.
Das Stück hier am Tiber gefiel mir besser als alle römischen Paläste.
Am Brückenkopf begann eine Platanenallee, die mich an den Valen-
tino-Park oder Stupinigi[1] erinnerte. Viele Lastwagen fuhren auf ihr
aus der Stadt hinaus. In den Kneipen saßen Straßenarbeiter und Maurer, es roch nach Kalk, und den ganzen Tag hörte man Hammer und
Spitzhacke.[2] [...]
Zwei Schritte von unserem Haus entfernt befand sich an einer großen Straße, die Via Cassia heißt, eine Fahrradwerkstatt, wo auch Sättel
und Zaumzeug repariert wurden. Hier hätte man nicht geglaubt, noch
in Rom zu sein, und der Junge, der im Laden war, sagte zu mir: »Darüber mußt du mit der Blonden reden.« Ich dachte, es handele sich
wirklich um eine Blonde, statt dessen erschien eine Frau mit einem
Zigeunerinnengesicht, Röcken, die wie Hosen aussahen, und einer ka-
rierten Bluse. Sie schaute meine Krawatte und meine Schuhe an – die
Krawatte war noch gut, die Schuhe zerrissen – und fragte: »Kennst du
hier jemanden?« – »Noch nicht«, antwortete ich. Sie stellte mich ein.
Bei dem Hin und Her von Straßenarbeitern und Handwerkern, die
dicht neben unserer Brücke eine neue Brücke bauten, waren ständig
Fahrräder zu reparieren. Pippo, der Junge aus der Werkstatt, war allerdings mehr dafür, auf ihnen herumzurasen. Die Blonde war Witwe
– der Blonde war gestorben – und wußte nicht, wie sie es anstellen
sollte, um ihre Kunden nicht zu verlieren. Sie gab uns böse Blicke und
wenig Worte: es war klar, daß sie befürchtete, wir könnten uns etwas

---

1 Erinnerungen an Turin: Parco del Valentino ist eine große Anlage auf dem linken
  Po-Ufer mit einem Renaissance-Schloß des 17. Jh.s. Stupinigi, eines der bedeutenden europäischen Rokoko-Schlösser, wurde 1729–33 von Filippo Juvarra erbaut.
2 Neben der Milvischen Brücke entstand der Ponte Flaminio.

gegen sie herausnehmen; sie gehörte zu denen, die erst ihren Mann ins Grab bringen und ihn dann Nacht für Nacht beweinen. Pippo behauptete, sie sei Schlafwandlerin – das ausgemergelte Gesicht und die Augen danach hatte sie, ein richtiges Witwengesicht. Sie hielt sich immer im Hinterzimmer auf und beaufsichtigte uns durch ein Loch in der Wand. Abends rechnete sie an einem Tisch in diesem Zimmer ab und bezahlte mir einen bestimmten Prozentsatz. Da hinten schlief sie auch in einem finsteren Winkel, es roch dort nach Petroleum und ungelüfteten Betten. Wenn ich morgens kam, wartete sie schon an der Tür auf mich; sie sagte mir nicht guten Morgen und verschwand. Sie mochte so um die dreißig sein.

[...] Jetzt machte es mir Spaß, abends mit meinem selbstverdienten Geld auszugehen. Es wurde Nacht, eine laue Nacht, und all die blühenden Bäume ließen einen glauben, es sei schon Sommer. [...]

Handwerker, Mädchen, Kinder und Arbeiter, arme Leute und arbeitsscheues Gelichter, sie alle trieben sich auf den Straßen herum, redeten laut und lachten. Eines Morgens begegnete ich Faschisten. Selbst die lachten. Sie waren auf einer Versammlung gewesen und zogen nun singend nach Hause.

»Denen fliegen die gebratenen Tauben jetzt nur so in den Mund«, sagte Carletto, »und hast du je Leute gesehen, die zu essen und zu trinken haben und dabei Trübsal blasen?«

»Die sehen ja aus wie andere Menschen auch.«

»Hier ist es nicht wie in Turin. Nach Rom kommt man, um Speck anzusetzen. Hier genießt man, was man erreicht hat. Aber nimm denen mal die Futterkrippe, dann kannst du was erleben.«

WERNER BERGENGRUEN
1892–1964

Römisches Erinnerungsbuch. Bildteil: Charlotte Bergengruen. Freiburg i. Br.: Herder, 1949. S. 1–3. – Mit Genehmigung von Luise Hackelsberger, Ebenhausen.

Der einst sehr erfolgreiche Autor wurde in Riga geboren. Erinnerungen an die baltische Heimat bilden im Werk eine wichtige Konstante, obwohl Bergengruen ein Leben lang durch den deutschen Sprachraum zog. Sein

*Rom-Buch steht in der Tradition der bereits auf der ersten Seite zitierten
»Italienischen Reise« Goethes. Bergengruen selbst bemerkt: »Die deutsche
Sehnsucht nach Rom und nach Italien überhaupt schmeichelt dem Italiener, und er erklärt sie sich leichthin mit religiösen, klimatischen, ästhetischen Motiven. Ihre tieferen Hintergründe, aber auch ihre Dimensionen,
sind ihm unverständlich [. . .]. Ich sagte einmal, vielleicht ein wenig zu im-
pulsiv, zu einem gebildeten Italiener, wirklich glücklich sein könne ich nur
in Italien. Ich vergesse nicht den Blick vollkommener Verblüffung, ja
Fassungslosigkeit, mit dem er mich ansah und den Ton seiner Frage: ›Per-
chè?‹« – Warum? (»Dichtergehäuse«, Zürich 1966, S. 367. Zitiert wird
Goethes Bemerkung zu Eckermann vom 9. Oktober 1828, er habe eigentlich nur in Rom empfunden, was ein Mensch sei: »zu diesem Glück der
Empfindung bin ich später nie wieder gekommen; ich bin, mit meinem
Zustande in Rom verglichen, eigentlich nachher nie wieder froh geworden«). Der Leser findet sich durch den Autor eingeladen zum Gespräch
mit der Stadt, die aus ihrer banalen »Realität« heraus immer neu zu erfinden ist als eine Art eigentlicher Heimat. Worte wie »erinnerst du dich . . .«,
»niemand wird vergessen, daß er . . .« spielen eine entscheidende Rolle.
Bergengruen beschwört noch einmal ein gemeinsames europäisches »Gedächtnis«, das seither zunehmend schwächer wird.*

Wir kommen nach Rom mit großen, ja mit ungeheuerlichen Erwar-
tungen und finden uns, was auf der Welt selten geschieht, nicht betrogen. Wir betreten Rom in einer erhöhten Verfassung des Gemüts, wie
keine andere Stadt des Erdkreises sie unserer Natur abzunötigen ver-
möchte, und etwas von dieser Verfassung wird uns für immer zurückbleiben. Dies Zurückbleibende ist mehr als eine Summe vom Gedächtnis aufbewahrter Dinge: es ist ein neuer, freilich in der Anlage
vorbegründeter Bestandteil unser selbst. [. . .]
    Rom ist nicht eine Stadt der Vergangenheit, nicht eine Stadt der
Vergangenheiten. Es macht seine Einzigartigkeit aus, daß sich immer
neue Gegenwartsschichten bilden. Und doch ist es nicht richtig, nach
dem Vorbilde der Ausgräber von Troja hier von Schichten zu sprechen. Eine solche Anschauungsweise müßte, auf Rom angewandt, me-
chanisch vergewaltigend erscheinen, und man wird ja auch bei einem
lebenden Wesen die Jahresablagerungen und Zuwächse nicht als
Schichten bezeichnen. Alles durchdringt, alles bedingt einander. Rom
hat keinen musealen Charakter, wie etwa, um in kleineren Verhältnissen zu sprechen, Rothenburg ob der Tauber. Der Vorstellung, Rom
hätte vor zweitausend Jahren unter Denkmalsschutz gestellt werden
können, eignet etwas Beklemmendes, etwas Schauerliches. Denn dies
ist eine Stadt des Lebens, nicht eine Stadt konservierender Archäolo-

gie. Das Leben aber wird an irgendeinem Punkte immer wieder auf
die Grenze stoßen, da die Pietät lebensfeindlich wird, und wird, da es
ja sich selber nicht verneinen kann, diese Grenze, gleichgültig oder
bedauernd, hinter sich lassen. Kraft, Fortgang, Beständigkeit des

Die Piazza Bocca della Verità mit den Tempeln des Forum Boarium

Lebens bezeugen sich auch noch in den Vandalismen, mit denen die
unschätzbarsten Nachbleibsel alter Zeit den kleinen, oft so kurzwieri-
gen Zwecken und Bedürfnissen des Alltages geopfert werden. Im
Winzigen gehören hierzu schon die häufigen Straßenumbenennun-
gen, die jedem Wandel des politischen Augenblicksbildes folgen,
Stadtpläne wertlos machen und dem Fremden, aber auch dem Einhei-
mischen, so oft die Orientierung erschweren. Im Großen jedoch werden Marmorstatuen zu Kalk gebrannt, Göttertempel und Grabmäler
von machtgierigen Geschlechtern in städtische Trutzburgen umge-
schaffen, Monumente als Steinbrüche, antike Sarkophage zur Vieh-
tränke oder zum Abspritzen staubiger Lastautos benutzt. Dergleichen
ist die Gepflogenheit des Lebens.

   Vergänglichkeit und Dauer als die beiden Pole alles irdischen Daseins sind in Rom in einer unvergleichlichen Weise einander nahege-
rückt, ja miteinander verschmolzen, gleichwie Heiterkeit und Schwer-

mut, Lärm und Schweigen, Hast und Gemächlichkeit, gedrängteste
Enge und vergeuderischste Weiträumigkeit hier näher als irgendwo
sonst beisammen liegen. Diese Gleichzeitigkeit, dies Neben-, Mit-,
Durcheinander des Gegensätzlichen gehört zum römischen Bilde, und
es haben ja auch in den vergangenen Zeiten Heiligkeit und Leidenschaft, Wildheit und Maß hier hart beieinander gewohnt.

Das Leben geht weiter, es kann geschehen sein, was da will. Und
hat es einmal den Anschein, als solle es zum Erliegen kommen, meint
man siebzig, hundert, zweihundert Jahre nichts als Zerfall, Verödung,
Absterben zu gewahren, es behauptet sich dennoch; es überdauert.

Dies Leben pulsiert nicht, es vibriert, es schäumt, kocht, quirlt, tost
und funkelt in allen Farben.

MARIE LUISE KASCHNITZ

1901–1974

Neue Gedichte. Hamburg: Claassen, 1957. S. 65 f. – © 1957 Claassen Verlag GmbH,
Hamburg (jetzt Hildesheim).

*Die Frau des Archäologen Guido Kaschnitz von Weinberg, des Direktors
des Deutschen Archäologischen Instituts in Rom von 1952 bis 1956, war
der klassisch-humanistischen Tradition und der Stadt Rom in besonderer
Weise verbunden. Mehrere Prosastücke spielen dort, besonders die 1956 erschienenen tagebuchähnlichen Aufzeichnungen »Engelsbrücke«: »Es ist
schwer, in Rom zu leben, genauer gesagt, sein eigenes Leben zu leben
[...], nur für Ferienreisende ist Rom noch ein Museum oder ein historisches Seminar. Es ist eine moderne Großstadt, eine brüllende, ratternde
Verkehrshölle, in der gehetzte und mürrische Leute ihren mühsamen Tag
bestehen. Es ist ein verwirrendes Nebeneinander widersprechender Erscheinungen und eine geheimnisvolle Einheit zugleich« (Bd. 2, S. 9 f.). Die
frühe Lyrik von Marie Luise Kaschnitz wollte Zeugnis ablegen für den
Zustand der Welt und beschwor in visionären Bildern Ausblick und Verwandlung. Seit den 50er Jahren ging ihren Versen der freie Zugriff auf die
abendländische Geschichte verloren. Späte Gedichte suchen die Zusam-
menschau von Epochen und Räumen nicht mehr in klingenden Versket-
ten, sondern in kühn montierter Reihung, die Verbindungen andeutet,
ohne deren Grund zu nennen.*

Piazza Vittorio

Katzen am Grashang
Neben der magischen Pforte
Spielen mit Fischköpfen
Grünlichen Gräten.

Zwischen Kohlrippen, bleichem Gedärm
Leuchtet der Hahnenkamm
Gefleckt von Orangenschalen
Versickert der Blutbach.

Der Hauch des Mittags hält
Die fahrbaren Spielzeuge an
Und die Klöppel der Glocken.

Die Riesin Roma schläft
Zurückgewendet das Haupt
In die wilde Campagna.

Ostia antica

Durch die Tore: niemand
Treppen: fort ins Blau
Auf dem Estrich: Thymian
Auf den Tischen: Tau.
Zwiegespräch aus Stille
Tod aus Käferzug
Abendrot im Teller
Asche im Krug.
Asphodeloswiese
Fledermäusekreis
Diesseits oder drüben
Wer das weiß –

Ingeborg Bachmann
1926–1973

Was ich in Rom sah und hörte (1955). – I. B.: Werke. Hrsg. von Christine Koschel, Inge von Weidenbaum und Clemens Münster. Bd. 4. München/Zürich: Piper, 1978. S. 30–33. – © 1978 R. Piper & Co. Verlag, München.

Im Mai 1952 las die damals 26jährige bei einer Tagung der Gruppe 47 ihre Gedichte, und der lange Atem ihrer Verse fiel auf. Als im August 1954 »Der Spiegel« mit ihrem Titelfoto erschien und ihr einen großen Bericht widmete, erreichte sie auch die nichtliterarische Öffentlichkeit – eine Dichterin, deren Texte anschrieben gegen die Gleichgültigkeit des Denkens und der Sprache, auch gegen den gedankenlosen Zug in den Süden, den man jetzt wieder aufnehmen durfte: »Laßt uns eine Reise tun! Laßt uns unter Zypressen / oder auch unter Palmen oder in den Orangenhainen / zu verbilligten Preisen Sonnenuntergänge sehen / die nicht ihresgleichen haben!« (Bd. 1, S. 36). Bachmann selbst wohnte seit 1953 in Rom. 1955 erschien ihr berühmt gewordenes Stadt-Porträt. Sie prüft die überlieferten Vorstellungen, und in einer aus zahlreichen Bildschichten geformten reich rhythmisierten Sprache läßt sie das, was »ich sah und hörte«, eigentümlich vielstimmig aufklingen.

In Rom sah ich, daß dem Palazzo Cenci, in dem die unglückliche Beatrice vor ihrer Hinrichtung lebte,[1] viele Häuser gleichen. Die Preise sind hoch und die Spuren der Barbarei überall. Auf den Terrassen morschen die Oleanderkübel zugunsten der weißen und roten Blüten; die möchten fortfliegen, denn sie kommen gegen den Geruch von Unrat und Verwesung nicht auf, der die Vergangenheit lebendiger macht als Denkmäler.

In Rom sah ich im Ghetto, daß noch nicht aller Tage Abend ist. Aber am Tag des Versöhnungsfestes wird für ein Jahr jedem im voraus verziehen. Nah der Synagoge ist in einer Trattoria die Tafel gerichtet, und die kleinen rötlichen Mittelmeerfische kommen, mit Rosinen und Pignolien[2] gewürzt, auf den Tisch. Die Alten erinnern sich ihrer Freunde, die mit Gold aufgewogen wurden; als sie losgekauft waren, fuhren trotzdem die Lastwagen vor, und sie kamen nicht wieder. Aber

---

1 Beatrice Cenci (1577–99) ließ, nachdem sie ein Leben lang die brutale Gewalt ihres Vaters erduldet hatte, diesen durch ihren Liebhaber ermorden. Auf der Folter gestand sie, mit ihrem Bruder zusammen die Tat geplant zu haben. Clemens VIII. (1592–1605) ließ beide hinrichten und zog das Vermögen der Familie ein.

2 Pinienkernen.

die Enkelkinder, zwei kleine Mädchen in brennend roten Röcken und ein dickes blondes Kind, tanzen zwischen den Tischen und lassen die Augen nicht von den Musikanten. »Spielt weiter!«[3] ruft das dicke Kind und schwenkt seine Mütze. Seine Großmutter beginnt zu lächeln, und der die Geige spielt, ist ganz weiß geworden und setzt einen Takt lang aus.

Ich sah auf dem Campo de Fiori, daß Giordano Bruno noch immer verbrannt wird. Jeden Sonnabend, wenn um ihn herum die Buden abgerissen werden und nur mehr die Blumenfrauen zurückbleiben, wenn der Gestank von Fisch, Chlor und verfaultem Obst auf dem Platz verebbt, tragen die Männer den Abfall, der geblieben ist, nachdem alles verfeilscht wurde, vor seinen Augen zusammen und zünden den Haufen an. Wieder steigt Rauch auf, und die Flammen drehen sich in der Luft. Eine Frau schreit, und die anderen schreien mit. Weil die Flammen farblos sind in dem starken Licht, sieht man nicht, wie weit sie reichen und wonach sie schlagen. Aber der Mann auf dem Sockel weiß es und widerruft dennoch nicht.

In einer römischen Bar sah und zählte ich: eine Katze mit witzigen Ohren und einem fast nackten Gesicht, weißen Beinkleidern und einer honigfarbenen Weste aus einer besseren Zeit. Einen Kellner, der den Kaffee verschüttete und die Aperitifgläser überschwappen ließ. Einen kleinen Jungen mit vorgebundener Schürze, der die Tassen und Gläser wusch und nie vor Mitternacht zu Bett ging. Gäste, die kamen und gingen, und einen Gast, der immer wieder kam und von kleinen Schlucken Bitterkeit lebte. [...]

Wer ein Geldstück in die Fontana di Trevi wirft, um wiederzukommen, fürchtet, es könnte nicht angenommen werden. Aber er kann getrost sein. Nachts setzt sich ein Junge auf den Brunnenrand und pfeift, lockt die andern hervor. Wenn alle sich versammelt haben, legt der Junge die Kleider ab und steigt lässig ins Wasser. Mond belichtet die Szene, während er sich fröstelnd bückt und die Münzen einsammelt. Am Ende pfeift er wieder, und in seinen Händen verschmelzen alle Währungen zu Silber. Die Beute ist unteilbar unter dem Mond, denn der Junge hat das Aussehen eines Gottes gegenüber den andern, die ihre Gestalten billigen Anzügen verdanken.

---

3 Zitat aus Paul Celans (1920–70) »Todesfuge« (in: *Mohn und Gedächtnis*, Stuttgart 1963, S. 37 f.: »Er ruft stecht tiefer ins Erdreich ihr einen ihr andern singet und spielt / er greift nach dem Eisen im Gurt er schwingts seine Augen sind blau / stecht tiefer die Spaten ihr einen ihr andern spielt weiter zum Tanz auf«).

Schwer zu sehen ist, was unter der Erde liegt: Wasserstätten und Todesstätten. Treppen führen hinunter zu Zisternen, die der Wind ausgetrunken hat, zu Brunnenhäusern, von Kragstein überwölbt und in weichen Tuff gehöhlt, zu Blutstropfen, die Quellen auslösten. Die Wege senken sich in die Katakomben. Ein Zündholz wird angeritzt. Seine Flamme dehnt sich nach den Sinnbildern. Für einen Augenblick erscheinen: Fisch, Pfau und Taube, Anker und Kreuz, Speise und Trank. Das Zündholz erlischt rasch, und die vor dir gehen, drängen nach oben. In der Kurve bleibt einer stehen und fragt: Woher weht der Wind?

ROGER PEYREFITTE
geb. 1907

Les Clés de Saint Pierre. Paris 1955. – R. P.: Die Schlüssel von Sankt Peter. Übers. von Hellmut Ludwig. Karlsruhe: Stahlberg, 1956. S. 17–22. – © für die deutsche Übersetzung: S. Fischer Verlag GmbH, Frankfurt a. M.

12 Jahre verbrachte Peyrefitte im diplomatischen Dienst, ehe er mit der Niederschrift seiner Romane begann. Er kannte also die Welt, die er darstellen wollte. Seine stilistische Brillanz sicherte ihm ebenso den Erfolg wie die Exaktheit seiner Fiktionen. Der Roman über den Vatikan kam auf den Index der vom Vatikan verbotenen Bücher – ehe dieser Index selbst verschwand. Peyrefitte läßt einen Theologiestudenten aus dem Seminar in Versailles nach Rom reisen. Dort wird er Sekretär eines Kardinals, lernt das Leben hinter den Kulissen des Vatikan kennen und gewöhnt sich an römische Weltoffenheit und Sinnlichkeit. Der Tod des Kardinals, der ihn zum Universalerben macht, erzwingt eine Entscheidung, ob er bei seiner Freundin und der römischen Karriere bleiben oder ins Priesterseminar zurückkehren will. Er erklärt dem verblüfften Notar, daß er auf die Erbschaft verzichte, »er nehme den Zug nach Paris. Seine Adresse sei das Seminar in Versailles. Niemand dürfe sie erfahren« (S. 406). Mit dem Recht der Satire nimmt der Roman sich witzig-unverschämt die römischen Autoritäten vor.

Jeden Morgen um neun Uhr befand sich der Abbé auf seinem Platz in der Gregorianischen Universität[1]. Sie gehörte den Jesuiten, und er freute sich um so mehr, sie endlich zu Lehrern zu haben, als der Kardinal ebenfalls ihr Schüler gewesen war. Die berühmte Gesellschaft Jesu hatte dort ihren ganzen Sinn für Pracht entfaltet. Das ganze Gebäude funkelte von Marmor und bemaltem Glas [. . .]. Eines Tages bemerkte der Abbé einen Anschlag an der Loge des Bruders Pförtner: »Pater Cappello teilt mit, daß er lediglich in Sant'Ignazio an dem und dem Tag zu der und der Stunde zu sprechen ist. Es ist zwecklos zu versuchen, hier empfangen zu werden und in den Gängen oder auf der Straße auf ihn zu warten.« Um was für dringliche Besprechungen handelte es sich hier? Der Abbé fragte den Bruder Pförtner, ob es sich um denselben Pater Cappello handele, der sein Lehrer für öffentliches Kirchenrecht war. Der Bruder warf einen prüfenden Blick auf die Soutane des anderen, um zu sehen, ob sie, wie die der Jesuiten, ohne Knöpfe sei. »Dieser Anschlag ist nicht für die Studenten bestimmt«, erwiderte er sodann in etwas barschem Ton. Das machte die Sache nur noch eigenartiger.

Die Kirche Sant' Ignazio war ihm vertraut. [. . .]

Etwa zwanzig Personen lagen an diesem Spätnachmittag an der Kirchentreppe auf der Lauer. Die dicke Händlerin, die an der Vorhalle Rosenkränze und Heiligenbilder feilbot, wies auf die einzelnen Straßen: »Manchmal kommt er von hier, manchmal kommt er von dort; bald biegt er in diese Gasse ein, bald geht er auch hintenherum.« Die ängstliche Miene dieser Leute schien ihren Grund nicht in theologischen Anliegen zu haben. »Warten Sie auf Pater Cappello?« fragte der Abbé, der der einzige seiner Gattung war. – »Sicherlich«, antwortete man ihm. – »Und warum, bitte?« – »Wissen Sie denn nicht, daß er ein Heiliger ist? Er hilft verlorene Herzen und Gegenstände wiederfinden, hilft bei Rennen und in der Lotterie gewinnen, seine Wunder sind nicht mehr zu zählen.« – »Ich weiß nicht, ob er ein Heiliger ist, aber bestimmt ist er ein Wundertäter«, meinte ein Mann mit grauen Haaren und Gelehrtenbrille. »Er leitet mich bei meinen wissenschaftlichen Arbeiten.« Er zog den Abbé beiseite: »Ich stelle gerade eine Rakete fertig, um auf den Mond zu fliegen.« Dann erhob sich ein Schrei:

---

1 Gregor XIII. (1572–85) prägte entscheidend das Rom der Gegenreformation. Da er gemäß den Beschlüssen des Konzils von Trient (vgl. S. 264, Anm. 7) in allen Diözesen Priesterseminare eingerichtet wissen wollte, ging er mit gutem Beispiel voran und gründete in Rom eine neue Universität, die unter jesuitischer Leitung eine der zentralen päpstlichen Schulen wurde.

»Er kommt!« und der Abbé sah seinen verehrten Lehrer von der Gregoriana mit eiligen Schritten herankommen. Wie hatte ihm nur entgehen können, daß dieser kleine alte asketische Mann mit den fieber-
glänzenden Augen ein Wundertäter war? Er trat etwas zur Seite, um
nicht von ihm gesehen zu werden, und folgte ihm von fern in das
weite Kirchenschiff.

Aus der Tiefe der Kirche heraus eilte eine Gruppe alter Frauen
humpelnd und keuchend auf den Professor des öffentlichen Kirchen-
rechts zu. »*Padre! padre!*« riefen sie und versuchten, ihm die Hände
zu küssen. Er wehrte sie ab und gebot ihnen still zu sein, dann entzog
er sich einem Mädchen, das ihm die Füße küssen wollte. Die Sakri-
stane bahnten ihm einen Weg durch die Menschenmenge, in deren
Mitte er mit gereiztem Gesicht und verächtlich geschürzten Lippen
weiterschritt. Es war, als sei er ungern hier, nur um eine Mission zu
erfüllen, um Befehlen von oben zu gehorchen, von viel weiter oben
als dem Jesuitengeneral. Er kniete ein erstes Mal vor dem Altar des
heiligen Aloysius von Gonzaga nieder, ein zweites Mal vor dem
Hochaltar, ein drittes Mal vor dem des heiligen Johannes Berchmans.
Sein Gefolge tat wie er, mit knackenden Knochen. Dann ging er auf
die Sakristei zu, deren Tür hinter ihm verschlossen wurde.

»Ist es aus?« fragte der Abbé den Hersteller der Interplanetenra-
kete. – »Es hat noch gar nicht begonnen. Der Wundertäter ruht sich
nur etwas aus. Er gibt keinen Rat und hört keine Beichte an, ohne die
heiligen Gewänder angelegt zu haben, die seine wundertätigen Fähigkeiten vervielfachen.«

Die Tür öffnete sich wieder, und der Pater, bekleidet mit Chor-
hemd und violetter Stola, bahnte sich einen Weg durch die ihn um-
drängenden Menschen zum Altar des heiligen Johannes Berchmans
hinüber, wo ihm in einer Ecke ein Sessel bereitgestellt worden war.
Das war der Platz für die Konsultationen. Sie spielten sich sehr rasch
ab. Man kniete auf dem Marmorboden neben dem Wundermann nieder und flüsterte ihm die Fragen zu. Er hörte sie an, indem er freundlich segnende Bewegungen über dem Gesicht des Fragestellers oder
dem Gegenstand machte, den man ihm hinhielt – ein Buch, einen
Geldbeutel, Papiere, eine Fotografie, eine Handtasche. Dann sprach er
ein paar Worte, und das war alles. Weiterausholende Darlegungen
wehrte er mit einer energischen Segensgeste ab; doch trotz dieser Be-
handlung erhoben sich die Frau mit den Visionen und der Sternenfah-
rer strahlend von den Knien. Dann mußte sich der Pater dem An-
sturm der Begeisterten entziehen und flüchtete in einen Beichtstuhl

gegenüber. Ein großes Viereck aus Bänken, das von Beichtkindern überquoll, regelte den Zugang. Eine entschlossene Anhängerin spielte Verkehrspolizei. »Ich warte seit sechs Uhr früh«, sagte ein Mädchen. – »Nein, Signorina, Sie sind erst seit drei Uhr nachmittags hier.« – »Es müßten Nummern ausgegeben werden.« – »Wir haben das schon gemacht, aber die Leute verkaufen sie weiter.« – »Mit welchem Recht gehen die Nonnen allen anderen vor?« rief eine Dame, und deutete auf zwei Nonnen, die zu beiden Seiten des Beichtstuhls knieten. »Padre Cappello ist Anstaltsgeistlicher ihres Ordens«, sagte die energische Fromme. – »Ein Grund mehr, ihn uns nicht in Sant'Ignazio wegzunehmen.« – »Es gibt dringende Fälle, meine gute Dame.«

Durch den leicht geöffneten Vorhang sah man im Halbdunkel den Wundertäter seinen grauen Kopf gegen eines der Sprechgitter lehnen, die Hand an das andere stützen, wo die Nonne sie ihm hingebungsvoll küßte. Das junge Mädchen, das seit sechs Uhr morgens wartete, brach, da sie nichts zu küssen hatte, in Schluchzen aus; ihre Nachbarin tat es ihr nach, und alsbald, von einer zur anderen, standen mehr als zehn weibliche Beichtkinder unter Tränen. Der Abbé, den zuerst das Lachen angekommen war, empfand Rührung vor all den Geheimnissen und all den Herzenswünschen, die dort zerflossen.

Zum Ausgleich war seine Rührung geringer als seine Verlegenheit darüber, das Geheimnis dieses guten Paters gelüftet zu haben, der mit den schlichten Seelen spielte wie er mit dem Würfelbecher gespielt haben würde. Nachdem er anderswo die höchsten Feinheiten des Geistes ausgeteilt hatte, verteilte er hier Salbe für Brandwunden. Welchen Durst nach okkulter Beherrschung, der in der Gregoriana keine Befriedigung fand, stillte er hier unter diesen armen Menschen?

Der Abbé, der wieder gehen wollte, trat hinter einen Pfeiler. Er sah zwei andere brave Patres der Gregoriana mit geräuschlosen Schritten auf das Querschiff zugehen. Sie wirkten wie jene aufsichtführenden Lehrer, die eine verdächtige Gruppe auf dem Schulhof während der Pause beobachten; doch die Versammlung, die sie überwachten, konnte ihnen nur gefallen, mochte sie auch erregt sein. Sie tauschten einen zugleich ironischen und befriedigten Blick: die Aktien der Gesellschaft standen gut.

PIER PAOLO PASOLINI

1922–1975

Le ceneri di Gramsci. Mailand 1957. – P. P. P.: Gramsci's Asche. Gedichte. Ital./Dt.
Übers. von Toni und Sabina Kienlechner. Nachw. von Michael Marschall von Bie-
berstein. München/Zürich: Piper, 1980. S. 120–125. – © 1980 R. Piper & Co. Verlag,
München.

*Pasolini begann mit Gedichten im friaulischen Dialekt. 1949 wurde er
Lehrer an einer Mittelschule in Rom. 1955 hatte er mit dem Roman »Ra-
gazzi di vita« seinen literarischen Durchbruch. Es folgten mehrere Gedichtbände und in den 60er Jahren die Filme, die ihn berühmt machten,
vor allem der grandiose im Diebes- und Zuhältermilieu spielende »Acca-
tone«. Selbst bitter arm, hatte Pasolini in den 50er Jahren mit der »sco-
perta di Roma« begonnen: Er entdeckte die Stadt von unten aus der Sicht
der Armen in den Vorstädten, wo das individuelle Ausgeliefertsein sich
in keinen historischen Reminiszenzen verbergen läßt. Für die Menschen
an der »periferia di Roma« (S. 136) haben die Monumente der Stadt und
der Glanz ihrer Geschichte keine Bedeutung. Aber der Beobachter sieht
diese Menschen mit Sehnsucht, denn es sind die »starken und reinen, die
ihn verlachen« (S. 143). Pasolini wurde 1975 am Stadtrand von Rom
ermordet.*

Aus: Die Klage der Baggermaschine

Nur das Lieben, nur das Kennen
zählt, und nicht: geliebt, und nicht:
gekannt zu haben. Beklemmend ist's,

von verbrauchter Liebe zu leben.
Die Seele wächst nicht mehr.
Im warmen Zauber der Nacht,

die hier unten, am Knie des Flusses,
im schläfrigen, lichtergesprenkelten
Traumbild der Stadt, noch von tausend

Leben zurückschallt, von Unliebe,
Rätsel und Elend der Sinne,
ist's das, was die Formen der Welt

mir unleidlich macht, die bis gestern
den Grund meines Daseins bedeuteten.
Müde, gelangweilt, geh ich nach Haus

über schwärzliche Marktplätze, traurige Straßen
am Hafen des Flusses, vorbei an Baracken
und Lagerhallen, die sich mit letzten

Wiesen vermischen. Tödlich ist dort
die Stille: doch unten, im Viale Marconi,
am Bahnhof Trastevere, scheint der Abend

noch lieblich. Auf leichten Motorrädern
kehren die Jungen in die heimischen Viertel
und Vororte zurück – in Arbeiterkleidung

und schlechten Hosen, von festlicher Freude
getrieben, den Freund auf dem Sozius,
lachend und schmutzig. Mit Stimmen,

die hell durch die Nacht schallen, schwätzen,
schon stehend, die letzten Gäste
in den noch lichten, schon halbleeren Kneipen.

Wundervolle und elende Stadt,
die du mich lehrtest, was fröhlich und wild
die Menschen als Kinder erlernen,

die kleinen Dinge, in denen die Größe
des Lebens sich friedlich entdeckt,
wie: schnell und bestimmt durchs Gedränge

der Straßen zu gehen, ohne zu zittern
mit anderen Menschen zu sprechen,
ohne viel Scham das Geld anzusehen,

das mit trägen Fingern der Schaffner abzählt,
schwitzend vor den ziehenden Fassaden
in den ewigen Farben des Sommers.

Sich zu verteidigen, beleidigen, die Welt
vor Augen zu haben und nicht nur
im Herzen, begreifen,

daß wenige nur die Leidenschaft kennen,
in der ich stets lebte: daß diese
mir nicht verwandt sind und dennoch

Brüder im Kennen der Leidenschaft,
Menschen, die fröhlich, bewußtlos
und ganz aus Erfahrungen leben,

die mir nicht bekannt sind.
Wundervolle und elende Stadt,
die du mich dies unbekannte Leben

erfahren ließest: bis dorthin,
daß du mir entdecktest,
daß jeder für sich eine Welt war.

CARLO EMILIO GADDA

1893–1973

Quer pasticciaccio brutto de Via Merulana. Mailand 1957. – C. E. G.: Die gräßliche Bescherung in der Via Merulana. Roman. Aus dem Ital. von Toni Kienlechner. München/Zürich: Piper, 1961. S. 23, 28 f., 95 f. – © für die deutsche Übersetzung: 1961 R. Piper & Co. Verlag, München.

Via Merulana heißt die Verbindungsstraße zwischen S. Maria Maggiore und S. Giovanni in Laterano. In einer imaginären »Nummer 219« (S. 24) geschehen 1927 in Gaddas Roman nacheinander ein dreister Diebstahl und ein Raubmord. Doch Gadda klärt die Verbrechen nicht auf. Die Geschichte endet mitten in der polizeilichen Untersuchung und handelt von heilloser psychischer und sozialer Verstrickung, von Schäbigkeit und Sehnsüchten, vor allem vom pausenlosen Geschwätz der Leute, aus dem sich keine Wahrheit herausfiltern läßt. Die faschistische Regierung kommandiert dem vielstimmigen römischen Chaos Ordnung, doch nicht einmal die Polizei läßt sich beeindrucken. So liebevoll Gadda die Menschen schildert,

*so hart behandelt er das »neue Stiefel-Regime« Mussolinis (S. 207), der
»die stieren Augen des erblichen Luetikers« hat und »die Kinnladen eines
analphabetischen Erdarbeiters« (S. 69). Die beiden Opfer der Verbrechen
erscheinen selbst wie Verkörperungen ihrer vor lauter Vielstimmigkeit
immer ein wenig komischen Stadt.*

Die Signora Liliana war ja nun, ungeachtet der (tageweise) schlecht
unterdrückten Seufzer, unter den wehenden Wolken ihrer Traurigkei-
ten, eine begehrenswerte Frau: alle nahmen, im Vorübergehen, ihr
Bild in sich auf. In der Dämmerstunde, in jenem ersten Absinken in
die traumbeladene römische Nacht, wenn man auf dem Heimweg war
... da blühten von den Ecken der Palazzi, von den Gehsteigen, die
Ehrenbezeigungen der Blicke ihr zu, einzeln oder kollektiv: Augen-
blitze und jugendliches Feuer: ein Flüstern, manchmal, streifte sie: wie
ein leidenschaftliches Murmeln des Abends. Manchmal, im Oktober,
erhob sich aus jenem Farbloswerden der Dinge, aus der fliehenden
Wärme der Mauern ein plötzlicher Verfolger, Hermes, mit den kurzen
Flügeln des Mysteriums: oder, vielleicht, ein seltsames Friedhofsge-
wächs, das ins Volk, in die *urbs*, wieder heraufgestiegen war. Einer,
der geiler war als die anderen. Und unverschämter ... Rom ist Rom.
Und sie schien Mitleid zu haben mit dem armen Esel, der so sieges-
sicher dahinsegelte, auf gut Glück, getragen von seinen großen Esels-
ohren: mit ihrem Blick, halb Entrüstung, halb Erbarmen, halb Dank-
barkeit und doch Entrüstung, schien sie zu fragen: »Na und?« Ver-
schleierte Frau, für die Lüsternsten, von süßem, dunklem Klang: mit
blendender Haut: versunken, so oft, in einen ihrer Träume: mit einem
Vlies schöner, kastanienfarbener Haare, die ihr aus der Stirn sprangen;
sie zog sich wunderbar an ... Sie hatte feurige Augen, entgegenkom-
mend fast durch das Licht (oder war es ein Schatten?) schwermütiger
Brüderlichkeit ...

Die Menegazzi, wohlfrisiert, trat, leicht hüstelnd, wieder auf die
Szene. Ein großes lila Foulard um den Hals, welcher sich vorne mager
und welk zeigte: einen Hauch von Mattigkeit um ihre ganze traumati-
sche Erscheinung. Ein Negligé von etwas ungewöhnlicher Art, halb
spanisch, halb japanisch, halb Mantilla und halb Kimono. Ein bläuli-
cher Schnurrbart überm schlaffen Gesicht, blasse Haut, wie ein gepu-
derter Mauergecko, die Lippen, gemalt zu zwei herzförmigen Hälf-
ten, in leuchtendstem Erdbeerrot, verliehen ihr das Aussehen und das
momentane äußere Prestige der Besitzerin oder Ex-Besitzerin eines
etwas heruntergekommenen Stundenhotels: wäre nicht jene gewisse

Aura von Neu-Jüngferlichkeit und Wiedervertrocknung gewesen, und jene typische, hingebungsvolle Beflissenheit der Ungekosteten, deretwegen man sie leicht und ohne Verdacht in das romantische Register der alten Mädchen, und außerdem der anständigen Frauen, einreihen konnte ... Sie war Witwe. Der Mantilla-Schlafrock überwog das Foulard, verwob sie vielmehr, die Foulards (nicht eines, sondern mehrere), bepudert auch sie und leicht im Farbton untereinander variierend und zart ineinanderspielend, mit den Blütenblättern (oder waren es etwa Schmetterlinge?) des leicht kastilianischen Kimonos. Sie durchkreuzte mit ihrem Bericht den der Portiersfrau, richtete ihn aus, präzisierte ihn. Sie schaltete sich ein mit einem Zittern in der Stimme, ihrer armen Stimme, mit einem Hoffnungsschimmer im Auge.

Gar kräftig herrschte nun die neue Kraft des Kinnladigen, der Totenschädel mit dem Pralinéhut, dann Emir mit Fez oder Federbusch, und die neue Keuschheit der Baronessa Malacianca-Fasulli, das neue Gesetz der Ruten im Liktorenbündel[1]. Auch nur zu denken, daß es in Rom Diebe geben könnte, heutigentags? Wo doch der Gockel mit seinem rabiaten Gesicht im Palazzo Chigi saß! Zusammen mit dem Federzoni[2], der mit Gewalt alle ins Kittchen sperren wollte, die widersetzlichen Elemente vom Tiberufer, oder die gelegentlichen Raufbolde in den Kinos und sogar sämtliche läufigen Hunde von der Via Lungarna! Mit einem Papst[3], der aus Mailand stammte, und dem Heiligen Jahr erst vor zwei Jahren! Und mit lauter Jungvermählten! Und lauter jungen Hühnchen, die überall in ganz Rom so munter herumkratzten!

Lange Prozessionen von Schwarzgekleideten, unter dichten schwarzen Zeremonienschleiern, strömten zusammen im Borgo Pio, auf der Piazza Rusticucci, im Borgo Vecchio, unter den Kolonnaden, wogten durch die Porta Angelica und dann durch die Sankt-Anna-Pforte, um den apostolischen Segen einzuholen, vom Papst Ratti, dem Mailänder aus dem guten Stamm der harten Männer, die die Paläste bauten. Und warteten darauf, daß auch sie endlich eingereiht würden: um nach vierzig Treppenrampen in den Thronsaal vorgelassen zu

---

1 Im alten Rom trugen Liktoren die Fasces – Rutenbündel mit einem Beil – vor den obersten Beamten her als Zeichen der Amtsgewalt und dem mit ihr verbundenen Recht, zu züchtigen und zum Tode zu verurteilen. Seit 1926 waren die Fasces das offizielle Staatssymbol des faschistischen Italien.
2 Luigi Federzoni (1878–1967) war bis November 1926 Innenminister.
3 Pius XI. (1922–39) Achille Ratti.

werden, zum großen Papst, dem Alpenfreund. Man konnte sagen, daß die *urbs* nunmehr ohne den leisesten Zweifel die Stadt der sieben Kandelaber war, die die sieben Kardinalstugenden verkörpern: das, was alle ihre Dichter und alle ihre Inquisitoren, ihre Moralisten und Utopisten so lange Jahrtausende hindurch erträumt hatten, Cola di Rienzo[4] mit aufgeknüpft. (Der wog nicht wenig.) Auf den Straßen von Rom sah man weit und breit keine Hure mehr, jedenfalls keine von denen mit Zulassungsschein. Als kleine Aufmerksamkeit dem Heiligen Jahr gegenüber hatte der Federzoni alle konfisziert. Die Marchesa Lapucelli war übrigens in Capri, in Cortina, oder war nach Japan gereist.

GIUSEPPE UNGARETTI

1888–1970

Il Taccuino del Vecchio. Roma 1961. – G. U.: Die späten Gedichte. Ital./Dt. Übertr. und Nachw. von Michael Marschall von Bieberstein. München/Zürich: Piper, 1974. S. 63. – © 1974 R. Piper & Co. Verlag, München.

Der in Alexandria in Ägypten geborene Ungaretti lernte vor dem Ersten Weltkrieg in Paris die geistige Elite der modernen Kunst und Literatur kennen, Apollinaire, Braque, Bergson usw. – um sich 1914 reduziert zu finden auf ein Soldatendasein. Im Dezember 1916 erschienen seine ersten Verse, mit Orts- und Zeitangaben versehene Meldungen, aufs äußerste reduziert und mit größtmöglicher Aussagekraft. Die Wendung zum Wort wird zum Akt der Reinigung und zum Akt der Rechenschaft. Von der Brotarbeit für seine Familie kehrte Ungaretti immer wieder nach Rom zurück, endgültig 1942, als die Universität ihm einen Lehrstuhl für zeitgenössische italienische Literatur gab. Er erlebte dort die finsteren 40er Jahre: den zu Ende gehenden Faschismus, die deutsche Besatzung, die Nachkriegszeit. Seine späten Gedichte sind Botschaften, die in der Stadt beginnen, aber weit darüber hinausreichen.

4 Vgl. S. 46, Anm. 1.

Kleines Lied ohne Worte
Rom, Oktober 1957

1

Einer Taube überließ
die Sonne das Licht ...

Gurrend wird sie, wenn du schläfst,
in deinen Traum kommen ...

Das Licht wird kommen,
im Geheimen wird's leben ...

Herrin wird es sich wissen
eines großen Meeres
bei deinem ersten Seufzer ...

Schon leuchtet wieder,
bewegt, jenes Meer,
offen dem Träumer ...

2

Es hat nicht nur Zauber
das Licht, das du einschließt ...

Zahm erschien es dir
und drängte nach anderm ...

Übermaß gleich
verlangt' es abgründig das Meer ...

Du zögertest, der Flug
verlor sich in dir,
man suchte im Echo ...

Der Zorn in jenem Rufen
verletzt dir die Seele,
das Licht kehrt zum Tag zurück ...

GÜNTER EICH

1907–1972

Zu den Akten (1964). – G. E.: Gesammelte Werke in 4 Bänden. Revid. Ausg. Hrsg. von Ilse Aichinger [u. a.]. Bd. 1. Frankfurt a. M.: Suhrkamp, 1991. S. 130. – © 1973 Suhrkamp Verlag, Frankfurt a. M.

In Eichs Spätwerk häufen sich die Formeln der Resignation und des Schei-
terns, dennoch ist sein Beitrag zu den Gedichten über römische Brunnen
ein Text voller List. »Abendland«, das ist nicht nur ein zentraler Begriff
der politischen und gesellschaftlichen Restauration der Nachkriegszeit, das
ist auch der Anspruch, Recht zu haben gegenüber dem Rest der Welt, ob-
wohl doch schon immer das »Morgenland« als Ort der göttlichen Offen-
barung galt. Das Wort »Steingarten« weist darauf hin, daß das hier Vor-
handene versteinert ist. Es läßt aber auch die Vorstellung von japanischen
Steingärten entstehen, von Miniaturlandschaften, die den Geist für die
Meditation öffnen. Im kleinen Raum zeigt das Gedicht, wie viele alterna-
tive Weltentwürfe ausgespart werden bei der Begeisterung für das nur
»abendländisch« Bedeutsame.

Fußnote zu Rom

Ich werfe keine Münzen in den Brunnen,
ich will nicht wiederkommen.

Zuviel Abendland,
verdächtig.

Zuviel Welt ausgespart.
Keine Möglichkeit
für Steingärten.

ELSA MORANTE

1918–1985

La Storia. Turin 1974. – E. M.: La Storia. Aus dem Ital. von Hannelise Hinderberger. München/Zürich: Piper, 1976. S. 315, 391, 463 f. – © 1976 R. Piper & Co. Verlag, München.

Bei Elsa Morante treten jene ins Licht, die es jahrhundertelang in den Rom-Büchern und -bildern nur als Staffagefiguren oder anonym als »Volk« gegeben hat. Der Roman erzählt von Januar 1941 bis Juni 1947 »die armselige Geschichte Iduzza Ramundos« (S. 621), den Tod ihrer beiden Söhne, das jämmerliche Ende vieler Freunde. Sie ahnen nichts von der Geschichte der Stadt, von der Bedeutung der Monumente. »San Lorenzo« ist ein Arbeiterviertel mit schlechten Wohnungen, sonst nichts. Die Menschen erleben ihre Zeit als Leidende, ohne Bewußtsein selbst da, wo sie ein wenig mitspielen. Sie sind meist in Angst und immer Verlierer. Eine Skizze der historischen Vorgänge vor jedem Kapitel zeigt aber, wie sehr das private Leben vom Treiben der Mächtigen abhängt.

In den letzten Monaten der deutschen Besetzung sah Rom allmählich wie gewisse indische Städte aus, wo nur die Geier sich sattfressen können und keine Bestandsaufnahme der Lebenden und der Toten mehr stattfindet. [. . .]

Die neue Wohnung in der Via Bodoni, wohin Ida und Useppe im Frühling umgezogen waren, bestand aus zwei Zimmern. Eines war sehr klein, kaum größer als ein Abstellraum. Dazu kam die Diele, ein fensterloser, dunkler Raum, auf dessen linker Seite sich der Abort befand, der ziemlich klein war und kein Waschbecken hatte. Die Küche hingegen befand sich rechts, am Ende eines kurzen Korridors, und ihr Fenster ging, ebenso wie das des Kämmerchens, auf den Hof, während man vom größeren Zimmer aus auf die Piazza di Santa Maria Liberatrice hinaus sah. Auf diesem Platz stand eine Kirche, deren Mosaikverzierungen in Idas Augen schön waren, weil sie im Licht golden leuchteten.

Ganz in der Nähe des Hauses befand sich Idas berühmte Schule, die, nach der Besetzung während der Kriegsjahre, zu Beginn des nächsten Schuljahres wieder geöffnet werden sollte. Das bedeutete für Ida einen großen Vorteil und eine Beruhigung. Die kleine Wohnung befand sich an der Ecke des Gebäudes, im obersten Stockwerk, neben dem Wasserreservoir und der gemeinsamen Terrasse zum Aufhängen der Wäsche. Und dieser Umstand wie auch die Anordnung der Räume erinnerte Ida an ihre alte Wohnung in San Lorenzo.

Auch dieses Gebäude war sehr groß, noch größer als das in San Lorenzo. Es hatte zwei Höfe und zahlreiche Treppen, und Idas Wohnung gehörte zur sechsten. Im Innenhof wuchs eine Palme. Auch das gefiel Ida. Sie kaufte teils auf Ratenzahlung und teils bei einem Trödler das notwendigste Mobiliar. Dieses beschränkte sich für den Augenblick auf einen Tisch und ein Küchenbüffett, ein paar Stühle, einen gebrauchten Schrank und zwei Bettroste mit Füßen, die von den Verkäufern hochtrabend Ottomanen genannt wurden. Sie stellte die breitere Ottomane für sich und für Useppe in das größere Zimmer und die andere, schmalere in das Kämmerchen, in der Hoffnung, früher oder später werde Nino dort wohnen. Der aber zeigte keinerlei Neigung, in die Familie zurückzukehren. Er klärte Ida nicht einmal darüber auf, wo er wohnte, wenn er in Rom war. Auf alle Fälle war klar, daß er keine feste Bleibe hatte und gelegentlich bei einer Frau wohnte. Es war nicht immer dieselbe, denn Ninos Beziehungen waren, wie schon in der Vergangenheit, immer wechselnd und unregelmäßig.

Übrigens nahm er zweimal hintereinander auf seinen Motorradfahrten mit Useppe auf dem Rücksitz auch ein Mädchen mit.

Mittlerweile befleißigten sich im Verlauf dieses Nachkriegsjahres die »Großen der Erde«, durch verschiedene »Gipfeltreffen«, durch Prozesse gegen die notorischen Kriegsverbrecher, durch Interventionen und Nicht-Interventionen wieder eine zweckmäßige Ordnung herzustellen. Aber die große gesellschaftliche Umwälzung, auf die einige unserer Freunde, wie Eppetondo und Quattropunte, so ungeduldig gewartet hatten, löste sich überall, im Osten und im Westen, in dem Augenblick, da sie in Angriff genommen wurde, in Nichts auf und stand jetzt wieder unerreichbar in der Ferne wie eine Fata Morgana. Italien erhielt eine republikanische Verfassung, und auch die Arbeiterparteien waren in der Regierung vertreten. Und das war, nach so vielen elenden Jahren, gewiß eine feine Neuerung, aber eben nur ein schönes Mäntelchen um ein altes, unzerstörbares Skelett. Der Duce und seine Mitspieler waren begraben worden, und die königliche Familie hatte ihre Koffer gepackt. Die wahren Drahtzieher aber standen immer noch hinter der Bühne, auch wenn die Kulissen gewechselt hatten. Den alten Großgrundbesitzern fiel wieder der größte Anteil an Grund und Boden zu, den Industriellen die Maschinenanlagen und Fabriken, den Offizieren die hohen Stellen und den Bischöfen die

Diözesen. Und die Reichen ernährten sich auf Kosten der Armen, die wieder ihrerseits danach trachteten, an die Stelle der Reichen zu treten; alles war wie immer. Aber weder bei den Reichen noch bei den Armen war Platz für Iduzza Ramundo, denn sie gehörte einer dritten Menschenart an. Die Menschen dieser Gattung (vielleicht stirbt sie auch bald aus) leben und vergehen, und man hört nie von ihnen, höchstens manchmal im Polizeibericht oder bei Unglücksfällen. Und in diesem Herbst und Winter lebte Iduzza zudem wie hinter einem Nebel, der sie daran hinderte, auch das bißchen zu sehen, was sie sonst vom irdischen Planeten wahrnahm.

Von den Geschehnissen dieses Jahres – den politischen Kämpfen und Regierungswechseln – wußte sie so gut wie nichts. Das einzige soziale Problem war jetzt für sie – neben der Unzulänglichkeit ihres Gehalts bei den steigenden Lebenskosten – die Angst, wegen *unbefriedigender Leistungen* ihre Stelle zu verlieren. Wie gesagt, sie las gewöhnlich keine Zeitungen. Und seit der Weltkrieg zu Ende war und die Deutschen fort waren, hatte sich die Welt der Erwachsenen wieder von ihr zurückgezogen und sie auf den Strand ihres Schicksals zurückgeworfen, wie ein kleines Stück Treibholz nach einem Meeressturm.

Im Juni war sie zum erstenmal in ihrem Leben aufgerufen worden, bei einer Wahl ihre Stimme abzugeben. Da Gerüchte umgingen, man könne für Stimmenthaltung von den Behörden strafbar gemacht werden, hatte sie sich unter den eifrigsten Wählern schon am frühen Morgen an der Urne eingestellt. Sie stimmte für die *Republik* und die *Kommunisten*, so hatte ihr der Wirt Remo geraten. Persönlich hätte sie ja lieber, in Erinnerung an ihren Vater, die Anarchisten gewählt. Aber Remo war sehr dagegen gewesen, hatte ihr ernsthaft abgeraten und sie übrigens davon unterrichtet, daß eine solche Partei gar nicht auf den Listen erschien.

ROLF DIETER BRINKMANN
1940–1975

Rom, Blicke. Reinbek: Rowohlt, 1979. (dnb. 94.) S. 57 f. – © 1979 Rowohlt Taschenbuch Verlag GmbH, Reinbek.

Seit Mitte der 60er Jahre lebte Brinkmann als freier Schriftsteller und war zeitweise erfolgreich. Er akzeptierte die modernen Konsum- und Reklamekulissen als neue Gegenstandswelt und suchte durch eine radikal subjektive Reaktion deren Banalität zu durchbrechen. Den Winter 1972/73 verbrachte er in Rom, weil ein Stipendium, das er dringend brauchte, an den Aufenthalt in der Villa Massimo gebunden war. Doch er stellte fest, daß er eine Stadt wie Rom nicht mochte. Sein Buch versammelt noch einmal die seit Goethes »Italienischer Reise« zentralen Motive der Rom-Literatur, um sie radikal in Frage zu stellen. Es besteht, wie bei Goethe, aus Briefen an Schriftsteller-Kollegen und an eine geliebte Frau. In langen Wanderungen durch die Stadt entsteht ein doppelter Dialog, einerseits mit den Briefpartnern, andererseits mit den beobachteten Dingen. Immer steht dabei, auch das ist aus der Literatur vertraut, zugleich das eigene Ich in Frage. Brinkmann nimmt Rom so ernst wie Generationen von Rom-Wallfahrern, aber er will sich frei schreiben von der zur Hülse gewordenen europäischen Geschichte. So notiert er, was er sieht, weigert sich aber, davon zu den alten, ehrwürdigen Begriffen aufzusteigen, weil er behauptet, diese Begriffe würden nur noch von jenen konserviert, die damit Geschäfte machen. Was bleibt, ist die Wendung zum Einzeln-Vereinzelten, das aus allen Zusammenhängen herausgefallen ist.

Der Mond schob sich in Wolkenbäuche rein, die hellgrau gegen einen glatten, schwarzen Himmel abgehoben waren, und sichelte wieder heraus.

Im Hintergrund einer breiten mehrspurigen Asphaltstraße stand der Schutthaufen des Kolosseums, lehmig-gelb angeleuchtet und mit den schwarzen Rundbögen, die an Stolleneingänge denken ließen. – Neben mir, zur einen Seite der Via Dei Fori Imperiali, eine tiefergelegene Schrotthalde und eingezäunt. – Altes Zeitungspapier über 3 Tausend Jahre geweht, Säulen-Reste, Rundbogen-Stümpfe, Stein-Klötze – wüst durcheinander, Bruchstücke von Wänden, Andeutungen von Treppenstufen – in der Ecke eine große Rolle rostender Stacheldraht – und eine Katze, die geräuschlos am Rand entlangstreicht. 3 Säulen standen sinnlos hoch.

[...] Nein, keine noch so leisen und fernen Schauer ergriffen mich, schreckte nur einmal unvermittelt zusammen, als ein jäher greller Hupton von der Straße kam. Ich sah auch keine Rüstungen, Fahnen, gepanzerte Brustkörbe imaginärer Gespensterheere hier langziehen.

Dahinten, in dem lehmigen, gelb-bröckeligen Sportpalast aus dem Jahr 72 n. Chr. hatten sie mal den Drecksleuten immer zur Mittagszeit, so als Zwischeneinlage, während das Gelümmel und menschliche Gehänge seine miesen Brotfladen reinstopfte und irgendein Frascati-Gesöff der damaligen Zeit fettig und schwitzend und aus den lumpigen Gewändern stinkend, umgeben vom Geruch der Schweißfüße in sich reinlaufen ließ, ungeübte nackte Menschen mit Schwertern vorgetrieben, jeder Hieb traf. Da schwenkten sie schreiend ihre Stummelarme, aus denen die roten Fäden rausliefen, und blutige Fleischstücke flogen durch die Luft, aus der geschlitzten Bauchhaut quollen die Innereien hervor, während der Pöbel fraß und sich am Sack kratzte. »Also, hör mal, Gaius, die Nuß da in der vorderen Reihe (er rülpst sauer auf), der möcht ich gern mal eine vorknallen, he, he?! (und kaut die mitgebrachten grünen Bohnen).« Und Gaius aus der Vorstadt kratzt sich schon am Sack.

Ich ging weiter, eine ansteigende Straße hoch, rechts das schwarze Trümmerfeld mit den hier und da herausgerissenen Steinbrocken, geplatzten Sockeln, Mauerresten und halben Torbögen, eine schwarze, weißgefleckte Fläche. – Ich war allein, ungestört, und fühlte mich als jemand, der durch Gerümpel ging, ganz deutlich. – Ich weiß nicht, ob Du auch diese Art der Erfahrung eigenen Daseins kennst, das sich besonders in durch ein allgemeines Bewußtsein objektivierten, das heißt allgemein-gültigen Szenerien und Situationen und Gegenständen deutlich erfährt – etwa angesichts dieser Reste von Zivilisation wie auch von Kunstwerken: immer komme ich deutlicher zu mir zurück und immer schwerer fällt es mir, mich, mein eigenes Dasein, meine Anwesenheit in diesem Körper unberücksichtigt zu lassen. – Sehr lächerlich erscheint mir also jede Art von formulierter Weite, sei es eben hinsichtlich Geschichte oder sei es hinsichtlich Kunst, eines noch so berauschenden Bildes, einer noch so berauschenden Musik oder eines Buches. – Also erfuhr ich meine eigene Anwesenheit jetzt hier im Oktober 1972 nachts bei der Besichtigung wieder einmal. –

PETER HUCHEL
1903–1983

Die neunte Stunde. Gedichte. Frankfurt a. M.: Suhrkamp, 1979. S. 49. – © 1979 Suhrkamp Verlag, Frankfurt a. M.

Von 1948 bis 1962 war Huchel Chefredakteur der Zeitschrift »Sinn und Form«, einer der wenigen Brücken zwischen den Intellektuellen des östlichen und des westlichen Deutschland. Nachdem die SED ihn abgesetzt hatte, lebte er fast 10 Jahre in großer Enge, ehe man ihn 1971 ausreisen ließ. Die nun endlich möglichen Reisen führten so oft wie möglich in den Süden. Schon in Huchels frühen Gedichten gewannen Landschaften ihre je eigene Existenz. Während sie in den 70er Jahren immer dunkler wurden, haben sie im letzten Gedichtband offene Ränder. »Kein Opferrauch, das Universum / zog in den Duft der Rose ein«, schließt das Gedicht »Persephone« (S. 50).

Rom

Vollendeter Sommer,
am äußersten Rand der Sonne
beginnt schon die Finsternis.
Lorbeerverwilderungen,
dahinter aus Disteln und Steinen
ein Versteck,
das sich der Stimme
verweigert.

Transparenz
des Mittagslichtes,
Verse, die an nichts erinnern,
ein helles Wasser
berührt den Mund.

JOSEF BRODSKY

1940–1996

Rimskie èlegii. New York: Russia Publishers Inc., 1982. – J. B.: Römische Elegien und andere Gedichte. Übers. von Felix Philipp Ingold. München: Hanser, 1985. S. 85, 87, 89. – © 1985 Carl Hanser Verlag GmbH & Co., München.

Der in Leningrad geborene Jude machte schon als Jugendlicher ohne eigentliche Schulbildung mit seinen Gedichten auf sich aufmerksam, vor allem als sich Anna Achmatowa für ihn einsetzte. 1964 wurde er wegen »Parasitentum und Arbeitsscheu« zu 5 Jahren Zwangsarbeit verurteilt. Als man ihn 1965 freiließ, war an eine Publikation seiner Werke nicht zu denken. 1972 durfte er in die USA auswandern. Lehraufträge an amerikanischen Universitäten ermöglichten ihm, in Europa umherzureisen. In einem Interview nach dem Erhalt des Nobelpreises für Literatur erläuterte er seine Italien-Gedichte (in: »Die Zeit«, 30. Oktober 1987): »Ich glaube nicht an ein Paradies nach dem Tode, deshalb versuche ich mir schon zu Lebzeiten eins auf die Erde zu holen. Und Italien ist der Ort, an dem zumindest die Architektur von paradiesischer Schönheit ist. [...] Italien hat mir so viel geschenkt, daß ich mich zu einer Gegengabe verpflichtet fühlte, ich hatte etwas zurückzuzahlen, eine Revanche zu geben – und deshalb habe ich Gedichte über Venedig, Rom und andere italienische Städte geschrieben.«

In diesen schmalen Gassen, wo man auch mit Gedanken
überall aneckt; in diesem Serpentinen-
bündel eines von der Welt längst abgewandten
Hirns, wo man, aufgeregt und abgespannt, die vielen
Kirchen, die Brunnen heimsucht – da gibt es kein Halten
(wie bei der Nadel, die über die Schallplatte humpelt
und in der Mitte vergißt: es ist Schluß). Der ungestalte
Rest des Lebens wird hier erträglich, man wundert
sich, daß Vergangenes zu einem Ganzen
werden, sich vollenden kann. Die Sohlen
trommeln Arien aus dem Pflaster, sie tanzen
Serenaden – die Zeit stimmt ihre frohen
Lieder auf die Zukunft an. Das alles
kommt dem Hündchen auf dem Plattenlabel
wie ein Auftritt von Caruso vor, falls es
nicht schon weggelaufen ist – ins Leben.

Lesbia, Julia, Cynthia, Livia, Michelina.
Brüste und Hüften, Scham und Haar – ganz gegenwärtig!
Lehm, unterm Himmel erhitzt, fügt sich willig den Fingern
– Fleisch, im anonymen Torso verewigt.
Ihr begründet die Unsterblichkeit: wer euch
nackt gekannt hat, den macht ihr zum Kaiser,
zu einem Denkmal, einem Catull, und schwerlich
bleibt er vom Nachruhm verschont. Göttinnen seid ihr
bloß auf Zeit – um so lieber schenkt man euch Glauben.
Herrlich der schwellende Leib, die zärtlichen Schenkel!
Weiß auf Weiß, wie Kasimir[1] es träumte – nur dich vor Augen
stehe ich, Spätling und sterblichster Enkel,
in den Ruinen und schlürfe dir die Schlüsselbeinmulden
leer; noch blasser als dein Gesicht mit dem funkelnden Tupfen
ist jetzt der Himmel. Wie immer ragen die Kuppeln, geduldig:
wölfische Zitzen, an denen zwei Buben einst saugten und zupften.

---

1 Anspielung auf das Gemälde »Weißes Quadrat auf weißem Grund« (1918) von
Kasimir Malewitsch (1878–1935).

Ziegelüberdachte Hügel, glühend
unterm Mittagslicht. Wolken, wie Engel, als flüchtige Schatten.
Glücklich das Pflaster, denn ständig liegt's den Verführe-
rinnen zu Füßen – welch eine Aussicht! Ich hatte
in der ewigen Stadt ein Versteck vor der Sonne,
deren Strahlen für die Blendung sämtlicher Cäsaren
und für ein zweites All ausreichten – sie verschone
mich, den Sänger des Unsinns, der Zerfahren-
heit, des Zerfalls. Der Platz ist sehr gelb, der Mittag
– taub vor Hitze; eine Vespa, die aufheult – geschunden:
ich (Hand am Herzen) zähle nach, was das Leben mir mitgab,
aber ich frage mich auch nach der Höhe der Schulden.
Und wie ein offenes Buch mit wehenden Seiten
raschelt der Lorbeer am angesengten Geländer.
Durch die Argusaugen des Kolosseums gleiten
Wolkenzüge – Erinnerung an die einstigen Herden.

Klaus Modick

geb. 1951

Das Licht in den Steinen. Roman. Frankfurt a. M.: Frankfurter Verlagsanstalt, 1992.
S. 62–66. – © 1992 Frankfurter Verlagsanstalt, Frankfurt a. M.

*Vom Aufenthalt in der Villa Massimo (Oktober 1990 bis Dezember 1991)
brachte Modick ein Rom-Buch mit, das weder den Namen der Stadt noch
die beschriebenen Straßen und Monumente nennt. Er hat es aufgegeben,
sich »einen Begriff oder eine Formel der Stadt bilden zu wollen« (S. 36), da
sich alle Auskünfte »in ihrer Vielstimmigkeit und Widersprüchlichkeit nie
zu einem Bild verknüpft« haben (S. 35). Alles was er sieht, sind »Glieder
eines atmenden, wenn auch sehr alten und um sein Leben kämpfenden,
immer schwerer Luft holenden Organismus« (S. 66). Modick hat wenig
Sinn für barocke Bauten, erstarrt auch nicht ergriffen vor der Antike.
Wichtiger sind ihm fast schwankhafte Einschübe über Betrügertricks und
die Tücken römischer Bürokratie. Rom wird dadurch eine Stadt, in der
wie nirgends sonst »die zahlreichen Schichten und Überlagerungen«
(S. 176) abendländischen Bewußtseins erfahrbar sind. Nur manche bewegen sich leicht darüber hinweg: »Eine Katze sprang weich von der Brü-*

stung einer Dachterrasse zu Fries und Regenrinne, Auftakt zur nächt-
lichen Flanerie über die wellige Hochebene vielfach versetzter Dächer,
Firste, Dachgärten, Wasserreservoirs, Balkons, Luken und Antennen«
(S. 212).

Auf der Piazza vor dem Nationalmonument tobte stinkend und brül-
lend der Mittagsverkehr, verknotete sich, kam zum Stillstand, löste
sich zögernd wieder auf, brach erneut zusammen – bis sich plötzlich
zu regelvollen Mustern zusammenschloß, was eben nur ein wirres
Wüten war: Die aufgeregte Anarchie der Straße sammelte sich zu einem gezirkelten, exakt gemessenen Tanz, die Hupen klangen zurück-
haltender, als stimme ein Orchester seine Instrumente, die Motorrol-
ler knatterten taktvoll und bewundernd; und dann sah ich *ihn* in der
Mitte des Platzes auf einem runden Pult, das er soeben bestiegen
hatte, gekleidet in makelloses Weiß, gekrönt mit einem Tropenhelm,
schwang er den Taktstock, um den nun alles sich zu drehen begann,
graziös, voller Eleganz, naiver Anmut und zugleich entschlossener
Energie, voller Stolz und im Bewußtsein seiner Wirkung wohl auch,
daß immer noch ein Einzelner das Chaos zu bändigen vermochte, daß
immer noch der Mensch Herr der Maschinen war, und aller Augen
waren nur auf ihn gerichtet, ein Halbgott des Verkehrs, ein schwerelo-
ser Tänzer, ein Dirigent von Gottes und der Polizeibehörde Gnaden,
sogar die Auspuffe der Busse schienen den Atem anzuhalten; ich
dachte, der ganze Platz müßte in stehende Ovationen ausbrechen, und
tatsächlich rauschte nun Beifall auf, heulende Motoren, respektvolles
Geknatter, sich neigendes Gehupe. Ein Künstler hatte für Minuten
mit selbstverständlicher Lässigkeit aus dem Durcheinander der Stadt
die ruhige Ordnung hervorgezaubert, die unter den wirr bewegten
Oberflächen überall und immer herrschte; der Dynamik konnte sich
kein Element entziehen, wie antik, fremdartig, nutzlos es sein mochte,
und selbst die Gigantomanie des Nationalmonuments, das sich alle
Proportionen sprengend über die alten Gebäude hinauswuchtete, damit aber nur seine eigene Hohlheit betonte und das Alte in seinen
menschlicheren Abmessungen nur um so anziehender machte, war in
diesem Augenblick versöhnt und einbezogen ins Bild. Der flim-
mernde Sog, gab man sich ihm fraglos hin, zog noch das Widerstre-
bendste mit sich, und das respektlose Verbauen uralter Reste, Trümmer und Teile in spätere Gebäude schien in erstarrter Form dem ähnlich, was immer schon der Fluß des Lebens durch die Ufer dieser
Stadt gewesen war: Organisches Wachsen eines eigenen, unverwech-

selbaren Stils, zusammengeschmolzen aus den unterschiedlichsten Elementen, aus aller Welt und Zeit, und gerade die Weite der Spannung erzeugte die Kraft ihrer Ausstrahlung, der niemand ausweichen konnte. Und dennoch hatte die Stadt einen fast dörflichen Charakter bewahrt, war in ihrem Zentrum klein, in knapp einer Stunde mühelos zu durchlaufen, und aller Lautstärke und Aufgeregtheit zum Trotz zeigte sich das Dörfliche auch in ihrem Panorama, vor dem ich immer noch stand, und für das der Begriff *Skyline* Hochstapelei gewesen wäre; kein Hochhaus übersprang die Kuppeln, Türme und Obelisken, kaum ein moderner Apartmentbau erdrückte die alten Mietshäuser und Paläste mit ihren Terrassen, Treppen, Stiegen und begrünten Dachgärten, den wie Vogelnester an die Fassaden geklebten Balkone. [. . .] Wenn ich in dieser Stadt eine Erfahrung gemacht habe, die sich von den Erfahrungen in anderen, größeren wie kleineren Städten unterschied, dann bestand sie darin, daß hier sogar noch die sogenannten Sehenswürdigkeiten, das Pflichtprogramm des Tages- und Wochentourismus, nicht isoliert und künstlich freigestellt wirkte, nicht aus dem Zusammenhang ins Besondere oder Repräsentative gehoben war, sondern wie Glieder eines atmenden, wenn auch sehr alten und um sein Leben kämpfenden, immer schwerer Luft holenden Organismus erschien.

Editorische Notiz

Die Texte folgen den jeweils genannten Druckvorlagen. Den deutschsprachigen Texten sind die Erstdrucke oder maßgebliche Editionen zugrunde gelegt,
den fremdsprachigen nach Möglichkeit zeitgenössische Übersetzungen, so daß
die Abfolge auch die Entwickung der Ausdrucksmöglichkeiten sichtbar macht.
Ab dem Ende des 18. Jahrhunderts wurde die Orthographie unter Wahrung
des Lautstandes und sprachlich-stilistischer Eigenheiten behutsam dem heutigen Gebrauch angeglichen. Die Interpunktion blieb erhalten. Offensichtliche
Druckfehler wurden stillschweigend verbessert.

Die Motto-Texte auf S. 12 sind abgedruckt nach:

Giuseppe Ungaretti: Die späten Gedichte. Ital./Dt. Übertr. und Nachw. von
Michael Marschall von Bieberstein. München/Zürich: Piper, 1974. S. 16 f. –
© 1974 R. Piper & Co. Verlag, München.
Luigi Malerba: Taschenabenteuer. Berlin: Wagenbach, 1985. S. 23. – © 1985
Verlag Klaus Wagenbach GmbH, Berlin.

Der Verlag Philipp Reclam jun. dankt für die Nachdruckgenehmigung den
Rechteinhabern, die durch den Quellennachweis oder einen folgenden Copy-
rightvermerk bezeichnet sind. In einigen Fällen waren die Rechteinhaber nicht
festzustellen. Hier ist der Verlag bereit, nach Anforderung rechtmäßige Ansprüche abzugelten.

Verzeichnis abgekürzt zitierter Literatur

Gregorovius   Ferdinand Gregorovius: Geschichte der Stadt Rom im Mittelalter. Hrsg. von Waldemar Kampf. 5 Bde. München 1978.

Helbig   Wolfgang Helbig: Führer durch die öffentlichen Sammlungen klassischer Altertümer in Rom. Neu bearb. von Hermine Speier. 3 Bde. Tübingen
1963–66.

Noack   Friedrich Noack: Deutsches Leben in Rom 1700–1900. Stuttgart/Ber-
lin 1907.

Pastor   Ludwig von Pastor: Geschichte der Päpste seit dem Ausgang des Mittelalters. 15 Bde. Freiburg [5]1925–33.

Schmidlin   Josef Schmidlin: Papstgeschichte der neuesten Zeit. 3 Bde. München 1933–39.

Schudt   Ludwig Schudt: Italienreisen im 17. und 18. Jahrhundert. Wien/Mün-
chen 1958.

Verzeichnis der Abbildungen

Objektregister

römischer Kurtisanen. Der von Sixtus IV. neu geordnete Pferde- und Getreidemarkt wurde zum Mittelpunkt römischen Lebens, die päpstliche Regierung ließ auf dem Platz Edikte verlesen und Verbrecher öffentlich bestrafen. Nach dem Ende des Kirchenstaates verlegte man 1870 den Wochenmarkt von der Piazza Navona hierher. 64, 69, 278, 314, 325

Campo Marzio (Marsfeld) Bis zum Ende der Republik diente das unbebaute Gelände am Tiberknie als Exerzierplatz. Augustus errichtete dort die Repräsentationsbauten des Prinzipats. 139

Campo Vaccino *s.* Forum Romanum

Cappella Nicolao Privatkapelle von Nikolaus V. (1447–55) mit Fresken von Fra Angelico (1400–55). 57

Cappella Sistina Sixtus IV. baute 1473–84 den äußerlich wie eine Festung erscheinenden Bau, für dessen Ausstattung die besten Künstler nach Rom kamen. Höhepunkte des Bildprogramms sind die Fresken Michelangelos. 35, 37, 57, 240, 251, 296

Casa Bartholdy (Palazzo Zuccari) In dem 1591 erbauten Wohnhaus vor der Kirche SS. Trinità dei Monti residierte der preußische Generalkonsul Jakob Salomon Bartholdy (1779 bis 1825). Er stellte 1816/17 den in Rom lebenden Malern Peter Cornelius, Wilhelm Schadow und Philipp Veit einen Raum zur Verfügung, damit sie ihr Programm, die deutsche Kunst zu erneuern durch »die Wiedereinführung der Fresco-Malerei«, praktisch erproben konnten. Seit 1887 sind die Fresken in der Nationalgalerie in Berlin. 240

Castel S. Angelo (Engelsburg) Das monumentale Grab Kaiser Hadrians (117–138 n. Chr.) wurde in der Zeit der Gotenherrschaft zur uneinnehmbaren Festung umgebaut. Wer sie besetzt hielt, beherrschte im Mittelalter die Stadt. Seit 1277 durch einen befestigten Gang (»Passetto«) mit dem

Vatikan verbunden und von Alexander VI. durch vier Bastionen ergänzt, war sie Zufluchtsort, Schatzkammer, Geheimarchiv und Gefängnis der Päpste. 73, 74, 86, 94, 112, 191, 257, 312

Castor und Pollux (Dioskuren) *19 f.*

Celio (Coelius) Der Tempel des vergöttlichten Claudius beherrschte den Hügel. An den Kirchen SS. Giovanni e Paolo und S. Stefano Rotondo läßt sich der Übergang von der Spätantike zum frühen Christentum beobachten. 283

Cestius-Pyramide Grab des Cajus Cestius an der Straße nach Ostia. 164, 166, 170 f., 294

Cimetero Protestante (degli stranieri accatolici) Nichtkatholiken begrub man im päpstlichen Rom in einem Stück Ödland an der Cestius-Pyramide. Der preußische Gesandte Niebuhr bat, das Gelände durch eine Mauer zu schützen, die päpstliche Regierung wollte die Pyramide frei halten. So entstand 1824 ein neuer, ummauerter Teil, der alte wurde als Park angelegt. 164, 166, 170, 294

Circo Flamineo Von C. Flaminius Nepos 221 v. Chr. begonnener Circus am Tiber zwischen der heutigen Synagoge und dem Palazzo Cenci. 56

Circo Massimo In der Kaiserzeit war der größte Circus Roms im Tal zwischen Palatin und Aventin 600 m lang und 150 m breit. Auf der Spina, die ihn für die Pferderennen der Länge nach in zwei Bahnen teilte, standen die Obelisken, die sich heute vor S. Giovanni in Laterano und auf der Piazza del Popolo befinden. 84

Circus Agonalis Neben dem Stadion Domitians stand ein Odeon. In beiden fanden seit 86 n. Chr. die »Agones« der Olympischen Spiele statt, also poetische und musikalische Wettbewerbe, Pferderennen und Sportkämpfe. 126

Collegio Germanico 1573 von Gregor XIII. eingerichtetes Seminar, das unter jesuitischer Leitung jeweils 100 Kandidaten aus dem deutschen Sprachraum zu Priestern im Sinn des Konzils von Trient heranbilden sollte. 94, 263

Collegio Romano Institut für den römischen Priesternachwuchs. Hier faßte man 1876 die Bibliotheken von insgesamt 69 aufgehobenen Klöstern und Stiften zusammen zur Biblioteca Nazionale. 106

Colonna Santa 52

Colosseo (Coliseo, Kolosseum) Zwischen 70 und 80 n. Chr. wurde das Amphitheater von den Kaisern Vespasian und Titus in den Gärten der Domus Aurea erbaut. Es hatte 50000 Plätze. Im Mittelalter machten es römische Adelsfamilien zur Festung. 1231 und 1349 legten Erdbeben die Süd- und Ostseite in Trümmer und lieferten damit die Steine für die römischen Paläste der Renaissance. Seit Pius VII. fand eine systematische Sicherung der baufälligen Teile statt. 36, 42, 64, 84, 152, 202, 205, 208–210, 214, 218, 220, 238, 252, 266, 268–271, 305, 310, 341, 345

Curia Antoniana 11 Säulen des dem vergöttlichten Hadrian gewidmeten Tempels blieben während des ganzen Mittelalters stehen. Innozenz XII. ließ 1695 die Ruine zum päpstlichen Zollhaus umbauen. Seit 1878 wurden die antiken Reste freigelegt und einbezogen in den Neubau der Börse. 123

Domus Aurea Nach dem Stadtbrand von 64 n. Chr. durch Kaiser Nero errichtetes kaiserliches Luxusviertel zwischen Palatin und Esquilin. 110, 310

Dornauszieher Hellenistische Bronzefigur. 68

Engelsbrücke s. Ponte S. Angelo
Engelsburg s. Castel S. Angelo
Esquilin Der Hügel beginnt hinter dem Kolosseum bei den Resten der Domus Aurea und reicht bis zu den antiken Bauten an der Piazza Vittorio Emanuele II und bei S. Croce in Gerusalemme. 180, 276

Farnesina 1508–11 erbaute Villa des Bankiers Agostino Chigi an der Via Lungara zwischen Vatikan und Trastevere. 102, 276

Farnesische Gärten In der Mitte des 16. Jh.s schufen die Farnese auf der zum Forum gewandten Seite des Palatin Gärten. Der Palast des Tiberius ist deshalb bis heute nicht ausgegraben. 214, 260

Fontana
– **dell'Acqua Felice (Termini)** Durch die Renovierung eines antiken Aquädukts wollte Sixtus V. (Felice Peretti) das kaum besiedelte Gebiet zwischen den Thermen Diokletians und der Aurelianischen Mauer neu beleben. Die 1585–87 errichtete Anlage ist das Vorbild für die barocken Brunnen Roms. 124
– **dell'Acqua Paola** Hoch über der Stadt am Gianicolo 1610–12 errichtete Schauwand an der von Paul V. erbauten Wasserleitung. 112
– **dei Fiumi (Vier-Ströme-Brunnen)** Berninis von einem Obelisken gekrönter Brunnen auf der Piazza Navona symbolisiert die Kontinente in der Gestalt ihrer großen Ströme Nil, Ganges, Donau und Rio de la Plata. 122
– **delle Naiadi (Najadenbrunnen)** Der 1910 vollendete Brunnen auf der Piazza della Repubblica ist konzipiert als Blickpunkt am Ende der Via Nazionale. 16
– **di Trevi** Die antike Aqua Virgo wurde 1640 unter Urban VIII. restauriert, 1732–62 mit einer Schauwand in Form eines Triumphbogens versehen. 149, 279, 325
– **del Tritone** Bernini schuf 1642/43 den von Delphinen getragenen Triton auf einer Muschel, der aus einem Horn das Wasser hoch in die Luft bläst. 285, 288

(Kirchen)

1626 vollzog Urban VIII. die kirchliche Weihe. 26, 31, 42, 47, 48, 49, 53, 76, 82, 83, 97, 98, 101 f., 104, 122, 131, 150, 152, 171, 174, 192, 199, 206, 218, 225, 247, 252, 269, 274, 300, 307, 310

- **S. Pietro in Vincoli** Der Renaissance-Bau von Kardinal Giuliano della Rovere (Papst Julius II.) bewahrt die Proportionen der frühchristlichen Basilika, deren kostbarster Besitz die Ketten des hl. Petrus sind. Wichtigstes Kunstwerk ist der für das Grab Julius' II. bestimmte Moses von Michelangelo (vor 1535). 57

- **S. Prassede** Die mit der Kirche verbundenen Legenden reichen bis zu den Anfängen des Christentums. Sie wurde berühmt durch die von Paschalis I. (817–824) gestifteten Mosaiken. Für die Pilger wichtiger war der Säulenstumpf, den Kardinal Giovanni Colonna 1223 aus Konstantinopel mitbrachte, weil er als Geißelsäule Jesu galt. 31, 90

- **S. Pudenziana** Um 400 in einen Saal des 2. Jh.s n. Chr. hineingebaut und mit einem Mosaik geschmückt, auf dem Jesus mit der großen Geste des antiken Philosophen den Gläubigen predigt. 93

- **SS. Quattro Coronati** Uralter, häufig erneuerter und wieder zerstörter Gebäudekomplex am Monte Celio, der festungsartig den Zugang zum Lateran schützte. 283

- **S. Quirico e Iulicta (S. Quirico e Giulita)** Die schon im Itinerar von Einsiedeln Ende des 8. Jh.s erwähnte Kirche in der Nähe der Kaiserforen war im 15. Jh. verfallen und wurde zum Heiligen Jahr 1475 von Sixtus IV. neu gebaut. 57

- **S. Saba** Im frühen 6. Jh. flohen Mönche vor den in Palästina einfallenden Moslems aus dem vom hl. Sabas gegründeten Kloster in Bethlehem nach Rom und errichteten in einem Saal der späten Kaiserzeit auf

(Kirchen)

dem Aventin ihr neues Oratorium. Die Kirche stand bis ins späte 19. Jh. in idyllischer Einsamkeit. 197, 263

- **S. Sebastiano ad Catacumbas** Ein bis in die Zeit der Christenverfolgung zurückreichender Kultort wurde 340 mit einer großen Basilika überbaut, von der Teile im heutigen Bau des frühen 17. Jh.s noch erhalten sind. Um den Platz ranken sich zahlreiche Legenden aus dem Leben des hl. Petrus. 200

- **S. Stefano Rotondo** Der über einem Mithräum errichtete monumentale Rundbau orientiert sich an der konstantinischen Grabeskirche in Jerusalem und zeigte in seiner ursprünglichen Gestalt das neue Selbstbewußtsein des römischen Papsttums im 5. Jh. 56

- **S. Susanna** Die karolingische Basilika wurde unter Sixtus IV. 1475–77 und dann noch einmal im späten 16. Jh. umgebaut. 1597–1603 errichtete Carlo Maderna eine der schönsten Fassaden Roms. 57, 124

- **S. Teodoro** Kleine Rundkirche im Griechenviertel zu Ehren des heiligen Soldaten-Märtyrers Theodor, um den sich vielfältige Legenden ranken. Papst Felix IV. (526–530) stiftete zu seiner Ehre ein gut erhaltenes Mosaik. 56, 313

- **SS. Trinità dei Monti** Die doppeltürmige, von den französischen Königen gestiftete Kirche, die unter anderem die von Generationen von Malern bewunderte »Kreuzabnahme« des Daniele da Volterra (um 1509–66) birgt, beherrscht den Pincio und damit das Stadtbild von Rom. 254

- **S. Vitale** *16*, 57

- **S. Vito e Modesto** Im 4. Jh. gestiftete Kirche auf dem Esquilin, nach völligem Verfall von Sixtus IV. neu aufgebaut und den Zisterziensern übergeben. 57

Konstantins-(Maxentius-)Basilika
Letzter Großbau des antiken Rom,

Bau zur Kirche. 42, 50, 94, 112, 123, 143, 144, 152, 153, 270, 303, 310

Passetto Befestigter Gang vom Vatikan zur Engelsburg. 67, 112

Piazza
- **del Campidoglio** Der Bau der päpstlichen Machtzentren in S. Giovanni in Laterano und S. Pietro in Vaticano raubte dem Kapitol jede politische Bedeutung. Erst als die Versuche des Mittelalters, eine stadtrömische Verwaltung aufzubauen, gescheitert waren, werteten die Päpste seit dem 15. Jh. das Kapitol neu auf. Pius III. beauftragte Michelangelo, den zum Vatikan hin gerichteten Kapitolsplatz neu zu gestalten. 1538 wurde die Reiterstatue Marc Aurels hier aufgestellt. 45, 112, 230
- **Colonna** Platz mit der Siegessäule Marc Aurels beim Corso. 277, 307
- **Navona** Der Name ist abgeleitet von den Schiffskämpfen (lat. *navis* ›Schiff‹) auf dem Circus Agonalis des Domitian, dessen länglich-ovale Form der Platz beibehalten hat. Das heutige Erscheinungsbild prägte Innozenz X. (1644–55) Pamphili durch seinen Familienpalast, Borrominis Kirche S. Agnese in Agone und den Vier-Ströme-Brunnen Berninis. 122, 126, 154
- **del Popolo** 1538 ließ Paul III. den Corso, damals Via Lata genannt, wieder vom Kapitol bis zur Piazza del Popolo instand setzen. Im frühen 16. Jh. wurden rechts und links die Seitenstraßen Via Ripetta und Via Babuino angelegt. 1573 entstand der Brunnen, den seit 1589 ein Obelisk ergänzt. In der 2. Hälfte des 17. Jh.s kamen die beiden Kuppelkirchen dazu. Die Anlagen am Hang des Pincio entstanden 1816–24. 118, 119.
- **della Repubblica** 1896–1902 entstanden am Ende der Via Nazionale. 15, 99, 276
- **Rusticucci** Am Eingang zum Pe-

(Piazza) tersplatz gelegen, in der sogenannten Spina del Borgo, für den Bau der Via della Conciliazione verschwunden. 334
- **S. Pietro** Sixtus V. richtete 1586 vor der im Bau befindlichen Basilika den Obelisken auf. 1656–67 schuf Bernini die Kolonnaden. 1613 und 1677 kamen die beiden Brunnen hinzu. Der freie Blick auf die gesamte Anlage entstand erst, als 1936 der Borgo niedergerissen wurde. 97, 305, 334
- **S. Silvestro** 278
- **di Spagna** Im 17. Jh. bezog die spanische Botschaft ihr Gebäude, das dem Platz den Namen gab. Die vom Barcaccia-Brunnen aufsteigende »Spanische Treppe« entstand 1723 bis 1726. Hier war im 18. Jh. das Fremdenviertel Roms. 252, 262
- **Venezia** Ursprünglich auf drei Seiten geschlossener Platz am Ende des Corso; Straßendurchbrüche schufen den verkehrsreichsten Platz der Stadt. 21, 24, 347
- **Vittorio Emanuele II** Belebter Wochenmarkt nahe S. Maria Maggiore. 323

Pincio Schon in der Antike lagen auf dem einen schönen Blick über die Bauten des Marsfelds bietenden Hügel große Villen. An SS. Trinità dei Monti und der Villa Medici vorbei führte seit dem 17. Jh. einer der beliebtesten Spazierwege der Stadt. 120, 212

Ponte
- **Flaminio** Wichtigste Brücke der faschistischen Ära, neben dem Ponte Milvio. 318
- **Milvio (Molle)** Über die Brücke, die die Via Flaminia und die Via Cassia zum Tiber führte und an der Kaiser Konstantin 312 sich und dem Christentum die Herrschaft erkämpfte, erreichten die von Norden kommenden Reisenden Rom und hatten den ersten freien Blick auf die Stadt. 84, 142, 189, 317, 318

gen Regierungsjubiläum des Septimius Severus errichtet, im Mittelalter zur Festung umgebaut. 213

Septizonium Von Septimius Severus errichtete Marmorfassade mit Wasserspielen vor der SO-Ecke des Palatin, durch Sixtus V. abgerissen. 310

Servianische Mauer *14*, *15*, 308

Stanzen Raffaels Private Arbeits- und Bibliotheksräume Julius' II., ausgemalt von Raffael und seinen Mitarbeitern. Höhepunkt sind Raffaels »Schule von Athen« und »Die Disputation über das Altarsakrament« (1508–11). 145, 255–257

Tarpejischer Felsen Steilabfall des Kapitolinischen Hügels von etwa 25 m in Richtung der heutigen Via Consolazione. Hochverräter wurden hier hinabgestürzt. 241

Teatro di Marcello Von Augustus vor 11. v. Chr. errichtet und seinem früh gestorbenen Neffen Marcellus gewidmet. Im Mittelalter von den Pierleoni, den Savelli und den Orsini zur Festung und dann zum Palast umgebaut. 28, 90

Tempel

– **Castor** Einer der ältesten römischen Tempel, 454 v. Chr. erbaut. Die heute aufrecht stehenden Säulen stammen vom Neubau des Augustus 6 v. Chr. 19, 213

– **Diana** Tempel der späten Königszeit auf dem Aventin, in Augusteischer Zeit neu gebaut als Gegenstück zum Apollo-Tempel auf dem Palatin. 197

– **Jupiter Optimus Maximus** Wichtigster Tempel Roms, nach Etruskerart auf ein Podium gestellt, 509 v. Chr. erstmals geweiht als zentraler Ort der Staatskulte. Der immer prunkvoller gestaltete Tempel wurde das besondere Ziel der in Rom eindringenden Germanen. Die Reste verschwanden unter den neuen Gebäuden des Kapitols. 155, 156, 165, 207, 310

(Tempel)

– **Juno Regia** Auf dem Aventin, nur aus der Literatur bekannt. 197

– **Quirinus** Der seit alters auf dem Quirinal verehrte Kriegsgott, mit Romulus gleichgesetzt, erhielt 293 v. Chr. seinen eigenen Tempel. 55, 155

– **Vesta** Für die Vestalischen Jungfrauen entstand eine großzügige Anlage unterhalb des Palatin an der Via Sacra. Der heutige Zustand geht auf Bauten des 2. Jh.s n. Chr. zurück. 19, 123, 197, 303

Thermen

– **Caracalla** Begonnen 206 n. Chr., von späteren Kaisern weitergeführt und restauriert. 181

– **Diokletian** Die riesige 350 × 310 m große Anlage war die großartigste und von der Ausstattung her prächtigste der antiken Welt. 3000 Menschen konnten hier gleichzeitig ihrem Vergnügen nachgehen. Die erhaltenen Reste sind heute weit verstreut in der Gegend vor Stazione Termini. 20

– **Konstantin** *17*, 19, 20

Tiber In der Antike bis zum Marsfeld für Seeschiffe befahrbar. Bis ins 16. Jh. gab es in Rom 8 Tiberhäfen, deren Leben noch auf den Stichen Piranesis zu sehen ist. Dann kam der Verkehr rasch zum Erliegen, nicht nur weil die Mündung versandete, sondern auch weil das päpstliche Rom nichts mehr zu importieren und zu exportieren hatte. 42, 142, 157, 170, 175, 196, 218, 267, 273

Titusbogen Erbaut zur Erinnerung an den Sieg von Vespasian und Titus im jüdischen Aufstand. Seit 1821 hat man die Reste in den ursprünglichen Zustand zurückversetzt. 180, 209, 238

Torre delle Milizie 21, 22

Trastevere In der Antike ein Arme-Leute-Viertel von Hafenarbeitern, Fischern, Handwerkern, zu denen sich freigelassene Kriegsgefangene aller Länder gesellten. Syrische Sklaven